한국 전통과학의 배경

"이 저서는 2010년도 대한민국 교육부와 한국학중앙연구원(한국학진흥사업단)을 통해
한국학 특정분야 기획연구(한국과학문명사) 사업의 지원을 받아 수행된 연구임."(AKS-2010-AMZ-2101)

한국 전통과학의 배경

초판 1쇄   2021년 3월 19일

지은이   김영식

출판책임   박성규
편집주간   선우미정
편집   이동하·이수연·김혜민
디자인   한채린·김정호
마케팅   전병우
경영지원   김은주·장경선
제작관리   구법모
물류관리   엄철용

펴낸이   이정원
펴낸곳   도서출판 들녘
등록일자   1987년 12월 12일
등록번호   10-156
주소   경기도 파주시 회동길 198
전화   031-955-7374 (대표)
      031-955-7376 (편집)
팩스   031-955-7393
이메일   dulnyouk@dulnyouk.co.kr
홈페이지   www.dulnyouk.co.kr

ISBN   979-11-5925-612-7 (94910)
      979-11-5925-113-9 (세트)

한국의 과학과 문명 019

한국 전통과학의 배경

김영식 지음

들녘

지은이 **김영식** 金永植

1969년 서울대 화학공학과를 졸업하고 미국 하버드대학에서 화학물리학 박사, 프린스턴 대학에서 역사학 박사 학위를 받았다. 1977년부터 2001년까지 서울대학교 화학과 교수로, 2001년부터는 동양사학과로 옮겨 2013년 정년퇴임 시까지 재직하고 현재는 명예교수로 있다. 1984년부터 퇴임 시까지 과학사 및 과학철학 협동과정에 겸임교수로 있었으며, 2006년부터 2010년까지는 서울대학교 규장각한국학연구원 원장을 역임했다.
저서로『주희의 자연철학』,『유가전통과 과학』,『정약용의 문제들』,『중국과 조선. 그리고 중화』등이 있다.

〈한국의 과학과 문명〉 총서
기획편집위원회
연구책임자_ 신동원
전근대팀장_ 전용훈
근현대팀장_ 김근배
전 임 교 수_ 문만용
　　　　　　　김태호
　　　　　　　전종욱
전임연구원_ 신미영

일러두기

- 명사의 붙여쓰기는 이 책의 키워드를 이루는 단어는 붙여쓰기를 원칙으로 했지만, 경우에 따라서는 가독성을 위해 띄어쓰기를 했다.

- 주석은 각 장별로 미주로 한다.

- 인용 도판은 최대한 출처를 밝히고 저작권자의 허락을 얻었으나 일부 저작권자를 찾지 못하여 게재 허가를 받지 못한 도판에 대해서는 확인되는 대로 통상 기준에 따른 허가 절차를 밟기로 한다.

〈한국의 과학과 문명〉 총서를 펴내며

우리나라는 현재 세계 최고 수준의 메모리 반도체, 스마트폰, 디스플레이, 철강, 선박, 자동차 생산국으로서 과학기술 분야의 경이적인 발전으로 세계의 주목을 받고 있다. 그것을 가능케 한 요인의 하나가 한국이 오랜 기간 견지해온 우수한 과학기술 문화와 역사 속에 있다고 우리는 생각한다.

문명이 시작된 이래 한국은 항상 높은 수준을 굳건히 지켜온 동아시아 문명권의 일원으로서 그 위치를 잃은 적이 없었다. 우리는 한국이 이룩한 과학기술 문화와 역사의 총체를 '한국의 과학문명'이라 부르려 한다. 금속활자·고려청자 등으로 대표되는 한국 과학문명의 창조성은 천문학·기상학·수학·지리학·의학·양생술·농학·박물학 등 과학 분야를 비롯하여 금속제련·방직·염색·도자·활자·인쇄·종이·기계·화약·선박·건축 등 기술 분야에서도 다양하게 분명히 드러난다.

우리는 이런 내용을 종합하는 〈한국의 과학과 문명〉 총서를 발간하고자 한다. 이 총서의 제목은 중국의 과학문명에 대한 새로운 인식의 지평을 연 조지프 니덤(Joseph Needham)의 『중국의 과학과 문명』을 염두에 두고 만들었다. 그러나 니덤이 전근대에 국한한 반면 우리는 전근대와 근현대를 망라하여 한국 과학문명의 총체적 가치와 의미를 온전히 담은 총서의 발간을 목표로 한다. 나아가 한국의 과학과 문명이 지닌 보편적 가치를 세계에 발신하고자 한다. 지금까지 한국은 세계 과학문명의 일원으로 정당한 가치를 인정받지 못한 채, 중국의 아류로 인식되어왔다. 이 총서에서는 한국 과학문명이 지닌 보편성과 독자성을 함께 추적하여 그것이 독자적인 과학문명이자 세계 과학문명의 당당한 일원임을 입증하고자 한다. 우리는 이 총서에서 근현대 한국 과학기술 발전의 역사와 구조를 밝힐 것이며, 이로써 인류의 과학기술 발전사를 새로이 해명하는 데에 기여할 것이다.

이 총서에서는 한국의 과학문명이 역사적으로 독자적인 가치와 의미를 상실하지 않았던 생명력에 주목한다. 이를 위해 전근대 시기에는 중국 중심의 세계 질서 아래서도 한국의 과학문명이 독자성을 유지하면서 발전을 지속한 동력을 탐구한다. 근현대 시기에는 강대국 중심 세계체제의 강력한 흡인력 아래서도 한국의 과학기술이 놀라운 발전과 성장을 이룩한 요인을 탐구한다.

우리는 이 총서에서 국수적인 민족주의나 근대 지상주의를 동시에 경계하며, 과거와 현재가 대화하고 내부와 외부가 부단히 교류하는 가운데 형성되고 발전되어온 열린 과학문명사를 기술하고자 한다. 이 총서를 계기로 한국 과학문명에 대한 관심과 이해가 더욱 깊어지기를 기대한다.

마지막으로 〈한국의 과학과 문명〉 총서의 발간은 교육부와 한국학중앙연구원 한국학진흥사업단의 지원에 크게 힘입었음을 밝히며 이에 감사를 표한다.

〈한국의 과학과 문명〉 총서 기획편집위원회

1.

이 책의 제목인 "한국 전통과학의 배경"이라는 말을 접하게 되면 흔히 한국 전통과학의 '배경'이 먼저 존재하고 그 '배경' 속에서 한국 전통과학이 형성, 변화, 발전됐으며, 그 과정에 그 같은 '배경'이 영향을 미쳤고 한국 전통과학이 그 같은 '배경'에 의해 조건지어졌다는 생각이 떠오르게 될 것이다. 그러나 실제로 한국 전통과학과 관련해서 보게 되는 상황은 과학의 '배경'이 과학을 둘러싸고 존재하면서 과학에 영향을 미치거나 '배경'이 변화하여 과학에 변화를 일으키거나 한 것이 아니라, 배경과 과학이 상호작용하는 것이었고 거꾸로 과학이 과학의 '배경'으로 간주되는 요소들에 영향을 미치고 변화시키는 경우도 잦았다. 흔히 과학의 '사상적 배경'을 이야기하지만, 사실은 그 같은 배경을 이루는 사상적 요소들이 과학에 영향을 미치기만 하는 것이 아니라 거꾸로 과학이 사상에 영향을 미칠 수 있고 그에 따라 '사상적 배경'이란 것이 과학의 영향을 받아 변화하기도 한 것이다. 예컨대 동아시아에 서양 과학기술이 유입되면서 그것이 동아시아 전통사상에 깊은 영향을 미치기도 했고 고대 서양의 의학이나 천문학이 고대 서양의 사상에 깊은 영향을 주기도 했다. 과학이 과학의 '사상적 배경'이라는 것의 배경이 되는 것으로 볼 수도 있겠고 과학의 '사회적 배경'을 두고도 마찬가지 이야기를 할 수 있을 것이다.

그렇다면 한국 전통과학의 배경을 다루는 이 책이 전통시기 한국 역사에서 여러 사상적, 사회적 요소, 측면들을 두루 찾아 그것들이 과학에 어떤 영향을 미쳤나를 검토하는 식으로 진행할 수는 없다. 물론 1950년대 니덤(Joseph Needham, 1900-1995)이 그의 유명한 총서 『중국의 과학과 문명(Science and Civilisation in China)』의 제2권 한 책에서 중국 과학의 사상적 배경을 다룬 일이 있었고, 중국 전통과학에 대한 연구가 막 시작된 당시의 상황에서 이는 충분히 의미 있고 도움이 되는 작업이었다.[1] 그러나 그로부터 60여 년이 지난 이 시점에 와서, 한 권의 책으로 전 시기에 걸쳐 한국 전통사상과 사회 전반을 훑으면서 그것이 한국 전통과학의 배경으로서 어떤 의미를 지니고 어떤 역할을 했나를 다룬다는 것은 불가능에 가깝고, 가능하다고 해도 별 의미가 없을 수 있다. 그리고 설사 그 같은 작업이 가능하고 의미가 있다고 해도 내 자신의 능력이나, 이에 대한 선행연구의 상황으로 보아 무리한 일이다. 더구나 위의 니덤의 책은 '사상적' 배경만을 다루었고, '사회적' 배경은 마지막 권인 7권 제2부로 미루어졌다가 그의 죽음으로 무산된 바 있다.[2]

나는 이 책에서 그 같은 무모한 생각을 접고, 그 대신 전통시기 한국 과학의 여러 분야, 여러 측면들을 둘러싼 여러 사상적, 사회적 요소, 측면들을 찾아 그것들과 과학의 관련 및 상호작용들을 살펴보려고 한다. 물론 이마저도 지극히 힘든 일이다. 주어진 역사적 상황에서 일정한 사상적, 사회적 요소들이 과학과 상호작용하고 그에 영향을 미칠 것임은 분명하지만, 과학과 과학 외적 요소들 사이의 상호작용과 영향을 구체적으로 보인다는 것은 엄청나게 힘든 일이라는 것이 수많은 역사학자들의 경험인 것이다. 그러한 야심 찬 계획으로 시작했던 많은 역사학자들이 어느 시점과 공간에 일정한 사상적, 사회적 요소들이 어떤 형태와 성격의 과학과 함께 존재했다는 것을 보이는 것으로 만족해야만 했다. 결국 이 책에서 나도 그 정도에서 만족하고 전통시기 한국 과학과 함께 존재했던 사상적, 사회적 요소들, 그리고 전통시기 한국 과학과 함께 진행되었던 사상과 사회의 변화를 살펴보기로 했다. 그런 면에서 이 책 제목의 '배경'이라는 말은 소극적, 현상적인 수준에 머물러서 전통시기 한국 과학이 처했던 시간적, 공간적 환경이라는 의미 정도일 뿐 적극적으로 그것이 한국 전통과학의 실상과 변화에 영향을 미치고 조건지었다는 것은 아니다. 마치 인물화의 '배경'과 같다고 할까? 물론 그것이 주제인 인물과 아무 관련이 없다고는 할 수 없지만.

그런데 실제 작업 과정에서는 주제와 작업의 범위가 방대하고 선행연구가 충분히 이루어지지 않은 상황에서 이 정도마저도 쉽지 않은 일이었다. 결국 시기적으로, 그리고 주제상으로도 '선택과 집중'을 해야 할 수밖에 없었다. 우선 시기적으로는 조선 후기를 주로 다루기로 했는데 그 같은 선택을 한 데에는 두 가지 이유가 있었다. 먼저 그 이전 시기에 대한 자료가 부족하고 그에 따라 선행연구가 결여되거나 부족한 상황에서 결국 선행연구에 많이 의존해야 하는 이 책으로서는 어쩔 수 없는 선택일 수밖에 없었다. 또 다른, 더 중요한 이유로는 우리에게 익숙한 한국 전통사회의 특징적인 요소와 특성들이 조선 후기에 들어서 자리잡았다는 점이다. 사실 한국 전통시기를 특징지었던 양반(兩班)이 지배하는 사회와 주자학(朱子學)이 지배하는 사상은 조선 후기에 이르러서야 확고히 자리잡았다. 그리고 조선 후기가 지니는 이 같은 시기적 성격은 과학을 두고도 마찬가지여서, 한국 전통과학의 여러 분야들의 특징적인 내용, 방법, 그리고 사회에서의 위치, 역할 등이 조선 후기에 이르러서야 정립되었다.

2.

조선 후기는 사상적으로 유교(儒敎)가 지배했다. 이미 삼국 시대부터 우리나라에 도입된 유교가 차츰 뿌리내려, 조선은 유교를 국가의 정통(正統) 이념으로 채택하기에 이르렀으며 조선 후기에 이르면 완전히 유가(儒家) 사회가 되어 사상과 학문으로부터 도덕, 의례(儀禮), 가치(價値), 생활관습에 이르기까지 사회의 모든 측면을 유가 전통이 지배하게 되었다. 그리고 과학기술도 예외가 아니었다. 이 책은 제1부에서 한국 전통과학기술의 배경으로서 유가 전통의 여러 측면들과 그 주도자들이었던 유학자들이 과학기술에 대해 지녔던 태도를 살펴볼 것이다.

우선 1장은 유가 사상과 학문이 유가 전통 속에서 과학기술의 위치, 역할, 의미 등에 미친 영향에 대해 다룬다. 학문과 사상 이외에 실용(實用)과 상식을 중시하는 유가 전통의 사고방식도 유학자들의 과학에 대한 태도에 영향을 미쳤는데, 2장에서는 이에 대해 다룬다. 유가의 실용을 중시하는 경향은 일차적으로는 유학자들이 과학기술의 실용성 때문에 그것에 관심을 갖고 그 지식을 추구하는 데에서 드러났지만 그 외의 다른 면에서도 유학자들의 실용주의적 경향을 볼 수 있다. 예컨대, 유학자들은 자연세계의 현상이나 물체들을 실재(實在)하는 것으로 받아들이고 당연한 것으로 여기면서 그에 대한 이론적, 추상적 탐구에 파고들지 않았다. 이런 면에서 자연세계에 대한 유학자들의 지식은 '상식적'이었다고 할 수 있다. 한편 유학자들의 이 같은 실용주의적, 상식적 경향은 술수(術數)에 대한 그들의 태도에서도 나타났고 2장은 이에 대해서도 살펴볼 것이다.

이어지는 장들에서는 이러한 여러 가지 요소와 측면들의 영향 하에 유학자들이 과학기술에 대해 지니게 된 태도를 살펴볼 텐데, 3장과 4장으로 나누어 각각 중국 유학자들과 조선 유학자들에 대해 다룬다. 한국 전통 사회와 문화의 모든 영역에서 중국의 영향은 압도적이었고 따라서 한국에서의 상황과 변화를 제대로 보기 위해서는 중국의 상황에 대한 이해가 필수적이기 때문이다. 특히 조선 유학자들은 앞선 시기 중국에서의 상황을 자신들의 과거로 인식하기까지 했고, 그런 면에서 중국의 상황은 조선 유학자들이 인식하는 그들의 '역사적' 배경이었던 것이다. 물론 한국 전통 사회와 문화의 다른 영역들에 대해 다루는 경우에는 그 영역들에 관한 중국의 상황에 대한 연구가 상당 정도로 깊이 있게 이루어져 있고 그 성과가 어느 정도 공유되고 있기에, 중국의 상황을 기본 지식으로 가정하면서 그와 비교하여 한국의 상황은 어떻게 달랐나를 논의하는 것이 효과적일 경우가 많다. 그러나 과학기술의 사상적, 사회적 배경에 대한 연구는 중국에 대해서도 충분히 되어 있지 않으며, 따라서 한국의 상황을 연구하면서 그 배경으로 중국의 상황을 참고하는 식의 접근법을 취할 수가 없는 형편이다. 결국 우선 3장에서 중국의 상황에 대해 다루고 뒤이어 4장에서 그러한 중국의 상황이 한국에서는 어떻게 이어지고 변화했나를 보기로 했다.

조선 후기 사회는 철저하게 양반들이 주도하고 지배하던 '양반사회'였다. 물론 최정점에 국왕이 있었지만 국왕의 권력마저도 양반들에 의해 지탱되었다고 할 수 있고, 양반 이외의 중인(中人), 상인(常人), 천인(賤人) 계층은 전적으로 양반의 지배하에 있었다. 제2부에서는 '양반사회'에서 과학기술이 지녔던 위치, 의미 등에 대해 살펴볼 것이다. 특히 조선 후기 사회에서 과학기술의 전문적 실무에 종사했던 '중인' 계층의 존재와 성격, 그리고 중인 계층의 존재가 과학기술에 미친 영향 등에 대해 다룰 것이다. 우선 5장은 중국이나 일본에는 존재하지 않았고 전통 한국 사회에 고유했던 중인 계층의 출현과 그 성격, 그리고 조선 정부 내에서 중인 계층의 위치와 역할 등에 대해 살펴보고 6장에서는 사회의 주도층이었던 양반들이 이들 중인 계층에 대해 지녔던 태도, 그리고 양반들과 중인 계층 사이의 차이, 상호관계 등을 살펴볼 것이다. 다만 아직 충분히 연구가 이루어지지 않은 상황에서, 그간 학계에서 연구가 이루어진 몇몇 분야의 몇 가지 사례들에 바탕해서 제한적인 수준의 논의에 머물 것이다.

1, 2부에서 한국 전통과학의 배경으로서 유가 전통, 양반사회를 다루었는데, 한국 전통과학은 한국 내부의 사상적, 사회적 배경 속에서만 형성, 발전해 온 것은 아니었다. 제3부에서는 한국 밖으로 눈을 돌려 한국 과학기술의 배경으로서 중국 및 서양의 과학기술에 대해 살펴볼 것이다. 우선 주목하게 되는 점은 위에서 말했듯이 한국 전통시기의 과학기술에 중국의 영향이 압도적이었다는 사실이다. 이미 1부에서 살펴본 유가 전통의 영향이란 것도 중국의 영향이었다고 말할 수 있는데, 과학기술 자체에도 역시 중국의 영향이 압도적이었다. 한국 전통과학기술의 많은 관념, 이론, 기법, 기물(器物)들은 중국에 그 기원을 두고 있고 그 발전 과정에서도 중국으로부터 압도적인 영향을 받았고, 따라서 중국 과학기술은 한국 전통과학기술의 중요한 원천으로서 한국 전통과학의 전개에 엄청난 영향을 미쳤다. 그런 면에서 중국의 과학기술은 한국 전통과학의 배경으로서 중요할 뿐 아니라, 그 기본 '전제'였다고 할 수 있겠다.

그런데 이 같은 상황은 한 가지 곤혹스러운 문제를 야기한다. 한국 전통과학기술의 도처에서 존재하는 것으로 보이는 중국의 과학적 관념과 기술적 기법들이 한국 전통과학사 연구에서 지니는 의미에 대한 문제가 그것이다. 한국 과학의 역사는 그러한 관념과 기법들에 어떤 역할과 의미를 부여해야 할 것인가? 한국 과학사 연구자들이 그것들을 무시하고 오로지 한국에 특유한 것들만 연구하는 일이 정당한 태도인가, 아니면 적어도 허용될 만한 태도인가? 7장은 이러한 문제에 대한 논의로 시작하면서 그로부터 파생하는 다른 문제들, 예컨대 한국 과학기술의 '자주성', '독자성', 중국으로부터의 전래 과정에서 나타난 '시간지연' 및 그에 따른 변형 및 왜곡 등을 논의할 것이다.

중국 과학기술의 압도적 영향이 지속되는 가운데 17세기에서부터는 서양 과학기술이 한국에 들어왔다. 그리고 이렇게 들어온 서양 과학기술이 한국 전통과학의 배경으로서는 의미가 없는 것으로 생각할 수 있지만 사실은 그렇지 않았다. 서양 과학기술은 17세기에 들어오기 시작한 이래 조선 후기의 과학에 영향을 미치기 시작했고 18세기부터는 그 영향이 상당한 수준에 이르렀는데, 한국 전통과학의 전반적인 모습이 대체로 18세기 후반에야 완성되었기에 서양 과학기술의 영향을 빼고 한국 전통과학을 생각할 수가 없다. 8장에서는 이 같은 상황에서 조선 유학자들이 서양 과학에 대해 보인 태도, 특히 그들이 결국은 중국 과학 전통을 고수하면서 그 틀 속에 서양 과학기술을 받아들이는 과정을 볼 것이다.

서양 과학을 받아들임에 있어서도 조선 유학자들은 주로 중국에 의존했다. 그들은 직접 서양인들과 접하거나 서양의 책을 읽음으로써가 아니라 거의 전적으로 중국의 서적을 통해서 서양 과학을 도입했던 것이다. 이는 중화 문화권의 주변부에 위치한 조선으로서 외부로부터의 새로운 문화요소의 도입을 중심인 중국에 의존했음을 보여주는데, 조선 유학자들은 외부 문화요소의 도입 과정에서 자신들을 중심인 중국과 일체화시키는 측면이 있었다. 9장은 이에 대해 살펴볼 것이다.

앞의 제1~3부의 장들에서 살펴본 것과 같은 '배경' 속에서 전개되어온 한국 전통과학기술의 모습은 오늘날 찾아보기 힘들다. 이 같은 단절의 상황은 한국이 전통과학과는 별도로 전혀 새로운 과학을 형성하고 발전시키는 과정을 밟아 오늘날의 한국 과학의 모습을 지니게 되었기에 생겨났다고 볼 수 있다. 하지만 그렇다고 해서 한국 전통과학과 현대 한국 과학 사이에 연속의 측면은 없는가? 나아가 한국 전통과학이 현대 한국의 과학에 아무런 영향도 미치지 않았을 수 있는가? 이 책의 마지막 장이자 '후기(後記)'의 형태를 띤 10장은 위의 질문들을 염두에 두고 한국 현대과학기술의 특징을 살펴보는 과정에서 한국 전통과학이 한국 현대과학의 '배경'으로서 어떤 의미를 지니는가를 살펴보게 될 것이다.

3.

이렇듯 이 책에서 다루게 되는 한국 전통과학의 '배경'이 크게 제한될 것임은 이미 밝힌 바 있지만, 그 같은 제한 안에서마저도 만족할 만한 논의가 되지는 못했다. 그리고 이를 두고는 무엇보다 내 자신의 능력의 한계를 탓할 수밖에 없겠다. 그러나 내 개인이 이 광범위한 주제를 모두 직접 연구할 수는 없고 대부분 선행연구에 의존해야 하는 상황에서 많은 주제들이 아직 연구가 제대로 이루어지지 못하고 있다는 점도 지적하지 않을 수 없다. 결국 이 책에서 나는 내 자신이 관심이 있고 내 자신이 다룰 수 있는 측면들을 주로 다루었고, 분야별, 주제별로 논의에 심한 불균형을 감수할 수밖에 없었다. 예컨대 어쩔 수 없이 역법(曆法)과 역서(曆書)에 관한 내 자신의 연구를 포함해서 주로 그간 연구가 이루어진 분야와 주제들에 치중했다. 그 결과 한국 전통과학의 배경으로서 다루어야 할 내용들에서 많은 부분을 빈 채로 남겨두어야만 했다. 앞으로 다른 학자들에 의해 한국 전통과학의 배경으로서 다른 측면들에 대한 연구들이 나와서 내가 이 책에서 빈 채로 남겨둔 틈들이 차츰 채워지게 될 것을 기대한다. 그렇게 해서 한국 전통과학이 처했던 '배경'이 더 넓고 깊게 이해되어야만 한국 전통과학 자체에 대한 이해도 더 제대로 이루어질 수 있을 것이다. 그런 면에서 이 책이 한국 전통과학의 배경에 대한 연구에서의 '빈틈'들을 드러내 보이는 역할을 하게 되기를 바란다.

이 책에서 내가 사용하는 용어들을 두고도 문제가 있을 수 있다. 그중 두 가지만 들자면, 우선 이 책에서 나는 대체로 겹치지만 각각이 약간씩 다른 측면을 나타내는 '양반', '사인(士人)', '양반사인', '유학자'라는 말들을 굳이 통일하거나 엄격히 구분하지 않고 사용했다. 또한 '과학'이라는 용어를 매우 느슨하고 포괄적인 의미로 사용했다는 점도 지적하고 싶다. 이 책에서 '과학'은 자연세계에 대한 다양한 형태의 전통적 지식과 담론들을 포괄하는데, 그중 일부는 '과학'이라는 말보다는 '자연철학'이나 '자연지식'이라는 말로 더 잘 표현될 수도 있었을 것이다. 한편 넓은 의미의 '과학'이라는 말은 '기술'을 포함하기도 했는데, 간혹 좀 더 분명히 할 필요가 있을 때에는 '기술'이라는 말을 덧붙여 '과학기술', 또는 '과학과 기술'이라고 표현하기도 했다.

4.

이 책을 쓰면서 많은 사람들로부터 도움을 받았다. 무엇보다도 선행연구자들의 연구업적들이 크게 도움이 됐다. 책의 성격 때문이기도 했지만 원래 한국 과학사 전공이 아니었던 나로서 이 같은 책을 쓰기 위해서는 전상운, 박성래 두 선배 학자들의 선구적 업적을 포함해서 수많은 선행연구자들의 연구업적들에 주로 의존해야만 했다. 여기서 일일이 거명하지 못하고 참고문헌과 각주에서의 언급으로 감사를 대신한다. 문중양, 신동원, 임종태, 전용훈, 박권수, 정명현, 허윤섭, 이기복, 오영숙, 신민철 등 서울대 과학사및과학철학 협동과정에서 한국 전통과학사를 전공한 학자들은 공식적으로는 나의 논문연구 지도를 받았지만, 실제로는 전통시기 한국 과학사 그리고 한국 역사의 여러 측면에서 내가 그들로부터 많은 것을 배웠고, 이 같은 상황은 그들이 대학원 졸업 후 학계에서 활동하고 있는 지금도 계속되고 있다. 이들이 주축이 되고 구만옥, 오상학, 김문용, 안대옥, 김성수 등 학자들이 참여하여 거의 20년 전부터 이런 저런 형태로 모여 토론해온 "조선시대 과학과 사상 연구모임"의 구성원들로부터도 많이 배우고 도움을 받았다. 초고를 끝낸 후에는 원고를 자세히 읽고 많은 지적과 값진 논평을 해준 구만옥, 임종태 교수 덕택에 많은 잘못을 고치고 내용을 다듬을 수 있었다. 물론 갖은 도움을 받고도 이 책에 아직 남아 있을 많은 부족한 점은 나 자신의 책임이며, 앞으로 후배 학자들에 의해 바로잡아지게 되기를 기대한다.

　이제 책의 출판을 앞두고 처음 "한국의 과학과 문명" 프로젝트에의 참여를 초청해주고 이 책의 집필을 권해준 전북대 한국과학문명학연구소와 소장 신동원 교수에게 감사한다. 원고를 준비하고 집필하는 과정에서 프로젝트의 구성원들, 특히 전용훈, 전종욱, 신향숙, 신미영 등 여러분의 도움도 잊을 수 없다. 끝으로 편집과 출판 작업을 맡아 해준 들녘의 여러분에게도 감사의 마음을 전한다.

차례

1부 유가 전통과 과학기술

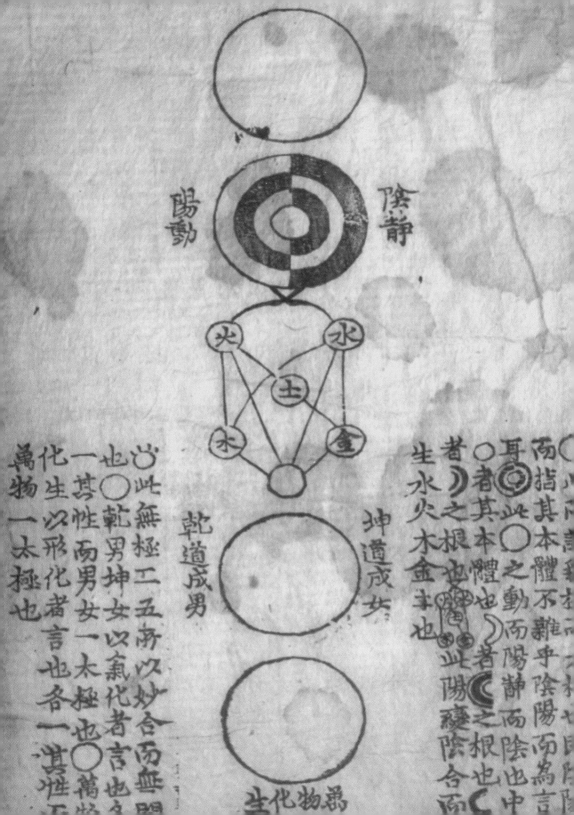

陽動　　　　　陰靜

火　　水
土
木　　金

乾道成男　　　坤道成女

生化物萬

萬物一太極也

化生以形化者言也各一其性

一也○乾男坤女以氣化者言也之

也○乾男坤女以氣化者言也其性而男女一太極也

此無極二五所以妙合而無間

生水火木金土也

者○耳○者其本體也

之根也中○此陽變陰合而

兩指其本體不離乎陰陽而為言

而陽靜之根也

1부

유가 전통과
과학기술

1장

유가 사상과 학문

동아시아의 과학 발전에 유교(儒教)가 미친 역할에 대한 평가는 20세기를 거치면서 변해왔다. 20세기 초에는 유교가 과학의 발전을 '가로막았다'는 것이 일반적인 평가였다. 사실 당시에는 동아시아인들만이 아니라 동아시아의 과학, 특히 중국 과학에 관심이 있는 서양인들도 대부분 유교에 대해 극단적으로 부정적인 견해를 지녔다. 서양 과학기술에 토대한 것으로 간주된 서구 열강의 힘에 깊은 인상과 충격을 받은 20세기 초 동아시아의 지식인들은 동아시아의 과학 전통이 제대로 발전되지 못했거나 심지어는 존재하지 않았다고 여겼고 이것이 동아시아 사상과 사회를 지배한 유교의 영향이었다고 믿었다. 이후, 과학사학자들의 선구적인 업적, 특히 니덤(Joseph Needham, 1900-1995)의 연구에 힘입어, 중국 전통과학기술의 성과들이 점차 알려지기 시작했지만, 과학과 관련해서 유교에 대한 평가는 전반적으로 부정적이었다. 유교의 전통 존중, 보수적 성향, 그리고 상인(商人)과 상업에 대한 불신 등의 특징들은 여전히 과학의 발전을 저해한 요인으로 여겨졌다.[1]

그러다가 20세기 후반 이러한 부정적 평가의 분위기에 변화가 일어났다. 변화는 현대과학이 처한 한계적 상황과 유교가 지배했던 동아시아 지역의 경제발전에 대한 새로운 인식에 의해 촉발되었다. 특히 현대과학의 발전이 무한정 계속될 수 없고 한계가 있다는 점과 과학의 발전이 과학 자체로는 해결할 수 없는 문제들을 빚어냈음을 깨닫게 되고, 비(非)서양 문화의 사상과 실천으로부터 그 같은 문제들에 대한 대안(代案)과 해답을 찾게 되면서 유교의 긍정적 의미와 역할을 인식하게 되었다.

하지만 그럼에도 불구하고 유가 전통이 동아시아의 과학 발전에 부정적인 영향을 미쳤을 것이라는 생각은 오늘날에 이르기까지도 널리 퍼져 있다. 이 장은 우선 사람들로 하여금 그 같은 부정적인 생각을 갖도록 한 요인들에 대해서 살펴보는 것으로부터 시작한다.

1절 유가 경전

1. 전문가가 되는 것을 경계하는 경전의 근거들

유학자들 사이에서는 일반적으로 좁은 특정 영역의 전문가가 되는 것을 꺼려하는 경향이 있었고, 그러한 경향은 결국 유학자들이 전문 과학기술 분야들에 관심을 지니는 것을 억제하는 효과를 빚었다. 여기에는 유가 경전(經典)들에 담긴 몇 가지 핵심적인 관념과 관점들이 중요한 역할을 했다.

1) '형이상'과 '형이하'의 이분법

첫째, '형이상(形而上)'과 '형이하(形而下)'의 이분법(二分法)을 들 수 있다. 이러한 이분법의 기원은 "'형이상'을 '도(道)'라고 하며 '형이하'를 '기(器)'라고 한다."는 『주역(周易)』 「계사전(繫辭傳)」의 유명한 구절[2]에서 찾아볼 수 있다. 그리고 '리(理)'와 '기(氣)', '리'와 '수(數)', '리'와 '기(器)' 등을 두고도 이와 비슷한 이분법들이 존재했다.[3] 이러한 이분법들은 당연히 자연현상과 과학지식에 대한 유학자들의 태도에 영향을 주었다.

이들 이분법에 따르면, '도', '리', '성(性)', '심(心)', '인(仁)' 등과 같이 분명한 형태(形)를 지니지 않은 추상적이고 고답적인 개념들은 형태를 초월한 '형이상'에 속하고, 형태를 띤 구체적인 사물들은 '형이하'의 범주에 속했다. 이 중 형태를 갖추고 눈으로 볼 수 있는 것들은 이해하기 쉬운 반면에 형태를 갖추지 않은 것들은 이해하기 어렵다고 흔히 여겨졌는데, 이해하기 어려운 것들이 더 중요하고 더 탐구할 만한 가치가 있다고 생각된 반면에 이해하기 쉬운 것들은 빤한 것으로, 심지어는 사소한 것으로 간주되었다. 그러한 태도는, 신유학(新儒學, Neo-Confucianism)을 집대성함으로써 중국과 동아시아의 지식세계에 수세기 동안 압도적인 영향력을 미쳤던 주희(朱熹, 1130-1200)의 다음과 같은 언급에서 볼 수 있다.

> 사물은 보기가 쉽지만, 마음은 형태가 없다. 사물의 무게와 길이를 재는 것은 쉽지만, 마음의 무게와 길이를 재는 것은 어렵다. 사물을 재는데 착오가 있으면 그것은 단순히 한 가지 일의 착오에 그치지만, 마음에 잘못됨이 있으면 만사를 그르치게 된다.[4]

이렇듯 무형의 것을 유형의 것보다 더 높고 중요한 것으로 여기는 생각은 유가 사상의 중요한 한 흐름으로 지속되었다. 예컨대 실용성을 중요시했던 조선의 유학자 정약용(丁若鏞, 1762-1836)도 리(理)와 도심(道心)의 역할을 강조하면서 "천하의 사물에서 허(虛)한 것은 귀하고 실(實)한 것은 천하며, 무형(無形)의 것은 귀하고 유형(有形)의 것은 천하다. 도덕, 인의(仁

義), 예법(禮法) 및 정교(政敎)는 모두 허(虛)로써 실(實)을 다스리고 무형으로써 유형을 다스린다."고 말했다.[5]

유가 사상의 이 같은 흐름 속에서, 자연현상은 대부분 지각(知覺) 가능한 구체적 성질들과 물리적 효과를 수반하며 따라서 '형이하'에 속하기 때문에 유학자들에 의해 뻔한 것으로 간주되고 그것들이 지각되는 형태대로 받아들여졌다. 겉으로 드러난 경험적인 데이터를 넘어서는 더 깊은 탐구는 필요가 없었던 것이다. 따라서 유학자들은 자연현상 및 그 현상에 대한 과학지식을 가벼이 여기기가 쉬웠다. 심지어는 '형이상'인 형이상학 및 도덕철학과 '형이하'인 과학지식 및 기술 사이에 위계(位階)의 관념도 나타났고, 그것은 결국 일반 지식인으로서의 유학자/관료와 '형이하'의 분야에 종사하는 전문가 사이의 위계 관념을 낳았다. 이러한 위계적 관념은 유학자/관료들이 기능직 전문가들의 상위(上位)에 위치하면서 전문가들의 업무를 감독하는 관료제의 구조로 제도화되기도 했다.

2) 경전 구절들

"군자는 도구가 아니다(君子不器)."라는 『논어』의 구절[6]이 위에서 언급한 '도'와 '기'의 이분법 및 위계와 결합하여 전문 분야들에 대한 유학자들의 태도의 중요한 기초가 되었다. 공자(孔子) 자신이 한 말이라고 알려진 이 구절은, 진정한 군자가 되기 위해서는 '도', '리', '성(性)'과 같은 고차원의 개념들을 추구해야만 하며 단순한 '도구(器)'에 지나지 않는 구체적, 실용적, 기술적인 문제와 지식에는 관심을 기울이지 말아야 한다는 의미로 흔히 해석되었다. 다른 말로 하면, 군자는 단순한 도구적 기능만을 수행하는 좁은 범주에 자신을 한정시켜서는 안 되며 폭넓은 학문과 수양을 목표로 삼아야 한다는 것이다. 이는 자연히 과학기술 분야들을 비롯해서 단순한 도구로 간주되는 분야들에 대해 유학자들이 대체로 무관심하고 심지어는 경멸하기까지 하는 태도를 낳게 되었다.

"비록 '소도(小道: 작은 도)'이지만 반드시 '살펴볼(觀)' 만한 가치가 있다. [그러나] 너무 멀리까지 추구하면 수렁에 빠질까 염려된다. 이 때문에 군자는 그것을 '하지(爲)' 않는다."는 『논어』의 구절[7] 또한 전문화된 분야들에 대한 유학자들의 태도에 상당한 영향을 미쳤다. 특정 전문 분야들을 '소도'라고 지칭하고 "군자는 그것을 '하지' 않는다."고 단언함으로써, 이 구절은 유학자들이 '소도'로 간주될 수 있는 분야들—전문 과학기술 분야들을 포함해서—의 활동에 종사하는 것을 억제하는 효과를 빚었다.[8]

널리 알려진 이들 구절 외에도 다른 경전 구절들이 유학자들의 과학기술에 대한 태도에 부정적인 효과를 미쳤다. 예컨대 『관자(管子)』, 『회남자(淮南子)』 등에 나오는 '사농공상(士農工商)'과 '사민(四民)'에 대한 구절들[9]은 '사', '농', '공', '상'의 '사민'이 서로 구별되고 그 사이에 차등이 있다는 관념을 낳았고, 유학자들로 하여금 '사'에 해당하는 자신들이 '농', '공', '상' 등의 일에 종사하는 사람들보다 우위에 있다고 생각하고 그런 일들에 종사하는 것을 꺼리게 했던 것이다. 농사짓는 법에 대해 묻는 번수(樊須)라는 제자를 공자가 '소인(小人)'이라고 칭하면서 윗사람이 예의와 정의(正義), 신의(信義)를 좋아하면 백성들이 따를 것이고 "이렇게 되면 사방의 백성이 그 자식을 포대기에 감싸 업고 찾아올 것인데 곡식 농사는 지어서 어디에 쓸 것인가."라고 묻는 『논어』 구절[10]이나, "어떤 사람은 마음으로 일하며, 어떠한 사람은 [육체적인] 힘으로 일한다. 마음으로 일하는 사람은 다른 사람을 다스린다. 힘으로 일하는 사람은 다른 사람에 의해 다스려진다."고 하여, 정신노동을 하는 사람과 육체노동을 하는 사람의 이분법적 구도(構圖)를 제시하는 것으로 보일 수 있는 『맹자(孟子)』의 구절[11]도 실제 구체적인 일에 종사하는 것을 경계하는 효과를 지녔다.

2. 경전 근거들의 양면성

앞에서 살펴본 관념들과 구절들이 과학기술지식에 대한 유학자들의 관심을 억제하는 효과를 지녔음에 반해, 유가 전통에는 이와 반대로 과학기술 분야들에 대한 유학자들의 관심을 고무하는 효과를 지니는 요소들도 존재했다.

우선, 위에서 본 것과 같은 경전의 관념들과 구절들이 유학자들의 태도에 영향을 미친 실제 상황이 그렇게 단순하지 않았다. 예컨대 유가 전통에는 '도(道)'와 '기(器)'를 분리하고 '도'를 '기'보다 우위에 놓는 위에서 지적한 경향과 동시에 양자를 불가분의 관계로 간주하면서('道器不離') 두 가지가 똑같이 중요하다고 보는 경향이 존재했다. 이러한 경향을 지닌 학자들은 '도'가 '기' 안에 존재하며 '기' 없이는 '도'가 존재할 수 없다고 주장했다. 또한 '리'와 '기(氣)', '리'와 '수(數)', 그리고 '리'와 '기(器)' 같은 짝들 사이에도 '리'가 '기(氣)'나 '수', '기(器)'를 떠나서는 존재할 수 없다고 보는 경향이 존재했다. 따라서 많은 유학자들에게 '도'와 '형이상'의 것들만 아니라 '기'와 '형이하'의 것들—과학기술 분야의 주제들을 포함해서— 또한 중요하고 탐구할 만한 가치가 있었다.

'군자불기'라는 말의 효과 또한 그렇게 단순하거나 일방적이지 않았다. 그 말이 폭넓은 학문과 수양을 목표로 삼을 것을 강조한 것은 사실이었지만, 폭넓은 학문과 수양에는 자연세계에 관한 공부가 포함되었고 기술에 관한 지식—기술의 실행까지는 아니더라도—도 제외되지는 않았다. 자연세계 및 그 속의 현상과 물체들에 대한 지식과 사색은 단순한 '도구'로서 기피될 것이 아니라 오히려 군자의 공부와 수양의 정당한 대상이었다. '군자불기'라는 말의 진정한 의미는 유학자들에게 좁은 주제—그것이 과학이건 기술이건 그 외의 다른 전문 분야이건—에 갇힌 단순한 전문가가 되지 말라고 경계하는 것이었을 뿐, 유학자들이 당연히 추구해야 할 폭넓은 관심과 학문으로부터 과학과 기술의 주제들을 배제시키는 것은 아니었던 것이다.

'소도(小道)'의 경우에는 그 같은 양면적 특성이 훨씬 더 분명하게 드러난다. 사실 '소도'라는 말 자체에 양면성이 포함되어 있다. '소도'의 '소(小)'라는 글자가 그것이 사소하고 부차적이며 덜 중요하다는 것을 표현하는 반면, 그것이 여전히 '도(道)'라고 불리었기 때문에 유학자들의 학문에 포함될 잠재력을 지녔던 것이다. 『논어』의 원문도 '소도' 역시 "반드시 '살펴볼' 만한 가치가 있다."는 긍정적인 태도와 함께 "군자는 그것을 '하지' 않는다."는 부정적인 태도를 보였다. 그리고 '할' 만한 것은 아니지만 그럼에도 불구하고 '살펴볼' 만한 가치는 있다는 이러한 양면성은 유학자들 사이에 전문 분야들의 지적(知的) 지위에 관해 여러 다양한 의견과 논쟁을 일으켰다. 예컨대 주희의 아래의 인용문은 몇몇 전문 분야들을 '소도'라고 부르면서 그것들이 진짜 '도'는 아니라는 느낌을 분명히 함축하고 있지만, 그럼에도 불구하고 그것들을 공부해야만 한다고 강조했다.

> '소도'는 이단(異端)이 아니다. 그것도 역시 '도'이다. 그것은 다만 작을 뿐이다. 농업, 원예(園藝), 의료, 점복(占卜) 및 온갖 기술들(百工)도 '도'와 '리'가 그 안에 있다. 위쪽만을 향하여 도와 리를 추구한다면, 결국 도와 리가 통하지 못하게 될 것이다.[12]

또한 유학자들 사이에서 어떤 주제들이 '소도'에 속하는지에 대해서도 의견이 엇갈렸다. 일반적으로 유학자들은 역법(曆法)을 '소도'에 포함시키지 않았지만, 역법을 '소도'로 간주하는 유학자들도 있었다.[13] 반면에 의학, 농업, 기술은 유학자들에 의해 거의 예외 없이 '소도'로 인식되었다.[14]

3. 경전 연구와 주해 전통

몇몇 과학기술 분야들의 지식은 유학자들이 널리 공부하던 표준적 문헌들 안에 담겨 있었다. 특히 성인(聖人)이 썼다고—아니면 적어도 성인의 의도를 담았다고— 여겨졌던 유가 경전들에서 자연현상이나 과학지식을 언급하는 경우 유학자들은 해당 구절들의 주해(註解)에서 그 같은 현상이나 지식에 대해 자세히 논의했고 논의의 과정에서 전문적인 과학기술 지식을 사용하는 경우도 많았다. 대표적인 예가 『서경(書經)』「순전(舜典)」의 "재선기옥형이제칠정(在璇璣玉衡以濟七政)"("선기옥형을 살펴 '칠정(七政)', 즉 해, 달, 오행성(五行星)을 가지런히 한다.")이라는 구절과 『서경』「요전(堯典)」의 "기삼백유육순유육일(朞三百有六旬有六日)"("한 해 366일")이라는 구절인데, 많은 유학자들이 이 두 구절을 주해하면서 천문 의기(儀器) 및 치윤법(置閏法)에 관해 자세히 논의했다.

유학자들에게 과학기술 분야의 전문지식을 논의할 기회를 제공했던 다른 중요한 경전 구절들도 있었다. 『시경(詩經)』「소아(小雅)」편의 '시월지교(十月之交)'라는 시에서 일식과 월식, 그에 따르는 변고(變故)를 언급하는 구절이나, 덕(德)으로 정치를 하는 것은 "북극성이 제자리에 있고 뭇 별들이 그것을 향하는 것과 같다."는 『논어』의 구절[15], "컴퍼스와 자는 '방(方)'과 '원(圓)'의 지극함이고 성인은 인륜의 지극함이다."라는 『맹자』의 구절,[16] 그리고 "하늘은 높고 별들은 멀지만, 그 '고(故)'를 구하면 천년의 동지(冬至)도 가히 앉아서 알아낼 수 있다."라는 『맹자』의 또 다른 구절,[17] 등이 그 같은 예들이다. 이들 구절들 이외에도 『서경』「우공(禹貢)」편은 유학자들의 지리(地理) 지식 논의의 기본 자료로 여겨졌고, 『예기』의 「월령(月令)」과 「악기(樂記)」편의 주해들은 역법과 율려(律呂: 화성학)에 대한 전문적 논의를 많이 포함하고 있었다. 『주역(周易)』도 많은 자연현상들과 그것들에 대한 해석을 담고 있었으며, 특히 「계사전(繫辭傳)」에는 성인들이 여러 도구와 기술, 제도들을 창시한 데 대한 이야기가 담겨 있어[18] 유학자들에 의해 많이 논의되었다. 또한 유학자들은 여러 가지 기술에 대한 지식을 『주례(周禮)』 「고공기(考工記)」의 주해에서 논의하기도 했다.[19] 이들 경전의 주해들은 아주 자세하고 전문적인 과학기술지식의 논의들을 자주 포함하게 되었으며 해당 분야들의 표준적인 문헌이 되었다. 예컨대 경전들 속의 천문 관련 기록과 그 주석들을 모아놓은 왕응린(王應麟, 1223-1296)의 『육경천문편(六經天文編)』이 좋은 예로서, 대진(戴震, 1724-1777)은 『사고전서총목(四庫全書總目)』의 제요(提要)에서 『육경천문편』에 대해 언급하면서 역법의 핵심적인 주제들이 모두 육경에 들어 있다고 말했다.[20]

유학자들은 또한 『시경』에 이름이 나오는 수많은 동식물들에 대해서도 관심을 가지고 자세히 논의했다. 실제로 『시경』에 이름이 나오는 동식물 종(種)들을 확인하고 설명하는 것이 경전 연구의 한 분야가 되기도 했다.[21] 구양수(歐陽修, 1007-1072)는 "초목과 충어(蟲魚)는 『시경』 전문가들에게 그 자체로 하나의 학문[분야]가 되었다."고 이야기했고,[22] 『본초강목(本草綱目)』의 저자 이시진(李時珍, 1518-1593)은 사람들이 시(詩)를 읽음으로써 초목의 이름과 유형들을 이미 알고 있음을 지적했다.[23] 사실 공자 자신이 시를 공부하라고 권하고 시를 공부함으로써 얻을 수 있는 효과들을 열거하면서 "초목과 조수(鳥獸)의 이름을 많이 알게 되는 것"을 포함시켰다.[24] 실제로 『모시초목조수충어소광요(毛詩草木鳥獸蟲魚疏廣要)』를 쓴 육기(陸璣, 261-303)를 비롯해서 역대 많은 유학자들이 『시경』에 언급되는 동식물에 대한 주해를 썼다.[25] 경전에 나오는 글자들을 분류하여 해설한 일종의 백과전서인 『이아(爾雅)』도 동식물에 대한 긴 항목들을 담고 있어 동식물 종들에 대한 관심을 고무시켰는데, 여러 유학자들이 『이아』에 대한 주해서를 썼다.[26] 이들 『시경』과 『이아』 주해서들도 유학자들에게 동식물에 관한 지식의 기초이자 출처가 되었다.[27] 실제로 이시진은 『본초강목』을 쓰면

서 이들 주해서들에 크게 의존했다.[28]

중국의 역대 왕조에서 공식적으로 편찬한 사서(史書)인 정사(正史)들도 거의 예외 없이 '예(禮)'와 '악(樂)'뿐만 아니라 천문, 역법, 율려, 지리 분야의 '지(志)'들을 포함했는데, 이들 '지'들은 해당 분야의 전문지식을 많이 담고 있었고 유학자들에게 그 지식의 표준 문헌 역할을 했다. 또한 학자들이 직접 쓴 저술들도 전문 과학기술지식에 대한 논의를 포함하는 경우가 있었다. 가장 유명한 예는 두우(杜佑, 735-812)의 『통전(通典)』과 심괄(沈括, 1031-1095)의 『몽계필담(夢溪筆談)』으로 과학기술 분야를 포함하여 온갖 종류의 주제들을 다루고 있는 이 책들을 수많은 후대 유학자들이 공부했고 자신들의 논의에서 자주 인용했다. 많은 유학자들이 이 같은 문헌들에 담긴 전문 과학지식을 공부했으며 이에 대한 그들의 이해는 상당한 수준에 도달하기도 했다.

2절 유가 학문: 격물, 리, 수

1. 격물과 리

유학자들의 학문적, 도덕적 노력과 자기수양의 기초였던 '격물(格物)' 이론도 그들이 과학기술 분야들에 관심을 가지고 공부하도록 하는 중요한 동기를 부여했다. 그들은 '격물'이라는 말을 '사물의 리(物之理)를 탐구한다'는 의미로 해석했는데, 세상의 모든 사물은 각각의 '리(理)'를 지니고 있고 그 '리'가 하나의 보편적인 '리', 즉 '천리(天理)'의 발현이기 때문에, 유학자들에게 모든 사물은 탐구할 만한 가치가 있었다.[29] 예컨대 주희는 세상의 모든 사물은 '리'를 지니고 있으므로 그것들을 공부하고 이해해야만 한다고 되풀이해서 말했다. 그리고 구체적인 사물의 탐구를 강조하는 이 같은 격물 이론은 주희 이후 유학자들 사이에 지속적인 영향을 미쳤다. 예컨대 광범위한 과학기술지식을 담고 있는 중요한 책들을 저술한 양신(楊愼, 1488-1559), 이시진, 송응성(宋應星, 1587-1666?) 같은 유학자들이 그들의 책에서 다양한 과학기술지식을 제시하고 그러한 지식을 공부하는 것의 중요함을 강조하면서 자신들의 그 같은 주장을 격물 이론을 내세워 뒷받침했다.[30] 이에 따라 많은 과학기술의 주제들이 격물의 대상으로 간주되었고 특히 수학과 천문학이 격물의 중요한 주제가 되기도 했다. 17세기의 여러 유학자들도 서양의 과학기술지식을 유가의 학문체계 안에 포함시키는 것을 격물 이론을 통해 합리화했다.[31]

경전에 나오는 몇 가지 표현들이 격물에 대한 이 같은 해석을 뒷받침하는 것으로 받아들여졌다. 『논어』, 『맹자』, 『중용』 등에 나오는 '박학(博學)'이라는 표현이 좋은 예인데,[32] 이 말은 모든 것을 공부하고 이해해야 한다는 주장을 뒷받침하는 데 흔히 사용되었다. 예를 들어 주희는 만물(萬物)을 공부하고 이해할 것을 역설하는 자신의 주장을 뒷받침할 때 '박학'이라는 표현을 이용했다: "『대학(大學)』의 '도(道)'는 반드시 격물과 치지(致知)로 시작하여 천하의 리로 [나아가야만] 한다. 천하의 책 중에는 '널리 공부하지'(博學) 않을 것이 없다."[33] 명백히 드러나고 알기 쉬운 구체적인 일들에서부터 시작해서 더 어려운 것으로 나아가야 한다는 뜻을 지닌 '하학상달(下學上達: 아래에서 배워서 위에 이른다)'이라는 표현도 같은 식으로 해석되었다.[34]

2. '수' 및 기타 철학적 개념들

'수(數)' 개념 또한 유학자들이 자연세계와 과학에 대한 관심을 갖게 하는 데에 역할을 했다. 특히 '리(理)'가 '수' 속에 존재한다는 생각이 중요한 역할을 했는데, '리'가 '수' 속에 있다면 '수'의 탐구는 유가 학문의 궁극적 목표였던 '리'의 탐구가 될 수 있기 때문이었다. '리'가 '수' 속에 있다는 생각으로부터 더 나아가 '리'와 '수'가 '일체(一體)'이고 분리불가능하다는 생각도 나타났다. 실제로 소옹(邵雍, 1011-1077)과 주희 이래 신유학 사상 속에 지속적으로 존재했던 '리'와 '수'의 연결에 대한 믿음은 수학과 천문역법을 격물의 중요한 주제로서 유가 학문의 일부로 포함시키는 데 대한 강력한 근거를 제공하기도 했다.

'수'는 다른 글자들과 결합하여 자연세계나 과학기술과 관련된 표현들을 이루기도 했다. 예컨대 '도수(度數)'라는 표현은 사물의 크기와 양(量)을 가리키는 말로 천문역법과 수학 이외에도 여러 가지 분야와 주제들을 포괄했는데, 특히 조선 유학자들 사이에서 '명물도수지학(名物度數之學)', '성력도수지학(星曆度數之學)' 등의 표현이 많이 사용되었다.[35] 또한 『주역』 괘들과 숫자들, 그리고 그것들을 포함하고 『주역』과 그 주해들에 바탕한 「하도(河圖)」, 「낙서(洛書)」, 「선천도(先天圖)」 등 각종 도상(圖象)들과 그에 대한 공론(空論)들을 포괄하여 지칭하는 '상수(象數)'라는 말도 유학자들에게 세계의 작동과 그 질서, 조화, 비밀 등을 나타내주는 기본 관념이 되었다.

한편 여러 과학기술 분야들이 유가의 중요한 철학적 용어나 개념들과 연관되어 있었고, 그 같은 용어와 개념들의 중요성이 그 분야들에 대한 탐구의 중요성으로 이어지기도 했다. 예를 들어 '천(天)' 개념의 중요성은 유학자들로 하여금 '하늘'에 대해 다루는 천문역법 분야를 중요시하게 했다. 지리와 풍수는 '천지(天地)'라는 용어의 다른 한쪽 절반인 '지(地)'와 연관되어 있었기에 역시 중요했다. 유가의 예(禮)의 일부로서 음악의 중요성은 그와 관련된 율려 또한 유학자들에게 중요한 주제가 되게 했다. 『주역』 및 그 속에 담긴 개념들과 괘(卦)들의 중요성은 그것들을 사용하는 상수(象數), 점복(占卜), 연단(煉丹) 등의 중요성으로 이어졌다. 연단, 특히 내단(內丹)은 '도(道)' 개념과도 연결되었는데, 왜냐하면 그것이 '도'를 추구하는 이른바 '도사(道士)'들이 종사하던 활동 중 한 가지였기 때문이었다. 유학자들은 당연히 위의 여러 분야들에 대한 탐구가 그것들과 연관된 개념들을 이해하는 일을 도울 것으로 믿었을 것이며, 실제로 그들은 역법, 율려, 지리, 연단, 점복 등과 같은 분야들에 관심을 가졌고, 그러한 분야들은 유학자들의 지적인 관심의 중요한 대상이 되었다.

3. '상관적' 사고: 음양, 오행 등

유가 전통에서 자연세계의 물체와 현상들을 논의하는 데 사용했던 음양(陰陽), 오행(五行) 같은 '개념틀'들은 대부분 분류적인 것들로서 여러 속성들로 이루어지는 범주들과 연관지어졌다. 예컨대 세상 모든 종류의 이원(二元)적 속성들을 포괄하는 음양 이분법 체계에서는 〈표 1〉에서 보듯이 움직임과 정지(動-靜), 감과 옴(往-來), 열림과 닫힘(開-閉), 굽힘과 폄(屈-伸), 사라짐과 자라남(消-長), 낮과 밤(晝-夜), 해와 달(日-月), 삶과 죽음(生-死), 추위와 더위(寒-暑), 남자와 여자(男-女)를 비롯해서 한 쌍으로 볼 수 있는 거의 모든 것들이 음양과 연결되었다. 주희의 말을 따르면 "하늘과 땅 사이에 그 밖에 다른 무엇이 있는가? [모든 것이] 단지 '음'과 '양' 두 글자일 뿐이다. 어떤 사물을 보아도 음-양과 분리할 수 없으며, 몸 위에서만 보아도, 눈을 뜨면 바로 음이 아니면 양이다."[36]

유가 전통에는 음-양 이외에도 다른 많은 범주들—오행(五行), 사덕(四德), 십간십이지(十干十二支), 괘(卦) 등—이 있었는데 이들 범주들도 여러 다양한 속성들과 연결되었다. 예컨대 〈표 2〉에서 보듯이 세상의 여러 가지 특성들이 다섯 범주로 나누어져서 '목(木)', '화(火)', '금(金)', '수(水)', '토

(土)'의 다섯 '행(行)' 중 한 가지씩과 연결되는 오행의 체계에서는 다섯으로 분류될 수 있는 세상의 거의 모든 물체, 현상, 개념들이 오행과 연결되게 되었다.[37]

그런데 이들 범주들 중 하나의 범주와 연결된 여러 가지 속성들은 그것들 사이에 서로 연관이 지어지고, 그에 따라 그렇게 상호 연관된 속성들로 이루어진 연결망을 만들어냈다. 예컨대 음-양과 연관된 속성들은 그것들 상호 간에도 연결이 지어져서, 하나의 양의 속성은 다른 양의 속성들을 동반하고 그것들에 반응하며 그것들과 상호작용하는 것으로 간주되고 음의 속성들이 이것들을 방해하고 억누르는 것으로 간주되었다. 주희는 이 같은 상호 연결에 대해 자주 언급했는데, 예를 들어 남자와 여자가 서로를 희구하는 이유를 설명하면서 다음과 같이 남-녀와 홀수-짝수, 움직임-정지 등의 음양 대립쌍들을 서로 연결지었다.

천하의 '리'는 하나인 것은 움직이고 둘인 것은 정지해야 한다. 예를 들어 남자는 [혼자 있으면] 반드시 여자를 구하고 여자는 [혼자 있으면] 반드시 남자를 구한다. 자연스럽게 움직임이 있다. 한 남자와 한 여자가 한 방에 거하게 되면 그 후에는 [둘이 되어] 안정된다.[38]

부드러움과 단단함이 음과 양에 연관됨을 설명하면서는 다음과 같이 이야기했다.

양은 나아감(進)을 주관하고 음은 물러남(退)을 주관한다. 양은 자라남(息)을 주관하고 음은 사라짐(消)을 주관한다. 나아감과 자라남의 기는 강하고 물러남과 사라짐의 기는 약하다. 이것이 음과 양이 부드러움(柔)과 단단함(剛)이 되는 이유이다.[39]

오행 연관들도 서로 연결되어서, 동일한 행과 연관된 여러 속성들은 그 것들끼리 서로 연결되었다. 예컨대 '목(木)'과 연관된 계절인 봄은 동쪽, 푸른색, '오성(五聲)' 중의 '각(角)', '오장(五臟)' 중의 간(肝), '오관(五官: 다섯 가지 기능)' 중의 시각(視覺) 등 '목'의 다른 속성들과 연결되었으며, 물론 다른 행들의 연관들 사이에서도 이와 유사한 상호 연결이 있었다. 따라서 '목'에 속하는 간(肝)이 나빠지면 역시 '목'에 속하는 시각(視)이 나빠지며 '금'에 속하는 폐(肺)는 '금'에 속하는 청각(聽)에 영향을 미친다고 여겨졌다. 그 외에도, 사계절과 '사덕(四德)'—원(元), 형(亨), 리(利), 정(貞)—은 각각이 오행과 기후, 사방(四方), 오상(五常) 등과의 상관관계를 통해 서로 연결됨으로써 수많은 4중(四重) 속성들의 연결망을 형성했다. 그것들은 더 나아가 '칠정(七情)' 중의 네 가지—애(愛), 희(喜), 악(惡), 욕(欲)—를 비롯해 다양한 4중의 인간적 속성들과도 연결되었다. 주희는 하루의 네 부분—낮, 밤, 새벽, 황혼—도 사덕과 연결지었으며 심지어 난로의 다리 네 개에까지도 그런 4중의 의미를 부여했다.[40]

어떤 속성들은 굳이 음양이나 오행과 같은 기본 범주들과의 연관을 매개로 사용하지 않고 직접 서로 연결되었다. 중국 전통음악의 기본 5음을 가리키는 '오성(五聲)'은 다섯 가지로 이루어진 여러 범주들과 연결되었는데, 예컨대 '궁(宮)'은 군주(君)와, '상(商)'은 신하(臣)와, '각(角)'은 백성(民)과, '치(徵)'는 일(事)과 그리고 '우(羽)'는 사물(物)과 연결되었다. 한편 '십이율(十二律)'의 각 '율'은 일 년 12개월과 연결되었다. 또한 눈과 간(肝), 귀와 신장(腎)이 연결되는 등 인간의 감각기관들과 '오장(五臟)'이 연결되기도 했다. 실제로 이런 종류의 상호연관들은 자연현상에 대한 유학자들의 논의에서 사용되는 주된 설명 양식이었으며, 그 같은 분류적이고 '상호연관적'인 특성은 자연현상에 대한 유가 담론의 보편적인 특징이었다. 많은 현대의 학자들이 바로 이 특성을 가리켜 '상관적 사고(correlative thinking)'

나 '상응(correspondence)의 체계' 같은 표현들을 사용했다.[41]

이들 상호연관적인 기본 개념들은 또한 순환적이어서, 그것들은 정해진 순서에 따라 끊임없이 반복, 순환했다. 예컨대 음과 양의 되풀이되는 교체는 흔히 음양의 '순환(循環)'이라고 표현되었는데, 자연세계를 예로 들면 움직임과 정지, 열림과 닫힘, 굽힘과 폄, 낮과 밤, 해와 달, 삶과 죽음, 추위와 더위, 내쉼과 들이쉼(呼-吸) 등 음-양의 속성들이 끊임없이 교체되는 것이다. 음과 양의 순환에서 음이 극(極)에 도달하면 양이 나타나고 양이 자라서 극에 이르면 음이 다시 나타나는 과정이 끊임없이 계속된다. 그리고 이처럼 음과 양이 계속해서 서로를 뒤따르기 때문에 이 둘 중 어느 것이 먼저이고 어느 것이 나중인지에 대한 구분은 있을 수 없다. 주희는 이 같은 순환을 두고 음과 양이 "고리처럼 끝이 없다."[42]고 표현했다.

음-양 속성들만이 아니라 위에서 언급한 다른 상호연관적 범주들도 순환적이어서, 정해진 순서에 따라 끊임없이 순환했다. 위에서 본 여러 가지 음-양 속성들이 지속적으로 되풀이되면서 시작과 끝이 없는 순환 사이클을 형성했듯이, 사계절, '사덕', 식물의 생명주기 등 오행과 연결된 속성들도 정해진 순서에 따라 끝없이 순환했던 것이다. 유학자들에게는 그 같은 지속적인 순환적 반복은 자연현상의 보편적 특징이었는데, 누구나 쉽게 보게 되는 천체의 움직임, 계절의 변화, 바다의 조석(潮汐), 식물의 생명 주기(週期), 심지어는 자벌레(尺蠖)의 '굴신(屈伸)'의 움직임에 이르기까지 자연현상들에서 순환적 특성이 너무나 명백했기에 이는 당연한 일이었다고 할 수 있다. 사실, 순환적 반복은 자연현상에 대한 전통 유학자들의 논의에서 나타나는 또 하나의 주된 특징이었다.

양	음
움직임(動)	정지(靜)
발산(散)	응집(聚)
새로 나옴(發暢)	거두어들임(斂聚)
휘둘러 흩어짐(揮散)	이루어냄(成就)
폄(伸)	굽힘(屈)
열림(闢)	닫힘(翕)
나아감(進)	물러남(退)
자라남(長)	사라짐(消)
늘어남(息)	사라짐(消)
남자(男)	여자(女)
남편(夫)	아내(婦)
밝음(明)	어두움(暗)
강함(强)	약함(弱)
가벼움(輕)	무거움(重)
큼(大)	작음(小)
맑음(清)	흐림(濁)
단단함(剛)	부드러움(柔)
온후함(溫厚)	엄정함(嚴凝)
평탄함(平坦)	험함(險阻)
기(氣)	혈(血)
기(氣)	형(形)
기(氣)	질(質)
신(神)	귀(鬼)
혼(魂)	백(魄)
사람(人)	귀신(鬼)
봄(春), 여름(夏)	가을(秋), 겨울(冬)
동지(冬至)에서 하지(夏至)까지	하지에서 동지까지
(한 달 중) 보름 전(望前)	보름 후(望後)
낮(晝)	밤(夜)
해(日)	달(月)

동물(走飛)	식물(草木)
나무(木)	풀(草)
날짐승(飛鳥)	들짐승(走)
용(龍)	호랑이(虎)
내쉼(呼)	들이쉼(吸)
홀수(奇)	짝수(偶)
좌(左)	우(右)
위(上)	아래(下)
동(東)	서(西)
남(南)	북(北)
대문과 통로(門行)	출입구와 부엌(戶竈)
길(吉)	흉(凶)
좋음(好)	나쁨(不好)
선(善)	악(惡)
존귀함(尊)	비천함(卑)
공(公)	사(私)
의(義)	이(利)
기쁨과 즐거움(喜樂)	성냄과 슬픔(怒哀)
사랑과 욕망(愛欲)	두려움과 증오(懼惡)
군자(君子)	소인(小人)
사람(人)	사물(物)
아버지(父)	아들(子)
군주(君)	신하(臣)
천문(天文)	지리(地理)
베품(施)	받아들임(受)
밝은 곳을 향함(向明處)	밝은 곳을 등짐(背明處)
앞을 향함(向前)	뒤로 물러섬(收退)
부리어 씀(運用)	보관하고 받아들임(藏受)
태어남과 자람(生育長養)	질병과 죽음(夷傷慘殺)
사물을 엶(開物)	일을 완성함(成務)
행동함(有爲)	지킴(持守)

木	火	金	水	土
[홍범(洪範)]				
굽고 곧음 (曲直)	불타고 위로 향함 (炎上)	따르고 변화시킴 (從革)	적시고 아래로 향함 (潤下)	심고 거둠 (稼穡)
춘	하	추	동	
동	남	서	북	중앙
청색(靑)	적색(赤)	백색(白)	흑색(黑)	황색(黃)
신맛(酸)	쓴맛(苦)	매운맛(辛)	짠맛(鹹)	단맛(甘)
누린내(羶)	매운내(焦)	고약한내(腥)	썩은내(朽)	향내(香)
[오음(五音)]				
각(角)	치(徵)	상(商)	우(羽)	궁(宮)
[오장(五臟)]				
간(肝)	심(心)	폐(肺)	신장(腎)	비장(脾)
[오관(五官)]				
눈	혀	코	귀	입
[십간(十干)]				
甲, 乙	丙, 丁	庚, 辰	壬, 癸	戊, 己
별(星)	해(日)	별자리(宿)	달(月)	땅(地)
바람(風)	더위(暑)	추위(寒)	비(雨)	천둥(雷)
보기(視)	말하기(言)	듣기(聽)	용모(貌)	사고(思)
[오상(五常)]				
인(仁)	예(禮)	의(義)	지(知)	신(信)
[사덕(四德)]				
원(元)	형(亨)	이(利)	정(貞)	

4. 하늘과 인간

하늘(天)과 사람(人)이 서로 감응한다는, 고대서부터 유가 사상에서 두드러졌던 '천인상감(天人相感)'의 관념도 이 같은 '상관적' 사고의 예로 볼 수 있는데, 이 관념 역시 자연세계와 과학에 대한 유학자들의 태도에 영향을 미쳤다. 인간 세계와 하늘로 대표되는 자연세계가 서로 감응(感應)한다는 생각에 따라 자연세계에 대한 이해와 탐구가 인간세계를 이해하고 인간세계의 문제들에 대처하기 위해서도 중요성을 지니게 되었다. 특히 하늘과 인간세계의 질서가 서로 연결되어 있고 황제가 그것들 사이의 중재자라는 믿음에 바탕해서 하늘에서의 이상(異常) 현상은 황제가 제 기능을 하지 못하고 있다는 경고로 해석되는 점성술이 중요시되기에 이르렀고 천문, 기상(氣象)의 이상 현상의 관측과 해석이 큰 정치적 중요성을 띠게 되었다.

사실, 인간과 하늘의 관계는 여러 측면들을 지니고 있었다. 그 하나는 대우주(macrocosm)–소우주(microcosm)의 평행관계, 즉 소우주로서의 인간이 대우주 즉 천지의 축소판이라는 관념이었다.[45] 인간과 천지 사이의 평행관계는 심지어 동일함의 관계로까지 바뀌었으며 이런 생각은 주희의 다음과 같은 언급에서 찾을 수 있다.

> 하늘은 곧 사람이고 사람은 곧 하늘이다. 사람이 처음 생겨날 때 하늘로 인해 생겨났다. [하늘이] 일단 이 사람을 생기게 하면 하늘 또한 사람 안에 있다. 무릇 말, 동작, 보는 것, 듣는 것은 모두 하늘이다. 지금 [내가] 말할 때 하늘이 바로 여기에 있다.[46]

인간과 천지 사이의 평행관계 또는 동일성의 관념에 따라 인간세계의 도덕적 속성들이 자연세계에 주어지기도 했고 나아가 자연세계의 밑바탕에 존재하는 도덕적 질서가 인간세계의 도덕에 대한 일종의 우주론적 근거를 부여해주고 있다는 생각을 낳기도 했다.[47]

그렇지만 인간과 천지 사이의 관계에서 가장 명백한 측면은 '천(天)-지(地)-인(人)'의 '삼재(三才)' 사상, 즉 인간이 하늘과 땅 사이에서 조화롭게 사는 세상이라는 관념이었다.[48] 이런 견해의 출처는 "[인간이] 천지가 변화시키고 기르는 것을 도울 수 있다면, 인간은 천지와 더불어 셋(三)이 될 수 있을 것이다."라는 『중용(中庸)』의 구절이다.[49] 이렇듯 '삼재' 관념이 보여주는 관계는 기본적으로 인간과 천지가 서로 도와준다는 것이다. 물론 하늘(또는 천지)은 분명히 인간과 만물을 생성하고 주재하지만, 그러나 하늘은 홀로 모든 것을 하는 것은 아니다. 하늘은 할 수 없고 인간이 하늘을 대신하여 하는 일들이 있기 때문이다. 주희는 이에 대해 다음과 같이 이야기했다.

> 인간은 하늘과 땅의 중간에 있으니 비록 [하늘과 인간의 '리'가] 하나의 '리'이기는 하지만 하늘과 인간은 각각 자신의 역할을 지니고 있다. 인간은 할 수 있지만 하늘이 할 수 없는 일이 있다. 예를 들어 하늘은 사물을 생기게 할 수 있지만 씨앗을 뿌리기 위해서는 인간을 써야 한다. 물은 사물을 적실 수 있지만 [하늘은] 관개(灌漑)를 위해서는 인간을 써야 한다. 불은 사물을 태울 수 있지만 [하늘은] 장작을 [모아] 요리하기 위해서는 인간을 써야 한다.[50]

주희는 하늘과 땅의 보다 일반적인 속성들을 사용하여 이 관계에 대해 이야기하기도 했다. 예를 들어 "하늘은 단지 움직임이고 땅은 단지 정지함이다.… 인간이 움직임과 정지를 결합시킨다."[51] 그는 또한 "하늘은 '덮을(覆)' 수는 있으나 '실을(載)' 수는 없으며, 땅은 실을 수는 있으나 덮을 수는 없다."고 이야기했다. 오직 인간만이 두 가지를 다 할 수 있다는 것이다.[52]

2장

실용과 상식

앞 장에서 자연세계와 과학기술에 대한 유학자들의 태도에 영향을 미친 유가 사상과 학문의 여러 가지 요소들에 대해서 살펴보았는데, 이 같은 사상적, 학문적 요소들 이외에 실용을 중시하는 유가의 실용주의적 경향도 유학자들이 자연세계와 과학기술에 대해 지니는 태도에 영향을 미쳤다. 과학기술은 유학자들에 의해 실용성을 지닌 대표적인 분야로 인식되었고 그에 따라 많은 유학자들의 관심과 공부의 대상이 되었다. 실용성 위주로 과학기술을 보는 이 관점은 10장에서 보게 될 것처럼 현대 한국 사회에서도 두드러진 특성이 되었다.

유가의 실용주의적 경향은, 일차적으로는 과학기술의 실용성 때문에 그것에 관심을 갖고 그 지식을 추구하는 데에서 드러났지만, 그 외의 다른 면에서도 유학자들의 과학기술에 대한 태도에 영향을 미쳤다. 예컨대, 유학자들이 자연세계의 현상이나 물체들을 실제로 존재하는 것으로 받아들이고 당연한 것으로 여기는 태도에서도 실용주의적 경향을 볼 수 있다. 그 같은 태도를 지닌 유학자들은 자연세계와 자연현상에 대한 논의에서 표면적으로 드러나서 직접 감지할 수 있는 현상보다 더 깊은 차원으로 들어가 '실재(實在)'를 탐구하려 들지 않았으며 그에 대한 이론적, 추상적 탐구에 파고들지 않았던 것이다. 그리고 그런 면에서 자연세계에 대한 유학자들의 지식은 '상식적'이었다고 할 수 있다. 이 장에서는 유학자들의 이 같은 실용주의적, 상식적 경향이 자연세계와 과학에 대한 그들의 태도에 미친 영향에 대해 다룰 것이다.

한편 유학자들의 실용주의적, 상식적 경향은 술수(術數)에 대한 태도에서도 나타났다. 물론 유학자들은 술수를 대체로 배격했지만, 어쨌든 여러 가지 술수가 유학자들 자신들을 포함해서 민간에 널리 퍼져 행해지면서 일정한 기능을 지니고 있었을 뿐 아니라 경전(經典)에도 술수에 대한 언급이 나오는 상황에서 그것들을 완전히 배격할 수는 없었던 것이다. 이 장은 이에 대해서도 살펴볼 것이다.

1절 과학기술의 실용성

과학기술이 지닌 실용성의 여러 측면들 중 특히 유학자들에게 중요했던 것은 그것이 국정(國政)의 운영과 사회의 안녕을 위해 지니는 실용성이었다. 실제로 몇몇 과학기술 분야들의 지식은 유학자들이 관직을 맡아 공무(公務)를 수행하게 되었을 때 필요한 것들이었다. 물론 유가 전통 국가인 중국과 조선의 관제(官制)에는 역법, 산학(算學), 의료 등 과학기술과 관련된 전문 분야들을 전담하고 그 분야의 전문가들로 충원된 전문 직제가 포함되어 있었다. 그러나 유학자들은 실제 관직을 맡은 관료로서, 또는 장차 관직을 맡게 될 잠재적인 관료—즉 '학자-관료'(scholar-official)—로서 역법, 농업, 군사, 측량, 건축, 수리(水利), 의료 등 과학기술의 문제들과 관련된 여러 업무를 직접 담당하거나, 아니면 적어도 보통 자신들보다 더 낮은 직위를 지닌 전문직 관원들의 업무를 관리하고 감독해야만 했기에 과학기술 분야들에 무관심할 수가 없었다. 따라서 유학자들은 역법, 수학, 농업, 의학과 같은 과학기술 분야들에 어느 정도의 지식을 갖추어야 할 실용적 필요가 있었다.[1] 그리고 이런 필요성 때문에 관료들은 이들 과학기술 분야의 전문적 지식이 포함된 실무 지침서들을 쓰기도 했으며 이런 주제들은 '시무(時務)'라는 범주로 과거 시험에도 포함되었다.

사실, 유가 전통의 사상과 학문에는 원래부터 실용을 중시하는 경향이 있었는데 명(明) 말에 이르면서 그런 경향이 더욱 뚜렷해졌다.[2] 많은 유학자들이 당시 국가가 처한 어려운 상황을 개선할 수 있는 실용적 지식에 관심을 가졌다. 실제로 실용적인 과학기술의 지식과 능력이 서광계(徐光啓, 1562-1633) 같은 사람의 관직 중용(重用)에 기여하기도 했다.[3] 조선 후기 유학자들 사이에도 "심성(心性), 예론(禮論) 위주의 학문 경향에 반발하면서 일용사무에 적용할 수 있는 실용적 학문에 관심을 기울이는" 사람들이 등장했다.[4] 예컨대 홍대용(洪大容, 1731-1783)은 지인에게 보낸 편지에서 경전에 대한 자세한 주해(註解) 작업보다는 실제 세상에 필요한 공부가 중요함을 다음과 같이 이야기했다.

지금 세상에 살면서 옛 도(道)를 돌이키고자 하면 또한 어렵지 않겠습니까. 해(年)를 다하고 대대로 자세히 분석한다 해도 실상 몸과 마음의 치란(治亂)이나 집안과 나라의 흥망과는 무관하고, 다만 모여서 다툰다는 나무람만 오게 하는 데 족할 뿐인즉, 율력(律曆), 산수(算數), 전곡(錢穀), 갑병(甲兵)이 세상의 필요에 적절히 쓰이는 것만 같지 못할 것 같습니다.[5]

여러 전문 분야들 중에서 유학자들에게 가장 큰 실용성을 지닌 분야는 역법이었다. 정확한 달력은 통치자가 '천명(天命)'을 제대로 따르고 있음을 확실하게 보여주는 증표가 되었기 때문에 정확한 달력을 제작해서 '시간을 주는(授時)' 통치자와 정부의 기본적인 업무를 위해 역법의 지식이 필요했고, 이는 군왕과 관료들에게 명백한 정치적 중요성을 지녔다. 따라서 보다 정확한 달력을 얻기 위한 개력(改曆) 작업이 중국의 역사상 빈번했고 한대(漢代, 206BC-220AD)서부터 유학자들이 개력 논쟁에 참여하고 실제 개력 업무를 수행하는 일이 잦았다.[6] 또한 1장에서 보았듯이 하늘과 인간세계의 질서가 서로 연결되어 있다는 믿음에 바탕한 점성술은 역법의 지식과 데이터를 사용했기 때문에 역법과 밀접히 관련되어 있었으며, 점성술 작업은 천문 관서에서 일하는 역가(曆家)들이 수행해야 하는 중요한 임무가 되었다. 그 외에 천문역법의 지식은 정확한 지도(地圖) 제작에도 긴요했다. 역대 왕조가 달력 만드는 지식을 독점하려 하고 심지어는 역법의 사사로운 학습에 대해 금령을 내린 이유는 바로 역법이 지니고 있는 이러한 중요성 때문이었다.[7]

다른 과학기술 분야들도 그 실용성 때문에 유학자들의 관심을 끌었다. 예를 들어 의학이 유학자들의 관심을 끈 이유도 주로 그 실용성 때문이었다. 건강한 삶을 유지하고 질병을 치료하는 것은 유학자들 자신과 그들의 가족, 그리고 국가의 명백한 필요를 충족시켰다. 부모가 병들어 약을 쓸 때에는 자식이 먼저 맛을 보아야 한다는 『예기(禮記)』의 구절도 의학 지식을 유가의 핵심 덕목인 효도와 연결지음으로써 유학자들로 하여금 그에 관심을 지니도록 했다.[8] 따라서 많은 유학자들이 의료의 다양한 측면에 대한 지식에 깊은 관심을 가졌고, 때로는 실제 의료 행위를 하기도 했다.

농업도 그 실용성 때문에 유학자들이 지속적인 관심을 보였던 분야였다. 유학자들이 지방 관직에 있을 때 직접 '권농(勸農)'의 업무가 그들에게 주어졌으며, 대부분 지주(地主)였던 유학자들은 관직을 떠나 향리에 기거하게 되었을 때 농업 경영에 관심을 지니기도 했고 실제 농사를 경영하기도 했다. 예컨대 중국 송대(宋代, 960-1279) 유학자 소식(蘇軾, 1037-1101)은 상당 수준의 농업 관련 지식을 지녔으며[9] 조선 후기 서유구(徐有榘, 1764-1845)의 방대한 저작 『임원경제지(林園經濟志)』는 유학자의 농업에 대한 관심을 포함한 광범위한 실용 지식을 집대성했다.[10] 이러한 상황에서 많은 유학자들이 농업 전문서나 지침서들을 저술했고, 그 책들은 유학자들의 중요한 저술 장르가 되었다.[11] 농사와 관련하여, 수리(水利) 기술도 많은 유학자들이 관심을 보였던 중요한 주제였다.[12]

사실, 유가 전통사회에서 농업은 '공(工)'이나 '장(匠)'과는 달리 흔히 '본(本)' 또는 '본업(本業)'으로 여겨졌고 그런 면에서 '농본(農本)'이라고 지칭되었다. 유학자들에게 농업은 직접 생산을 통한 경제적 효용만을 지닌 것이 아니라 사회 질서와 백성 및 국가의 복지를 위한 기반이었던 것이다.[13] 경작하고 수리(水利)를 관리하고 다리를 놓는 등 농업 관련 업무들은 국가가 백성의 복지를 돌보기 위해 필요한 일이었기에, 군왕과 관료들이 농업을 진흥시킨 데에는 단순히 식량 생산이라는 실용적 필요만이 아니라 우주론적이고 도덕적인 이유들도 개입되었다.[14] 유학자인 관료들이 '권농문(勸農文)'을 자주 집필한 것도 농업이 지니는 이 같은 의미 때문이었다.[15]

그 외의 다양한 실용적 기술들도 관료들의, 그리고 잠재적 관료였던 유학자들의 관심을 끌었다. 건축, 토목, 수리관개, 무기(武器), 천문관측 시설 등이 두드러진 사례들인데, 그 외에도 소금, 비단(緋緞), 자기(磁器) 등 국가의 통제하에 있던 몇 가지 핵심적인 물자(物資)들을 효과적으로 확보하는 것도 국가를 위해 중요했고 이것들의 생산 기술도 유학자들의 관심 대상이었다.[16] 인쇄 기술 또한 "이념의 전파를 위해서든, 실무적인 지식의 보급을 위해서든, 중요한 자료를 보관하기 위해서든…. 국가 경영에서 빠질 수 없는 중요한 요소"였고 정부와 관료들의 관심 대상이었다.[17] 한편 이 같은 직접적인 실용성 이외에 사치와 기호품 선호, 황제와 국가의 명성(名聲) 및 권위 추구, 단순한 호기심 등의 필요를 충족시키는 '이차적인 실용성' 도 유학자들이 과학기술, 특히 여러 기물(器物)들에 관심을 갖도록 하는 데 역할을 했다.[18]

2절 세계의 실재성과 '상식적' 자연관

앞 절에서 유학자들이 과학기술이 지닌 실용성 때문에 자연세계와 과학 기술에 관심을 지니게 되었음을 보았고 그런 면에서 유학의 실용주의적 경향을 볼 수 있었는데, 이와는 전혀 다른 면에서도 유학의 실용주의적 경향이 나타났다. 예컨대 자연세계의 현상이나 물체들을 당연한 것으로 받아들이는 유학자들의 태도에서도 실용주의적 경향이 드러난다. 자연 세계에 존재하는 것들이나 그 속에서 일어나는 것들은 유학자들에게 당 연하고 명백한, 그야말로 '자연스러운' 것이었고, 따라서 그들은 자연현상 에 대해 더 설명할 필요를 느끼지 않았다. 오히려 주희 같은 사람은 그렇 게 명백하고 당연한 것으로 받아들여지는 일상적인 자연현상들을 어렵 고 복잡한 도덕적, 사회적 문제들에 대해 논의하는 데 이용하는 경우가 많았다.

예를 들어 주희는 일단 수레가 움직이기 시작하면 그것을 계속 움직이 게 하기 위해서 별로 큰 힘이 필요하지 않다는 이야기를 자주 했지만, 이 는 공부를 시작할 때에 큰 노력이 들어가지만 일단 시작한 후에는 쉬워 진다는 것을 주장하기 위해서였다.[19] 마찬가지로, 조그마한 불순함이라도 마음(心)에 섞여들면 마음은 진실됨(誠)을 잃고 자기기만(自欺)에 빠져 든다는 것을 주장하기 위해 그는 금(金)에 작은 양의 은(銀)이 섞여들어 도 그 금은 금으로서의 가치를 잃는다는 사실과의 유비를 사용했다. 독 서법, 특히 숙독(熟讀)의 필요성을 논의하면서는 두 가지 현상들을 한 가 지 점을 주장하는 데에 사용하기도 했다.

> 무릇 책을 읽음에 있어 반드시 숙독해야 한다. 숙독하면 [글의] 정수 (精髓)에 익숙해지고 정수에 익숙해진 후에 리(理)가 저절로 보인다. 그 것은 과일을 먹는 것과 같아서 처음 입에 댔을 때는 맛을 모르고 그냥 먹는다. 잘고 부드럽게 씹어야만 맛이 저절로 나와서 단맛인지 쓴맛인 지 맛을 알기 시작하게 된다. 또 정원사가 정원(庭園)에 물을 줄 때, 물 주기를 잘하는 정원사는 채소와 과일 한 그루 한 그루씩 물을 준다. 얼마 되지 않아 물주기가 충분해지면 흙과 물이 서로 조화를 이루고 식물들은 양분(養分)을 얻어 자연스럽게 자라난다. 물주기를 잘 못하 는 정원사는 서둘러서 한다.…[20]

물론 이 예들로부터 움직이는 물체가 지닌 경향, 금속 혼합물의 성질, 맛 의 지각(知覺), 식물의 영양(營養) 등의 자연현상에 대한 주희의 생각을 찾 아보는 것이 불가능한 것은 아니다. 그러나 그의 진짜 관심은 다른 곳에 있었다. 예컨대 공부를 시작할 때에 열심히 노력해야 할 필요성, 마음의 진실됨과 순수함의 중요성, 숙독의 필요성을 주장하는 것이 그의 목적이 었고 그것을 위해 그가 주장하는 바와 자연현상들 사이의 유비관계를 사용했던 것이다. 위의 예 중 어느 것에서도 자연현상들 자체가 주희의 진짜 관심의 대상은 아니었다.

자연세계의 많은 구체적 물체들과 현상들이 바로 이런 맥락에서 주희의 논의에 등장했다. 예컨대 그가 약(藥)의 효과나 물(水)의 맑음에 대해 자주 이야기한 것은 그것들과의 유비관계를 통해서 사람의 '성(性)'과 마음에 대해 논의하기 위함이었다. 그는 또한 사계절의 변함없는 순서에 대해 자주 이야기했는데, 이는 인간의 기본 덕목인 오륜(五倫)이 변하지 않는 것임을 주장하기 위해서였다. 그는 행성(行星)이 때로 운행의 방향을 바꿔 역행(逆行)하는 현상마저도 비슷한 맥락에서, 즉 사람의 마음이 보통은 인자하지만 때로는 잔혹할 수 있다는 것을 예시하기 위해 언급했다. 심지어 그는 인간세계의 문제와 관련한 주장을 뒷받침하기 위해 가공(架空)의 자연현상을 고안해내기까지 했는데, 예를 들어 하루도 빼지 말고 매일 공부해야 한다는 것을 뒷받침하기 위해 만약 나무가 하루라도 자라기를 멈추면 그 나무는 죽는다고 말했다.[21]

유학자들이 이처럼 자연현상을 당연한 것으로 받아들였기에 그들은 자연세계에 대한 논의에서 표면적으로 드러나는 현상보다 더 깊이 들어가 그 밑에 깔려 있는 더 근본적, 궁극적인 '실재(實在)'를 탐구하지 않았다. 그리고 이런 면에서 자연세계에 대한 유학자들의 지식은 '상식적'인 것이었다. 사람이 보고 받아들이는 자연세계의 현상에 대해 '상식적'인 지식의 수준을 넘어 더 깊게 추구하는 질문은 생기지 않았던 것이다. 대부분의 유학자들은 그 같은 문제들과 관련된 추상적, 이론적 추론에 몰두하는 것을 쓸모없는 것으로 생각했고, 그런 문제들에 대해 논의하지 않았다. 이 같은 경향을 보이는 전형적인 예를 천둥이 어디에서 생기는가에 관해 정이(程頤, 1033-1107)와 소옹(邵雍, 1011-77)이 주고받은 유명한 대화에 대한 주희의 주해(註解)에서 찾아볼 수 있다. "당신은 [천둥이] 어디서 생긴다고 생각하는가?"라는 소옹의 질문에 대해 "[천둥은 그것이] 생기는 곳에서 생긴다."고 정이가 대답했던 것에 대해 주희는 "왜 꼭 그것이 어디서 생기는지를 알아야만 하는가?"라고 반문했다.[22]

유가 전통의 기본 관념들과 가정들에서 볼 수 있는 몇 가지 측면들이 자연현상을 당연한 것으로 받아들이고 더 이상 깊이 추구하지 않는 이 같은 유학자들의 태도가 형성되는 데 기여했다. 먼저 들 수 있는 것이 '기(氣)' 개념이다. '기'의 여러 가지 성질과 움직임들—응집과 발산(聚散), 올라감과 내려감(昇降), 굽힘과 펼침(屈伸) 등—이 '기'에 내재(內在)하며, 그런 성질과 움직임들을 위한 외적 원인을 필요로 하지 않는다는 점이 그것이다. 따라서 어떤 현상이 일단 '기'의 성질들과 움직임들로 인한 것이라고 받아들여지면 그 현상은 충분히 설명된 것으로 인식되었고, 그 현상에 대한 외적 원인이나 감춰진 메커니즘(mechanism)을 찾을 필요가 없었던 것이다. 우주의 시초에 땅이 생성되는 과정에 대한 주희의 논의가 이 점을 잘 드러내준다.

> 천지의 시초에는 단지 음과 양의 '기'만이 있었다. 이 '기'가 운행하여 계속해서 회전했다. 회전이 빨라지자 많은 양의 ['기'의] 찌꺼기가 응결되었다. 그리고 안쪽에 나갈 곳이 없었기 때문에 가운데에 땅을 생성했다.[23]

여기서 주희는 땅의 생성이 기의 빠른 회전 때문인 것으로 이야기하면서 '기'가 그같이 회전하는 원인에 대해서는 전혀 주의를 기울이지 않았다. 그는 마치 회전한다는 것은 '기'의 당연한 속성으로 그 원인에 대해서는 생각할 필요가 없다고 인식하고 있었던 것으로 보인다.

'리(理)' 개념 또한 자연에 대한 유학자들의 태도에 영향을 미쳤다.[24] 어떤 사물이나 현상의 '리'란 단지 그 사물이 그 사물로서 존재하고 현상이 그 현상으로서 일어나게 해주는 것일 뿐이다. 그것의 '리'가 있으면—그리고 그것의 '리'가 있을 때에만— 그것은 존재하거나 발생한다. 따라서 어떤 사물이나 현상의 '리'는 그 사물이나 현상 전체를 총체적으로 가리킬 뿐 그것을 설명해주지는 않는다. '리'는 복잡한 사물이나 현상을 간단하게 설명하거나 분석하는 데 사용할 수 있는 법칙이나 원리 같은 것이 아닌 것이다. 예컨대 주희가 '리'를 언급할 때 그것은 단지 사물이나 현상의 존재나 발생을 보장하기 위해 제시될 뿐이었다. 그리고 '리'는 그 전체로서 파악될 뿐 그 내용이 분석되는 것이 아니었다. 물론 주희가 자연세계에서 볼 수 있는 규칙성에 대해서 이야기하고 때로는 그것을 '리'라고 부르기까지 했지만, 그가 관심을 가진 것은 그 같은 규칙성의 존재였을 뿐 그 구체적 세부 내용은 아니었다.

앞 장에서 본 '형이상(形而上)'과 '형이하(形而下)'의 이분법 또한 유학자들로 하여금 자연현상을 당연한 것으로 쉽게 받아들이도록 하는 데 기여했는데, 대부분의 자연현상은 감각될 수 있는 성질과 물리적 효과를 수반하여 '형이하'에 속하기 때문에 당연하고 명백한 것으로 간주되었다. 그러한 태도는 1장에서 본 바 있는 주희의 다음과 같은 언급에 나타나 있다.

> 사물은 보기가 쉽지만, 마음은 형태가 없다. 사물의 무게와 길이를 재는 것은 쉽지만, 마음의 무게와 길이를 재는 것은 어렵다. 사물을 재는 데 착오가 있으면 그것은 단순히 한 가지 일의 착오에 그치지만, 마음에 잘못됨이 있으면 만사를 그르치게 된다.[25]

이 같은 태도를 지닌 유학자들에게 자연현상들은 인간이 관찰한 형태 그대로 그냥 받아들여졌고 그것들이 제공하는 경험 데이터의 표면적 실재를 넘어서는 더 깊은 탐구는 시도되지 않았던 것이다.

한편 이렇듯 통상적으로 관찰되는 자연현상을 당연한 것으로 받아들이는 경향은 외부세계의 실재성을 받아들이는 태도와 연결되는 것이었다. 사실, 유학자들은 세계의 실재성을 받아들인다는 사실이 그 실재성을 부정하는 도가(道家)나 불가(佛家)와 자신들을 구분지어주는 것으로 생각했다. 예를 들어 주희는 다음과 같이 이야기했다.

> '성(性)'에 대해 유가와 불가가 이야기하는 바의 차이는 단지 다음과 같다. 불가는 '공(空)'을 이야기하는 데 반해 유가는 '실(實)'을 이야기하며, 불가는 '무(無)'를 이야기하는 데 반해 유가는 '유(有)'를 이야기하는 것이다.[26]

따라서 유학자들은 실제 세계에 관심을 두지 않고 현실도피적 경향을 보이는 도가나 불가의 교리와 흔히 연결되는 '공(空)', '허(虛)', '무(無)' 같은 개념들에 대해 논의하는 것을 꺼렸다. 이는 그들이 자연현상에 대해 추상적, 이론적 논쟁을 하지 않고 그것들을 그냥 받아들이도록 하는 데 기여했을 것이다.[27] 근본적으로 실용주의자들이었던 유학자들에게 이런 개념들은 허구(虛構)에 지나지 않는 것들이었다. 그것들은 실제 세계의 실재성을 인식하는 데 도움이 되지 않았던 것이다. 또한 유학자들에게 이런 개념들은 실제 세계의 도덕적, 사회적 문제들을 다루는 데에도 쓸모가 없었다. 그리고 그런 점에서는 운동, 변화, 원소(元素), 불가분성(不可分性)과 같은 개념과 관련된 문제들도 더 나을 것이 없었다.[28]

물론 유학자들도 '상식적'인 수준을 벗어나 가상적, 이론적 상황들에 대해서도 논의한 적이 있었다. 예를 들어 주희는 채원정(蔡元定, 1135-1198)의 '태허공(太虛空)'이라는 관념에 대해 논의하면서 다음과 같이 이야기했다.

해와 달을 논하자면 그것들은 하늘 안에 있고, 하늘을 논하자면 그것은 '태허공' 안에 있다. 만약 '태허공' 속으로 들어와서 하늘을 본다면 해와 달이 돌고 있어서 이것들이 전(前)에 있었던 곳에 머물지 않음을 [곧 알 수 있을 것이다.][29]

현세(現世) 이외의 다른 세계들에 관한 불교의 교의(教義)를 논의하는 과정에서 주희는 다른 세계들이 있다면, 해가 매일 현세의 세계와 함께 지하에 있는 다른 세 개의 세계를 돌아야만 하기 때문에 밤이 아주 길어야 할 것이라는 점을 지적했다.[30] 우리나라의 예로는 1631년에 쓴 『우주설(宇宙說)』에서 천지의 크기가 유한한 것인가, 그 바깥에는 무엇이 존재하는가, 이 세계는 단지 하나만 존재하는가 같은 문제들에 대해 논의했던 조선의 유학자 장현광(張顯光, 1554-1637)을 들 수 있다.[31] 그러나 이 예들은 예외적인 경우였으며 일반적으로 유학자들은 이런 이론적, 추상적 논의를 쓸모없는 것으로 여기고 회피했다. 예컨대 주희는 세계의 바깥에 관한 소옹의 설에 대해 주해를 쓰고자 했지만 자신의 친구 장식(張栻, 1133-1180)이 이를 반대해서 쓰지 않았다고 술회했다.[32] 더욱이 이런 예외적인 경우들에서, 주희의 논의는 그 세련됨, 진지함, 집요함의 수준에서 도덕적, 사회적 문제들에 관한 그의 논의들에 비교될 수 없었다.

유학자들의 자연지식이 이처럼 '상식적' 수준인 점과 관련해서, 그들이 자연현상들과 문제들을 이해하는 방식이 '개별론적(particularistic)'이었다는 점도 지적할 필요가 있다. 그들은 대부분의 자연현상들과 그와 관련된 문제들을 구체적, 개별적으로 다루었으며, 그로부터 일반화를 시도하지 않았다. 그들은 그때그때 특정 구체적 현상 하나하나에 대해 다루었을 뿐, 그런 개별 현상에 대한 생각을 자연세계 전체에 대한 자신들의 생각과 연관시키려 들지 않았다.[33] 이는 물체의 무게와 관련된 몇몇 현상들과 문제들에 대한 주희의 생각을 서양 중세 스콜라학풍(Scholasticism)의 학자들의 관점과 비교해보면 잘 드러난다. 주희는 물(水)은 아래로 움직이려 하고 따뜻한 공기나 연기(煙氣)는 위로 올라가려 한다는 것을 자주 이야기했다. 이는 물체가 낙하하느냐 상승하느냐가 그 물체가 어떤 물질로 이루어져 있는가에 따라 결정된다는—낙하와 상승이 물질 자체의 특성이라는—스콜라 학자들의 견해와 비슷하다. 그러나 주희의 생각은 모든 무거운 물체나 모든 가벼운 물체에 적용할 수 있는 일반적인 것이 아니었다. 그에게는 아래로 흐른다는 것은 모든 무거운 물질의 일반적 경향이 아니라 물(水)이라는 특정 물질이 지닌 고유의 경향일 뿐이었다. 심지어는 물이 아래로 흐르는 경향이 무거운 물체의 낙하의 한 특수한 예라는 것을 그가 이해했는지도 확실치 않다. 마찬가지로, 비록 그가 난로 위의 '기(氣)'가 위로 올라간다고 이야기했지만, 이것이 가벼운 물체는 위로 올라가려는 경향이 있다거나 따뜻한 물체는 가볍다는 일반적 이해를 지녔음을 의미하지는 않는다. 그는 단지 불(火)이라는 한 특정 물질의 고유한 경향에 대해 이야기하고 있었을 따름이다.[34]

3절 술수

앞 절에서 유학자들의 상식적, 실용주의적 경향이 자연세계 및 과학기술에 대한 그들의 태도에 영향을 미쳤음을 살펴보았는데, 그 같은 상식적, 실용주의적 경향은 술수(術數)에 대한 유학자들의 태도에서도 나타났다.

우선 유학자들은 '자연적'인 것과 '비자연적'인 것 사이에 명확한 구분을 하지 않았고, 그들에게 두 가지 영역 사이의 경계선 같은 것은 없었다. 유학자들의 대화와 저술들을 살펴보면, 오늘날 우리에게는 분명히 '비자연적'이거나 '초자연적'으로 보이지만 그럼에도 불구하고 경계선 안의 '자연적'인 것들과 명백히 분리할 수는 없는 경계 영역의 물체, 현상, 개념들이 존재한다. 예컨대 유학자들의 대화와 저술 속에는 현대의 시각에서는 결코 '과학'이라고 부를 수 없으나 당시 사회에서 성행했을 뿐만 아니라 어느 정도 전문적 수준에 달해 있었던 점성(占星), 연단(煉丹), 풍수(風水) 같은 술수의 분야들이 자리잡고 있다. 게다가 이들 분야는 일종의 전문 분야들로, 그에 관한 전문 문헌, 전문종사자들이 있는 전문지식의 전통을 형성하고 있기도 했다. 그런데 이들 주제를 비롯해서 점복(占卜), 택일(擇日), 마술(魔術), 재이(災異) 등 오늘날 초자연적이거나 미신으로 여겨지는 많은 행위, 믿음, 현상 등은 '자연' 세계에 대한 현대의 관념과는 조화되기 힘든 종류의 것들이지만, 그것들에는 오늘날 분명히 '자연' 세계에 속한다고 볼 수밖에 없는 많은 물체들과 현상들이 연관되어 있다. 사실, 유학자들에게는 '자연' 또는 '자연세계'를 나타낼 하나의 단어도 존재하지 않았다.[35] 따라서 비록 우리가 자연세계에 속하는 물체 및 현상들과 그렇지 않은 것들을 분리하는 가상적인 경계선을 긋고 '과학'은 그 경계선 안의 것으로 생각하지만, 전통시대 유학자들의 기준에서 본다면 그 같은 경계선은 근본적으로 인위적이며 심지어는 임의적인 것이었다.

사실, 하늘에서의 현상이 지상(地上)의 현상과 연결되어 있고 서로 영향을 미칠 수 있다는 점성술의 기본 믿음은 세계 여러 전통 문화들이 공유하고 있었다. 동아시아에서도 '천문(天文)'이라는 말이 오늘날의 천문학이 아니라 점성술을 의미했을 정도로 점성술적 믿음은 매우 중요하게 여겨졌는데, 이는 하늘과 인간세계의 질서가 서로 연결되어 있고 황제가 그것들 사이의 중재자라는 믿음에 바탕했다. 따라서 하늘에서의 이상(異常)현상은 황제가 제 기능을 하지 못하고 있다는 경고로 해석되었고, 천문, 기상(氣象)의 이상현상의 관측과 해석이 큰 정치적 중요성을 띠게 되었다.[36] 한편 동아시아 점성술에서는 서양 점성술에서 중요시했던, 천상의 현상과 개인의 운명을 연결짓는 믿음은 큰 역할을 하지 못했다.

서양의 연금술이 납과 같은 비천한 금속으로부터 금(金)을 얻어내려는 목적에서 추구되었던 데 반해 '연단(煉丹)'이라고 불린 동아시아 연금술은 '단(丹)'이라는 불로장생약(不老長生藥)을 목적으로 했다는 것은 잘 알려져 있다. 물론 현대인들에게는 이들 두 가지 시도가 모두 불가능한 것으로 보이지만, 이것들은 서양과 동아시아 양쪽 모두의 전통 자연관에서는 얼마든지 가능했다. 특히 연단술에서 사용하는 조작과 과정들은 실제 자연에서 주로 감춰진 채 일어나는 오랜 시간 동안의 변화들을 인간의 힘으로 짧은 시간과 좁은 공간 속에서 일으키려는 시도로 볼 수 있었다.[37]

사람들이 거주하는 가옥, 도시 등과 조상들의 무덤 자리가 자신들의 운명에 영향을 줄 수 있다는 믿음인 '풍수(風水)'는 전통시기 동아시아에서 또 하나의 전문 과학 분야를 형성했다. 물론 풍수술의 이 같은 믿음도 현대과학으로는 받아들이기가 힘들다. 그러나 전 우주가 '기(氣)'로 이루어졌으며 여러 사물을 구성하는 '기'가 그것들 사이의 상호작용과 영향을 일으킨다고 믿는 동아시아 전통 자연관에서 이는 얼마든지 가능한 일이었다.[38]

따라서 흔히 '술수'라고 불린 이들 주제들에 관한 이론과 실행은 자연 세계에 대한 유학자들의 인식과 태도, 나아가 유가 전통 속에서의 과학기술의 위치와 성격에 영향을 미쳤고, 그에 대한 유학자들의 인식은 과학기술에 대한 인식과 태도와 밀접히 연결되어 있었다. 물론 점성, 연단, 풍수, 점복, 택일, 마술, 재이 등의 술수는 유학자들에게도 문제가 있는 것으로 여겨졌다. 따라서 유학자들은 그것들을 전적으로 받아들일 수 없었고 대체로 배격했다.

하지만 그렇다고 해서 유학자들이 이들 술수를 완전히 배격할 수는 없었다. 우선 이들 술수에 대한 믿음과 실행들은 유학자들 자신들을 포함해서 민간에 널리 퍼져 있었다. 또한 점복이나 재이는 경전에 언급되어 있었다. 점복은 유가의 핵심 경전인 『주역』의 주된 주제였고, 일식과 같은 재이 현상을 하늘의 견고(譴告)로 보는 인식은 『시경(詩經)』, 『서경(書經)』, 『주례(周禮)』, 『주역(周易)』, 『춘추(春秋)』 등 여러 경전들에 담겨 있었다.[39] 또한 여러 종류의 술수들이 사회에서 일정한 기능을 지니고 있었다. 앞날의 일에 대해 알고 대처하게 해주는 점복은 일반 백성들만이 아니라 유학자들이나 왕실의 정서적 필요에 부응했고, 부모의 장지(葬地)를 선택하는 일과 연관된 풍수는 '효도'와도 연결되었으며, 재이에 대한 인식은 군주의 도덕적 성찰과 절제를 고무하는 역할을 하기도 했다.

그러나 무엇보다도 중요했던 것은 유가 사상의 틀 안에 술수의 실행과 믿음이 불가능하다고 주장할 근거가 존재하지 않는다는 점이었다. 술수는 유학자들이 지니고 있던 사상의 틀 속에서 받아들일 수 있었다. 앞장에서 보았듯이 '리', '기', 음양, 오행 등 유학자들의 자연 인식에 기본이 되었던 개념들에는 물질-정신 또는 자연-초자연의 분명한 구분이 없었고, 그 같은 유가 자연 인식의 기본 틀 속에서 술수는 '리', '상수(象數)', '천인감응(天人感應)' 등 핵심 철학적 개념들에 바탕해서 얼마든지 설명이 가능했다.

특히 다음 두 가지 측면이 술수에 대한 유학자들의 태도의 근거가 되었다. 우선 유학자들은 여러 술수들이 『주역』과 연결되고 『주역』에 바탕한 것으로 인식했다. 유학자들은 대체로 『주역』이 원래 점복에 사용하기 위해 저술된 것으로 믿었는데, 『주역』 괘(卦)들은 이 세상의 온갖 현상과 물체들을 상징하는 것으로, 『주역』 점을 치는 사람은 『주역』 괘들을 조작하고 그것들에 대해 명상함으로써 이 세상의 여러 과정들을 재현하고 우주적 유형들을 파악할 수 있다는 것이 그들의 생각이었다.[40] 그들에게

『주역』 괘들은 점복만이 아니라 연단(煉丹)의 이론적 기초이기도 했다. 그리고 이들 주제가 이단(異端)인 도가(道家)와 각종 술수들의 전통에 연결되어 있었다는 사실이 유학자에게 문제가 될 수 있었겠지만 이것들이 유가 핵심 경전인 『주역』에 기초하고 있다는 믿음은 그들이 이 주제들을 정당화하고 그것들을 유가 체계 내에 받아들이는 데 큰 도움이 되었을 것이다. 『주역』 괘들이 이 세상 온갖 것의 '상(象)'으로 형성되었고, 그 같은 괘들에 대한 해석, 그리고 괘들과 이 세상 온갖 사물과의 연관에 대한 해석을 통해서 『주역』이 인간을 포함해서 이 세상 모든 것의 작용과 신비를 이해하는 열쇠가 될 수 있다고 믿어졌기에 『주역』은 그 같은 역할을 할 수 있었다.[41]

'기(氣)' 개념의 폭넓은 범주, 특히 '기'와 '심(心)'의 상호작용을 받아들이는 인식도 유학자들의 술수에 대한 태도에 영향을 미쳤다.[42] 유학자들은 '기'가 세상의 모든—물질적 또는 물리적인 것만이 아니라— 사물과 현상을 구성하고 일으킨다고 믿었다. 예를 들어 '기'는 생명과 관련된 모든 현상들의 원인이기도 하다. '기'는 생명의 근원으로, 생명을 형성하고 생명체에 영양분을 준다. '기'가 생명의 성질들을 지니고 있다고 생각했기에 풍수나 연단 같은 술수 기법들이 그것을 실행하는 사람들의 생명에 영향을 미칠 수 있었다.

더욱 중요한 것은 '기'가 사람의 '마음(心)' 또한 구성한다는 것이었다. 유학자들에게 '마음'이란 단지 '기'일 따름이며, 더 구체적으로 말하면 '기'의 '정상(精爽)'한 부분, 또는 '영(靈)스러운' 부분이다. 따라서 '기'는 정신적 속성들도 지니고 있으며 마음과 상호작용을 할 수 있다. 마음과 '기'의 상호작용은 자신의 마음과 자신의 '기' 사이에서만이 아니라 자신의 마음과 외부세계의 '기', 그리고 자신의 '기'와 다른 사람의 마음 사이에서도 일어날 수 있다. 이것이 가능한 것은 모든 사람의 '기'와 마음은 천지로부터 부여받은 것이고 따라서 다 같이 '천지의 기(天地之氣)'와 '천지의 마음(天地之心)'으로 이루어졌기 때문이다.

유학자들은 여러 가지 초자연적 현상들과 연관되는 '귀신(鬼神)' 개념도 '기'를 통해 논의했다. 예컨대 제사에 대한 그들의 설명은 조상의 '기'와 자손의 '기', 그리고 조상의 '기'와 자손의 마음 사이의 상호작용에 바탕했다. 조상들과 자손들이 같은 '기'를 지니고, 그 '기'가 아버지로부터 아들로, 손자에게로 전해지며, 같은 '기'는 서로 감응하기 때문에 조상들의 '기'가 후손들의 '기'에 응하여 되돌아와 응집될 수 있는 것이다.

'기'와 마음의 상호작용은 점복과 연단에 대한 유학자들의 인식에서도 중요했다. 그들은 사람이 점치기를 통해 '천지의 기'의 다양한 작용들로 이루어진 우주적 유형을 감지할 수 있다고 믿었는데, 이는 사람의 마음과 '천지의 기'가 상호작용을 하기 때문이었다. 예컨대 주희는 "사람의 마음이 일단 움직이면 반드시 [천지의] '기'에 도달한다. 그리고 굴신하고 왕래[하는 '기'와] 서로 감통한다. 점(占)과 같은 것들은 모두 그러하다."고 말했다.[43] 제사를 후손의 마음과 조상의 '기' 사이의 상호작용을 통해 설명한 것처럼 점도 점치는 사람의 마음과 '천지의 기' 사이의 상호작용을 통해 설명할 수 있었던 것이다. 마음은 연단을 두고서도 비슷한 역할을 했다. 주희에 따르면 단(丹)이 형성되는 것은 어떤 초자연적인 힘이나 작인에 의해서가 아니라 음과 양의 '교합(交合)'에 의해서였는데, 이 같은 '교합'의 상호작용을 마음이 주관한다는 것이다.[44]

결국 유학자들은 각종 술수가 정통 유가 사상체계 내의 위치나 사회적 해악의 정도에 따라 배격하거나, 용인하거나 받아들였다.[45] 그리고 각종 술수에 대한 유학자 개개인의 인식의 차이에 따라 여러 가지 다른 평가와 다양한 태도들이 나타났다.

3장

유학자들과 과학기술

앞 장들에서 유학자들의 과학기술에 대한 태도에 영향을 미쳤을 수 있는 유가 전통의 다양한 요소들을 살펴보았다. 이들 요소를 감안하면, 과학기술에 대한 유학자들의 태도가 대단히 복잡했던 것은 당연했다. 그리고 중국의 유학자들만이 아니라 조선의 유학자들에게도 유가 전통의 여러 요소들의 영향이 다양하게 나타났다.

이 같은 유학자들의 과학기술에 대한 태도를 다루면서 우선 이 장에서는 중국 유학자들에 대해 살펴볼 것이다. 중국의 상황을 조선의 상황에 대한 배경으로 볼 수 있겠기 때문이다. 사실 한국 전통 사회와 문화의 모든 영역에서 중국의 영향은 압도적이었으며, 따라서 한국에서의 상황과 변화를 제대로 보기 위해서는 중국의 상황에 대한 이해가 필수적이다. 조선 유학자들은 앞선 시기 중국의 상황을 자신들의 과거로 인식하기까지 했으며, 그런 면에서 중국의 상황은 조선 유학자들이 인식하는 그들의 '역사적' 배경이었던 것이다.

한국 전통 사회와 문화의 여러 영역들을 다룸에 있어 그 영역들의 중국의 상황에 대한 연구가 상당 정도로 깊이 있게 이루어져 있고 그 성과가 어느 정도 공유되고 있는 경우에는 중국의 상황을 기본 지식으로 가정하면서 그와 비교하여 한국의 상황은 어떻게 달랐나를 논의하는 것이 효과적일 경우가 많다. 그러나 과학기술의 배경에 대한 연구는 중국에 대해서도 충분히 되어 있지 않으며, 따라서 한국의 상황을 연구하면서 그 배경으로 중국의 상황을 참고하는 식의 접근법을 취할 수가 없는 형편이다. 결국 우선 이 장에서 유가 전통의 여러 요소들의 영향이 중국 유학자들의 과학기술에 대한 인식과 태도에 다양하게 나타나는 상황에 대해 다루고 다음 장에서 그 같은 중국의 상황이 한국에서는 어떻게 이어지고 변화했나를 보게 될 것이다.

1절 과학기술에 대한 관심

많은 유학자들이 과학기술 분야의 주제들에 관심을 갖고 그것들에 대한 지식을 지니고 있었다. 그중 몇몇은 해당 분야에서 당대의 전문가들 수준의 지식에 도달해 있었고, 어떤 사람들은 전문 저서를 집필하기도 했다. 한대(漢代, 206BC-220AD) 이래 여러 유학자들이 정부의 관료로서 잦은 개력(改曆) 논의와 실제 개력의 과정에 활발히 참여하고 그 실무를 맡았으며, 그 외에 농업, 의료, 기술과 같은 과학기술 분야의 전문적인 지식에 정통해 있었다.[1] 당대(唐代, 618-906)와 송대(宋代, 960-1279)에도 과학기술지식에 관심을 가졌던 유학자들이 많이 있었고,[2] 몇몇 유학자들은 다양한 전문 분야들에 정통해서 그들 분야의 저술을 남기기도 했다. 대표적인 예는 두우(杜佑, 735-812)의 『통전(通典)』과 심괄(沈括, 1031-1095)의 『몽계필담(夢溪筆談)』이었는데, 특히 『몽계필담』은 「상수(象數)」편에 역법(曆

法), 점성(占星), 점복(占卜), 「기예(技藝)」편에 수학, 의료, 기술의 주제들을 다루고 있어서 수많은 후대 유학자들이 그 내용을 공부하고 자신들의 논의에서 자주 인용했다. 그 외의 주목할 만한 예로는 1086년에서 1089년 사이 개봉(開封)에 설치된 수운(水運) 혼천의(渾天儀)에 관한 소송(蘇頌, 1020-1101)의 『신의상법요(新儀象法要)』와 채원정(蔡元定, 1135-1198)의 화성학(和聲學) 저술 『율려신서(律呂新書)』를 들 수 있는데, 『율려신서』는 『성리대전(性理大全)』에 수록되어 유학자들 사이에 널리 유통되었다.

1. 천문역법 및 수학

유학자들이 관심을 지녔던 과학기술 분야들 중 가장 두드러진 분야는 천문역법이었다. 2장에서 보았듯이 천문역법은 군왕과 관료들에게 큰 정치적, 의례(儀禮)적 중요성을 지녔기에 일찍부터 유학자들의 관심 대상이 되었다. 원대(元代, 1280-1367)의 허형(許衡, 1209-1281) 같은 유학자가 수시력(授時曆)으로의 개력 작업에 깊숙이 개입하였던 것이 좋은 예이다.[3] 명대(明代, 1368-1643)에도 유학자들의 천문역법에 대한 관심은 지속되었고, 많은 유학자들이 천문역법에 정통했다. 예컨대 16세기 초 반희증(潘希曾, 1476-1532)은 "요(堯) 임금이 희화(羲和)에게 역상(曆象)을 주관하도록 명한" 이래 고대 군왕들의 천문역산 활동을 언급한 후 천문역법의 지식이 "모두 우리 유학자들의 책 속에 갖춰져 있다."고 했고,[4] 『명사(明史)』는 주재육(朱載堉, 1536-1611), 당순지(唐順之, 1507-1560) 등 유학자들을 "역가(曆家)가 아니면서 역법에 정통한 사람"들로 언급했다.[5] 1611년 예부(禮部)는 황제에게 형운로(邢云路, 1549?-?)와 범수기(范守己, 1574년 진사)처럼 "역학(曆學)에 정통한 사람들(曆學精通之人)"을 채용할 것을 상주(上奏)하면서 서광계(徐光啓, 1562-1633)와 이지조(李之藻, 1565-1630)가 "역리(曆理)에 정통하다."고 추천했다.[6] 청대(淸代, 1644-1911)에 들어서도 유학자들의 천문역법에 대한 관심은 지속되고 깊어졌다. 서양 천문학에 대해 깊이 이해하고 있던 왕석천(王錫闡, 1628-1682), 설봉조(薛鳳祚, 1600-1680), 매문정(梅文鼎, 1633-1721) 같은 사람들 이외에도, 많은 유학자들이 천문역법에 관심을 가지고 높은 수준의 지식을 지니고 있었다.[7] 예컨대 황종희(黃宗羲, 1610-1695)는 남명(南明) 정권의 역법 제정을 위해 중국과 서양의 역법을 연구했고, 나중에 『명사』「역지(曆志)」의 "역의(曆議)" 부분의 수정 작업에 관여하기도 했다.[8]

천문역법의 전문지식을 진흥시키려는 정부의 노력도 유학자들로 하여금 천문역법에 관심을 갖게 하는 데에 영향을 미쳤다. 명 정부는 천문역법 전문가들을 전국적으로 초치하여 관료로 임명하는 조처를 여러 차례 취했으며, 천문역법지식이 있는 사람을 2~3단계 품계를 높인 예들도 찾아볼 수 있었다.[9] 주재육의 기록에 따르면, 1497년과 1522년에 관료들과 그들의 자식들, 제자들, 그리고 군인들과 은둔 학자들 중 역법에 밝은 사람들을 뽑기 위한 시험이 있었다.[10]

수학도 유학자들이 관심을 지니는 분야였다. 송대에는 수학 공부에 정진하여 높은 수준의 수학지식에 도달한 유학자들이 많았으며, 몇몇은 그 시기 최고 수준의 수학서를 썼다. 예컨대 『수서구장(數書九章)』의 저자인 진구소(秦九韶, 1202-1261)와 『측원해경(測圓海鏡)』의 저자인 이야(李冶, 1192-1279)는 모두 고전적인 유학 교육을 받은 학자들이었다. 이야는 수학 연구에 매우 깊이 몰두한 탓에 사람들이 자신을 두고 "[올바른 유학자로서의] 뜻을 그르쳤다(喪志)."고 비판할 것을 걱정할 정도였다.[11] 이후 명대에 들어서면서 수학이 쇠퇴했다고 이야기되기도 하지만 마테오 리치(Matteo Ricci: 利瑪竇, 1552-1610)가 "중국인들처럼 수학을 존중하는 사람들은 없다."고 한 것을 보면[12] 유학자들의 수학에 대한 관심은 줄어들지 않았음을 알 수 있다. 1598년 정대위(程大位, 1533-1592)의 『산법통종(算法統宗)』은 많은 부수가 팔려 종이 값이 오르고 해적판들이 출판될 정도로 그 책을 사는 것이 유행이 되었다고 한다.[13]

유학자들이 이처럼 천문역법과 수학에 대한 관심을 지니게 된 데에는 1장에서 본 '리(理)'가 '수(數)' 속에 존재한다는 생각이 영향을 미쳤다. 예컨대 이야는 "자연의 '리'를 추론하여 자연의 '수'를 밝힐 수 있으면" 아무리 심원하고 유현(幽顯)한 것들도 들어맞지 않은 것이 없을 것이라고 이야기했다.[14] 천문역법도 유학자들로 하여금 '수'를 탐구함으로써 '리'에 달할 수 있도록 했다. '리'가 '수' 속에 있다는 이 같은 믿음은 서광계(徐光啓, 1562-1633)에게서는 수학이 온갖 유가 학문과 실행 및 도덕적 수양의 기초라는 생각으로까지 나타났다.[15] 이런 생각은 그 후도로 이어져서 반뢰(潘耒, 1646-1708)는 "수'에 의거해서 '리'를 깨닫는다."고 했고,[16] 왕석천은 "'수'는 '리'가 아니지만, '리'로 인해서 '수'가 생기며, '수'로 나아가서 '리'를 깨달을 수 있다."고 말하고[17] "역수(曆數)를 모르면서 허리(虛理)를 가져다 설(說)을 세우는" 유학자들과 "역리(曆理)를 모르면서 정법(定法)을 만들어 하늘을 측험하는" 역가(曆家)들을 비판했다.[18] 게훤(揭暄, c. 1625-1705)은 "수학은 곧 리학(理學)"이라고까지 이야기했다.[19]

1장에서 보았듯이 '리'가 '수' 속에 있다는 생각에서 더 나아가 '리'와 '수'가 일체(一體)이고 분리불가능하다는 생각도 나타났다. 예컨대 진구소는 "'수'와 '도'는 두 개의 [서로 다른] 근본이 아니다."라고 이야기했으며[20] 반희증도 "'리'와 '수'는 두 가지 [서로 다른] 것이 아니다."라고 했다.[21] '수'와 '리'의 이 같은 불가분성에 대한 인식은 이후 유학자들 사이에 계속 이어져서 매문정은 "'수' 밖에 '리'가 없으며, '리' 밖에 '수'가 없다. '수'는 '리'의 분한(分限)과 절차(節次)이다."라고 말했고[22] '수'와 '리'의 분리불가능성에 바탕해서 수학을 유가 학문의 당당한 일부로 확립했다.[23] 『율력연원(律曆淵源)』의 서문은 "무릇 '리'와 '수'는 합(合)하고 들어맞으며 분리되지 않는다. 그 '수'를 얻으면 '리'는 [그 수의] 바깥에 있지 않다."고 썼으며,[24] 전대흔(錢大昕, 1728-1804)은 "자고로 '수'를 모르고 유자(儒者)인 사람은 없었다."고 하면서 유자가 '수'를 몰라서 중국의 역법이 서양에 뒤지게 된 것이라고 말하기까지 했다.[25]

2. 의학

유학자들은 의학에도 관심과 지식을 지녔다. 2장에서 보았듯이 건강한 삶을 유지하고 질병을 치료하는 실용적 필요가 자신과 가족 그리고 국가를 위해 중요했던 것이 관심의 주된 이유였다. 예컨대 송대의 소식(蘇軾, 1037-1101)과 심괄 같은 유학자들은 주로 가족의 치료를 위해 의학을 공부해서 어느 정도의 의학지식을 지녔다.[26] 특히 부모에 대한 '효(孝)'를 중시하는 유학자들의 태도가 그들로 하여금 의학 공부를 하도록 했는데, '금원사대가(金元四大家)'의 한 사람인 장종정(張從正, 1156-1228)은 자신의 의서(醫書)의 제목을 '유문사친(儒門事親)'이라고 붙여 의학이 유학자들의 부모 섬기는 일에 관련된 것임을 드러냈으며,[27] 역시 금원사대가로 꼽히는 이고(李杲, 1180-1251), 주진형(朱震亨, 1282-1358) 등은 실제로 어머니의 질병이 계기가 되어 의학 공부를 시작했다.[28] 물론 자신과 가족을 위해서 의학을 공부하는 정도를 넘어 직접 의업(醫業)에 종사하는 유학자들도 나타났는데, 이런저런 이유에서 과거 시험을 보지 않거나 못 하는 상황에 처한 유학자들, 또는 과거에 합격하지 못한 유학자들에게 의업이 일종의 대안(代案)이 되어준 면도 있었다.[29]

유학자들뿐만 아니라, 황제들도 의학에 관심을 보였다. 특히 처방서를 편찬하고 질병 치료를 위한 약을 공급하는 일은 인명을 구하는 데 기여함으로써 황제의 "인(仁)"을 보여주는 것으로 인식되었기에, 북송(北宋, 960-1125)대의 여러 황제들이 의료. 처방 및 의학 서적들에 깊은 관심을 가지고 있었다.[30] 예컨대 휘종(徽宗, 재위 1100-1125)은 학자들로 하여금 의학을 공부하도록 장려하고 심지어는 직접 의술을 실행하도록 하기도 했다.[31]

12세기경부터는 의학 전문지식을 지니고 의료에 종사하는 유학자들을 가리켜 '유의(儒醫)'라는 표현이 사용되기도 했다.[32] 유의들은 공부 과정, 교육, 계파 형성, 저술 스타일 등에서 유학자들을 본받았는데,[33] 우선 그들은 전통적 유가 교육을 받았으며, 유학자들처럼 주로 문헌을 통해, 특히 의학의 경전들을 통해 의학을 공부했다.[34] 또한 그들은 유학의 우주론과 도덕을 인체에 투영시켜 건강과 질병을 해석했으며 의학의 논의에 '리(理)'를 끌어들여 '의리(醫理)'라는 말을 사용하기도 했다.[35] 유의들은 자신들의 의학 연구를 '격물(格物)'과도 연결시켰다.[36] 예컨대 주진형은 의학이 격물의 분야라고 생각하고 "격치여론(格致餘論)"이라는 제목의 의학서를 저술했다. 유의들은 유가의 학문 계파들에서 스승이 지녔던 역할을 본받아 자신들의 학파를 창시(創始)하고 제자들을 교육하기도 했다.[37]

물론 유학자들은 천문역법, 수학, 의학 분야 이외에도 2장에서 보았듯이 실용적 필요와 관직 수행을 위해 농업 및 각종 기술 분야들에도 관심을 갖고 상당한 지식을 지녔다.

2절 과학기술의 학문적 중요성

이렇듯 과학기술에 관심을 가지고 공부하는 유학자들 사이에서는 과학기술의 학문적 중요성에 대한 인식이 생겨났다. 이에는 우선 1장에서 보듯 '격물' 관념이 큰 영향을 미쳤다. 많은 유학자들의 저술에서 "하나의 사물이라도 알지 못하는 것은 유자(儒者)의 부끄러움(一物不知, 儒者所恥)"이라는 표현을 볼 수 있었다.[38] 예컨대 1472년 염경(閻敬, 1444년 진사)이 11세기 말 고승(高承)의 『사물기원(事物紀原)』이라는 책의 증보판을 내면서 쓴 서문의 다음과 같은 구절이 이를 잘 보여준다.

> 사물에는 만 가지 차이가 있고 일에는 만 가지 변화가 있다. 하나의 일, 하나의 사물도 리(理)가 없는 것이 없고 또한 근원이 없는 것이 없다. 그 리를 궁구하지 않으면 내 마음의 지식을 다할 수가 없다. 그 근원을 탐구하지 않으면 또한 무엇을 따라 그 리를 궁구할 것인가. 따라서 성문(聖門)의 학문은 격물, 치지(致知)를 우선으로 한다. 글을 공부하는 선비들은 넓은 학문과 지식을 귀하게 여기며, 하나의 사물이라도 알지 못하는 것은 또한 유자의 부끄러움이다.[39]

서양 과학기술지식 도입의 선구자 서광계는 선배 유학자들이 이 표현을 썼다고 리치에게 이야기했고,[40] 고증학의 선구자 염약거(閻若璩, 1636-1704)도 바로 이 표현을 내세우면서 경학(經學), 역사, 천문, 수학, 지리 등에 대한 연구를 수행했다.[41]

물론 유학자들이 격물을 통해 각각의 사물에 대해 알고자 추구하는 것은 그 사물의 '리(理)'였다. 이 같은 생각은 '방이지(方以智, 1611-1671)학파'의 학자들에게서 두드러졌다.[42] 예컨대 웅명우(熊明遇, 1579-1649)는 여러 분야의 과학기술지식을 망라하여 수록한 『격치초(格致草)』의 서문에서 자신이 크게는 천지, 성신(星辰), 기화(氣化)에서 작게는 초목과 벌레에 이르기까지 "일일이 당연의 '상(象)'에 바탕해서 그 소이연의 '고(故)'를 구함으로써 그 그럴 수밖에 없는 '리'를 밝혔다."고 이야기했고,[43] '물리(物理)'

의 탐구를 중요시해서 자신의 책에 "물리소지(物理小識)"라는 제목을 붙였던 방이지는 '물리'를 중시하는 것이 상고(上古) 성인의 전통이라고 믿었다.[44]

이에 따라 여러 유학자들에게 과학기술의 주제들이 격물의 영역으로 인식되었다. 1장에서 보았듯이 광범위에 걸친 과학기술 주제들에 관한 중요한 책들을 저술한 양신(楊愼, 1488-1559), 이시진(李時珍, 1518-1593), 송응성(宋應星, 1587-1666) 등이 모두 격물을 표방하며 과학기술지식을 제시하고 그 중요성을 주장했다. 이 같은 생각은 청대의 유학자들 사이에서는 더욱 확고히 자리잡아서 『수리정온(數理精蘊)』(1722)의 편찬자들은 첫머리에 나오는 「수리본원(數理本原)」편에서 황제(黃帝)가 예수(隸首)에게 산목(算木)을 만들게 한 이래의 수학의 역사를 언급한 후 수학이 "격물치지의 요무(要務)"라고 했고,[45] 『사고전서총목(四庫全書總目)』의 편찬자들은 주진형의 의학이론서 『격치여론』의 개요에서 옛사람들이 의학을 "유가 격물치지의 한 가지 일"로 여겼다고 했다.[46]

특히 천문역법과 수학이 많은 유학자들에게 당당히 공부할 만한 분야, 심지어 존경받을 만한 분야가 되었다. 형운로는 천문 사습(私習)의 금령(禁令)과 관련하여 그것은 "하늘의 수(天數)를 함부로 이야기하는 것"을 금한 것이지 역법을 금한 것이 아님을 지적하면서 "역상(曆象), 수시(授時)의 학은 바로 우리 유자(儒者)의 본업(本業)이다." 라고 하기에 이르렀다.[47] 서광계는 고대에 수학이 중요시되었음을 지적한 후 "수학을 폐할 수 있다면, 주공(周公)과 공자(孔子)의 가르침이 흐트러질 것이다."라고 이야기했다.[48] 청대에 들어선 후에도 매문정이 수학과 천문학을 격물 연구의 핵심으로 여기면서 그 학문적 중요성을 주장했으며, 강희제(康熙帝, 재위 1661-1722)가 매문정을 옹호하면서는 이 같은 그의 생각은 유학자들 사이에 큰 영향을 미쳤다.[49] 이에 따라 역법과 수학은 유가 학문의 틀 속에 더욱 확실히 받아들여지고 필수적으로 공부해야 하는 주제로 인식되었고[50] 안원(顔元, 1635-1704)이나 이공(李塨, 1659-1746) 같은 유학자들은 어린이들에게 수학을 가르쳐야 한다는 주장을 제기하기도 했다.[51] 19세기 초 완원(阮元, 1764-1849)의 『주인전(疇人傳)』은 천문역법과 수학을 중시하는 유학자들의 생각을 반영해서 그동안의 사서(史書)들에서 제대로 인정받지 못하던 천문역법과 수학의 업적들을 남긴 학자들의 전기(傳記)를 정리했는데, 완원은 이 책에서 진시황의 분서(焚書) 이전에는 수학이 유가 학문의 한 분야였다고 지적하고 수학과 천문역법이 과거 시험 과목에 포함되어야 한다고 주장했다.[52]

유학자들이 이렇듯 천문역법 및 그 바탕이 되는 수학에 관심을 갖고 공부하게 된 데에는 1장에서 본 경전 구절들의 중요성도 영향을 미쳤다. 1장에서 보았듯이 왕응린(王應麟, 1223-1296)이 『상서』 「요전」의 구절 등을 포함해서 6경(六經)에 나오는 천문 관련 구절과 그에 대한 주해들을 모아 편찬한 『육경천문편(六經天文編)』은 유학자들의 천문역법 공부와 연구의 기본 자료가 되었다. 웅명우는 위에서 언급한 『격치초』 서문을 "하늘은 높고 별들은 멀지만, 그 '고(故)'를 구하면 천년의 동지(冬至)도 가히 앉아서 알아낼 수 있다."는 『맹자』의 구절[53]과 "천지의 '도(道)'는 가히 한마디로 다할 수 있다."는 『중용』의 구절[54]을 인용하면서 시작했다. 강영(江永, 1681-1762)의 천문학에 대한 관심도 경전의 천문학 관련 구절들로부터 비롯되었다.[55]

실제로 유학자들의 경학 공부와 연구에 천문역법과 수학이 도입되기도 했다. 왕영명(王英明, ?-1614)은 『역체략(曆體略)』의 서문에서 자신의 아들 왕양(王懹)의 경학 공부를 위해 그 책을 엮었다고 썼는데,[56] 청대에 들어서서는 많은 고증학자들이 고대 경전 연구에 천문 기록과 역산 계산을 이용했다.[57] 예컨대 1장에서 보았듯이 "자고로 수(數)를 모르면서 유자

(儒者)인 사람은 없었다."고 이야기하고 "중법(中法)이 유럽에 미치지 못하
게 된 것은 유자가 수를 알지 못해서"라고 덧붙였던 고증학자 전대흔(錢
大昕, 1728-1804)에게 천문역법과 수학은 경학 연구에 필수적 도구가 되었
다.[58] 대진(戴震, 1723-1777)도 그의 첫 저작인 수학 입문서『책산(策算)』에
많은 경전 구절들을 포함함으로써 수학이 경학 공부에 도움이 됨을 보였
는데,[59] 완원은 천문역법과 수학, 지리 등의 지식이 "경전(經典) 공부의 기
본(治經之本)"이라는 대진의 이 말을 인용한 후 "대진 이래 천하의 학자들
이 수학에 대해 가벼이 이야기하지 않았고 그(수학의) 도(道)가 존중받기
시작했다."고 평가했다.[60] 이들 이외에도 많은 고증학자들이 천문역법, 수
학 분야를 공부하고 연구하여 상당한 지식을 지니고 그 분야들에 대한
저술을 남겼으며 다른 학자들에게 천문, 수학 방면의 교육과 연구를 장
려했다.[61]

물론 유학자들의 경학 연구는 천문역법과 수학 이외의 다른 과학기술
분야의 주제들에 대한 공부와 연구로도 이어졌다. 대표적인 예가『주례』
「고공기(考工記)」에 담긴 기술(技術)에 관한 내용들인데, 일찍부터 많은 유
학자들이 고대 기술에 대한 기록으로서「고공기」에 관심을 지녀서 왕안
석(王安石, 1021-1086), 임희일(林希逸, 1235 진사), 서광계 등이 '고공기해(考
工記解)'라는 같은 제목의 주해서를 쓰기도 했다. 청대에는 고증학자들이
「고공기」에 더욱 깊은 관심을 보였고「고공기」에 언급된 기물들의 모양과
크기에 대한 자세한 연구를 수행하고 주해서를 썼다.[62] 특히 대진과 강
영은「고공기」에 언급된 청동 종들의 모양과 크기에 대한 연구를 수행했
고,[63] 대진의『고공기도주(考工記圖注)』(1755)는 4장에서 볼 것처럼 조선 유
학자들의 주목을 받았다.[64] 완원은 자신의 첫 주요 저술로『고공기차제도
해(考工記車制圖解)』(1788)를 지었는데 이 책은 나오자마자 조정의 관심을
끌었다.[65]

3절 과학기술에 대한 양면적 태도

1. 부차적인 관심

앞 절에서 과학기술에 대해 관심과 지식을 지녔던 유학자들에 대해서 살펴보았는데, 그것이 유학자들의 보편적인 상황을 나타내주는 것은 아니었다. 전반적으로 보면 유학자들의 전문 과학기술지식에 대한 관심은 부차적인 수준에 머물렀다. 유학자들이 과학기술의 전문 주제들에 호기심을 지니는 경우는 있었지만 그것들에 충분한 수준의 지적인 도전이나 자극을 느끼지 않았으며 따라서 유학자들은 그런 주제들의 공부에 전력을 기울이지 않았던 것이다.

유학자들의 그 같은 태도는 일찍부터 찾아볼 수 있어서, 예컨대 안지추(顔之推, 531-591)의 『안씨가훈(顔氏家訓)』에 "산술(算術) 또한 육예(六藝)의 중요한 일이고, 예로부터 천도(天道)를 논하고 율력(律曆)을 정하는 유사(儒士)들이 모두 이를 배워 정통했다. 그러나 이를 겸하여 밝게 통하는 것은 가하지만 이를 전업(專業)으로 하는 것은 불가하다."라는 구절이 담겨 있었다.[66] 이러한 태도는 그 후로도 이어졌다. 1장에서 보았듯이 "초목과 충어(蟲魚)는 『시경』 전문가들에게 그 자체로 하나의 학문[분야]이 되었다."고 이야기했던 구양수(歐陽修, 1007-1072)는 "그렇지만 학자의 본무(本務)는 아니다."라고 덧붙였고[67] 자신이 수학 공부에 너무 몰두하여 "뜻을 그르쳤다(喪志)."고 다른 사람들이 비난할까 염려하는 위에서 본 이야의 언급도 수학과 같은 분야에 몰두하는 것을 "뜻을 그르치는 것"으로 보는 생각이 유학자들 사이에 퍼져 있었음을 말해준다.[68] 이야의 『측원해경』에 대한 주석서 『측원해경분류석술(測圓海鏡分類釋術)』과 구고법(句股法)에 대한 연구서 『구고산술(句股算術)』을 낼 정도로 수학에 깊은 지식을 지넜던 고응상(顧應祥, 1483-1565)도 "오늘날 세상에서 '수'를 논하는 자들은 모두 하잘것없는 기예를 행하는 것으로 간주되며, 따라서 고명(高明)한 자들은 그것을 행하는 것을 달가워하지 않는다."고 했다.[69] 수학에 대한 유학자들의 이 같은 경시(輕視)의 태도가 송, 원 시대의 많은 수학책들이 명 말에 이르러서는 전해지지 않고 사라지는 상황에 영향을 미쳤을 것은 당연하다.[70] 의학의 경우에도, 위에서 보았듯이 옛사람들이 의학을 "유가 격물치지의 한 가지 일"이라고 했음을 언급한 주진형[71]이 자신의 의학이론서 제목을 격치 '여론(餘論)'이라고 붙인 것을 보면 유학자들 사이에 같은 태도가 퍼져 있었음을 알 수 있다.

서양 과학기술지식이 들어온 후 천문역법이나 수학 같은 과학기술 분야들에 관심을 지닌 유학자들이 늘어났지만 그들에게도 과학기술 주제들은 부차적인 중요성만을 지녔다. 유학자들 중 처음으로 서양 천문학과 수학을 적극적으로 받아들인 서광계는 리치의 학문 분야들을 이야기하면서 "큰 것으로는 수신(修身)과 사천(事天), 작은 것으로는 격물궁리가 있고, [격물궁리 중] 물리의 한 부분이 나뉘어 상수(象數)가 된다."고 했고,[72] 자신이 리치와 교유(交遊)하면서 "'도(道)'를 논하는 사이에 때로 '리(理)'와 '수(數)'에 [논의가] 미치게 되었다."고 이야기했다.[73] 이지조는 『혼개통헌도설(渾蓋通憲圖說)』의 서문에서 유가의 수양과 학문에 대해 이야기하면서 "가장 위로는 몸을 수양하고 일에 밝은 것이며, 그다음은 큰 것을 보고 속된 것을 물리치는 것이고, 다음은 폭넓게 계고(稽考)하여 살피는 것이고, 다음은 기예(技藝)와 수를 익히는 것인데, 그래도 바둑 두기보다는 나은 것이다."라고 했다.[74] 서양 천문학지식을 받아들여 청대 천문역산 체계를 완성한 매문정마저도 『역학의문보(曆學疑問補)』의 마지막 항목의 제목을 "역법 공부는 마땅히 먼저 그 큰 것을 바르게 해야 하고 그 분초(分秒)의 미세한 차이는 깊이 논의함이 없어도 가하다."라고 붙였다.[75] 매문정의 조카가 매문정이 수학, 천문학 공부에 몰입하는 것을 걱정해서 책들을 감추기까지 했다는 이야기에서도 수학과 천문역법에 대한 당시 유학자들의 태도를 엿볼 수 있다.[76] 『사고전서총목』 편찬자들은 『서학범(西學凡)』에 대한 제요(提要)에서 서학(西學)이 "그 힘씀은 또한 격물궁리를 본(本)으로 하고 체(體)를 밝히고 용(用)에 달하는 것을 공(功)으로 하여, 유학과 차서(次序)가 대략 비슷하지만 단지 그 격물하는 것이 모두 기수(器數)의 말단이다."라고 말했다.[77] 완원도 『주인전』에서 염약거의 천문역법 연구가 주된 관심사가 아닌 "나머지 일(餘事)"이었다고 표현했다.[78]

이런 상황에서 과학기술 분야들에 대한 유학자들의 지식수준은 대개 그리 높지 않았으며, 당대의 최고 수준에 도달한 경우는 드물었다. 또한 과학기술지식에 대한 관심이 유학자들 사이에 통상적으로 널리 퍼진 것도 아니었다. 유학자들 자신들도 유학자들의 과학기술지식이 부족함을 인식하고 있었다. 예컨대 황종희는 "송대의 명신(名臣)들이 대개 역법을 이해하지 못했다."고 했고[79] 매문정은 명대 유학자들이 과거 시험 합격만을 추구하면서 역법에는 무지했던 것을 지적했는데, 청대에 들어온 후에도 역옥(曆獄)을 일으킨 양광선(楊光先, 1597-1669) 같은 사람이 경전은 익히 알고 있으면서 역산(曆算)에 대해서는 철저히 무지했다고 비판했다.[80] 강희제도 이광지(李光地, 1642-1718)에게 자신은 역상(曆象)과 산법(算法)에 관심이 많은데 신하들 중에는 그 분야들에 지식이 있는 자가 적고 매문정 같은 사람은 드물다고 하면서 매문정이 이미 나이가 많음을 아쉬워했다.[81]

2. 격물 작업의 성격

과학기술에 대한 유학자들의 이 같은 태도는 유가의 학문과 수양의 기반이었던 격물 작업의 성격에 나타나 있었다.[82] 우선, 격물 작업의 주된 부분이 지적(知的)인 것은 아니었다. 물론 모든 사물 속에 그 사물의 '리'가 담겨 있는 것이기 때문에 사물의 '리'를 추구하는 유학자들의 격물 작업은 전문적인 과학기술의 주제들을 포함해서 모든 사물을 대상으로 수행되어야만 했다. 또한 '격(格)'과 '물(物)'이라는 글자들 자체가 사물에 대한 탐구를 떠올리게 하고 격물에 대한 논의에서 유학자들이 드는 예들도 사물들의 '리'의 이해를 목적으로 하여 그것들에 대한 탐구와 분석의 과정을 떠올리게 하는 것이 사실이다. 위에서 보았듯이 실제로 유학자들은 격물을 표방하며 과학기술의 주제들을 공부하고 연구하기도 했다. 그러나 구체적 사물들의 개별적 '리'들에 대한 통찰을 얻는 것이 결코 격물 작업의 진짜 목적은 아니었다. 격물의 궁극적 목적은 여러 개별 '리'들을 통해 하나의 '리', 즉 '천리(天理)'에 도달하는 데 있었던 것이다.

따라서 격물의 핵심적 단계는 사물들을 탐구함으로써 그것들의 '리'에 이르는 데서 그치는 것이 아니라 그들 개별 '리'들로부터 나아가서 하나의 보편적 '리'인 '천리(天理)'—사람의 마음의 원래의 상태에서의 도덕적 덕목들을 보장해주는 하나의 '리'—에 도달하는 것이었다. 그런데 여러 개별 '리'들과 하나의 보편적 '리'인 '천리'와의 연결은 쉽게 얻어질 수 있는 것이 아니었다. 개별 '리'들에 대한 이해가 어떻게 하나의 '천리'에 대한 이해를 낳게 되는지는 결코 분명하지 않았던 것이다. 예컨대 주희는 여러 개별 '리'들로부터 하나의 '리'에 이르는 실제 과정에 대해서는 별로 이야기하지 않았고, 단지 많이 쌓이고 익숙해진 후에 '갑작스럽게' 그리고 '저절로', '관통(貫通)'이 이루어질 것임을 되풀이 이야기했을 뿐이다.[83]

분명했던 것은 이 '관통'의 단계가 단순한 지적(知的) 과정 이상의 것을 포함한다는 점이었다. 주희의 표현을 빌리면, 그것을 위해서는 알고 이해하는 것만이 아니라 '정성스러운 노력(工夫)'과 '수양(養)'이 필요했던 것이다.[84] 격물의 노력을 위해서 마음의 '경건함(敬)'의 상태가 요구되는 것은 이런 이유 때문이었다. 이런 식으로, 도덕적 노력과 지적 노력은 격물을 통한 '리'—여러 개별 '리'들과 하나의 '리'인 '천리'—의 추구 속에서 통합되었고, 그 같은 통합 속에서 도덕적 측면이 분명히 더 중요했다. 물론 지적 측면이 완전히 무시될 수는 없었지만, 전체적으로 보았을 때는 격물 작업의 지적 요소들은 그것의 궁극적으로 도덕적인 목적 속에 녹아들어 갔다. 유학자들에게, 격물을 하는 것은 도덕성을 견지하고 잘못을 범하는 것을 피하기 위해서였던 것이다.

학문 일반에서도 그것은 마찬가지였다. 예컨대 주희는 "학문을 알지 못하면 이 마음은 인욕(人欲)에 섞일 것이다. 학문을 알고 나면 '천리'가 저절로 발현하고 인욕은 점점 사라져 없어질 것이다."라고 말했다.[85] '천리'의 발현인 도덕적 덕목들을 갖추는 것은 유학자들의 학문의 궁극적 목표였고 모든 지적 탐구는 이 궁극적 목표에 비해 부수적일 뿐이었던 것이다. 그리고 이는 과학기술지식에 대한 탐구를 두고도 마찬가지였다.

3. 과거 시험과 과학기술

과학기술을 부차시하는 유학자들의 이러한 태도는 전통시대 중국에서 학문적 주제들의 지적(知的) 지위를 결정하는 데서 압도적인 영향력을 지녔던 과거(科擧) 시험에서의 과학기술의 상황에도 반영되었다. 물론 과학기술의 전문적인 주제들은 이른 시기부터 과거 시험에 출제되었으며, 특히 명대에는 그러한 일이 더욱 잦았다.[86] 특히 영락제(永樂帝, 재위 1402-1424)는 천문역법과 실용적 전문 분야들을 중시해서 1404년 과거 시험에 '박학(博學)'의 지식을 묻는 문제들을 출제하도록 명했고, 이에 따라 천문역법, 법률, 의학, 의식(儀式), 음악 등의 문제들이 출제되었다. 이런 일은 그 후로도 지속되어 1525년 강서(江西), 1579년 하남(河南) 등 지방 성(省)이 주관하는 성시(省試)에서 천문역법 문제들이 출제되기도 했는데, 예를 들어 1525년의 강서성 시험에서의 답안은 수시력(授時曆)에 대한 상당한 이해를 보여주었고, 1579년 하남성 시험에서는 천문역법을 '격물지학(格物之學)'에 바탕해서 논하도록 하는 질문이 출제되었다.[87] 이 같은 일은 청대로도 이어져서 강희제는 1679년 '박학홍유(博學鴻儒)' 시험을 시행하고 응시자들로 하여금 천문 의기(儀器)에 관한 부(賦)—"선기옥형부(璇璣玉衡賦)"—를 짓도록 했고,[88] 1712년에도 산법(算法)을 담당할 인원을 선발하는 특별 시험을 치르게 하고 직접 그들을 시험했다.[89]

그러나 전반적으로 보면 과학기술의 주제들은 과거 시험에서 늘 부차적인 지위에 머물렀다. 예컨대 심괄은 『몽계필담』에서 송(宋) 황우(皇祐) 연간(1049-1053)의 과거 시험에 천문 의기(儀器)에 관한 문제가 출제되었으나 거인(擧人)들이 모두 혼상(渾象)에 관해 혼동했고 시험관들도 잘 이해하지 못해 그냥 모두에게 높은 점수를 주었다고 기록하고 있다.[90] 물론 이런 식으로 천문역법의 문제가 시험에 출제되었다는 사실 자체는 중요했지만 응시자들은 그에 대해 거의 준비하지 않았던 것이다. 『정거산법(丁巨算法)』(1355)의 저자인 원대 유학자 정거(丁巨)는 유학자들이 과거 시험 공부 때문에 수학 공부를 할 틈이 없는 상황에서 자신만이 시류(時流)를 따르지 않고 경적(經籍)을 공부하고 남은 시간에 수학을 공부했다고 썼다.[91] 범수기(範守己, 1542-1611?)는 황제에게 개력(改曆)을 권하는 상소에서 위에서 언급한 1579년 성시(省試)의 천문역법 문제에 대한 답안지를 보았더니 수준이 아주 낮았다고 적었다.[92] 결국 청대(淸代)에는 천문역법이 과거 시험 과목에서 제외되었다.[93]

이처럼 과학기술의 주제들이 과거 시험으로부터 배제된 상황에서 유학자들은 과학기술을 과거 시험 공부나 관직과는 상관없이 사적(私的)으로—책을 통해서나 '스승'으로부터— 공부해야만 했다.[94] 그리고 그 결과, 과학기술 분야의 전문가들이 정부 내에서 만족할 만한 경력을 기대할 수도 없었다. 과학기술을 비롯한 전문 분야의 관리들은 과거 시험을 합격한 일반 관리들이 아니라 별도로 전문 분야의 시험을 통해 선발된 사람들로, 흠천감(欽天監) 같은 전문 부서에서 일하는 전문직들이었다. 더구나 전문직 시험을 통해 관리가 된 사람들에게는 그 후 직책에 제한이 가해졌다. 예컨대 1373년 명태조(明太祖, 재위 1368-1398)는 흠천감 관원의 자제가 다른 부서의 관원이 되는 데 대한 금령을 내렸고 이 금령은 1458년까지 지속되었다.[95]

4절 과학기술 전문종사자들에 대한 태도

유학자들은 과학기술 전문종사자들을 낮게 평가했다. 유학자들은 예컨대 '역가(曆家)' 또는 '역산가(曆算家)'라고 불리는 역법과 수학 분야의 전문종사자들에 대해 그들이 비록 자신들보다 더 우월한 전문지식을 지녔음은 인정하면서도 그들을 지적(知的)으로 높게 평가하지 않았다. 이 같은 유학자들의 태도의 밑바탕에는 자신들은 하늘의 현상과 작용을 이해함으로써 하늘의 '리(理)'를 얻기를 추구하는 데 반해 역가들은 단지 수치만을 얻으려 하는 기능인에 불과하다는 생각이 깔려 있었다. 예컨대 주희는 역가들은 하늘의 운동을 관찰. 기록, 계산, 예측하는 데 여념이 없고 편법으로 수치를 얻어내는 일에만 몰두할 뿐 하늘의 실제 운행에 대한 이해를 위해서는 노력하지 않는다고 생각했다.[96] 왕석천은 '역수(曆數)'는 모른 채 '역리(曆理)'만을 내세워 이론을 세우는 유학자들과 '역리는 모른 채 정해진 계산법에 따라 하늘의 움직임을 맞추는' 역가들을 대비하면서 송대 이후 역(曆)이 유학자들의 역(曆)과 역가들의 역(曆)으로 둘로 나뉘었다고 말하기까지 했다.[97] 역가들 자신들도 이 같은 상황을 개선하려고 하지 않고 흠천감(欽天監)에서 안주하면서 자신들의 방식을 고수했다.[98] 이에 따라 유학자들과 역가들은 천문역법에 대한 관심이나 활동에서 서로 분리된 상태에 안주해 있었다. 예컨대 강영은 계산에만 관심이 있는 역가들과 '역리'에만 주된 관심을 지니는 유학자들을 대비했다.[99] 같은 성격의 태도를, '유의(儒醫)'들이 고전 문헌들에 기반을 두고 고대 의학의 계보를 잇는 자신들의 활동을 '세의(世醫)'라고 불린 일반 의사들의 활동과 구분하는 데에서도 찾아볼 수 있었다.[100]

사실 천문역법이나 의료 등 과학기술 분야의 전문종사자들을 높이 평가하지 않는 상황은 유가 전통사회 전반에 퍼진 기예(技藝)와 기술자들에 대한 천시의 경향과 궤를 같이한다고 볼 수 있다. 그 같은 경향은 지방지(地方誌)들에 잘 드러나 있는데, 지방지들에서는 탁월한 기술적 능력을 지닌 기술자, 장인(匠人)들이 화가, 의료종사자, 점술가 등과 함께 수록되었으며 존경할 만한 인물로서가 아니라 지역의 특수한 사실로서, 때로는 지역 특산물이나 지역의 관습을 기록하는 항목들에 기록되었다.[101] 족보(族譜)에서도 가문에 속하는 인물들이 지녔던 기술적 능력이나 업적을 높이 평가하기는커녕 오히려 부끄러운 것으로 여기고 싣지 않는 경향을 보였다.[102] 이런 상황에서 많은 기술적 성취들이 익명의 전문종사자들에 의해 이루어졌다.[103]

자신들 분야의 직업적 정보와 지식에 대해 비밀을 유지하려고 하는 과학기술 분야전문종사자들의 경향이 그들에 대한 천시의 태도에 기여했을 수 있다. 이는 의료종사자들 사이에 두드러졌고 특히 비방(秘方)을 대물림하는 의료 가문(家門)에 속했던 의사들은 자신들의 의료 처방을 비밀에 부치는 경향이 강했는데, 그 같은 경향은 송대 과거(科擧) 문화와 인쇄술의 확산에 따라 서서히 바뀌었지만 '의안(醫案)'이라고 하는 장르가 확산된 명대 후기까지 지속되었다.[104] 역가들도 자신들의 전문지식을 공개하지 않는 경향을 보였다. 예컨대 매문정, 완원 등은 역가들이 자신들의 지식을 비밀로 유지하려 하는 경향에 대해 언급했다.[105] 정부의 역법 관련 업무도, 명대 천문역법의 사적인 학습 금령—비록 엄격히 시행되지는 않았지만—에서 볼 수 있는 것처럼, 그 같은 경향으로부터 자유스럽지 않았다.[106] 심지어는 유학자들도 자신들의 역법지식을 두고서는 비밀스러운 경향을 보이기도 했는데, 예컨대 황종희는 설봉조가 중요한 역 계산 방법을 감추려고 일부러 계산 실수를 했다고 비난했다.[107] 역법이 점복(占卜) 같은 술수(術數)에 이용될 수 있는 가능성도 역법지식에 대한 그 같은 비밀스러운 경향의 원인이었을 수 있다.[108] 물론 연단, 풍수, 점복 같은 분야의 전문종사자들도 마찬가지로 자신들의 분야의 전문지식과 방법에 대해 비밀을 유지해야 할 필요성이 있었을 것이다.

5절 과학기술 저술

주목할 만한 것은 유학자들이 과학기술과 그 전문종사자들에 대해 제한적 관심만 지녔음에도 불구하고 과학기술 분야에 관한 대부분의 저술은 유학자들에 의해, 그리고 대개는 유학자들을 대상으로 쓰여졌다는 점이다.[109] 예컨대 명대 후기 과학기술 분야의 가장 중요한 저서들이라고 할 수 있는 『본초강목(本草綱目)』(1578), 『천공개물(天工開物)』(1634), 『농정전서(農政全書)』(1639) 등이 모두 이시진, 송응성, 서광계 같은 유학자들에 의해 쓰여졌는데, 이들 저서들은 유학자인 저자들 자신의, 그리고 대부분 동료 유학자들인 독자들의 관심의 대상이 될 기술과 생산물들에 대한 내용으로 이루어졌고, 자연히 유학자들의 지적(知的)인 흥미가 두드러졌다. 반면에 기술자, 장인(匠人), 기능직 관료, 농민 등 실제 과학기술 전문종사자들은 자신들의 직업상 요구되는 작업들만을 수행했을 뿐 자신들 분야의 실제 활동과 내용에 대한 저술을 남기지 않았다. 과학기술 분야의 전문종사자들이 자신들 분야의 직업적 정보와 지식에 대해 비밀을 유지하려고 하는 경향이 이에 영향을 미쳤을 수 있다.

물론 유학자들이 농서(農書)를 저술하면서 농민과 농사 전문가들의 조언을 받아 실제 농사지식을 수록하는 일은 있었다.[110] 그러나 가사협(賈思勰, 6세기)의 『제민요술(齊民要術)』, 왕정(王禎, 1271—1333)의 『농서(農書)』, 서광계의 『농정전서』 등 대표적 농서들은 모두 유학자나 정부의 관심을 반영한 것들로, 농사의 전문종사자들이 자신들의 분야에 관해 저술하는 것과는 거리가 멀었다. 유학자들이 쓴 '권농문(勸農文)'들에서도 농사 기술의 세부 사항에 대한 관심은 결여되어 있었다.[111] 유학자들—'유의'들을 포함해서—이 쓴 의서(醫書)들도 의료의 실용적인 목적만이 아니라 지적인 흥미를 위해 쓰여진 경우가 많았다.[112]

명대 이후에 과학기술 주제들에 대한 전문지식을 포함한 다양한 책들이 간행되어 널리 유통되었던 것도 사실이다.[113] 고금의 온갖 지식을 망라하는 총서(叢書)들이 천지(天地), 조수(鳥獸), 초목 등 과학기술 주제들을 포함했고,[114] 명 말에는 유가 경전, 과거 시험, 경세(經世) 등의 주제들에 대해 정부의 지원을 받아 대량으로 출판된 유서(類書)들이 점성술, 지리, 의학, 수학, 양생(養生), 양잠(養蠶), 동식물 등만이 아니라 서예, 법률, 그리고 해몽(解夢)에 이르기까지 다양한 주제들을 망라해서 다루었다.[115] 16세기에는 이 같은 책들이 유학자 계층 밖으로 퍼져나갔고, 유학자들만이 아니라 기술자, 상인, 서리(胥吏)들이 계층을 불문하고 이러한 책들을 읽었다.[116] 그 외에 유학자들이 관료로서의 업무를 위해 저술한 업무지침서들에도 관료로서의 자신들의 업무와 관련된 농업, 제조업, 수리(水利), 군사, 구황(救荒) 등 과학기술지식이 포함되었다.[117] 그러나 이런 책들이 유학자들의 지적 관심을 끌거나 학문적으로 평가받지는 못했다. 예컨대 이 책들은 나중『사고전서』에 포함되지 않았다.[118]

유학자들은 책 이외의 다른 장르들을 통해서도 과학기술 분야의 주제들을 다루었다. 예컨대 관료였던 유학자들은 농사 기술, 의료 처방 등의 유용한 정보를 보급하기 위해 시(詩)를 짓기도 했는데 농기구들에 대한 15편의 시를 지은 왕안석이 좋은 예이다.[119] 책 속에 도구, 기계 및 생산 과정에 대한 삽화들이 포함되기도 했다. 위에서 언급한 왕정의『농서』에 포함된 「농기도보(農器圖譜)」는 책 속에 본격적인 기술도(技術圖)가 실린 최초의 사례이며,[120] 그 외에 농업, 직조(織造), 건축, 점복, 의례, 가사(家事), 음식, 약 처방 등에 관한 삽화들을 실은 일용지침서『편민도찬(便民圖纂)』(1502)도 예로 들 수 있다.[121] '경직도(耕織圖)'라고 불린 독립된 장르가 그러한 삽화와 시로부터 출현했다. 경직도 장르는 쌀농사와 양잠의 주요 과정들을 시와 그림으로 표현하여 한데 모아놓은 송대 누숙(樓璹, 1090-1162)으로 그 기원이 소급되는데 그 이후 시기에 들어 크게 유행했다.[122] 그러나 이 장르들이 비록 과학기술에 관한 정보를 어느 정도 담고 있기는 했지만, 그 주된 목적이 과학기술의 자세한 구체적 내용을 서술하는 데 있는 것은 아니었다. 이 같은 그림과 시들은 실제 농업 종사자들보다는 통치자와 엘리트를 대상으로 했으며, 그것들이 강조한 것은 자세한 기술적 정보가 아니라 농사와 직조(織造)의 '고된 작업(辛苦)'을 보여주는 것이었고, 이를 통해 지배 계층에게 농사와 직조의 고마움에 대한 메시지를 전달하는 데 있었던 것이다.[123]

6절 주희의 경우

이상에서 유학자들이 과학기술에 대해 지닌 태도를 살펴보았는데 이 같은 태도는 후대의 유학자들에게 강력한 영향을 미쳤던 주희에게서 잘 나타난다. 특히 조선 시기의 유학자들에게는 주희의 영향이 압도적이고 더 지속적이었기에 주희의 과학기술에 대한 태도가 조선 유학자들의 과학기술에 대한 태도에 훨씬 더 깊은 영향을 미쳤을 것임을 짐작할 수 있다. 다음 장에서 조선 유학자들의 과학기술에 대한 태도를 살펴보기에 앞서 이 절에서는 주희의 과학기술에 대한 태도를 살펴볼 것이다.[124]

주희는 여러 과학기술 분야들의 주제들에 넓은 관심과 상당한 수준의 지식을 소유하고 있었으며, 다른 학자들에게 그러한 주제들을 공부하도록 권했다. 주희의 이 같은 태도는 그 이후의 유학자들에게 큰 영향을 미쳤다. 몇몇 과학기술 분야들은 주로 주희가 그것들을 유학자들이 공부할 만하다고 인정한 까닭에 후대의 유학자들에 의해 공부할 만한 정당한 대상으로 간주되었다. 물론, 주희 이후의 시기에 유학자들의 지적 관심의 폭이 축소되었던 것은 사실이다. 주희의 학문의 넓은 폭은 후대의 유학자들에게 계승되지 않았고 그의 후학들의 관심은 좁아졌다. 그러나 주희가 그의 관심 대상에서 과학기술을 제외시키지 않고 그의 학문체계 안에 과학기술지식을 포함시켰다는 사실은 중요했다. 주희의 이 같은 태도가 대부분 그의 추종자였던 후대 유학자들이 과학기술 분야들에 관심을 지니고 공부하도록 고무했던 것이다.

주희가 가장 자주 논의했던 과학기술 분야들은 역법(曆), 율려(律呂), 지리(地理)였으며 이 분야들에 대한 그의 이해는 때로 상당히 높은 수준에 도달해 있었다. 그에게 이런 분야들은 명백히 유가 전통의 일부였던 것이다. 그러나 이 분야들과 관련된 활동들인 점성(占星 또는 天文), 음악(樂),

풍수(風水)와 같은 분야에 대한 그의 태도는 다양했다. 그는 음악에 대해서는 자주 논의했으나 점성이나 풍수에 대해서는 그다지 많은 이야기를 하지 않았다. 유교의 예(禮)의 일부인 음악은 그에게 중요했음에 반해 점성이나 풍수 활동은 그가 완전히 받아들이지 않았음에 틀림없다.

주희가 자주 논의했던 또 하나의 분야는 '상수(象數)'였다. 숫자들과 『주역』 괘들을 포함하는 수비학(數秘學)적 추론들로 주로 구성되어 있는 상수학은 근본적으로 『주역』과 그 주해들에 바탕하고 있었고 주희는 '상수'가 유학자들이 관심을 가질 충분한 가치가 있는 것으로 여겼다. 상수학은 점복(占卜)과 연단(煉丹 또는 丹) 같은 다른 활동들에 응용되었는데 주희는 이런 활동들에 대해 논의하는 것을 피하지 않았으며 오히려 점복과 연단의 여러 측면들에 관해 상당히 광범위한 저술을 했다. 그러나 주희는, 그가 특히 말년에 상당한 관심을 지녔던 양생(養生), 내단(內丹)을 제외하고는, 이 같은 활동들과 연결된 다른 여러 술법들과 '도사(道士)'라고 불린 그 전문가들에 대해서는 거의 이야기하지 않았으며 아마도 상당히 낮게 평가하고 있었을 것이다.

의학(醫)은 위의 네 분야, 즉 역법, 율려, 지리, 상수만큼 주희의 관심을 끌지는 못했다. 의학 전문종사자인 '의가(醫家)'는 주희가 보기에 도사(道士), 승려, 점술가, 장인(匠人), 양생가(養生家)와 같은 범주에 속했다. 그렇다면 그가 여러 가지 약(藥)들과 치료법들을 자주 언급하면서도 의학지식의 전문 내용에 대해서는 거의 다루지 않았던 것은 놀라운 일이 아니다. 또한 주희는 의학과 관련된 주제인 본초(本草)에 대해서도 많이 이야기하지 않았다. 그가 많은 식물과 동물 종(種)들에 대한 사실들을 기록했지만 이 기록들 중 대부분은 『시경』과 『초사(楚辭)』에 대한 그의 주해들에 들어 있었다. 그 외에 수학(算, 글자 그대로 '계산'), 농업, 기예(技藝)에 대한 주희의 언급은 더욱더 적었다. 그러나 그가 지방관으로서 공무를 수행할 때 이런 주제들, 특히 농업의 지식과 관련된 문제들에 부딪혔을 것이기 때문에 이것들을 주희가 모두 무시할 수는 없었을 것이다.

위의 분야들에 대한 주희의 기본적 입장은 이것들도 공부해야 하며 소홀히 해서는 안 된다는 것이었다. 예를 들어 그는 "율려, 역법, 형법, 천문지리, 군사와 관직(官職) 같은 것들도 모두 이해해야 한다."고 이야기했다.[125] 주희는 『논어』에서의 '박학(博學)'에 대한 강조를, 모든 것을 공부하고 이해해야 한다는 자신의 주장을 뒷받침하는 데 이용했다. "그러므로 성인(聖人)[즉 공자]은 사람들에게 '박학'해야 한다고 가르쳤다."는 것이다.[126] 주희는 옛사람들은 실제로 그러했다고 믿었으며 그에 반해 구체적인 일들을 소홀히 하는 자신의 동시대인들을 비판했다.

그러나 과학기술 분야의 주제들을 공부하고 이해해야 할 필요성에 대한 그의 강조에도 불구하고 주희는 그것들보다 더 중요한 주제들—도덕적, 철학적 문제들—이 있다는 자신의 믿음을 숨기지 않았다. 실제로 그는 '작은' 문제들로 옮겨가기에 앞서 '근본(本 또는 本領)'이나 '큰 것'을 이해해야 한다고 되풀이해서 이야기했다. 그렇지 않았을 경우에 대해 주희는 "만약 이 같은 근본을 먼저 이해하지 않고 다만 [구체적] 일들에 나아가 그것들을 이해하고자 한다면, 비록 많은 진귀한 일들을 이해할지라도 많은 혼란과 어지러움을 첨가할 뿐이고 많은 교만과 인색을 첨가할 뿐이다."라고 경계했다.[127] 따라서 역상학(曆象學)이 격물의 작업에 포함되어야 한다고 이야기한 후 주희는 "그러나 또한 모름지기 큰 것이 먼저 세워져야 한다. 그런 후에 그것들[즉 역상학]로 옮기면 또한 이해하기 어려운 지경에 이르지 않고 통하지 않는 것도 없을 것이다."라고 덧붙였다.[128]

이 같은 생각을 지닌 주희는 과학기술의 전문적 주제들을 공부하는 데 전력을 기울이지 않았는데, 그는 그러한 주제들이 아무리 어려워 보이더라도 자신이 노력하기만 하면 그것들을 완전히 이해할 수 있다고 믿었다. 그 같은 주제들은 충분히 그의 관심을 끌지 못했던 것이다. 따라서 주희는 과학기술 분야들의 모든 세부 내용들을 완전히 이해하려고 애쓸 필요는 없다는 점을 인정하기도 했다. 예를 들어 전문 분야들을 이해할 필요성에 대한 앞에서 인용했던 언급들에 뒤이어 그는 "비록 상세하고 정밀하게 얻을 수는 없을지라도 일반적인 개요는 알아야 한다."[129]고 덧붙였다. 주희가 여러 과학기술 분야들을 공부하고 다양한 수준의 지식을 지녔음에도 불구하고 그의 이해가 결코 전문가들의 수준에 이르지는 못한 것은 바로 그런 이유 때문이었을 것이다. 예컨대 1년의 날짜의 수로 주희는 당대 역가들 사이에 널리 사용되고 있던 365.2425일 대신 고대 사분력(四分曆) 수치인 365.25일을 사용했고, 그 이후의 많은 유학자들은 이를 그대로 따랐다.[130]

위에서 역가의 경우에 대해 보았듯이, 주희는 과학기술 전문종사자들을 높이 평가하지도 않았다. 주희의 생각으로는 그들은 그 자신이 통달하지 못한 전문 영역들에서의 전문 기능인들에 불과했다. 그리고 과학기술 전문종사자들에 대한 주희의 낮은 평가는 또한 당대 전문가들의 지식이 옛 성인들의 황금기에 존재했던 높은 수준에 도달하지 못했다는 그의 비판에 반영되었다.

4장

조선 유학자들의 과학기술에 대한 태도

앞 장들에서 유가 전통 속의 과학기술의 상황, 특히 유가 전통사회를 주도했던 유학자들이 과학기술에 대해 지녔던 태도에 대해 살펴보면서 중국 유학자들을 중심으로 다루었다. 이 장에서는 조선 유학자들의 과학기술에 대한 태도를 다룰 텐데, 대체로 중국과 비슷한 모습이었을 것으로 짐작할 수 있다. 조선 후기 사회를 주도했던 양반사인들의 학문과 사상은 역시 유학이 지배했고, 오히려 중국보다 더 강력하게 지배한 면도 있었기 때문이다. 다만 조선 후기에 들어서는 주자학(朱子學)이 정통(正統)으로서 굳건히 자리잡음에 따라 조선의 사상과 학문을 주자학이 주도하게 되었고 이에 따라 과학기술에 대한 유학자들의 태도에 주희의 영향이 깊게 작용했다.

1절 과학기술에 대한 관심과 지식

조선의 유학자들도 과학기술에 대해 관심과 지식을 지니고 있었다. 조선 후기 들어서서는 전반적으로 유학자들의 지적 관심과 학문적 탐구의 범위가 넓어졌고, 경학이나 도덕철학, 문학, 사학 등의 전통적인 학문적 범주의 틀을 벗어나서 과학기술을 포함하는 다양한 영역으로 향하게 되었다.[1] 그리고 그런 과정에서 유학자들은 과학기술의 학문적 중요성을 인식하게 되었다. 구만옥은 18세기 후반 많은 조선의 유학자들이 "전통적인 인간학·윤리학·도덕학 못지않게 자연학의 중요성을 강조했"음을 지적하면서 영조대 과학에 대한 그의 최근 저서를 다음과 같이 끝맺었다.

> 자연학의 중요성에 대한 인식은 학문 대상과 내용면에서 기존의 학문관과 일정한 차별성을 보여 주었다. 물리(物理)에 대한 관심의 증대와 박학적(博學的) 학문경향이 그 하나의 예이다. 자연학은 '사대부 실학(實學)'으로서 점차 독립적인 분야로서 자리를 확보해 가고 있었다.[2]

이에 따라 천문역법, 수학, 의료, 박물학, 각종 기예(技藝) 등의 분야에서 성과를 내는 유학자들이 나타났다. 군왕들도 과학기술에 대해 유학자들과 같은 태도를 보였다. 사실 군왕들은 유학자들로부터 유학 교육을 받으며 성장했고 많은 부분 유학자들의 가치관을 공유했으며 조선 후기에는 군왕들 스스로 유학자로 자처하기도 했기에 이는 당연했다고 할 수 있다.

1. 천문역법

조선 후기 유학자들은 특히 천문역법 분야에 많은 관심과 지식을 지녔다. 천문역법에 대한 관심의 주된 요인은 유가 국가의 통치의 근본인 '경천(敬天)' 또는 '경천근민(敬天勤民)' 사상이었다.[3] '천명(天命)'을 받아 국가를 통치하는 군왕은 당연히 하늘을 공경하는 '경천'의 마음을 지녀야 했는데, 하늘의 운행에 부합하는 역법을 수립하여 유지하는 것이 '경천'의 중요한 요소였기에, 정확한 달력을 제작해서 '시간을 주는(授時)' 것이 정부의 중요한 업무가 되었으며 이를 위한 역법의 지식은 군왕과 관료들에게 명백한 중요성을 지니게 되었던 것이다. 천문역법의 이 같은 요성은 일찍이 권근(權近, 1352-1409)이 1395년 「천상열차분야지도(天象列次分野之圖)」의 석각(石刻)에 즈음해서 쓴 발문에 다음과 같이 표현되어 있다.

> 자고로 제왕이 하늘을 받드는 정치는 역상(曆象)으로 천시(天時)를 알려주는 것을 선무(先務)로 삼지 않음이 없다. 요(堯)가 희화(羲和)에게 명하여 사시(四時)의 질서를 잡게 하고, 순(舜)이 기형(璣衡)으로 칠정(七政)을 가지런하게 하였으니, 진실로 '경천근민'함을 늦추어서는 안 되었던 것이다. 삼가 생각건대, 전하께서는 성스럽고 인자하셔서 선양(禪讓)을 통해 나라를 갖게 되었고 중외(中外)가 안일하여 태평을 누리니 이는 곧 요순(堯舜)의 덕이며, 먼저 천문(天文)을 살펴 중성(中星)을 바르게 하니 이는 곧 요순의 정치이다.[4]

또한 천문역법은 조선 전 시기를 통해 관찬(官撰), 사찬(私撰)으로 많이 진행된 지도 제작에도 이용되었다.[5]

특히 군왕들이 천문역법의 이 같은 측면에서의 중요성을 인식하고 천문역법을 장려했는데, 예컨대 영조(英祖, 재위 1724-1776)는 『동국문헌비고

(東國文獻備考)』와 『여지도서(興地圖書)』의 편찬, 시헌력(時憲曆) 체계의 정비와 의상(儀象)의 중수(重修) 및 서양 천문기기 도입 등 여러 천문역법 관련 사업들을 "정부 주도의 국책사업들"의 형태로 시행했고,[6] 정조(正祖, 재위 1776-1800) 또한 정확한 시간을 백성들에게 내려주는 것이 군왕의 가장 중요한 임무라고 보고 표준시간 체제 정비, 팔도(八道) 북극고도(北極高度) 산정, 관상감(觀象監) 운영과 제도 정비 등 천문역법 분야의 중요 사업을 추진했으며 천문책(天文策)을 내려 신료 학자들 사이에 천문역법의 공부와 논의를 고무하기도 했다.[7]

군왕들의 천문역법에 대한 관심은 유학자들에게 영향을 미쳤다. 일찍이 효종(孝宗, 재위 1649-1659)대의 김육(金堉, 1580-1658), 숙종(肅宗, 재위 1674-1720)대의 최석정(崔錫鼎, 1646-1715) 같은 유학자들이 국가의 역법을 관장하는 관료로 재직하면서 조정의 천문역법 관련 정책과 사업을 주관한 경우가 있었는데,[8] 영조대에 이르러서는 천문역법이 유학자들 사이에 많은 관심을 끌고 중요한 분야로 인식되었고,『동국문헌비고』를 편찬하면서 천문역법을 다루는 「상위고(象緯考)」를 맨 앞에 두게 되었다.[9] 정조대에는 정부의 천문역법 분야 프로젝트에 힘입어 천문역법이 유학자들의 지적인 탐구 대상으로 편입되었고 서명응(徐命膺, 1716-1787), 서호수(徐浩修, 1736-1799), 이가환(李家煥, 1742-1801) 등, 서양 천문학에 바탕한 당대 최신 역산서인 『역상고성(曆象考成)』의 전문적 천문역산학 지식을 소화하는 유학자들이 나오기에 이르렀다.[10] 이들 중 이가환은 천문역법의 중요성을 강조하면서, 계산법을 익히는 데에만 몰두하지 않고 '역상(曆象)'의 "본원을 밝힘으로써 이미 나타난 현상으로부터 그 소이연(所以然)을 알게 되면 통변(通變)이 저절로 생기고 인습의 고루한 폐단을 점차로 없앨 수 있을 것"이라고 주장했다.[11]

정조대에는 천문역법에 대한 관심과 지식이 민간의 유학자들에게까지 퍼져 천문역산학을 가학(家學)으로 하는 풍산(豊山) 홍(洪)씨와 달성(達城) 서(徐)씨 같은 가문이 출현할 정도였다.[12] 이 같은 유학자들 중 두드러진 예로는 홍대용(洪大容, 1731-1783)을 들 수 있는데 그는 특히 관측을 중요시해서 "하늘과 땅의 실체와 형상을 알고자 하면, 의구(意究)해서는 안 되고 이색(理索)해서도 안 되며 오직 기구(器)를 만들어서 그것을 관측해야 하고 수(數)를 헤아려 그것을 추산해야 한다."고 주장했고,[13] 일월식을 이야기하면서 음양에 얽매여 실제 하늘의 움직임을 살피지 않은 선유(先儒)들을 비판했다.[14] 그는 실제로 나주(羅州)의 기술자 나경적(羅景績) 등의 도움으로 혼천의(渾天儀)를 만들고 집 마당에 호수를 파 그 가운데에 농수각(籠水閣)이라는 정자(亭子)를 지어 소장하고 있었는데, 이황(李滉, 1501~1570), 송시열(宋時烈, 1607-1689) 등도 혼천의를 제작했었지만 모두 손상되고 소략(疏略)해서 자신의 제작에는 도움이 되지 못했다고 연행 중 중국 유학자들에게 이야기하기도 했다.[15]

황윤석(黃胤錫, 1729-1791)은 조선 후기 민간 유학자들 사이에 천문역법의 중요성이 인식되어 있던 상황을 잘 보여주는 예이다.[16] 그는 자신의 아버지가 어려서부터 중성(中星), '기삼백(朞三百)', '선기옥형(璇璣玉衡)', 율려(律呂) 등에 관한 『서경(書經)』 주석들을 탐구한 우리나라 선현들의 예를 들어 권고함에 따라 그것들에 대해 공부하고 율력, 산수 등에 대한 공부로 나아갔다고 회고했다.[17] 실제로 황윤석은 10대 후반부터 이미 『성리대전(性理大全)』에 수록된 역학(易學), 율려 등 서적들을 열심히 공부했고 『한서(漢書)』「율력지(律曆志)」 등 중국 정사(正史)의 율력지들을 수정 보완하려 시도하기도 했다.[18] 그는 유가 학문에서 역법의 중요성을 자주 강조했는데, 일월오성의 운행의 '리(理)'와 '도수(度數)'를 다루는 역법이 "유가 격물치지(格物致知)의 일단(一端)"이므로 유학자들이 이를 논의하고 탐구해야 한다고 주장했고[19] "율력의 학문이 유자(儒者)의 몸과 마음의 공부에 약간 덜 긴요하기는 하지만 역시 천지간의 '대문자(大文字)'여서 없어서는 안 될 것"20이라거나, "율력과 산수의 학문은 앞 사람들이 긴요하다고 생각지 않았지만 『주역』이나 「홍범(洪範)」과 표리를 이루고 천지를 경위(經緯)하는 것으로 낙건(洛建)의 [정이와 주희] 선생들도 폐하지 않은 바"21라고 이야기했으며, 『율력연원(律曆淵源)』에 대해서는 "이 책을 어찌 소홀히 할 수 있겠는가? '체(體)'가 밝혀지고 '용(用)'이 적절해지면 바로 유자의 '대전지학(大全之學)'이니 이를 알지 않으면 안 된다."22고 했다.

유학자들의 천문역법에 대한 관심은 19세기에도 이어졌다. 예컨대 김정희(金正喜, 1786-1856) 같은 사람이 천문역산에 관심을 지녔고 천문역법지식의 수준도 상당했음을 「천문고(天文考)」, 「일식고(日食考)」 같은 그의 글들에서 볼 수 있는데, 실제로 그는 청나라 역서에서 중기(中氣) 순서가 잘못되었음을 지적하여 고정(考訂)하도록 했다는 일화가 있을 정도이다.23 천문역법에 관한 관심은 특히 서울 지역 유학자들 사이에 널리 퍼져 있었고 이 같은 상황은 1860년대까지도 지속되었는데 20여 편에 이르는 천문역산서를 저술한 남병철(南秉哲, 1817-1863), 남병길(南秉吉, 1820-1869) 형제가 그 "대미를 장식"했다고 할 수 있다.24 이들 형제의 저서들 중 남병철의 전문 천문학 연구서 『추보속해(推步續解)』는 "19세기 중반 조선 유학자가 도달한 천문학 이해의 최고 수준"을 보여주며,25 관상감 생도들의 표준 교재인 남병길의 『시헌기요(時憲紀要)』(1860)는 "시헌력을 기반으로 한 조선의 국가 천문역법의 정점"을 나타내주었다.26

천문역법에 대한 관심은 관련 경전 구절들에 대한 관심으로도 나타났다. 특히 1장에서 본 바 있는 「요전(堯典)」 '기삼백(朞三百)'과 「순전(舜典)」 '선기옥형(璇璣玉衡)' 구절을 두드러진 예로 들 수 있다. 예컨대 이익(李瀷, 1681-1763)은 이 구절들에 대한 주해인 「기삼백주해(朞三百注解)」와 「기형해(璣衡解)」를 지어 치윤법(置閏法)과 천문 의기들에 대해 자세히 논의했다.[27] 영조도 경연(經筵)에서 「요전」과 「순전」을 강독하면서 신하들과 이 구절들을 논의한 기록이 있으며,[28] 국왕 자신이 『증보문헌비고(增補文獻備考)』의 첫머리 「상위고(象緯考)」에 붙인 제사(題辭)에서 다음과 같이 이야기했다.

아아! 상위(象緯)는 「요전」과 「순전」 두 '전(典)'을 소중히 여겨 열조(列朝)에서 높이고 공경하였고 하물며 상훈(常訓)에도 이미 실었으니, 하늘을 공경함은 예전에도 우러러보았다. 이제 내가 세 번째 되풀이하여 자세히 살피는 것은 뜻이 대개 깊은 것이다.… 따라서 이 『증보문헌비고[』 중 「상위[고]」를 처음으로 하고 「여지(餘地)[고]」를 다음으로 하였으니, 이 또한 건(乾)을 아버지로 곤(坤)을 어머니로 하는 뜻이다. 아아! 후손들아. 「요전」과 「순전」 두 '전'을 모범으로 삼고 열조를 몸으로 본받아 비록 잠깐 동안이라도 감히 소홀히 하지 말라.[29]

정조도 「책문(策問)」에서 자신이 천문 계산을 하고 관측해보았음을 언급하면서 "후인(後人)들이 수(數)를 가지고 이리저리 맞추고 기구를 만들어 관측하면서 미세함(錙銖)을 다투고 미소함(秒忽)을 비교하는 것이 모두 「요전(堯典)」 한 편에서 벗어나지 않았다."고 이야기했다.[30] 많은 유학자들이 일찍부터 이 구절들에 대한 주석을 공부했는데, 예컨대 홍대용은 연행 중 관상대를 방문하였을 때 "일찍이 서전(書傳)을 읽으매 순(舜)의 선기옥형(璇璣玉衡)제도를 흠모"하게 되었다고 회고했고,[31] 서유구(徐有榘, 1764-1845)는 16살 때 「요전」을 읽다가 "'기삼백(朞三百)'에 이르러 손가락으로 꼽고 산목(算木)을 늘어놓으면서 3일 만에 비로소 그 대략을 알 수 있었다."고 술회했다.[32] 정약용도 위의 구절들을 중시하여 「요전」 구절에 대해 논의하면서 치윤법을 다루었으며, 「순전」의 '선기옥형'이라는 표현에

대해서는 그것이 천문 의기가 아니라 자(尺)와 저울을 가리킨다는 새로운 해석을 제시하기도 했다.[33]

이에 따라, 앞 장의 중국의 경우에서 보았듯이, 조선에서도 경학 연구의 일환으로 천문역법이 연구되는 경우들을 볼 수 있었다. 예컨대 정조는 천문에 관한 「책문」 중 한 문항에서 '좌선(左旋)'과 '우행(右行)' 이론의 차이에 대해 논의할 것을 요구하면서 다음과 같이 말함으로써 이를 『서경』과 『시경』 등의 주해 전통의 차이로 보는 시각을 드러냈다.

> 별은 하늘을 따라 서쪽으로 행하고 태양은 하늘을 거슬러 동쪽으로 간다는 것은 『한[서]』 「[율력]지」이고, 하늘은 좌선하고 태양은 우행하며, 태양은 동에서 나오고 달은 서편에서 생긴다는 것은 소옹(邵雍)이며, 하늘과 일월과 오성이 모두 좌선한다는 것은 장재(張載)이다. 『시경』의 전주(傳注)는 소옹을 따르고 『서경』의 전주는 장재를 따른 것이 주자(朱子)이다. 선현들이 같지 않음이 이와 같으니, 앞으로 누구에게 절충하라고 할 것인가?[34]

이만수(李晚秀, 1752-1820)는 위 질문에 바로 앞선 세차(歲差) 관련 질문에 대한 대책(對策)에서 항성(恒星)이 동쪽으로 움직여 세차가 발생한다는 시헌력의 주장을 반박하면서 이를 "북신(北辰)이 그 자리에 머문다(北辰居其所)."는 『논어』 구절(爲政, 2.1)에 근거했다.[35] 남병철은 천문역법의 계산을 통해 경학 논의의 시비를 밝힐 수 있으니 그 또한 경학 연구의 일부라고 할 수 있다는 생각을 다음과 같이 표현했다.

> 고금의 전주(箋注)는 각자 그 옳음을 이루었다고 분분하게 다투었는데 산수(算數) 역시 경학 중의 한 가지 일이다. 「요전」의 역상(曆象), 『춘추』

의 일식(日食)을 추산하여 알 수 있고 또한 지금 측험할 수 있다. 칠정 (七政)의 행도는 합치하면 옳고 합치하지 않으면 옳지 않다. 옳고 틀림 이 바로 구분되어 틀린 자는 스스로 굴복한다. 이에 내가 먼저 이 일 에 종사한 것이다.[36]

2. 수학

조선 유학자들은 수학에 대해서도 관심과 지식을 지녔다. 일찍이 이황 은 "그 또한 흐트러진 마음을 모으는 법"이라고 하여 제자 이덕홍(李德弘, 1541-1596)에게 산학(算學) 공부를 권유했다.[37] 김시진(金始振, 1618-1667)은 수학에 관심을 가지고 수학 서적들을 수집, 간행했는데 특히 『산학계몽 (算學啓蒙)』을 중시하여 이 책이 "간단하면서도 충실히 갖추어져 있어 산 가(算家)의 총요(摠要)"라고 평가했다.[38] 최석정은 당시 산원(算員)들의 산 법과 서양 산법 등을 두루 섭렵하고 비판하면서 산학의 '의(義)'를 강조하 는 『구수략(九數略)』을 저술했다.[39] 이익도 수학에 관심을 지니고 공부하 여 상당한 지식을 지녔으며 수학의 중요성을 이야기했다.[40] 그는 『성호사 설(星湖僿說)』의 「사(射), 어(御), 수(數)」라는 글에서 자신이 산가(算家)를 섭 렵하여 『구장산술(九章算術)』의 설(說)이 "'방원(方圓)'과 '구고(勾股)'의 곱 (積)과 멱(冪)에서 벗어나지 않음을 안다."고 말하고 천문계산('步天')과 악 률(樂律)이 유학자가 당연히 탐구해야 할 일이라고 지적했고,[41] 『성호사설 유선(星湖僿說類選)』에 실린 「산학(算學)」이라는 글에서는 수학이 "'리'를 배우는 사람으로 하여금 부기(浮氣)를 없애고 정심(精心)을 단련하게 해준 다."는 서광계의 말을 인용하면서 "극히 옳다."고 이야기했다.[42] 또한 그는 『구장산술』에 대한 글에서 거친 마음을 정밀하게 변하게 하는 데에 산 술을 넘어서는 것이 없다고 하면서 자신이 아이들에게 매양 "기삼백(朞

三百)" 주설(註說)을 가르침을 언급했다.[43]

위에서 본 천문학의 경우에 그러했듯이, 수학의 경우에도 조선 후기 민간 유학자들 사이에 그 중요성이 인식되어 있던 상황을 황윤석이 잘 보여준다. 황윤석은 "어려서부터 집에서 공부하면서 『성리대전』 한 질(帙)을 즐겨 읽었고, 그로 인해 '리'와 '수'에 관한 글들을 연역(演繹)하여 차츰 수학에 통하게 되었다."고 하면서 처음 『산학계몽』으로 시작해서 천원법(天元法)에 이르러서는 깨달음을 얻었지만 사색(思索)이 지나쳐 병이 났다고 회고했다.[44] 그는 "'수(數)'란 만물의 실마리이니, 사물 중 어찌 '수'로부터 나오지 않은 것이 있겠는가?"라고 하기도 했고,[45] 산수(算數)를 '만물의 실마리(萬物之紀)'라고 하면서 나라의 근본인 '전제(田制)' 등과 함께 "독서의 여가에 두루 통해야만 할" 일곱 가지 일 중 한 가지로 꼽았다.[46]

수학에 대한 유학자들의 이 같은 관심은 점점 널리 퍼져서 영조 말경에 이르면 서명응, 서호수, 이가환, 홍대용, 이벽(李蘗, 1754-1786), 정철조(鄭喆祚, 1730-1788) 등 "수학을 거의 전문가 수준으로 학습하고 논의하는" 유학자들을 찾아볼 수 있게 되었다.[47] 홍석주(洪奭周, 1774-1842)가 동생 홍길주(洪吉周, 1786-1841)의 공부를 위해 작성한 독서목록은 수학이 유학자들이 공부해야 할 분야로 인식되고 있던 상황을 잘 보여주는데 그 목록에는 『기하원본』, 『동문산지(同文算指)』, 『수리정온』, 『신법산서(新法算書)』 등 수학 분야의 전문 서적들이 포함되어 있었다.[48]

조선 후기 유학자들이 수학에 대해 이처럼 관심을 지녔던 이유는 우선 천문역산이나 실생활의 여러 면에서 수학이 지닌 유용성 때문이었다. 예컨대 서명응은 박제가(朴齊家, 1750-1805)의 『북학의(北學議)』를 위해 쓴 서문에서 "성곽(城郭), 실려(室廬) 거여(車輿), 기용(器用)은 자연의 수법(數法)이 없는 것이 없다. 이를 얻으면 견고하고 완전하여 오래가고 이를 잃으면 아침에 세운 것이 저녁에 넘어져서 백성과 나라에 해가 됨이 적지 않다."고 했으며,[49] 이익의 조카 이병휴(李秉休, 1710-1776)도 산학의 실용성을 강조하면서 천체 운행의 계산, 토지의 구획, 예악의 정비 등 다양한 분야에서 산학이 필수적임을 지적했다.[50] 서호수는 "'수'가 아니면 예악, 제도를 시행할 수가 없다."고 했으며,[51] 『수리정온』에 대해 "참으로 실용의 책으로 일을 이루는 도구"라고 하면서 "사물에는 다소(多少), 경중(輕重), 대소(大小)가 있어 '수'가 이를 드러내며… 사물에 대해 다루는 '수'는 참된 수이고… 모두 실로 유용한 '수'여서 천하의 일들을 이룰 수 있다."고 말했다.[52] 홍대용은 많은 실용적 수학 문제들과 그 풀이를 모은 책을 쓰고 그 제목을 "주해수용(籌解需用)"이라고 붙였고,[53] 그 서문에서 "공자가 [곡식의 출납을 관장하는] 위리(委吏)를 지내면서 '회계는 맞아야 할 뿐'이라고 했는데 회계를 맞게 하는 것을 산수를 버리고서 어떻게 할 것인가."라고 하고 공자의 제자들이 육예(六藝)에 정통했음을 지적하기도 하면서 옛사람들이 실용에 힘썼음을 이야기했다.[54] 이가환도 수학의 지식이 역상(曆象)만이 아니라 악가(樂歌)의 율려, 공장(工匠)의 기용(器用), 농가의 수리(水利), 병가의 공수(攻守)에 모두 도움이 됨을 지적했다.[55] 정약용은 "백공(百工)의 기교는 모두 수리(數理)에 그 근본을 둔다. 반드시 구(句), 고(股), 현(弦)과 예각, 둔각이 서로 들어맞고 서로 어긋나는 본리(本理)에 밝은 다음에야 그 법을 얻을 수 있다."고 말하기도 했다.[56]

수학이 지니는 실용성 이외에 '수(數)'라는 개념이 지니는 중요성, 특히 1장에서 보았듯이 '수'가 '리(理)', '기(氣)'와 서로 깊이 연결되어 있다는 생각도 유학자들이 수학에 관심을 지니도록 했다. 물론 "이 '리'가 있으면 이 '기'가 있고 이 '기'가 있으면 이 '수'가 있다."는 주희의 언급에서 보듯 '리'가 '기'보다, 그리고 '기'가 '수'보다 더 근원적이라는 '리-기-수'의 위계 관념이 유학자들에게 있었던 것은 사실이었지만,[57] 그럼에도 불구하고 유학자들이 '리', '기'와 병립할 정도로 '수' 개념을 중요하게 여기게 된 것이 수학에 대한 관심을 높였던 것이다. 예를 들어 이황은 위의 주희의 언급과 같은 말을 하면서도 "대개 '리'가 있으면 '기'가 있고 '기'가 있으면 '수'가 있는 것으로, '리'가 '기'를 남겨두고 혼자 갈 수 없는 것이니 '수'인들 어찌 버리겠는가."라고 하여 '수'도 중요함을 주장했다.[58] 서유본(徐有本, 1762-1822)은 『기하원본』을 여러 차례 읽고 힘들게 깨우친 후 스스로 『기하몽구(幾何蒙求)』라는 책을 지었으며,[59] 「역수설(曆數說)」이라는 글에서는 "'수'는 '기'에서 나오고 '기'는 '리'로부터 명(命)을 받으므로 군자의 학문은 반드시 '리'를 궁구함을 귀히 여긴다."고 했지만 곧이어 "그러나 '리'에 '상(常)'과 '변(變)'이 있어서 '리'에 밝지 않음이 있으면 부득불 '수'에 의거해서 밝게 해야 한다."고 하여 '수'의 중요성을 지적했고,[60] "'수'를 통해 '기'를 알고 '기'를 통해 '리'를 밝힌다."고 이야기했다.[61] 나중에 이규경도 "'수'란 것은 육예(六藝)의 하나이고 '리'란 것은 만물의 근본이니 '수'가 아니면 '리'를 볼 수 없고 '리'가 아니면 '수'를 밝힐 수 없다. '수'와 '리'는 서로 표리(表裏)가 되고 하나의 근원에서 함께 나온 것이니 어찌 작게 여길 것인가."라고 하여 같은 생각을 표현했다.[62]

한편 '수'라는 글자가 '상수(象數)'라는 표현의 일부였던 까닭에 '수'라는 개념이 상수와 혼동되기도 했고 '수학'이라는 말이 상수학을 지칭하기도 했다. 예컨대 이황의 경우에는 '수'라는 말로 '상수'를 가리키는 일이 많았다.[63] 그의 제자 정유일(鄭惟一, 1533-1576)은 이황이 주희의 『역학계몽(易學啓蒙)』을 "수학의 시조"라고 지칭하면서 이해하기 힘든 부분이 있었지만 오랜 동안 그 근본을 탐구하여 『계몽전의(啓蒙傳疑)』를 지었다고 기록했다.[64] 또한 '상수'라는 말은 천문역법이나 우주론과도 연결되어, 18세기 조선 유학자들 사이에 상수학의 체계를 통해 우주의 구조와 운행의 원리와 신비를 규명하려는 '상수학적 우주론'이 나오고 그에 바탕한 우주론 논의가 유행하기도 했다. 이 같은 경향은 최석정, 정제두(鄭齊斗, 1649-

1736) 등에서 찾아볼 수 있었는데, 서명응에 이르러서는 복희(伏羲)의 「선천육십사괘방원도(先天六十四卦方圓圖)」를 통해 '구중천(九重天),' '천좌선일월우행(天左旋 日月右行),' 달의 위상 변화, 땅의 다양한 기후대(氣候帶), 분점(分點)에서는 느려지고 지점(至點)에서는 빨라지는 태양의 움직임('同升之差') 등 전통 천문역법지식만이 아니라 지구설을 비롯한 서양 천문학, 우주론 지식까지를 설명하는 상수학적 우주론의 틀이 제시되었다.[65] 상수학적 우주론은 이후 조선 유학자들 사이에 크게 유행하여 이규경에게까지 이어졌는데, 이규경은 『오주연문장전산고(五洲衍文長箋散稿)』의 서(序)에서 "명물도수(名物度數)의 술(術)이 비록 성명의리(性命義理)의 학(學)에 미치지는 못하지만 또한 [성명의리에만] 치우쳐 [명물도수를] 학습하지 않으면서 이단(異端)으로 여겨서는 안 되며… 상수(象數)의 학이 비록 성학(聖學)처럼 심오한 것은 아니지만 쉽게 말할 수는 없다."고 하여 '명물도수'와 '상수학'도 소홀히 할 수 없음을 지적했다.[66]

상수학적 우주론 논의가 이처럼 유행하게 되자 유학자들 사이에서는 그에 대한 비판이 제기되기도 했다. 서호수는 악률이나 시책(蓍策)에 기반했다고 하여 태초력(太初曆), 대연력(大衍曆)을 비판하면서 "악(樂)과 역(曆), 역(易)과 역(曆)의 '리(理)'는 통하지 않는 것이 아니지만, 그 법은 아주 다른 것이니, 결코 억지로 갖다 붙여서 현혹(眩惑)시켜서는 안 된다."고 주장했고,[67] 사물과 분리해서 '수'를 논하는 '허수(虛數)'를 배격하고 사물에 나아가 '수'를 논하는 '진수(眞數)'를 추구했다.[68] 홍대용과 정약전(丁若銓, 1758-1816)은 더 나아가 「하도(河圖)」, 「낙서(洛書)」 등의 도상(圖象)과 수학, 우주론을 연결시키는 것을 비판했다.[69] 남병철이 "역(曆)을 다스리는 자는 하늘[의 움직임]에 맞추어 부합하도록 해야지 부합하기 위해 하늘[의 움직임]을 측험해서는 안 된다."는 두예(杜預, 222-285)의 말을 인용한 것도 상수학적 천문 우주론에 대한 비판이었다.[70] 상수학의 폐단을 지적하

는 유학자들은 그에 반하여 '도수지학(度數之學)'이란 표현을 사용하기도
했는데,[71] 예컨대 이가환은 도수지학이란 경방(京房, 기원전 77-37), 이순풍
(李淳風, 602-670) 등의 점술과는 달리 "오로지 물체의 분한(分限)을 살피
는 것"이라고 하면서 다음과 같이 이를 규정했다.

> '분(分)'이란 나누어서 '수'가 되면 사물의 많고 적음을 드러내고, 완결
> 지어서 '도'가 되면 사물의 크고 작음을 가리킨다. '수'란 그것을 통해
> 가감승제(加減乘除)가 일어나는 것이며, '도'란 그것을 통해 높이, 깊이,
> 너비, 거리를 측정할 수 있는 것이다.[72]

3. 의학

조선 유학자들은 의학 분야에도 관심과 지식을 지녔다. 그들은 다양한
동기에서 의학에 관심을 갖게 되었는데, 김남일은 "의학 자체에 대한 탐
구심, 가업계승, 사회적 변혁에 따른 진로의 변경, 자신의 건강 문제나 부
모의 질병, 주위의 권유, 종교와 양생술에 대한 탐구가 의학연구로 이어
진 경우, 이용후생의 실천을 위하여 의원이 된 경우" 등을 예로 들었다.[73]
물론, 2장에서 보았듯이, 건강을 유지하고 질병을 치료하는 것은 유학자
자신과 가족, 그리고 국가의 명백한 필요를 충족시킨다는 점이 그중에서
가장 큰 동기였다.

조선 유학자들은 특히 의학이 효(孝)를 위해서 유용함을 강조했다. 사
실 조선시대 아동 교육에 필수적이었던 『삼강행실도(三綱行實圖)』가 부모
를 간병하는 사례를 여럿 싣고 있는 데서 볼 수 있듯이 부모의 건강을
돌보고 병든 부모를 간호, 치료하는 것은 자식의 효도 중 가장 중요한 것
이었다.[74] 송시열은 유의(儒醫) 이문건(李文健, 1495-1567)의 행장(行狀)에서

유배(流配) 중 23년간 의원 노릇을 한 이문건이 의학지식을 지니게 된 과정에 대해, 항상 질병이 많은 모친을 봉양하면서 "직접 탕제(湯劑)를 다려 올리되 오랫수록 게을리하지 않았다. 이로 말미암아 의학이론과 처방(處方)에도 정밀하여 활인(活人)을 매우 많이 하였다."고 전했다.[75] '유학자 국왕' 정조도 세손 시절 할아버지 영조의 병환을 돌보기 위해 의학 공부를 하고 스스로 『수민묘전(壽民妙詮)』이라는 의서까지 짓게 되었음을 다음과 같이 기록했다.

> 병술(丙戌)년(1766, 영조42) 이후 선대왕의 옥후(玉候)가 불편해졌다. 나는 밤낮으로 곁에서 허리띠도 풀지 않고 모신 것이 대개 11년, 그동안 하루도 의약(醫藥)에 종사하지 않은 날이 없었다. 그때 『동의보감(東醫寶鑑)』을 취해서 '신(身)', '형(形)', '정(精)', '기(氣)'에서부터 부인과, 소아과에 이르기까지 그 종류별로 증론(證論)과 맥결(脈訣) 등을 기록하여 4권의 책으로 만들고 "용시환해수사민(用時還解壽斯民)"이라는 이천(伊川)의 시어(詩語)를 따서 '수민묘전(壽民妙詮)'이라고 이름지었다. 또한 탕액(湯液)에 관한 여러 처방도 그냥 빼버릴 수만은 없다는 생각이 들어서 이를 초록하여 별책 5권을 엮었다.[76]

유학자들은 자신의 건강을 지키고 질병을 치료하기 위해서도 의학에 관심을 가지고 공부했다. 예컨대 이황은 20세 때 『주역』 공부에 열중하다가 몸이 쇠약해져서 의학 공부를 하게 되었다고 술회했고,[77] 유희춘(柳希春, 1513-1577)은 자신의 몸이 약해서 의학과 양생(養生)에 관심을 가지고 의서들을 읽었고 나중에는 허준(許浚, 1539-1615)을 내의원(內醫院)에 천거하기도 했으며,[78] 유성룡(柳成龍, 1542-1607)도 본래 자신의 건강이 나빠져서 의학 공부를 시작했고 스스로 의서를 편찬하기에까지 이르게 되었다.[79] 신흠(申欽, 1566-1628)은 산중(山中) 생활에 필요한 것으로 경전(經典)과 역사책 등 이외에 약재(藥材)와 방서(方書)를 구비해야 한다고 말하기도 했다.[80] 사실 유학자들은 부모에게서 받은 자신의 몸을 보전하는 것이 '효(孝)'의 중요한 부분이라고 생각했고 그것을 위해서도 의학에 관심을 지니고 공부했다. 예컨대 성혼(成渾, 1535-1598)은 경상(慶尙) 감영(監營)에 『수친양로서(壽親養老書)』라는 책을 인쇄해 줄 것을 청하면서 그 제(題)에 "내가 이 책이 한가로움을 좋아하고 병이 많은 사람에게 적합하다는 말을 뒤늦게 들었다.… 아아, 사람의 자식이 되어서 병을 조심하고 몸을 지키는 것 또한 어찌 유체(遺體)를 받드는 도리가 아니겠는가."라고 썼다.[81]

조선 유학자들 사이에는 건강을 유지하고 오래 살게 해주는 양생의 기법들에 대한 관심도 널리 퍼져 있었다.[82] 이황은 30대에 양생에 깊은 관심을 가져서 명 태조(太祖) 주원장(朱元璋, 1328-1398, 재위 1368-1398)의 아들 주권(朱權, 1378-1448)이 지은 양생서 『활인심방(活人心方)』을 필사하여 지니고 있었고, 『주역참동계(周易參同契)』의 수련(修練) 방법에 대해 지인들과 깊은 토론을 벌이기도 했다.[83] 성혼은 아들에게 준 글에서 "나를 닮아 '기(氣)'가 허(虛)해서 힘들게 독서하여 그 학문을 성취할 수가 없으니, 무엇보다 의서(醫書)를 읽어 양생의 '도(道)'를 이루도록 하라. 마음과 '기'를 완전히 기르고 자고 먹는 것을 편안히 하여 늙도록 오래 살아 부모의 마음에 맞게 되면 좋을 것"이라고 했다.[84]

유학자들은 그 외에도 자손이나 가속(家屬) 및 기타 주변 지인들의 치료를 위해서 의학에 관심을 지니기도 했다. 사실 믿을 만한 의원이 없는 지역이 많은 당시 조선의 상황에서 의서를 읽고 처방을 찾을 수 있는 유학자들에게 이 같은 일은 자연스러운 일이었을 것이다.[85] 이황은 아들, 며느리, 동생, 조카, 손자 등 가족을 비롯해서 제자나 노비에 이르기까지 주변의 여러 사람들의 질병에 대한 처방을 내렸는데,[86] 위에서 언급한 이문

건의 『묵재일기(默齋日記)』에는 그가 자신의 가족은 물론 노비들에 대해서
도 치료를 위해 노력한 내용이 실려 있다.[87]

자신과 가족, 주변의 건강과 치료에서 더 나아가 국가적 차원에서의 의
료의 필요도 유학자들로 하여금 의학에 관심을 지니도록 했다. 사실 의
학에 대한 국가 차원의 관심은 조선 초부터 있었다. 1415년 태종(太宗, 재
위 1400-1418)은 "오늘날 의가(醫家)들은 방서(方書)에 밝지 못하다."고 하
면서 자신이 『천금방(千金方)』 등 의서를 두루 보아 그들의 잘못을 알았
다고 지적하고 "무릇 의료를 업(業)으로 하려면 반드시 먼저 본초(本草)를
배워서 약성(藥性)의 한열(寒熱)을 알아야만 차이가 없을 것이다."라고 덧
붙였다.[88] 1434년 이조(吏曹)에서 세종(世宗, 재위 1418-1450)에게 올린 계
(啓)에는 의학에 능한 유학자들이 국가에 필요함을 다음과 같이 지적하
고 있었다.

> 의술은 음양오행(陰陽五行)의 생극소식(生克消息)의 리(理)를 궁구하여
> 아는 자라야 능히 병을 진찰하고 약을 쓸 수 있습니다. 또 옛날의 좋
> 은 처방이 유의(儒醫)의 손에서 많이 나온즉, '리'에 통달한 문인(文人)
> 이 겸하여 의술을 다스림은 옛날에도 그 예가 있습니다. 전의감(典醫
> 監) 겸정(兼正), 겸부정(兼副正), 겸판관(兼判官), 겸주부(兼主簿) 각 한 사
> 람씩을 더 설치하되, 모두 박학문사(博學文士)로써 제수하고, 혜민국(惠
> 民局)과 제생원(濟生院)에는 제거(提擧), 별좌(別坐) 중 한 사람과 겸승(兼
> 丞) 한 사람을 학식이 넓고 강직하고 바르고 부지런하며 삼가는 문사
> (文士)로써 차정(差定)하게 하십시오.[89]

향약(鄕藥)을 조사하고 경험방을 수집하고 전염병을 다스리는 등 백성들
이 질병의 고통으로부터 벗어나 편하게 살 수 있게 해주는 '위민(爲民)',

'제민(濟民)'의 '유교적 왕도정치'를 위해 유학자들의 의학 공부와 지식이 필요했던 것이다.[90] 유성룡이 『침경요결(鍼經要訣)』을 짓고 그 서문에서 나중에 이를 언해(諺解)로 번역해 "비록 우매한 아낙네라도 읽으면 이해할 수 있도록 하겠다."고 한 것이나,[91] 최명길(崔鳴吉, 1586-1647)이 내의원(內醫院) 도제조(都提調)로 있으면서 『향약집성방(鄕藥集成方)』 간행을 위해 노력했던 것은[92] 바로 그 같은 필요를 인식해서였던 것이다.

이 같은 여러 가지 이유에서 유학자들이 의학에 관심을 지니게 되었고 실제로 많은 유학자들이 상당 수준의 의학지식을 지니고 있었다. 앞에서 보았듯이 이황은 주변 여러 사람들의 질병에 대한 처방을 내렸는데, 이질(痢疾), 상한(傷寒), 어지럼증, 감기, 족통(足痛), 낙상(落傷), 종기, 눈병 등 다양한 질병들에 대한 각종 탕제(湯劑), 산제(散劑), 환제(丸劑) 등 다양한 처방이었다.[93] 그는 의관들을 비롯해 고명한 의원들을 찾아 이 같은 처방을 받으면 자신이 지니고 있던 여러 의서들을 검토하여 그 처방의 출전과 약성(藥性)에 대해 확인하기도 하고 자신의 의견을 말하기도 했으며 당시의 일반적인 약 처방 행태에 대한 비판적인 생각을 표현하기도 했다.[94] 예컨대 이황이 조카사위인 민시원(閔蓍元)에게 보낸 16통의 편지에는 그가 민시원의 아들이자 자신의 제자인 민응기(閔應祺)의 병을 치료하기 위해 여러 의원들로부터 처방을 얻고 이런저런 의서들을 찾아보며 고심하는 내용이 담겨 있다.[95] 때로 이황은 이런 처방들을 의서들에서 직접 얻어내기도 했던 것으로 보이는데,[96] 이 같은 예는 많은 유학자들에게서 찾을 수 있다. 예컨대 허목(許穆, 1595-1682)은 어린 시절부터 의서들을 탐독하여 의학지식이 많았는데, 중병에 걸린 자신의 정적(政敵) 송시열로부터 처방을 부탁받자 병인(病因)을 요독(尿毒)으로 파악하여 처방을 내리고 치료했다는 일화가 있다.[97] 김창집(金昌集, 1648-1722)도 내의원 도제조로 있으면서 직접 왕에 대한 처방을 하기도 했다.[98]

유학자들이 직접 의서를 쓰기도 했다. 일찍이 조선 초에도 정도전(鄭道傳, 1342-1398)이 제가(諸家)의 설을 참고하여 『진맥도(診脈圖)』를 저술한 바 있었다.[99] 유성룡은 명(明)나라 이정(李梴)의 의서 『의학입문(醫學入門)』(1575)에서 침구(鍼灸)편을 뽑아 『침경요결』을 짓고 외감(外感)과 내상(內傷)에 관한 주요 내용을 요약해서 『의학변증지남(醫學辨證指南)』이라는 의서도 지었는데, 『의학변증지남』은 외감과 내상의 변증에 집중함으로써 외감 질병이 주로 발생하는 중국과 달리 내상 질병이 위주인 조선의 의학적 환경에 잘 들어맞았다.[100] 송시열 또한 효종의 명으로 침구(鍼灸), 처방(處方), 단품(單品) 향약요법을 조사 정리한 『삼방촬요(三方撮要)』를 편찬할 정도로 상당한 수준의 의학지식을 지니고 있었다.[101] 정약용은 자신이 어려서 앓은 바 있는 마진(痲疹)에 대한 중국과 조선의 서적들을 섭렵하고 정리하여 『마과회통(痲科會通)』을 짓고 의약에 대한 자신의 단상(斷想)들을 모은 『의령(醫零)』이라는 책을 펴냈다.[102]

유학자들의 저술들에는 의서는 아니더라도 많은 의학지식이 담고 있는 것들이 있었다. 예컨대 이수광(李睟光, 1563-1628)은 『지봉유설(芝峯類說)』에서 『동의보감(東醫寶鑑)』을 인용하면서 많은 의학지식을 담았다.[103] 이익의 『성호사설』에도 질병, 치료, 약물, 인체에 관한 지식을 담은 여러 항목들이 포함되어 있다. 천연두에 대해 다루는 「역귀(疫鬼)」, 홍역(紅疫)에 대해 다루는 「마진(痲疹)」, 처방과 약제에 대해 다루는 「본초(本草)」, 인체의 장기(臟器) 및 경맥(經脈)에 대해 다루는 「오장도(五臟圖)」, 맥진(脈診)에 대해 다루는 「삼부맥(三部脈)」 등이 그 예인데 그중 「마진」은 조선에서의 홍역의 발병 및 치료 사례에 대한 자세한 설명이 담겨져 있다.[104] 이익은 그 외에도 「의(醫)」라는 항목에서 여러 가지 의료 행태를 언급하고 특히 잘못된 의료 행태를 비판하기도 했다.[105] 또한 『성호사설유선(星湖僿說類選)』에는 조선 최초로 서양의 의학을 소개하는 「서국의(西國醫)」라는 비교적

긴 분량의 항목이 실려 있다.[106] 그리고 이익 본인만이 아니라 그의 가문 전체가 의학에 관심이 많아서, 종조숙부(從祖叔父) 이원진(李元鎭, 1594-1665), 형 이서(李漵, 1662-1723), 조카 이용휴(李用休, 1708-1782), 이병휴(李秉休, 1710-1776) 그리고 종손(從孫)들까지도 의학에 조예가 깊었다.[107]

북학파 계통의 유학자들도 대부분 의학에 관심과 지식을 지니고 있었다. 박지원(朴趾源, 1737-1805)은 연행(燕行) 중 의서들을 구하려다 여의치 않자 책사(冊肆)에서 발견한 다른 책의 경험방 내용들을 베껴「금료소초(金蓼小抄)」라는 글을 짓고 그 서(序)에서 "내가 사는 산중에는 의방(醫方)도 없고 약제도 없어서, 혹 이질이나 학질에 걸리면 무엇이든 대충 가늠하여 치료하는데, 역시 때로는 우연히 맞히는 것이 있다. 아래에 기록하여 이를 보충하고 산중 생활의 경험방으로 삼는다."고 했다.[108] 박제가도 연행 중 서양 의서의 번역서들이 있다고 듣고 구하려고 했으나 구하지 못하고, 종두(種痘)에 관한 서적을 구해 와서 정약용과 함께 연구하여 종두 치료법을 얻어냈다.[109] 서유구의 『임원경제지(林園經濟志)』에도 의학 관련 내용의 「인제지(仁濟志)」, 양생(養生) 관련 내용의 「보양지(葆養志)」가 포함되었고, 그 외에 본초(本草)에 관한 내용을 여러 지들에서 다루었다.[110]

4. 그 외의 분야들

조선의 유학자들은 위의 분야들 이외에도 동식물을 포함한 구체적 사물들에 대한 지식과 각종 기술에 대해 관심을 지녔다. 구체적 사물과 기술에 대해 조선 유학자들이 이 같은 관심을 지니게 된 한 가지 요인은 구체적 사물 하나하나에 대한 지식, 그리고 실제 일용에 대한 구체적 지식의 이해가 중요하다는 생각이었는데, 이는 앞 장들에서도 보았듯이 유가 학문, 특히 주자학에서 근본적이었던 '격물' 이론이 반영된 것이었다고 할 수 있다.

이익은 '격(格)'자를 그 음(音)에 따라 미루어보면 '각(各)'을 따르는데, '각'은 분별한다는 뜻이 있음을 지적하면서 천하의 사물이 만 가지로 다르므로 각각의 '리(理)'를 분별하여야 한다고 주장했다.[111] 예컨대 그는 '왜도(倭刀)'에 대해 기술하면서 "이는 비록 자질구레한 일이기는 하지만 물건을 쓰면서 그 이름이 무엇인지 모르는 것은 군자가 부끄럽게 여기는 것이므로 기록한다."고 밝혔다.[112] 그가 조카 이병휴에게 보낸 편지에서 "너는 일단 실학(實學)을 하니 모름지기 사무(事務)에 마음을 두어야 할 것이고 공리공담에 빠져서는 안 될 것이다."라고 한 것도 같은 생각을 표현한 것이었다.[113] 실제로 『성호사설』에는 천문역법, 우주론, 수학, 의학, 박물(博物), 각종 기술 등에 대한 수많은 항목들이 포함되어 있다.

이종성(李宗城, 1692-1759)은 『서전(書傳)』을 읽으며 '선기옥형(璇璣玉衡)' 등의 구절에 대해 논의하는 경연(經筵) 자리에서 "군자는 하나의 사물이라도 격(格)하지 못함을 부끄러워하니, '명목도수(名目度數)' 또한 모두 알아야 합니다."라고 주장했다.[114] 신경준(申景濬, 1712-1781)도 그의 행장(行狀)에 따르면 "대장부가 이 세상에 태어남에 천하의 일은 모두 나의 직분이니 한 가지 사물이라도 격(格)하지 못하면 부끄러운 것이고 한 가지 기예라도 능하지 못하면 흠결인 것이다."라고 했고 유교 경전만이 아니라 천문, 지리, 성률(聲律), 의복(醫卜) 등을 널리 공부했다.[115] 차제(車制)에 관한 책문(策問)에 응해 쓴 대책(對策)에서 그는 "공가(工家)의 일도 우리 유가의 격물 중 한 가지 일"이라고 지적하고 "세상의 선비들로 하여금 일단 덕(德)에 의거하되 또한 기예에 노닐게 함으로써 격물의 일을 다하게 하고 궁리(窮理)의 밝음에 이르게 하면 온갖 사물이 모두 그 범위 안에서 나오게 될 것이다. 한갓 차(車)의 제도가 어찌 알기 힘들겠는가?"라고 했다.[116]

과학기술 분야들의 중요성에 대한 유학자들의 이 같은 인식은 홍대용이 연행 후 김종후(金鍾厚, 1721-1780)에게 보낸 두 편의 편지들에 잘 드러나 있다. 첫 편지에서 홍대용은 김종후가 고집하는 고례(古禮)의 세세한 사항에 대한 공부에 빠져 시간을 보내는 것보다는 율력(律曆), 산수(算數), 전곡(錢穀), 갑병(甲兵) 같은 분야들을 공부하는 것이 더 유익함을 다음과 같이 이야기했다.

> 지금 세상에 살면서 옛 도(道)로 되돌아가고자 하면 또한 어렵지 않겠소? 해가 다하고 대가 겹치도록 세밀하게 분석해도 실상 몸과 마음의 치란(治亂)과 가정과 나라가 흥하고 쇠하는 데에는 아무 관계가 없고, 다만 모여서 다툰다는 나무람만 나오게 하는 데에 족할 뿐인즉, 율력, 산수, 전곡, 갑병이 쓰임에 알맞고 세상에 필요한 것만 같지 못한 것이오.[117]

이에 대한 김종후의 반박 편지를 받은 후 홍대용은 다시 긴 편지를 보냈는데 "율력, 산수, 전곡, 갑병은 비록 범위가 넓고 요긴함이 적어 [내가] 깨달은 바는 하나도 없지만 역시 지극한 '리'가 담겨 있어 인사(人事)에서 빠뜨릴 수 없는 것"이라고 지적하고 다음과 같이 김종후를 힐난했다.

> 마음을 바르게 하고 뜻을 성실히 하는 것이 진실로 배움과 행함의 '체(體)'라면 개물성무(開物成務)는 배움과 행함의 '용(用)'이 아니겠소? 읍양(揖讓)과 승강(升降)이 개물성무(開物成務)의 급무(急務)라면 율력, 산수, 전곡, 갑병은 개물성무의 대단(大端)이 아니겠소? 이제 그대가 율력, 산수, 전곡, 갑병을 소도(小道)로 여기는 것은 그럴싸하나 유독 그것을 스스로 맡으려 하지 않는 것은 무엇 때문이오?[118]

조선 유학자들은 구체적 사물과 실제 일용(日用)을 탐구하는 이 같은 학문을 일러 흔히 '명물도수지학(名物度數之學)'이라는 말을 사용했다. 예컨대 김창흡(金昌翕, 1653-1722)은 1677년 그의 형 김창협(金昌協, 1651-1708)에게 보낸 편지에서 '명물도수'를 버려두거나 쉽게 제외시켜서는 안 된다고 하면서 "예악, 율력, 병형(兵刑), 산천(山川), 관제, 식화(食貨)" 등을 그 예로 들었다.[119] 이덕무(李德懋, 1741-1793)도, 그의 아들 이광규(李光葵)에 따르면, "책을 저술함에는 고거(考據)와 변증(辨證)에 공을 들였다. 일찍이 곤충초목, 명물도수(名物度數), 경제방략(經濟方略), 금석비판(金石碑板)에서부터 우리나라 제도와 외국 풍토에 이르기까지 세밀히 연구하지 않은 것이 없"었다.[120] 이서구(李書九, 1754-1825)는 '문자(文字)'에 관한 정조의 책문에 대한 대책에서 음운학에 대해 관심을 둘 것을 청하면서 명물도수는 '소도'라 하여 소홀히 할 것이 아니라 유자(儒者)가 마땅히 알아야 할 것이라고 이야기했다.[121] 서형수(徐瀅修, 1749-1824)는 연행 중 청 학자 유송풍(劉松嵐)과의 대화에서 당시의 학문에 대해 이야기하면서 전통적인 의리(義理), 경제(經濟), 사장(詞章)에 더해 '명물(名物)'을 추가해서 네 가지로 분류했다.[122] 이규경도 위에서 보았듯이 "명물도수의 '술(術)'이 비록 성명의리(性命義理)의 '학(學)'에는 미치지 못하지만… 이단(異端)으로 여겨서는 안 된다."고 주장했다.[123]

조선 유학자들은 경학 연구의 일환으로 구체적 사물과 기술의 지식에 관심을 갖기도 했다. 그런 면에서, 앞 장의 중국 유학자들의 경우에 보았듯이 『주례』「고공기(考工記)」를 예로 들 수 있겠다. 구만옥이 지적하듯이, 「고공기」에는 "실생활에 필요한 다양한 기구와 예기(禮器)의 제작 방법뿐만 아니라 국도(國都)의 건설과 측량, 토지제도의 구획과 관련된 내용도 수록되어 있고 도량형(度量衡)과 율려(律呂)·역상(曆象)의 문제로 확장될 수 있는 내용"도 포함되어 있다.[124] 물론 「고공기」의 저술 시점이나 그것이

『주례』에 편입된 경위에 대한 의구심이 있기는 했지만 조선 유학자들은 경전의 일부로서 「고공기」에 관심을 지니지 않을 수 없었고, 이는 그 안에 담긴 기술적인 내용들에 대해 관심을 갖게 하는 데 기여했다.[125] 예컨대 이황은 "옛사람들이 도구를 만듦에 있어 모두 '법(法)'과 '상(象)'이 있고 차제(車制)에는 특히 신중했는데『주례』「고공기」한 편에서 볼 수가 있기에 특히 이를 들어 이야기한다."고 말했다.[126] 이규경도 "백공(百工)의 도구는 모두 법식(法式)이 있은 연후에야 그 제도를 모상(摸象)할 수 있는데, 「고공기」는 고금 영조(營造)의 법제(法制)로서 진실로 영원한 전범(典範)"이라고 평가했고,[127] 청 학자 대진(戴震, 1724-1776)의 주석서인『고공기도(考工記圖)』를 얻어 보고서야 제대로 이해하고 더 이상 다른 것을 볼 필요가 없었다고 말했다.[128] 유희(柳僖, 1773-1837)는 바로 이『고공기도』에 붙여진 보주(補注)를 설명하는『고공기도보주보설(考工記圖補註補說)』을 짓고 그 자세한 내용에 대해 서유본과 토론했다.[129] 유학자들은 실제로 도구와 기구들을 만들기도 했다. 홍대용이 혼천의를 제작한 것은 앞에서 보았지만, 정철조(鄭喆祚, 1730-1781)도 인중기(引重機), 승고기(升高機), 마전기(磨轉機), 취수기(取水機) 등을 만들어 소장하고 있었다.[130]

과학기술은 조선 유학자들이 중요하게 여기던 '경세(經世)'의 주제이기도 했다. 예컨대 유형원(柳馨遠, 1622-1673)의『반계수록(磻溪隨錄)』, 유수원(柳壽垣, ?-1755)의『우서(迂書)』, 박제가의『북학의』, 정약용의『경세유표(經世遺表)』등 조선 후기의 유수한 경세서들에는 과학기술 관련 정책들이 많이 제시되었다.[131] 특히 북학파의 학자들에게서 그간 유학자들의 경세론에서 경시되어오던 물질적 번영이 국가정책의 주된 의제(議題)로 부각되었는데,[132] 이들은 수레, 수차, 벽돌 등에 관심을 지니고 그 도입을 시도했다. 이에 더해 국왕 주도의 천문역법, 의료, 음악, 지도, 건축, 토목 등 과학기술 관련 분야의 국책사업들도 유학자들이 그 분야에 관심을 지니는

데 영향을 미쳤다.[133]

2절 과학기술에 대한 관심과 지식의 한계

앞 절에서 조선 유학자들이 과학기술에 대해 지녔던 관심과 지식의 여러 예들을 보았다. 그러나 3장에서 본 중국 유학자들의 경우에 그러했듯이 조선 유학자들의 경우에도 과학기술 분야가 그들의 주된 관심 대상이 되지는 못했다. 사실 조선 유학자들 중에는 과학기술에 별로 관심을 보이지 않은 사람들이 더 많았으며, 유학자들이 과학기술에 관심을 갖고 공부하거나 논의하는 일에 대해 탐탁지 않게 생각하는 경향도 퍼져 있었다. 많은 조선의 유학자들이 천문역법과 수학 등의 과학기술 분야에 대한 관심을 지녔고 상당 수준의 지식을 갖추고 있었음을 앞 절에서 보았지만, 그런 사람들을 포함해서 대부분의 조선 유학자들에게 천문역법과 수학 분야가 그들의 지적 관심에서 최우선 순위가 되지는 못했다. 이들 분야의 주제들은 그들에게 가장 중요했던 도덕과 사회의 문제들에 비해서는 부차적인 중요성밖에 지니지 못했던 것이다.

　유학자들은 특히 "박학(博學)"이 "잡스러움(雜)"으로 흐르는 것을 경계했다. 예컨대 이수광은 "폭넓은(博) 것은 잡스러움으로 흐르기 쉽고… 잡스러운 것은 폭넓다고 할 수 없으니… [이는] 배우는 사람이 마땅히 살펴야 하는 바"라고 이야기했고[134], 이익도 "박학하는 자가 '다문(多聞)'과 '궐의(闕疑)'의 뜻은 생각하지 않고 번거롭고 자질구레한 뜻에 힘쓴다."는 반고(班固, 32-92)의 말을 인용하면서 박학이 잡스러움으로 흐르는 것을 경계했다.[135] 이익은 또한 『구장산술』의 설(說)이 '방원(方圓)'과 '구고(勾股)'의 곱(積)과 멱(冪)에서 벗어나지 않는다는 위에서 본 언급에 뒤이어 이 두 가지 이외의 산학지식은 '인승(因乘)'과 '상제(商除)'로 모두 통할 수가 있으며, 그 밖에 '영뉵(盈朒)', '정부(正負)' 같은 것은 "잡가(雜家)의 '소수(小數)'로 결국 아무 쓸모가 없다."고 덧붙였고,[136] 다른 글에서는 "저 '영뉵'과 '정부' 등은 쓸모는 없고 헛되이 정신만 소모하므로, 성인도 필시 이를 달갑게 여기지 않는다."고 했다.[137] 이종성은 경연 자리에서 "군자는 하나의 사물이라도 격(格)하지 못함을 부끄러워" 한다는 위에서 인용한 말을 한 후 "하늘을 본받고 백성 앞에 군림하는" 제왕의 도(道)에 대해 이야기하면서 "단지 천체를 살피기만 하고 하늘의 '덕(德)'에 부합하고자 하는 마음이 조금도 없다면 역시 무익한 것입니다."라고 덧붙였다.[138]

따라서 유학자들이 천문역법이나 수학 등 과학기술 분야의 주제들에 관심을 가지고 공부하는 일은 있었지만 그들에게 그것들이 가장 중요한 일이 될 수는 없었다. "율력의 학문이 유자의 몸과 마음의 공부에 약간 긴요하지 않기는 하지만 역시 천지간의 '대문자(大文字)'여서 없어서는 안 될 것"이라는 위에서 인용한 황윤석의 언급에서도 율력의 학문이 없어서는 안 될 것이지만 유자의 몸과 마음의 공부에 가장 중요한 것은 아니라는 그의 생각을 엿볼 수 있다.[139] 황윤석이 산수(算數)가 "만물의 실마리(萬物之紀)"이고 "두루 통해야만 할" 일곱 가지 일 중 한 가지라고 하면서 "독서의 여가에"라는 말을 첨가한 것이나,[140] 홍대용이 위에서 언급한 『주해수용』의 서문에서 "집에 거하면서 일이 없을 때에" 썼다고 한 것,[141] 그리고 홍양호(洪良浩, 1724-1802)가 천문역법을 "유학자들의 나머지 일(緖餘)"[142]이라고 한 것은 모두 같은 생각을 드러낸 것이었다.

천문역법, 수학 등의 주제에 깊은 관심을 지니고 공부와 논의에 몰두하는 유학자들이 주위로부터 경계와 우려의 말을 듣는 일이 흔한 것에서도 이들 분야들에 대한 유학자들의 인식을 볼 수 있다. 예컨대 서명응이 『성학집요(聖學輯要)』를 논의하는 경연 자리에서 역법의 구체적 문제를 논한 데 대해 이를 기록한 사관(史官)은 "이것이 과연 국가경영의 긴요한 일과 성학(聖學)의 중요한 '도(道)'에 보탬이 되는 것이 있는가?" 하고 비판했다.[143] 황윤석은 자신이 어려서부터 『주역』, 홍범(洪範), 율력, 서수(書數)의 설(說)들과 산천(山川), 군현(郡縣), 풍속(風俗)의 지(志)들로부터 음양(陰陽), 귀신(神鬼) 심성정의(心性情意)의 구분에 이르기까지 폭넓게 공부했는데, 잡학으로 흐를 지경이 되어 스승으로부터 지적을 받고 그 잘못됨을 깨달았다고 이야기했다.[144]

형인 서호수가 기하학을 즐겨 공부하는 것을 걱정하여 서형수가 "'도'는 형이상이고 '예(藝)'는 형이하입니다. 군자는 [형이]상에 대해 이야기하고 [형이]하에 대해서는 이야기하지 않는데, 공이 좋아하는 바는 '술(術)'을 가리지 않는 것이 아닙니까?"라고 한 것도 같은 생각을 보여준다.[145] 서형수는 자신의 서재 이름을 '기하실(幾何室)'이라고 붙인 유득공(柳得恭, 1748-1807)의 숙부 유금(柳琴, 1741-1788)에게도 기하의 기법(術)을 얻는 데 그치지 말고 더 나아가 마음을 근본으로 해서 요(堯), 순(舜), 우(禹), 탕(湯)의 수준에 다가가라고 권했다.[146] 사실 서유구도 처음 유금의 '기하실'이라는 편액을 보고 "'예'는 '도'의 말단이고 '수(數)'는 '예'에서 말단입니다. 이같이 작군요, 당신의 학문이."라면서 힐난했다.[147] 이 말을 듣고도 유금이 천문역수의 책들 사이에서 부끄러운 기색이 없이 흔쾌한 '자득(自得)'의 표정임을 본 서유구는 그의 성품이 그러한 것이라고 단정하고 사과했는데, 이때 서유구가 유금에게 "당신은 이름을 위해 그 성품을 바꾸지 않는 분입니다. 또한 온 세상이 큰 것으로 내달릴 때 당신은 혼자 작은 것을 부끄러워하지 않으니 가히 '특립(特立)'이라고 말할 만합니다."라고 한 이야기에는 수학과 같은 '작은' 것을 소홀히 여기는 당시 유학자들의 일반적 태도와 함께 여전히 수학을 '작은' 것으로 생각하는 서유구 자신의 인식이 담겨 있다.[148] 남병철도 천문역법이 정밀하고 완전한 면이 있음을 인정하면서도 그것이 "족히 주인(疇人)의 학문이 될 수는 있지만 선비와 군자의 학문이 될 수는 없"고 따라서 "군자는 기이한 기술이 있어도 성현의 학문과 부합하지 않으면 그것을 귀하게 여기지 않는다."고 이야기했다.[149]

조선 유학자들은 의학 등 다른 과학기술 분야들을 두고도 마찬가지 태도를 보였는데 이는 윤증(尹拯, 1629-1714)이 박세당(朴世堂, 1629-1703)의 아들인 박태보(朴泰輔, 1654-1689)와 10여 년에 걸쳐 주고받은 편지들에 잘 나타나 있다. 1678년의 편지에서 윤증은 박태보가 의서(醫書)에 몰두하는 것을 다음과 같이 경계했다.

> 의서에 공을 많이 들인다고 들었습니다. 우리가 [의학의] 향방에 전혀 어두워 작은 병환에 속수무책을 면치 못하여 불효하고 자애롭지 못한 한(恨)을 매양 품고 있었습니다. 그렇다고 해도 원대한 일을 함에 방해가 될까 두렵다는 성인의 가르침을 어찌 듣지 못했습니까. 여력이 주변의 것들에 미친다면 괜찮겠지만, 그것을 전문으로 하려고 하면 실제 학문에 방해가 될까 염려됩니다.[150]

윤증은 박태보에게 의학 이외에도 여러 가지 잡서(雜書)를 보는 것을 삼가라고 타일렀는데, 1672년에는 "두루 잡서를 보는 것은 널리 통함은 있겠지만 일을 이루지는 못합니다. 모쪼록 실제 학문에 공을 들여서 밖으로 내닫는 폐단을 면하기 바랍니다."라고 타이르는 짧은 편지를 보내기도 했다.[151] 오광운(吳光運, 1689-1745)은 의관(醫官) 이수기(李壽祺, 1664-?)의 『역시만필(歷試漫筆)』에 붙인 글에서 그의 의술을 높이 평가하여 쓴 "군자가 의원이 되기 싫어하는 이유는 기예에 국한되고 살리는 사람이 유한하기 때문이다. 유자(儒者)이면서 한 사물도 건질 수 없다면 읽은 고서(古書)

가 비록 많다고 해도 『소문(素問)』 [한 책]을 읽은 것만 같지 못하니, 의원이 어찌 유자를 우러러볼 것인가?"[152]라는 구절에도 의학이 기예에 국한된다는 유학자들의 생각이 드러나 있다.

위에서 김창흡이 '명물도수'도 공부해야 함을 주장했음을 보았는데 그는 그 같은 주장을 하면서 세상 사람들이 "예악, 율력, 병(兵), 형(刑), 산천(山川), 관제(官制), 식화(食貨)" 등을 일상 접하면서도 살피지 않고, 그 내용이 옛 서적들에 담겨 있음에도 미리 겁을 먹고 피한다고 한탄했다.[153] 세상 사람들의 그런 태도는 율력, 산수, 전곡, 갑병 등에 대한 위에서 본 홍대용의 태도를 비판하여 보냈다가 홍대용의 긴 반박을 받게 되는 김종후의 편지에도 담겨 있었다.

> 나는 '예(禮)'를 잃어 망국(亡國), 패가(敗家)했다는 것은 들었지만 율력, 산수, 전곡, 갑병을 다스리지 않아 그 나라를 잃었다는 것은 아직 듣지 못했습니다. 물론 율력, 산수, 전곡, 갑병이 정말로 없다면 또한 나라라고 할 수 없을 것입니다. 다만 군자의 마음은 율력, 산수, 전곡, 갑병을 다스리지 않아 그 나라를 잃는 것을 예를 잃어 그 나라를 잃는 것보다 낫다고 여기는 것입니다.[154]

정조가 명물도수에 집착한다고 하여 신료들로부터 받은 잦은 비판들도 '명물도수'보다 더 중요한 것이 있다는 유학자들의 생각을 보여준다.[155]

과학기술에 대한 유학자들의 이 같은 태도는 정약용이 해양 동물에 관한 책을 쓰고 있던 자신의 형 정약전에게 보낸 편지의 내용에 잘 나타나 있다.

> 학문의 주된 뜻에 대해 말하자면, 먼저 근본(大綱)을 정한 후에야 책

이 쓸모가 있습니다. [우리의] 이 '도(道)'는 효제(孝弟)를 근본으로 하고('本之'), 예악(禮樂)으로 가지런히 하고('文之'), 감형(鑑衡), 재부(財賦), 군려(軍旅), 형옥(刑獄)으로 함께하고('兼之'), 농사, 원예(圃), 의약(醫藥), 역상(曆象), 산수(算數), 공작(工作)의 기예(技)로 보완합니다('緯之'). [그렇게 하면] 가히 덕을 완전하게 할 수 있을 것입니다.[156]

정약용에게 농사, 원예, 역법, 산학, 기예와 같은 과학기술의 주제들은 '도(道)'의 근본을 '보완하는(緯之)' 것으로, 근본과 '함께하는(兼之)' 경세학(經世學)의 주제들보다도 더 낮은 지위에 있었던 것이다.

한편, 단순히 진기(珍奇)한 사물에 대한 흥미나 호기심이 아닌 참된 '유용성'을 중시하는 유학자들의 생각도 과학기술에 대한 그들의 태도에 영향을 미쳤을 수 있는데, 특히 서양의 과학기술 관련 기물들에 대한 그들의 태도에 그 영향이 드러났다. 예컨대 1631년 북경에서 예수회사 로드리게스(João Rodrigues: 陸若漢, 1561-1633)로부터 화포(火砲), 천리경(千里鏡), 자명종(自鳴鐘), 지도 등 서양의 기물을 가져와 바친 정두원(鄭斗源, 1581-?)에 대해 사간원(司諫院)이 "진상한 물건들은 단지 교묘하고 색다를 뿐 실제 이용할 바가 없는 것이 많으니… 가히 벌할 일이지 상을 줄 일은 아니"라고 한 데서 그 같은 반응이 이미 드러나 있었다.[157] 1720년 연행 중 북경의 천주당을 방문한 이기지(李器之, 1690-1722)도 천주당 안의 각종 서양 시계, 천문, 광학(光學) 기구 등에 대해 "별 요긴한 용도는 없고 단지 하나의 '기관(奇觀)'일 뿐"이라고 평가했다.[158]

이 같은 상황에서 조선 유학자들의 과학기술지식은 대체로 낮은 수준에 머물렀다. 그들이 상대적으로 중요시했던 천문역법과 수학의 경우에도 조선 유학자들의 지식은 제한적이었다. 예컨대 이익은 『성호사설』의 「역원(曆元)」이라는 글에서 일월 오성과 견우성(牽牛星), 북극성 등의 움직임에 대해 논한 후 "내가 평소에 이 학문을 익히지 않았기에 억측으로 미루어 헤아려 말한다."고 실토했다.[159] 홍대용은 1776년 자신을 방문한 황윤석에게 『율력연원(律曆淵源)』을 내어 보여주면서 "이야말로 내가 평소 이야기하기를 원하던 것이지만 더불어 이야기할 수 있는 사람이 없었다."고 토로했는데,[160] 사실 홍대용 자신의 경우에도 수학과 천문역법을 거의 독학으로 공부한 터에 그 지식의 수준이 높지 않아서, 천원술(天元術)을 제대로 이해하지 못했고 구면삼각법(球面三角法) 지식도 갖추지 못했던 것으로 보이며 다룰 수 있는 역산(曆算) 계산도 사분력(四分曆) 수준에 머물렀다.[161] 물론 시간이 흐르면서 서호수, 남병철처럼 전문적 역산지식에 통달한 유학자들이 나타났지만 이들은 극히 예외적인 경우였다. 그리고 황윤석의 지적에 따르면, 서호수마저도 서양 역산학을 소개하면서 삼각측산(三角測算)에 대한 설명을 하지 않는 등 그 지식에 한계가 있었으며,[162] 황윤석이 "일생 서양 역상(曆象)의 학문을 연구했다."고 평가한 정철조도 『기하원본』이나 『수리정온』 같은 책의 성격이나 내용에 대해 제대로 알고 있지 못했던 것으로 보인다.[163]

조선 유학자들 자신이 이 같은 상황을 인식하고 유학자들이 과학기술에 관심을 지니지 않고 그에 대한 지식의 수준이 낮은 데 대한 비판을 내어놓았다. 예컨대 이익은 앞에서 보았듯이 자신이 아이들에게 '기삼백(朞三百)'의 주설(註說)을 가르쳐서 성과가 컸음을 이야기하면서, 그럼에도 "지금 사람들은 매양 '기수(技數)'라 하여 천대한다."고 비판했다.[164] 신경준도 위에서 보았듯이 유학자들이 기예와 격물을 중시해야 한다고 했는데, 조선 유학자들이 그렇지 못함을 비판했다. 예컨대 그는 위에서 인용한 「차제책」의 언급 앞뒤에서 다음과 같이 말하며 그 탓을 사장(詞章) 공부에만 치중하는 과거 시험에 돌렸다.

우리 동국의 선비된 자들은 사장(詞章) 공부로 과거 합격을 꾀하는 것에 심력을 헛되이 소비하여 일생을 망친다. 여러 사물에 대해 밝고 여러 기예에 통하는 길에 대해서는 전혀 따질 것도 없다. 산림에 은거하여 학업을 닦는 자는 왕왕 그 뜻이 높고 말이 크지만 명물도수는 말단의 일로 여겨 뜻을 두려 하지 않는다.… 우리 동국의 취재(取才)는 다만 사장 한 길뿐이니 초야에 비록 기이한 재주와 기예가 있는 자가 있어도 이 사장에 능하지 못한 바가 있으면 쓸모없는 사람이 되고 늙어 죽어도 알아주지 않는 일이 참으로 한없[이 많]다. 사람을 쓰는 것을 오로지 과거로만 하지 말고 하나의 문을 또 열어 널리 얻고 효과적으로 쓰는 길을 삼아야 한다.165

황윤석도 "우리 동국의 삼백 년 유가(儒家)의 무리들은 경(經), 예(禮), 사장(詞章)의 학에는 가히 빠르게 옛 도(道)[를 얻었다]라고 할 수 있으나 산수와 역상(曆象)은 그 테두리를 힐끗 본 한두 사람도 없다."고 말했다.166 홍대용은 앞에서 보았듯이 황윤석을 만났을 때 『율력연원』에 대해 더불어 깊이 이야기할 수 있는 사람이 없음을 한탄했었는데, 『의산문답(毉山問答)』에서는 "음양[같은 이론]에 한정되고 '리(理)'와 '의(義)'[같은 개념들]에 빠져" 실제 하늘의 운행을 살피지 않는 것을 "선유(先儒)의 잘못"이라고 지적하기도 했다.167

국왕 정조도 천문(天文)에 관한 책문에서 유학자들이 천문역법에 지식이 부족한 것을 두고 "근세의 문인과 학사들이 스스로 구경(九經)을 연마하고 삼재(三才)를 통달했다고 하면서 일단 역상(曆象)에 접하면 망연히 월(越)나라 사람의 장보(章甫)처럼 [생소하게] 여긴다. 이는 부끄러워할 바임을 알 수 있다."고 이야기했다.168 그에 대한 대책(對策)에서 이가환은 과거에는 천문역법이 중요하게 여겨졌고 전담하는 정부 부서가 있어서 전문적으로 익히고 세상 사람들이 모두 익숙했는데 그 후 학자들로부터 외면당해 쇠퇴해서 "역상의 학이 과거에는 밝았다가 지금은 어둡다."고 썼고,[169] 이서구의 대책에서는 "추보(推步), 점험(占驗)의 법이 후세 외이(外夷)의 나라에서 많이 나왔기 때문에 학사(學士), 대부(大夫)들이 그것을 방기(方技)나 잡술(雜術)과 같이 보고 모두 비루하다고 여겨 공부하지 않는 것"이라는 설명이 제시되었다.[170] 이덕무는 "대개 우리나라 사람들은 글 읽는 자는 공허한 것만 따르고 명물(名物)에는 소략하며, 기계를 만드는 자는 견문(見聞)에만 빠지고 도수(度數)에는 어두워서 백 가지 기예(技藝)가 폐이(廢弛)되어도 옛것을 본받으려 하지 않는다."고 했으며,[171] 이서구에게 보낸 편지에서는 『성학집요(聖學輯要)』, 『반계수록(磻溪隨錄)』, 『동의보감(東醫寶鑑)』을 조선의 세 가지 좋은 책으로 꼽으면서 이들은 각각 도학(道學), 경제(經濟), 활인방(活人方)에 해당되고 모두 유자가 할 일인데, "요즈음 세상에는 오로지 사한(詞翰)만을 숭상하며 경제를 멸시하니, 의술은 그 누가 밝히겠는가?"라고 탄식했다.[172] 서유구는 조선의 사대부들이 『이아(爾雅)』에 나오는 벌레나 물고기 등에 대해 주석하는 것을 즐겨하지 않아 그런 것은 어부나 나무꾼에게 맡겨지고 있다거나,[173] "동인(東人)이 선비를 귀하게 여기고 농사를 천하게 여긴 것이 오래여서… 지금은 고담성명(高談性命)은 [논]하나 오곡(五穀)의 이름을 분별하지 못하는 자들이 있다."고 말했다.[174]

2부

양반사회의
과학기술

5장

양반사회 속의 중인 전문직 종사자들

조선 후기 사회는 철저하게 양반(兩班)들이 주도하고 지배하던 '양반사회' 였다. 물론 최정점에 국왕이 있었지만 국왕의 권력마저도 양반사인들에 의해 지탱되었다고 할 수 있고, 양반 이외의 중인(中人), 상인(常人), 천인(賤 人) 계층은 전적으로 양반의 지배하에 있었다. 제2부에서는 이 같은 양반 사회 속에서 과학기술이 지녔던 위치, 의미 등에 대해 살펴볼 것인데, 특 히 과학기술의 전문적 실무에 종사했던 중인 계층에 주목해서 그들의 존 재와 성격, 그리고 그러한 중인 계층의 존재가 조선 사회의 과학기술에 미친 영향에 대해 주로 다룰 것이다.

이 장에서는 우선 양반 계층의 성격에 대해 살펴본 후, 그 같은 양반 계층이 지배하는 사회에서 중인 계층이 출현하고 자리잡는 과정, 조선 정부 내에서의 그들의 위치와 역할, 그리고 중인 계층이 지녔던 인식과 태도에 대해 살펴볼 것이다. 다만 이 주제들에 대해서는 아직 제대로 연 구가 이루어지지 않은 상황에서, 그간 학계에서 연구된 몇몇 분야의 제 한된 사례들에 바탕해서 다룰 것이다.

1절 양반

'양반'이란 원래 조정에서 의식(儀式)이 치러질 때 참석하는 관료들인 문관(文官) 동반(東班)과 무관(武官) 서반(西班)을 총칭하는 말이었는데, 차츰 문, 무반직을 가진 사람뿐 아니라 그 가족, 가문까지도 '양반'으로 불리게 되었고, 나중에는 이들을 중심으로 한 사회의 지배 신분층 전체를 지칭하게 되었다.[1] 물론 '양반'이란 명문화된 법조문이나 규정을 통해 정의된 것이 아니라 사회관습을 통해 형성된 계층이었지만, 그렇다고 해서 양반과 비(非)양반의 구분이 애매했던 것은 아니었다.[2] 한영우는 조선 후기의 '양반'을 다음과 같이 정의했다.

> 당시의 兩班은 ① 세습문벌을 형성하고, ② 中人이나 常漢과는 交遊·同齒·婚姻을 하지 않으며, ③ 農·工·商에 종사하지 않고, ④ 軍役의 면제를 받고, ⑤ 鄕約을 비롯한 鄕村共同體에 참여하여 향촌사회에서 큰 영향력을 행사하고 있는 배타적 신분층으로 특정지어지고 있다.[3]

당대 양반 자신들의 인식을 보자면, 유형원(柳馨遠, 1622-1673)은 『반계수록(磻溪隨錄)』에서 "양반이란 대부(大夫)와 사(士)의 자손, 족당(族黨)"으로 국제(國制)가 오직 그들만이 동서반 정직(正職)에 오를 수 있도록 되어 있어 속칭 '중인(中人)'이라 불리는 서족(庶族)이나 서얼(庶孽)과는 구분되며, 향적(鄕籍)에도 오직 양반만이 들어갈 수 있고 나머지 사람들은 비록 학행(學行)과 재덕(才德)이 있거나 관력(官歷)이 있어도 참적(參籍)할 수 없음을 지적했다.[4] 박지원(朴趾源, 1737-1805)의 「양반전(兩班傳)」에서는 "대체 양반이란 이름하여 갖가지다. 글 읽으면 사(士)라 하고, 정치를 하면 대부(大夫)가 되고, 덕(德)이 있으면 군자(君子)가 된다. 무관들은 서쪽에 늘어

서고 문관들은 동쪽에 차례로 선다. 이것이 바로 양반이다."라고 이야기
했다.[5] 유수원(柳壽垣, ?-1755)은 『우서(迂書)』에서 양반이 자손과 족당(族黨)
으로 대대로 세습하면서 문벌을 형성하고 인재 등용이 문벌에 치우치는
폐해에 대한 지적을 통해 양반을 묘사했다.[6]

가부장적 친족 체제와 결합한 양반 계층은 16세기 과도기를 거쳐 17
세기에 조선 후기 사회의 지배 세력으로 뚜렷하게 성립되었다.[7] 관직, 요
역(徭役), 토지 소유 등의 특권을 지닌 이들은 음직(蔭職)과 과거(科擧)를
통해 관직을 세전(世傳)하고 가문 간의 폐쇄적 혼인관계를 통해 더욱 공고
한 세력을 구축하였으며,[8] "생산노동은 노비에게 맡기고 복잡하고 민심을
잃기 쉬운… [전문]업무는 중인에게 일임하여 스스로 시(詩) 부(賦)를 즐
기며" 지배 계층으로서의 생활을 영위할 수 있었다.[9] 그리고 이들이 지배
하는 체제에 도전하거나 대안(代案)이 될 수 있는 세력이 없었기에 지배
신분으로서의 양반이라는 존재는 조선 사회의 근간이자 절대적 '전제'가
되었다. 18, 19세기에는 양반의 숫자가 증가하고 양반의 가치, 생활방식이
사회 하층부로 침투하여 양반들 자신만이 아니라 다른 계층도 양반의
가치와 생활방식을 희구하고 이를 통해 신분상승을 꾀하기에 이르렀다.[10]
"실질적인 양반의 지위를 획득할 수는 없으나 관직을 사거나, 호적에 유
학(幼學)으로 기재하거나, 혹은 족보에 이름을 올리려 노력한 것 등은 모
두가 양반이라는 사회적 기호(자본)를 향유하고자 노력한 사례로 이해할
수 있"는 것이다.[11]

이 같은 조선 양반 계층의 두드러진 특징 한 가지는 그들이 주로 '재지
(在地)' 양반들로 향촌의 지배 세력이었다는 점이다. 조선 전기 농업생산
력의 향상이 재지 양반 계층 형성의 원동력이었다고 보는 미야지마 히로
시(宮嶋博史)는 이 같은 조선 양반 계층의 특징을 중국 사대부(士大夫) 계
층과 일본 무사(武士) 계층이 원래 향촌 거주에서 차츰 도시 거주로 바뀐

것과 대비한다.[12] 그는 재지 양반 계층의 존재가 조선에서 유교 이념이 사회 전체에 침투하는 데 영향을 미쳤다고 보는 한편, 그들이 지대(地代) 수입에 의존하는 지주(地主)로서의 성격을 강화해가면서 점차 기생적(寄生的) 존재로 변했음을 지적하기도 한다.[13] 미야지마의 생각으로는 조선 양반 계층이 상업과 기예(技藝)를 천시하는 '억말(抑末)'의 사고방식도 재지 양반 계층의 존재와 유관한 것인데, 그는 조선과 달리 중국 사대부 계층은 상인 출신이 많았음을 지적한다.[14]

한편 이렇듯 양반 계층이 정치권력과 관료 계층을 형성하고 조선 사회를 통제 지배했지만, 그렇다고 해서 모든 양반들이 실제 권력을 향유했거나 양반들 사이에 마찰과 투쟁이 없었던 것은 아니었다. 오히려 양반 계층 내부의 분파(分派)의 존재와 그들 사이의 투쟁이 일상적으로 흔했던 것이다. 이에 따라 조선 후기를 통해 양반 계층 내부의 권력투쟁을 통해 당파별, 지역별로 권력에서 배제된 양반 집단이 형성되었다.[15] 또한 관직이 종신직이 아니어서, 관직에 오른 양반들도 삼년상, 유배(流配) 등의 경우를 포함해 관직을 떠나 있게 되는 경우가 많았다. 그리고 이런 경우들이 양반 유학자들에게 과학기술 활동의 기회를 제공하기도 했다.[16]

2절 중인

양반 지배의 사회에서 전문적 실무를 담당하던 '중인(中人)' 계층은 중국이나 일본에는 존재하지 않았고 전통 한국 사회에 고유한 것이었다.[17] 이남희는 '중인'에 대해 다음과 같이 이야기했다.

일반적으로 중인이라 하면 譯官·醫官·相地官·曆官·律官·算員·畫員·藥

員 등의 기술관뿐만 아니라 胥吏·鄕吏·軍校, 그리고 庶孽 등까지 포함하고 있다. 그래서 모두를 가리키는 말로 쓰이기도 하고, 또 때로는 개별 집단을 포함하는 용어로 쓰이기도 한다. 그런데 같은 중인층 내부에 있어서도 다양한 직역이 있기 때문에 '한 무리'로 보기 어려운 점이 있다.[18]

이처럼 중인은 여러 부류의 사람들로 이루어졌는데, 한영우는 이를 크게 두 부류로 나누었다. '중인'이라는 말을 좁은 의미로 쓸 때는 중앙관청에 소속된 고급 기술관원을 가리키지만, 넓은 의미로 쓸 때는 이들 이외에 향촌에 거주하는 교생(校生)을 비롯하여 향리(鄕吏)와 서얼(庶孽)도 중인으로 부른다는 것이다.[19] 물론 과학기술과 관련해서 주목할 대상은 이 중 좁은 의미로, 전문적인 지식을 지닌 전문직 종사자들로 이루어진 세습적, 폐쇄적 집단인 중인 계층이라고 할 수 있다.

이 같은 중인 계층의 형성 시기는 조선 후기, 특히 17세기로 보는 것이 통설이다.[20] 사실 조선 초기에는 과학기술을 차별하지 않았으며 과학기술의 실무를 전담하는 중인 계층이 따로 있었던 것도 아니었다. 조선 초기 과거 응시자격이 신분적으로 금지된 것은 공장(工匠), 상인(商人), 무격(巫覡), 승려, 노비, 서얼들뿐이었다.[21] 물론 과학기술에 대한 차별의 인식은 일찍부터 있어서 고려시대인 12세기에는 정부 내에서의 의학(醫學), 산학(算學) 분야 종사자에 대한 차별이 있었지만,[22] 그렇다고 해서 이들 분야의 지식이나 업무가 반드시 천시되었다고 할 수는 없다. 예를 들어 주자학을 처음 들여온 안유(安裕, 1243-1306)는 의업(醫業)을 하던 집안 출신이었으며, 명문 출신으로 어린 나이에 과거에 급제한 유학자 최성지(崔誠之, 1265-1330)가 원(元)나라에서 수시력(授時曆)을 배워 오는 데 주도적 역할을 하기도 했다.[23] 나중에 중인들이 자신들의 신분 상승을 위해 작성한 글들에서도 조선 초기에는 전문 기술직에 대한 차별 관념이 없었음을 지적하는 내용을 찾아볼 수 있다.[24]

그러다가 16세기 이후 훈척(勳戚)과 사림(士林) 세력이 성장하여 배타적이고 권위적인 상위(上位) 신분을 형성하면서 사족(士族)과 중인, 상한(常漢)의 분화가 서서히 진행되어갔다.[25] 이런 상황에서 첩(妾)의 자손을 사역원(司譯院), 전의감(典醫監), 관상감(觀象監) 등의 전문 기술직에 임용하는 조치가 시행되자 중인과 서얼을 함께 취급하는 '중서병칭(中庶竝稱)'의 관습이 생기게 되고 서얼들과 같은 직종에 근무하는 기술직 관원의 지위가 더욱 저하되면서, 양반들이 기술 직종에 종사하는 것을 꺼리는 경향이 생겨나게 되었다.[26] 그리고 이에 따라 양반 출신인 유학(幼學)이 잡과(雜科)에 응시하는 예는 점점 줄어들다가 1576년 이후에는 잡과 합격자 중에 유학을 찾아볼 수 없게 되었고,[27] 이는 기술직 종사자들의 신분이 양반 계층으로부터 구별, 분리되는 경향으로 이어졌다. 연구가 비교적 많이 이루어진 의관(醫官)의 경우를 보면, 16세기 이후 사족(士族)이 아니고 경제적으로나 사회적으로 뒤떨어진 신분의 사람들 중 관직 진출의 기회를 포착하고 경제적인 우대를 받기 위해 의료기관에 들어가는 자들이 늘어났고 서얼의 의료기관 입속(入屬) 조치가 취해진 이후에는 의관의 지위는 더욱 낮아졌다.[28]

17세기는 또한 전문 직종 종사자들의 직업적 세습성이 높아져가던 시기이기도 했는데 이 또한 이 시기 중인 계층이 형성되었음을 보여준다.[29] 사실 조선 초부터 서운관(書雲觀)과 전의감은 그 관직의 세습을 장려했고, 전의감의 경우에는 "의원(醫員)이 삼대(三代)를 계속하지 않으면 그 약을 복용하지 않는다."는 『예기(禮記)』의 구절을 들어 이를 뒷받침하기도 했다.[30] 그러나 17세기 이후 기술직 세습화의 추세가 심화되면서 전문직에 종사하는 '중인 가문'들이 형성되었는데, 17세기 초에 산원(算員) 집안들이 생겨나고 17세기 후반에는 의관 명문 가문들이 형성되는 등 시간이 흐르면서 중인 가계의 '문벌화' 양상까지 나타났다.[31] 그리고 사회의 전반적인 신분 해체 경향 속에서도 이 같은 전문 기술직 중인 계층의 '세전(世傳)' 양상은 갈수록 강화되었다.[32] 이들은 신분 상승을 택하기보다는 사회적 지위와 기능을 대(代)를 이어 물려주는 쪽을 택했던 것이다. 물론 여기에는 기술직이 필요로 하는 지식의 전문성이 영향을 미치기도 했다. 전문 기술지식은 집안에서의 교육을 통해 대물림이 쉬웠던 데 반해 집안의 전통이 없는 일반 사람들이 쉽게 접근하기 어려웠을 것이기 때문이다.[33]

'중인'이라는 명칭도 조선 후기에 들어서서야 쓰이기 시작했다.[34] 물론 '중인'이라는 용어는 명문화되어 규정된 것이 아니라 사회 관습상으로 통용된 것이었기에 그것이 사용되기 시작한 정확한 시점이나 출처를 밝히는 것은 불가능하다. 김양수는 『조선왕조실록』 안에서 이 명칭이 신분층을 지칭해서 사용되게 된 과정에 대해 다음과 같이 이야기했다.

> 中人은 조선 초기에는 보통 사람이나 혹은 보통 정도의 상식이나 재산을 가진 사람으로 많이 쓰였다. 그것이 조선중기를 거쳐서 17세기 효종 때가 되면 서울의 중앙관청에 종사하던 의관·역관이나 算員 등 전문직 관원이라는 의미로 쓰이게 되고, 숙종 때를 거쳐 18세기 정조 때에 가면 일정한 신분층을 지칭하는 의미로 드러나게 되었다.[35]

실제로 『실록』에서 '중인'이라는 표현이 분명히 신분 계층을 지칭해서 사용된 예는 『숙종실록』에서 처음 발견되는데, 두드러진 예는 형벌을 받게 된 죄인 한위겸(韓位謙)에 대해 그가 "중인으로서 일찍이 잡직(雜職)을 지낸 자이다."라고 이야기하는 1686년의 기사이다.[36] 유형원은 17세기 중반의 저작인 『반계수록』의 위에서도 인용한 구절에서, 양반, 서족(庶族), 서얼 등 정해진 격차가 있어 서로 섞이지 않는 신분들에 대해 논의하면서 서족은 원래 서인(庶人)의 자손으로 관청에서 일하거나 교생(校生)인 자들인데 속칭 '중인'이라고 한다고 말했다.[37] 중인들이 자신들의 신분 상승을 위해 작성한 글들에서도 '중인'이라는 칭호가 생겨난 것을 17세기 초로 보았다.[38]

이후 차츰 중인은 다른 계층과 엄격히 분리된 뚜렷한 신분 계층으로 자리잡았다.[39] 18세기 전반에 쓰여진 것으로 추정되는 이보(李簠)의 「명분설(名分說)」이라는 글이 이를 잘 보여준다.

> 상인(常人)이 중인을 대함에 있어서는 제한과 간격이 있다. 만나면 먼저 절하고 길에서 마주치면 말에서 내리며 의복을 감히 같게 할 수 없다. 중인이 사족(士族)을 대함에 있어서는 계급이 더욱 뚜렷하다. 감히 나란히 앉지 않고 부르는 호칭이 다르며 말할 때는 반드시 [자신을] '소인'이라 칭하고 잘못이 있으면 매 맞는 일도 피할 수 없다.[40]

이중환(李重煥, 1690-1752)은 『택리지(擇里志)』에서 당시 조선 사회에 "인품의 층과 등급이 매우 많다."고 하면서 다음과 같이 설명했다.

> 종실(宗室)과 사대부(士大夫)는 조정의 벼슬하는 집안이고, 대부(大夫) 아래에는 향곡(鄕曲)의 품관(品官)으로 중정(中正), 공조(功曹) 등이며, 그 아래에 사서(士庶) 및 장교(將校), 역관(譯官), 산원(算員), 의관(醫官), 방외(方外)의 한산인(閑散人)이 있고, 또 그 아래의 자들은 이서(吏胥), 군호(軍戶), 양민(良民)의 무리이며 그 아래에는 공사(公私)의 천한 노비(奴婢)가 있다. 노비로부터 경외(京外)의 이서까지가 '하인(下人)'으로 한 층이 되고 서얼 및 잡색인(雜色人)이 '중인'으로 한 층이 된다. 품관과 사

대부는 함께 '양반'이라 불리지만, 품관이 한 층이고 양반이 한 층이다.[41]

황현(黃玹, 1855-1910)의 『매천야록(梅泉野錄)』은 중인의 범주를 더욱 넓게 잡고 있다.

나라 제도는 가문에 정해진 등급이 있는데 서울에서 특히 심하다. 사대부가 하나의 등급으로 관직에 나가는 것을 업(業)으로 하고, 중인이 하나의 등급으로 상(象), 역(譯)을 업으로 하며, 상한(常漢)이 하나의 등급으로 장사와 종노릇을 업으로 한다. 중(中), 하등(下等)에 명목(名目)이 가장 많아 상(象), 역(譯) 이외에 의가(醫家), 음양가(陰陽家), 율학(律學), 역학(曆學), 사자학(寫字學), 각사(各司)의 서리(胥吏) 각도(各道)의 저호(邸戶)가 있어 대대로 그것을 업으로 하니 '중인'이라 통칭한다. 그 아래에 백집사(百執事)와 공사(公私)의 천역(賤役)은 모두 상한이다. 이를 수백 년을 지켜서 절대로 서로 섞이지 않는다.[42]

한편 '중인'이라는 명칭이 붙여진 이유에 대해서는, 그들의 거주지가 서울의 중심부였기 때문이었다는 주장도 있지만 그보다는 그들의 신분이 지닌 "계급적 '중간성'에서 붙여진 호칭"이라고 보는 것이 타당하다.[43] 이는 사학(邪學) 죄인들에 대해 이야기하면서 "대저 중인들은 양반도 아니고 상인(常人)도 아니고 그 사이에 있어 가장 교화하기 힘든 것들이다."라고 한 『정조실록』의 기사에 잘 나타나 있는데,[44] 중인들 사이에 사학 신앙이 퍼진 데 대한 정조의 다음과 같은 설명은 이때쯤에는 뚜렷한 계층으로서의 중인들의 존재와 그들 특유의 생활, 사고방식에 대한 집권층의 인식이 자리잡았음을 보여준다.

예로부터 갈 데가 없는 사람들은 재주를 갖고 한(恨)을 품고서 중용의 도리를 저버리고 바깥의 다른 길로 빠져들어가는 수가 많다. 이른바 중인이라는 이름[을 지닌 자들]은 나아가 사대부가 될 수도 없고 물러나 상민(常民)이나 천민(賤民)이 될 수도 없어 스스로 영락한 처지에 처하고 실제 일에는 뜻이 없다. 간혹 재능이 조금 있는 자들이 있는데, 이들은 기량을 펴보고 싶은 생각을 이기지 못하고 문득 망령된 생각을 하여 오로지 새로운 것만을 숭상한다. 이들이 더불어 학습하는 자들도 경학(經學)에 종사하는 사람들이 아니다.[45]

3절 정부 내의 과학기술과 기술직 중인

조선 정부 안에는 사역원(司譯院), 관상감(觀象監), 전의감(典醫監), 내의원(內醫院), 혜민서(惠民署), 내수사(內需司), 도화서(圖畵署), 장악원(掌樂院) 등 전문적 업무를 담당하는 부서들이 있었는데 이 중 관상감, 전의감, 내의원 및, 혜민서가 천문역법과 의학 관련 부서였다. 그 외에 호조(戶曹), 형조(刑曹), 병조(兵曹), 공조(工曹) 등에서도 산학(算學), 농업, 법의학(法醫學), 군사, 각종 기술 등 과학기술 관련 업무를 담당했다.[46] 그리고 이들 부서들에 중인들이 소속되어 최고 책임자인 양반 관리의 아래에서 근무하면서 부서의 실무를 사실상 전담했는데, 이들 기술직 중인들이 담당한 분야는 크게 의학, 산학, 음양학(천문, 지리[地理], 명과[命課]), 율학(律學: 형정[刑政]), 역학(譯學), 화학(畵學), 악학(樂學) 등으로 나눌 수 있으며 직무의 종류에 따라 비교(裨校), 계사(計士, 算員), 의원(醫員), 역관(譯官), 일관(日官),[47] 율관(律官), 화원(畵員) 등으로 불리었다.[48] 한편 기술직 내에도 그 기술의 분야에 따라 정직(正職)과 잡직(雜織)의 차등이 있었으며, 이들은 다시 고급 기술직, 단순 기술직, 천역(賤役) 기술직으로 나눌 수 있었고, 그중 '유외잡직(流外雜織)'이라 불리는 천역 기술직은 중인의 부류에도 속하지 못했다.[49]

1. 기술직 중인의 충원: 잡과 시험과 취재

기술직 중인은 천거(薦擧)나 취재(取才)를 통해 충원되기도 했지만 그중 핵심 인력은 잡과(雜科) 시험을 통해 선발했다. 잡과 시험은 모든 잡학 분야에 열려 있었던 것이 아니라 역관, 일관, 율관, 의관에 국한되어 시행되었는데 이들 분야의 기술직 중인들은, 잡학 취재(取才)를 통해 선발된 후 호조, 장악원, 도화서에서 훈련받고 근무하는 산원, 악생(樂生), 화원 등에 비해 우대받은 것으로 볼 수 있다. 문과, 무과에 비해서 격이 떨어지지만 그것들과 함께 과거 시험을 구성하는 잡과에 합격했다는 사실이 그 같은 시험을 거치지 않은 다른 분야의 기술직 관원들과 구분해서 이들의 위상을 높게 해주었던 것이다.[50]

잡과 시험은 고려시대부터 존재했다. 958년(광종 9) 과거제도가 처음 시행될 때부터 문과에 해당하는 진사(進士), 명경(明經)과와 함께 복업(卜業), 의업(醫業), 명산(明算) 등 과학기술에 해당되는 분야가 포함되었는데 합격자 수가 많지 않았고 한동안 중단되는 경우도 있었지만 고려 말까지 계속 이어졌다.[51] 조선에서는 건국 직후 1399년(정종 1) 역(譯), 의(醫), 음양(陰陽: 천문, 지리, 命課), 율(律)과 체제로 정비된 후 1894년 갑오경장(甲午更張)으로 폐지될 때까지 유지되었고 3년마다 실시되는 식년시(式年試)가 164회, 특별한 경우 시행하는 증광시(增廣試)가 61회 실시되었다.[52] 문과, 무과와는 달리 잡과는 국왕 앞에서 치르는 전시(殿試)가 없이 초시(初試)와 복시(覆試)로만 이루어졌다. 『경국대전(經國大典)』에 따르면 초시에서 대략 2배수 정도를 뽑은 후 복시를 거쳐 역과 19명, 의과, 음양과, 율과 각 9명, 총 46명을 뽑게 되어 있었다. 이 숫자는 정조대에 음양과가 2명 늘어 48명이 된 후 19세기 중반까지 계속되었지만, 실제 합격자수는 대체로 이 정원을 채우지 못했다.[53] 잡과의 시험과목은 각 분야의 전문서(專門書) 이외에 경서(經書)와 『경국대전』을 필수로 했으며 1746년의 『속대전(續大典)』 이후 부담을 줄이는 쪽으로 축소 조정되었다.[54]

한편 잡과 시험은 주로 재직 중인 관리들이 치르는 경우가 많았고 그 비율도 시간이 지나면서 증가했다. 이미 관직에 있는 하급 관리들이 승진하기 위해 잡과 시험에 응시하는 것이었는데, 이들은 천거나 취재를 통해 충원되어 잡과에 해당하는 분야에 근무하면서 경력과 실력을 쌓아 응시했던 것으로 보인다.[55] 사실, 이남희가 지적하듯이, 기술직 중인의 승진이나 요직 중용을 위해서는 잡과 합격이 필수적이었다.

> 기술관이 종6품 이상의 주부(主簿)로 승급하기 위해서나, 참상관(參上官)이 기술직 중 최고 관직인 정3품까지 올라가기 위해서는 반드시 잡과에 합격해야 했기 때문이다. 예컨대 중국 연행단(燕行團)에 선발되기 위해서는 역과에 합격해야 했으며, 어의(御醫)가 되려면 의과에 합격해야만 했다.··· 잡과 시럼은 초입사(初入仕)의 역할보다는 기존 관리들의 관품을 높여줌과 동시에 잡학을 장려하는 기능을 했던 것이다.[56]

2. 기술직 중인의 대우

기술직 중인들은 문관에 비해 대우가 좋지 않았다. 특히 전문 기술직 중인들에게는 약간의 정직(正職)을 제외하면 대부분 체아직(遞兒職)이 제수(除授)되었는데, 체아직의 경우에는 매번 취재(取才) 시에 받은 평가 성적이 상급이 아닌 경우 3개월, 또는 6개월을 쉰 후에야 다시 취재에 응할 수 있어 그 지위가 불안했고, 보수도 재직기간에 한해 녹봉(祿俸)만을 받을 뿐 아니라 그나마 액수가 작아서 녹봉만으로는 생계유지가 힘들었다.[57] 또한 기술직 관원들은 실제 관직도 자신의 품계보다 낮은 직급을 받는 일이 흔했다.[58] 유형원은 잡과 기술직이 처한 그 같은 상황 때문에 그들이 "모리(謀利)를 일삼는다."고 지적하기도 했다.[59]

사실 잡과 출신은 품계(品階) 면에서도 차별을 받았다. '한품거관(限品去官)'제라고 불린 제도에 따라, 사역원, 전의감, 내의원, 관상감에 소속된 역관, 의관, 일관 등은 정3품 당하관(堂下官)까지만 승진하고, 혜민서, 도화서, 호조, 형조에 소속된 의원, 화원, 산원, 율관은 종6품에서 끝나게 되는 등 잡직 기술관의 품계에 제한이 있었던 것이다.[60] 기술관 재직 중의 공로를 인정받아 승진하는 경우에도 이 같은 제한이 가해져서, 예컨대 1705년 북경에 파견되어 시헌력 지식 습득의 공을 세운 허원(許遠, 1662-?)을 승진시킴에 있어 조정이 택한 것이 정3품 통정대부(通政大夫)였다.[61] 한영우는 당초 이 제도가 "기술학을 배운 관리가 정책을 결정하는 당상관(堂上官)의 역할을 할 수 없게 하고, 사무직을 배운 서리(胥吏)가 치민(治民)의 직책인 참상관(參上官)의 일을 하지 못하게 함으로써 관료정치를 전문화시켜 그 질을 높이자는 데 그 근본 뜻이 있는 것이지 신분 차별을 목적으로 한 것은 아니"었음을 지적했지만,[62] 이 같은 승진의 제한은 결국 잡과 지망을 꺼리는 결과를 빚게 되고 잡과는 차츰 서얼들의 등용 길로 자리잡아갔다.[63]

물론 고급 기술직 중인들이 승진의 제한이 없는 이른바 '청현직(淸顯職)'으로 나가는 길은 열려 있었다. 우선 『경국대전』에 규정되었듯이 기술관원으로 해당 분야에 능통한 자는 현관(顯官)이나 경외(京外) 이직(吏職)에 제수될 수가 있었고,[64] 잡직 기술관이 직접 문과에 응시 합격하여 고급 관료가 되는 데에는 아무런 제약이 없었다.[65] 그러나 비록 법적으로는 제한되지 않았고 실제로 기술직에서 문반직으로의 진출이 불가능한 것은 아니었지만, 현실적으로는 기술직 중인들의 고위직 승진에는 제한이 엄연히 존재했다.[66] 또한 기술직 중인들은 당상관이 되어 신분 상승을 꾀함에 있어서도 문과인 동반(東班)직보다는 무과인 서반(西班)직인 경우가 많았다.[67] 그리고 그나마 본인 당대로 그치는 경우가 태반이어서 본인이 지방관이 되더라도 당대에 그치고 자손들은 다시 잡과에 합격함으로써 기술직으로 되돌아가는 경우가 많았다.[68] 중인 기술관들이 문무과에 합격해도 신분의 벽을 뛰어넘을 수는 없었던 것이다.[69] 이에 반해 잡과 기술직 중인들 사이에 직종 간의 이동은 비교적 활발했다.[70]

3. 각 분야별 기술직 중인들

기술직 중인들의 상황은 분야별로 차이가 있었다. 사실 기술직 중인들에 대해 그동안 연구가 진행된 정도도 분야에 따라 크게 차이가 있어서 의관과 일관(日官)의 경우 다른 분야에 비해 비교적 많이 연구되었지만, 그 외의 분야들 중 그나마 어느 정도 연구가 되어 있는 산원(算員)을 제외하면 거의 연구가 되어 있지 못하다.

1) 의학

먼저 연구가 가장 많이 된 의관(醫官)에 대해 살펴보자면,[71] 이들은 '삼의사(三醫司)'라고 불리는 의료 부문 관서들인 내의원(內醫院), 전의감(典醫監), 혜민서(惠民署)에 속했다.[72] 내의원은 왕실과 종친에 대한 의료 업무를 담당했고 내의(內醫)들이 속한 본청(本廳), 침의(鍼醫)들이 속한 침의청(鍼醫廳), 어약(御藥)을 의논하는 의약동참청(議藥同參廳)으로 구성되어 있었다.

내의원이 궐내(闕內)에 있었던 데 비해 궐외(闕外)에 있었던 전의감은 왕실 내에서 소용되는 약재(藥材) 공급이 주된 업무였고, 그 외에 관료들과 백성들에 대한 질병 치료를 담당했고 의관의 양성과 선발, 의서 편찬 등도 그 소관이었다. 혜민서도 서민들의 질병 치료를 담당했는데 그 업무가 전의감과 겹쳐 한때 통합되기도 했지만 전의감은 조정 관원들의 의약을 담당하고 혜민서는 백성들의 의약을 담당하는 것으로 구분되었다. 예컨대 서민이 약을 살 수 있는 곳은 혜민서 약국뿐이었다.[73] 이들 삼의사에는 대략 80명 정도의 의관이 속했는데 내의원에 38명, 전의감에 26명, 혜민서에 13명 정도였다. 한편 이들 부서들 이외에 그 업무가 질병 치료보다는 빈민 구제의 성격이 더 강한 활인서(活人署)가 서울에 동서(東西) 두 곳이 있어서 전염병 구료(救療)와 빈민에 대한 구활(救活)을 담당했다. 그 외에도 각 도에 '심약(審藥)'이라고 불린 종9품 의관이 파견되었고, 그 아래 부(府), 목(牧), 군(郡), 현(縣) 등에 의생(醫生)이 파견되어 약재의 수합(收合), 진상(進上) 등을 담당했다.[74]

이들 의료 부문 관서들의 직제(職制)는 잦은 조정을 거쳤는데 1867년 간행된 『육전조례(六典條例)』에 그 최종적 형태가 나타나 있는바, 그에 따르면 고위대신 중에서 겸직(兼職)으로 임명하는 도제조(都提調)와 제조(提調)가 삼의사를 관장했다. 내의원에는 시임(時任), 원임(原任) 대신 중에서 임명하는 도제조 1인, 정2품의 제조 1인, 승지(承旨)가 겸하는 부제조(副提調) 1인이 있었으며, 전의감과 혜민서에는 종2품 제조 2인이 있었다. 문신인 도제조와 제조 밑에는 잡과 시험 출신 의관들이 주로 체아직인 정(正), 부정(副正), 첨정(僉正), 판관(判官), 주부(主簿), 직장(直長), 봉사(奉事), 참봉(參奉) 등의 직책으로 실무에 종사했다.[75] 내의원에는 흔히 '약의(藥醫)'라고 불리는 의관들 이외에 침술을 담당하는 12명의 침의(鍼醫)가 있었는데, 내의원의 의관들 중 당상(堂上) 의관을 '어의(御醫)'라고 불렀다. 전의감과 혜민서의 경우에는 의학 교육 업무가 포함되어 있기에 의학교수(醫學敎授)와 의학훈도(醫學訓導)가 직제에 포함되었다.

의관의 임용 과정은 취재(取才)와 잡과 과거인 의과 시험으로 이루어졌다. 취재는 의학 교육을 담당했던 전의감과 혜민서에 소속된 80~120명 정도의 의학 생도(生徒)를 대상으로 1년에 네 차례 시행했다. 의학 생도의 선발에는 시험은 없었으며 선발된 의학 생도들은 군역(軍役)을 면제받았고 의학과 침구(鍼灸)의 두 과로 나뉘어 의학교수와 의학훈도로부터 교육받았다.[76] 이들 의학 생도들은 취재를 통해 전의감과 혜민서 의관이 되거나 심약이 될 수 있었지만, 아무리 취재 성적이 좋아도 의과에 합격하지 않으면 원칙적으로 6품 이상의 직에 오르지 못했기에 그 이상으로 오르기 위해서는 의과 시험에 응시해야 했다. 의과 시험은 전의감에서 치렀고 3년마다 9명씩 선발하는 식년시(式年試)와 나라에 경사가 있을 때 베풀어지는 증광시(增廣試) 등이 있었고, 초시(初試)와 복시(覆試)로 이루어졌다. 그러나 의과 시험의 합격자가 바로 관직을 받는 것이 아니라 종9품에서 종8품 사이의 품계만 받았다가 취재를 거쳐 체아직에 임용되었다.[77]

한편 민간의 의원이 취재나 의과 시험을 거치지 않고 곧바로 '의약동참(議藥同參)'으로 추천받아 내의원 의관이 될 수 있는 길이 있었다. 이 제도는 의학이 사족(士族)이 아닌 낮은 신분의 전업(專業)으로 인식되면서 사족 출신의 의관을 별도로 구별하여 이들이 사족으로서 전문직에 '동참(同參)'한다는 의미를 내세운 것으로, 중종(中宗, 재위 1506-1544)대에 시작되었던 것으로 보인다.[78] 그에 앞서 세종(世宗, 재위 1418-1450) 때부터 사족 가운데 나이가 어리고 총명한 자를 뽑아 의학을 학습시켜 의료 부문 주요 직책을 맡기는 '의서습독관(醫書習讀官)' 제도가 있었고,[79] 이는 15세기 내내 국가 의료 시책의 중요한 부분을 차지하고 있었는데[80] 의약동참은 이 의서습독관 제도가 발전한 형태로 볼 수 있다. 의약동참 제도가 실제 시행되면서 "사대부로부터 미천한 [신분]에 이르기까지 유능한 자들을 모두 임명했고 이에 따라 의약동참은 인원은 적지만 기술이 좋다."는 평판을 받았다.[81] 예컨대 김석주(金錫冑, 1634-1684) 같은 사람은 재상으로 있으면서도 의약동참의 직을 유지하고 있었다.[82]

시간이 흐르면서 의관의 지위는 차츰 높아졌고 이는 역과(譯科)와 주학(籌學), 즉 산학 입격자의 신분이 점차적으로 하락한 것과 대비된다.[83] 우선 현관(顯官) 실직(實職)에 임명된 의관 숫자가 늘고 후대로 내려오면서 의관이 받는 당상관 직과 품계가 높아졌다.[84] 이는 김양수가 지적하듯이 "국가적인 차원에서 의관을 중시하여 그들의 사회적 지위를 높여준 배려라고 볼 수 있"는데,[85] 특히 내의원 의관들은 왕실의 질병을 치료하면서 임금의 신임이 두터워지고 가자(加資)나 포상(褒賞)이 많이 있었기 때문이다.[86] 또한 내의원 의관의 상당수가 지방 수령으로 진출하였고 그중에서도 많은 수가 주로 경기도로 나갔다.[87] 내의원 의관들의 찰방(察訪)직 진출도 잦았는데, 그들로 하여금 수령을 감찰하고 민정을 살피게 하기 위한 것으로 볼 수 있다.[88] 이 같은 의관의 지위 상승과 함께 내의원 의관이 의업을 세습하는 세전(世傳)의 경향도 심화되었는데,[89] 세의(世醫) 자손들이 우대받고 특정 가문들에서 의과를 세습하는 현상이 두드러지게 나타났다.[90]

2) 천문역산

천문역산 전문직 중인들은 예조(禮曹) 소속 관서인 관상감(觀象監)에 속했다. 관상감은 천문학, 지리학(地理學), 명과학(命課學)의 세 부서와 부속기관인 금루청(禁漏廳)으로 이루어졌고 이들 부서에 속한 전문직 관원들이 천문, 재상(災祥), 역산, 금루(禁漏), 측우(測雨), 풍수지리, 점복(占卜) 등의 업무를 담당했는데, 특히 중요한 일은 역서 편찬과 간행, 천변(天變) 재이의 관측과 보고, 그리고 일월식의 예보와 구식례(救食禮) 등이었다.[91] 관상감의 책임자는 영관상감사(領觀象監事)로 영의정이 당연직으로 겸임했고 그 외에 종2품 당상관 중에서 천문역산에 해박한 두 명의 제조를 두어 업무를 관리감독하게 했으며 그 아래에 정3품 당하관인 정(正) 이하 종9품에 이르기까지 직제가 규정되어 있었다.

이 중 천문학 분야를 보면, 달력 편찬 업무를 담당하는 삼력관(三曆官)으로부터 일월식 예보를 담당하는 수술관(修述官), 그리고 추보관(推步官), 별선관(別選官), 총민(聰敏) 및 최하위인 전함(前銜)까지 130여 명이 근무했다.[92] 이들 중 최상급인 삼력관은 17세기 시헌력(時憲曆) 도입 이후 신설되었는데 정원은 30~35명으로 역서 편찬, 연행(燕行) 참가 북경 파견 등 천문학 부서의 주요 사업에 차출되고 상위 녹관(祿官)직에 나아갈 자격이 주어졌으며, 정해진 임기가 없이 은퇴하지 않는 이상 그 지위를 유지하는 특권적 집단이었다. 그 아래인 수술관과 추보관은 모두 음양과 과거 출신으로 정원이 각각 12명과 10명이었고 이들이 역 계산과 역서 편찬의 실무 작업을 수행했다.[93]

관상감의 관원은 정해진 입속(入屬)과 승진의 과정을 거쳐야 했다.[94] 우선 관상감에 입속하기 위해서는 천거의 과정을 거쳐야 했는데, 별도의 시험은 없이 추천과 3차에 거친 심사를 통해 선발이 진행되었다. 입속하여 생도가 된 후에는 하급 관리로 근무하면서 음양과 과거를 응시하여 이에 합격해야만 종6품 주부(主簿) 이상의 관직에 오를 수 있었고, 다음 단계는 최상급인 삼력관에 결원이 생기면 수술관 중에서 우수한 사람을 발탁해 충원하는 삼력관 취재를 통과하는 일이었다. 그 선발 과정을 보면, 우선 삼력청의 후보 추천에 이어 관상감 당상 이하가 모두 모여 3인의 지지를 얻어야 응시자격이 주어지며 영사(領事)와 제조가 시관(試官)으로 참여하는 등 엄격하게 정해진 절차를 따랐다.

이 같은 관상감의 입속 및 승진 절차는 일견 공정해 보이지만, 박권수가 지적하듯이 "시간이 지날수록 관상감 소속 중인들의 가문들을 중심으로 인재가 양성되고 선발되는 결과를" 낳았다. 예컨대 "관상감의 중인 집안과 관계를 갖지 못한 방외자로서는 애초에… 입속하여 생도가 되는 일부터 쉽지 않았다."[95] 특히 관상감의 최고위 전문직인 삼력관 선발에 관상감 내부의 전문 교육과 인맥(人脈)의 전통과 관행이 깊이 작용했으며,[96] 이는 이 절차를 지키지 않은 한 차례의 예외의 경우에서 잘 드러난다. 천문 의기 개수(改修)와 『중성기(中星記)』 개정 작업의 공로를 인정받아 1796년 정조의 '특교(特敎)'로 삼력관에 특채된 김영(金泳, 1749-1817)의 경우가 그것인데 관행에서 벗어난 이 같은 예외적 임명에 대한 신하들의 반대 속에 임명된 후 김영은 관상감 중인 관원들로부터도 질시와 괴롭힘을 받았다.[97]

한편 이들 관상감 중인 관원들의 품계는 전반적으로 상승하는 추세를 보였다. 잡과 합격자들에게 수여하는 품계가 원래 역과(譯科)가 수위였다가 1777년부터 음양과가 수위가 되었으며,[98] 관상감 관원들이 승진해서 오를 수 있는 품계도 영조(英祖, 재위 1724-1776)대 초까지는 정3품에 머물다가 18세기 중엽부터 종2품으로 올라갔고 이후 계속 높아져서 종1품에까지 이르렀다.[99] 이 같은 현상은 관상감 중인 관원들의 업무 및 전문적 소양에 대한 조정의 인식 개선과 함께했는데, 이에는 역법 업무를 관장하던 김육(金堉, 1580-1658), 최석정(崔錫鼎, 1646-1715) 등 우호적인 양반 관료들의 역할이 컸다.[100] 그리고 이들의 위상 상승과 함께 이들의 전문 역법지식과 업무 능력이 상승했다.[101]

3) 산학

수학 분야의 중인 전문직인 산원(算員)들은 호조(戶曹)에 속해서 호구(戶

口), 공물(貢物), 부역(賦役), 전량(田糧), 식량(食糧), 재화(財貨), 회계(會計) 등 각종 업무의 실무를 담당했다.[102] 그러나 이들 산원들은 의관이나 관상감 관원들과는 달리 과거가 아니라 취재에 의해서만 채용되었다. 사실 고려시기에도 산학은 국자감(國子監)에 포함된 유일한 과학기술 분야이기는 했지만 그 지위는 낮았었는데,[103] 이러한 상황이 그 후로도 지속되었던 것이다. 물론 조선 세종(世宗, 재위 1418-1450)대에 산원에 대한 수요가 늘어나면서 적극적인 진흥책이 마련되기도 했고 성종(成宗, 재위 1469-1494) 때에는 산원의 관직이 정비되고 숫자가 늘어 지위가 향상된 면이 있었지만[104] 산학은 15세기에 확립된 잡과 과거에 포함되지 못했다.[105] 이후 영조대에 이르러 양전(量田)과 도량형이 중요시되면서 산원의 수요가 늘어나자 정조(正祖, 재위 1776-1800)가 즉위하고 산학을 '주학(籌學)'으로 개칭하면서 인원을 늘리는 등 정비를 추진하여 그 위상이 얼마간 높아졌다.[106]

4절 전문직 중인들의 상황

전문직 중인들은 앞 절에서 본 품계와 승진 등에서의 명시적인 차별에 더해서 지배 계층인 양반들로부터 멸시당하고 사회 중대사의 결정에 아무런 역할이 주어지지 않았다. 특히 양반사인들이 이들에 대해 지닌 편견이 뿌리 깊고 차별대우가 심했다. 1장에서 몇몇 유가 경전 구절들이 유학자들이 전문 분야에 종사하는 것을 억제하는 효과를 빚었음을 본 바 있었는데, 특히 『관자(管子)』, 『회남자(淮南子)』 등에 나오는 '사농공상(士農工商)'과 '사민(四民)'에 대한 구절들[107]이 조선 양반사인들의 과학기술 분야 전문종사자들에 대한 태도에 더욱 직접적인 영향을 미쳐서, '사(士)'의 본업인 일반 관료의 직은 양반사인들만이 독점해야 한다는 생각으로 이어졌으며 기술과 같은 전문적, 기능적 일에 종사하는 자들이 관료가 되는 것을 부당하게 여기도록 했다.[108] 이처럼 전문직 중인들이 종사하는 전문 분야의 실무가 양반 지배계층으로부터 높은 평가를 받지 못한 데다가, 서얼들의 잡과 진출이 두드러지면서 서얼에 대한 차별 의식도 전문직에 대한 인식에 영향을 미쳤을 것이다.

중인들에 대한 양반사인들의 차별의 태도가 나타나는 단적인 예를 황윤석(黃胤錫, 1729-1791)에게서 볼 수 있다. 한편으로는 재가(再嫁) 금지, 서얼 차대(差待), 노비 세습제 등을 폐지할 것을 주장했던 그였지만 중인들에 대한 차별 의식은 여전해서, 서호수가 『역상고성(曆象考成)』「칠요표(七曜表)」를 가지고 있다고 해서 그를 찾아갔다가 서호수가 그 책을 문광도(文光道, 1727-?)에게 빌려주었는데 문광도가 역산에 능하니 한번 만나볼 것을 권하자, 황윤석은 그가 중인이라는 이유로 만나기를 꺼려하면서 "그가 사대부가 아닌즉 그를 찾아가 만나는 것이 어떨지 모르겠"다고 이야기했다.[109] 정약용이 정조에게 올린 「통색의(通塞議)」도 중인들이 차별받는 상황을 다음과 같이 표현하고 있다.

인재를 얻기 어렵게 된 지가 오랩니다. 온 나라의 빼어난 영재(英才)를 뽑아 발탁하더라도 부족할까 염려되는데, 하물며 그중의 8, 9할을 버린다는 말입니까. 온 나라의 백성들을 다 모아 배양(培養)하더라도 [나라를] 일으키지 못할까 두려운데, 하물며 그중의 8, 9할을 버린다는 말입니까. 소민(小民)이 그중에 버림받은 자이고 중인이 그중에 버림받은 자입니다. 우리나라의 의원(醫員), 역관(譯官), 율학(律學), 역원(曆員), 서화원(書畫員), 산수원(算數員)인 자들이 중인입니다.[110]

중인들 자신들도 중인들이 그처럼 천시받는 상황을 인식하고 받아들이고 있었기에 『잡과방목(雜科榜目)』에서 자기 친인척들의 과거 합격 경력을 적으면서 잡과 합격의 경우는 거의 기재하지 않았다.[111]

중인들은 잡과 및 기술직 진출을 거의 독점하며 자신들의 신분과 기득권을 유지하기 위해 노력했고, 그에 따라 양반 계층과 양인(良人)들 사이의 중간에서 비교적 안정된 사회적 지위를 누리고 있었다.[112] 비록 "반상제(班常制)에서 파생된 중간계급"으로 양반에 비해 지위가 낮았고 인구상의 비중은 작았지만 "그들이 갖춘 교양과 전문지식이 상한(常漢)에 비해 높았기 때문에 정치적, 문화적 영향력이 매우 컸던 것이다."[113] 1823년 서얼 통청(通淸) 운동에 대응하여 성균관 유생들이 편찬한 『행하술(杏下述)』에 나오는, "사림(士林)의 아래에 의(醫)와 역(譯) 중인의 일종의 명색이 있는데, 이들은 비록 '의'와 '역'을 업으로 삼을지라도 의관(衣冠)을 잃지 않는 부류이다."라는 언급도 중인들의 그 같은 상황을 드러내준다.[114]

특히 의관은 직무의 성격상 공로를 인정받기가 쉬웠는데 예컨대 왕을 비롯한 왕족의 치료나 전염병 치료, 의서 편찬 등의 공에 의해 가자(加資)되는 경우가 많았다.[115] 또한 그들의 직책상 국왕과도 자주 접할 수 있었기에 양반 관료들이 두려워하기도 했다.[116] 국왕 또한 강력한 양반 지배체제 하에서 의관들을 후원함으로써 양반들의 세력을 견제할 필요를 느꼈던 것으로 보인다.[117] 역관(譯官)들의 경우에는 연행(燕行)에 참여해 중요한 활동을 하기도 했는데, 연행 중의 실제 업무, 특히 청나라 문물을 수입하는 업무는 역관과 일관(日官)들에 의해 이루어졌다.

전문직 중인들은 또한 자신들의 직분과 관련된 전문적인 실무 능력을 활용해서 여러 형태의 경제적인 소득도 얻고 있었다. 의관은 약재(藥材)무역이나 의료 행위, 관상감 일관들은 달력 판매 등을 통해서, 그리고 그 외에 음양관은 풍수지리, 율관은 법률지식을 통해 부를 축적할 수 있었다.[118] 중요했던 것은 매년 몇 차례 있었던 북경으로의 연행에 참여하는 것이었다. 물론 연행에서 중요했던 것은 역관(譯官)들이었지만, 그 외의 전문직 중인과 경아전(京衙前)들도 대청(對淸) 무역을 통해 막대한 경제적 이익을 취했다. 의관의 경우 조선 초기부터 매 연행 때마다 한 명씩 동행하여 약재를 구입해 오도록 했고 이를 위해 막대한 양의 은화를 지급했으며,[119] 조선 후기에 들어서서는 관상감 일관도 자주 연행에 참여하여 중국의 역 계산법을 배워 오도록 했는데,[120] 이들에게 연행은 경제적 이익을 취할 수 있는 중요한 기회였던 것이다.[121]

과학기술 분야 전문직 중인의 경제 활동과 관련해서 가장 연구가 많이 이루어진 것은 역시 의관에 대해서이다. 의관들은 연행 참여 이외에도 지방에서 심약(審藥)으로 활동하기도 하고 약령시에 투자해서 치부(致富)할 수도 있었으며,[122] 약방을 개설하기도 하고 직접 환자를 치료하는 의료 활동을 수행하기도 했다.[123] 사실 의관이라는 직함은 '민간 의료 시장'에서 이 같은 활동을 하는 데에 유리하게 작용했는데, 조선 후기 세도가들이나 부자들은 유명무실한 혜민서에 의존하기보다는 이름 있는 의관을 불러 치료를 받는 일이 흔했다.[124]

조선 후기에는 의원의 숫자도 늘어났다. 도시 인구 증가, 잦은 전염병 발생, 의학에 대한 사회 전반적인 관심의 고조(高潮) 등 이 시기 의원의 수요와 활동범위가 확대될 수 있는 여건이 갖춰져가면서 의업을 전문으로 하는 사람의 수가 증가했던 것이다.[125] 그러나 이 같은 인력의 증가에 따라 의관이 되고자 하는 사람들이 증가하는 상황에서 이 시기 관(官)의 의료기구는 오히려 축소되었고 의관의 정원은 고정되거나 오히려 감소했다. 이처럼 의관직 진출이 어려워지자 많은 의원들은 관직보다는 경제적 실리를 추구하는 경향을 보이게 되었다.[126] 실제로 시간이 가면서 민간에서 의료 활동을 하는 의원들이 늘고 민간 의료의 폭이 넓어지면서 의료가 차츰 민간 깊숙이 퍼지게 되었다.[127] 특히 18세기에 이르러 활인서, 혜민서 등 하층민을 대상으로 한 의료제도가 부실해져가는 상황에서 늘어난 민간 의원들이 이를 어느 정도 보완해줄 수 있었다.[128]

6장

양반사인들과
중인 과학기술 전문종사자들

4장에서 조선 양반사회의 주도층이었던 양반사인들이 과학기술 분야에 대해 지닌 관심이 부차적인 수준에 머물렀음을 보았는데, 그들은 과학기술 분야의 전문종사자들도 존중하지 않고 무시하거나 멸시하는 경우가 많았다. 과학기술 전문종사자들을 좁은 영역에서의 전문 기능인으로 생각하여 높이 평가하지 않았던 3장에서 본 바 있는 주희의 태도가 조선 양반사인들에게서도 그대로 나타났던 것이다. 무엇보다도 과학기술 전문종사자들의 중인이라는 신분이 그들에 대한 양반사인들의 태도에 영향을 미쳤다. 이 장에서는 조선 양반사인들이 중인 계층에 대해 지녔던 태도, 그리고 양반 주도의 사회에서 중인 과학기술 전문종사자들이 자신들의 신분과 활동에 대해 지녔던 인식과 태도에 대해서 살펴볼 것이다. 그리고 앞 장에 이어 이 장에서도, 역시 아직 충분히 연구가 이루어지지 않은 상황에서 그간 학계에서 연구된 몇몇 분야의 제한된 사례들에 바탕해서 논의할 것이다.

1절 조선 초기 군왕들의 과학기술 장려

'사농공상'의 직업 분화 관념에 바탕해서 양반사인들이 경학(經學), 사학(史學), 문학 등 인문적 교양에 전념하고 기술, 의술 등 전문 기능에 종사하는 것을 꺼리는 경향은 일찍부터 존재했지만, 조선 초기까지는 그 정도가 심하지 않았다. 조선 초기의 양반사인들 중 많은 수가 인문적 교양과 함께 기술적, 군사적 재능을 겸비하고 있었다.[1] 혼천의(渾天儀), 간의(簡儀), 자격루(自擊漏), 물시계, 해시계 등 기구 제작을 비롯해서 『칠정산(七政算)』, 『향약집성방(鄕藥集成方)』, 『농사직설(農事直說)』 등 천문, 의약, 농업서 편찬 등 세종(世宗, 재위 1418-1450)대의 많은 과학기술 업적이 정인지(鄭麟趾, 1396-1478), 정초(鄭招, ?-1434), 김담(金淡, 1416-1464), 이순지(李純之, ?-1465) 등 당시 조정의 요직을 맡고 있던 양반 학자들에 의한 것이었음이 이를 말해준다.[2]

실제로 조선 초기의 군왕들은 과학기술 분야의 학습과 활동을 장려했다. 태조(太祖, 재위 1392-1398)가 병학(兵學), 율학(律學), 자학(字學), 역학(譯學), 의학(醫學), 산학(算學)의 '육학(六學)'을 설치하여 양가(良家) 자제들로 하여금 익히도록 했는데,[3] 태종(太宗, 재위 1400-1418)은 이를 확장하여 유학(儒學), 사학(史學), 음양풍수학(陰陽風水學), 악학(樂學)을 포함하는 '십학(十學)'을 두고 그중 유학을 제외한 "구학(九學)'은 시산(時散)을 막론하고 4품 이하부터 4중월(仲月)에 시험을 치러 그 성적에 따라 출척(黜陟)의 근거를 삼게 하였다."[4] 이같이 과학기술 분야를 포함한 잡학(雜學)을 장려하는 정책은 세종, 세조(世祖, 재위 1455-1468)대에까지 이어졌고, 이들 초기 군왕들은 그 분야들의 전문 인력을 우대하는 태도를 보였다.[5] 사실 양반사인들과 달리 군왕들은 노비, 서얼(庶孼), 기술직 전문종사자들을 모두 자신의 신민(臣民)으로 포용하고 차별대우를 하지 않으려는 성향을 지녔으며, 그에 따라 양반사인이 아닌 이들의 활동을 고무하는 등, "기층문화(基層文化)를 관대히 포용하면서 기층사회와 직접 연결을 가지려는 정책"을 펼침으로써 양반 관료들의 반발을 빚기도 했다.[6]

그런 면에서 특히 세종이 두드러졌다.[7] 세종은 서운관(書雲觀)의 역서(曆書) 담당자들에게 취재(取才)에 구애받지 않고 관직을 주도록 했고[8] 역산(曆算)에 정통한 자는 직급을 파격적으로 올려 권면(勸勉)하도록 했으며[9] 그 외에도 서반(西班)직의 역법 담당 관원들의 경우 동반(東班)직으로 옮겨주어 외임(外任) 임명을 피하도록 하여 우대했고, 상중(喪中)에 있는 경우 기복(起復)의 조치를 취하기도 했다.[10] 세종이 미천한 신분인 장영실(蔣英實)의 과학기술 분야 능력을 높이 사서 중용한 것도 능력 있는 과학기술 전문종사자를 우대하는 그의 태도를 보여주었다.[11]

세종은 특히 산학(算學)과 역법에 관심을 지니고 그 중요성을 강조했다. 세종 자신이 『산학계몽(算學啓蒙)』을 공부했는데 그 이유에 대해 정인지에게 "산수(算數)가 임금에게는 소용되는 바가 없기는 하지만 이 또한 성인이 만든 것이므로 나는 이것을 알고자 한다."고 이야기했다.[12] 그는 또한 "산학은 비록 술수(術數)이지만 국가의 긴요한 업무이므로, 역대로 모두 폐하지 않았다. 정자(程子: 程頤 1033-1107)와 주자(朱子)도 비록 이를 전심(專心)으로 다루지는 않았지만 역시 알았을 것"이라고 하면서 산학을 예습(預習)할 방책에 대해 보고하도록 승정원(承政院)에 명하고, 집현전(集賢殿)으로 하여금 역대 산학의 법을 검토하여 보고하도록 했다.[13] 그는 특히 역법의 기초로서 산학을 중시했는데 중국에서 여러 역산서들을 구해 온 후 신하들에게 익히게 했지만 이를 이해하는 자가 없자 산법교정소(算法校正所)를 설치하여 "문신 3~4인과 '산학인(算學人)' 등에게 명하여 먼저 산법을 익힌 후에 역법을 추보(推步)하여 구하게 했다."[14] 그 외에 세종은 간의대(簡儀臺)를 짓고 다양한 천문 의기들을 제작한 후 세자와 함께 매일 간의대에 가서 정초 등과 함께 의기들에 대해 의논하여 그 제도를 정하기도 했다.[15] 물론 세종이 산학과 역법만이 아니라 지리, 도량형, 의약, 농업, 기상(氣象), 화기(火器) 등 다른 여러 과학기술 분야도 장려하고 그 분야의 능력을 지닌 인력을 우대하였음은 잘 알려져 있는 사실이다.[16]

군왕들이 과학기술과 그 인력을 중시하는 일은 그 후로도 이어졌다. 세조는 "여러 학문에 정통하지 않으면 안 된다. 의학, 산학(算學)과 같은 잡학에 이르기까지 모두 정통하지 않으면 안 된다."고 말했으며[17] 직접 「의약론(醫藥論)」을 지은 후 신하들에게 보이고, 임원준(任元濬, 1423-1500)에게 명하여 주해(註解)를 짓고 인쇄 반포하도록 하기도 했다.[18] 세조는 또한 "문신(文臣)으로 하여금 천문, 지리, 음양, 율려, 의약, 복서(卜筮), 시사(詩史)의 '칠학(七學)'을 나누어 닦게" 명했는데, 이에 대해 그 분야들은 전업(專業)으로 하는 자들이 있으며 문신이 할 일이 아니라고 하여 반대한 김종직(金宗直, 1431-1492)을 파직하면서 그 분야들의 전업자들이 용렬하므로 문신들에게 공부하라고 한 것이고, "비록 비루(鄙陋)한 일이지만 나도 또한 일찍이 그 문호(門戶)를 거칠게나마 섭렵하면서 며칠 동안 머물렀다."고 말했다.[19] 성종(成宗, 재위 1469-1495)은 의술에 큰 관심을 보였는데, 1482년 이조(吏曹)와 예조(禮曹)에 내린 교지에서 통역(通譯)과 의술이 중요함에도 "잡기(雜技)라고 하여 사류(士類)와 나란히 하지 못하니, 비록 이에 뜻이 있는 자라도 모두 업(業)으로 하기를 부끄럽게 여겨 인재가 되는 자가 적음"을 지적하고 한어(漢語), 왜어(倭語), 여진어(女眞語)와 의술을 업으로 하여 "정통함이 무리 가운데 뛰어난 자는 동서반(東西班)에 발탁 채용하여 권장(勸奬)의 뜻을 보이라."고 명했고,[20] 임금이 직접 가감(加減)한 13가지 처방 30여 본(本)을 찍어 의원(醫員)들에게 하사하기도 했다.[21]

2절 양반사인들의 과학기술 전문종사자들에 대한
　　차별과 천시

그러나 양반사인들이 군왕들의 이 같은 뜻을 순순히 따른 것은 아니었다. 앞 절에서 언급한 정초, 정인지, 이순지, 김담 등도 스스로의 관심에서가 아니라 세종의 명령으로 천문역산 공부를 시작했고, 관료로서 국가의 천문역산 관련 업무를 수행했던 것일 뿐이었다. 사실 양반사인들은 일찍부터 사인의 본분을 경학(經學)이나 시사(詩史)에 국한시키고 과학기술을 포함한 그 외의 주제들을 '잡학(雜學)'이라 하여 배격했다.[22] 예컨대 김종직은 위에서 본 것처럼 세조가 신하들에게 잡학을 공부하도록 권하자 "시사(詩史)는 본래 유자(儒者)의 일이지만, 그 나머지 잡학이야 어찌 유자들이 마땅히 힘써 배울 바이겠습니까? 또 잡학은 각각 업으로 하는 자가 있으니, 만약 권징(勸懲)하는 법을 엄하게 세우고 다시 가르침과 배움을 더한다면 자연히 모두 정통할 것인데, 그 능력이 반드시 문신이어야만 가한 것이 아닙니다."라고 반론을 폈다가 세조로부터 "경박한 사람"이라는 평을 듣고 파직을 당하기도 했다.[23] 시간이 가면서 과학기술 등 잡학을 사인의 관심 대상에서 제외시키자는 주장은 양반사인들 사이에 계속 이어졌고, 성종대에는 왕의 반대되는 생각에도 불구하고 더욱 잦아졌으며 잡직 기술직 관원들을 동반에서 제외시켜야 한다는 주장도 제기되었다.[24]

외국어와 의술에 정통한 자를 발탁 채용하라는 위에서 언급한 성종의 1482년 교지에 대해서도 양반사인들이 반대했다. 교지가 내려진 지 바로 이틀 후 대사헌 채수(蔡壽, 1449-1515)가 다음과 같이 반대 의견을 냈다.

대저 동서 양반은 모두 삼한 세족(三韓世族)입니다. 그 사이에는 간혹 미미한 자도 있으나, 모두 과거를 거쳐서 나아갔습니다. 어찌 설인(舌人)과 의인(醫人)으로 하여금 잡되게 그 사이에 끼어들게 하여, 조정(朝廷)을 낮추고 군자를 욕되게 할 수 있겠습니까. 대저 설인과 의인, 약사(藥師) 등의 무리는 나라에 없을 수 없는 자들이지만, 소임(所任)은 각기 분수에 마땅하게 해야 할 것입니다. 어찌 반드시 성현과 소인을 함께 거(居)하게 하고, 귀천을 섞이게 한 연후에야 권려(勸勵)가 되겠습니까.[25]

왕이 이를 받아들이지 않자 신하들의 반대가 이어졌고, 그들이 내세운 반대의 주된 논리는 바로 위에서 본 '사농공상'의 구분이었는데, 채수가 이틀 후 다시 올린 상소에 잘 나타나 있다.

하늘이 백성을 내시고 이를 나누어 사민(四民)을 삼으셨으니, 사농공상(士農工商)이 각각 그 본분이 있습니다. 선비(士)는 여러 가지 일을 다스리고, 농부[農]는 농사에 힘쓰며, 공장(工匠)은 기예(技藝)의 일을 맡고, 상인(商人)은 유무(有無)를 상통하는 것이니, 뒤섞을 수 없습니다. 만약에 사부(士夫)가 농사에 힘쓰고 농부가 여러 가지 일을 다스리려 한다면, 어찌 거슬리고 어지러워 성취하기 어렵지 않겠으며, 전도(顚倒)되어 법도를 잃게 되지 않겠습니까? 지금 전하께서 의원과 역관을 권려(權勵)하고자 하시어 그 기능에 정통한 자를 특별히 동서반(東西班)에 탁용(擢用)하도록 명하셨는데, 신등(臣等)은 그 까닭을 알지 못하겠습니다.[26]

그 후로도 채수 등의 상소는 이어졌고 결국 성종은 그로부터 사흘 후 특별히 우수한 경우에는 예외로 등용하겠다는 조건을 붙여 교지를 거둘

수 있다고 물러섰다.[27]

이 같은 경향은 성종대 이후 사림파(士林派)가 득세하면서 더욱 심화되었고 조선의 양반사인들이 과학기술을 포함한 잡학을 회피하는 경향은 더 심해져갔다. 이 과정은 5장에서 보았듯이 양반, 중인, 상한(常漢)의 계층 분화 과정과 함께 진행되었고 그에 따라 과학기술 분야들의 전문적 활동을 중인들이 독점하는 상황이 자리잡게 되었다.[28]

1. 역가에 대한 인식과 태도

양반사인들의 과학기술 전문종사자들에 대한 이 같은 차별과 천시의 태도를 잘 보여주는 예가 역법 분야의 전문종사자들—'역가(曆家)'들—에 대한 그들의 인식과 태도이다. 우선 양반사인들은 역가들이 계산에만 몰두하고 하늘의 구조와 운행의 원리에 대한 더 근본적이고 원론적인 문제들에는 관심을 두지 않는다고 생각했다. 3장에서 보았듯이 주희가 같은 점을 지적한 바 있었는데, 그 같은 생각이 후대의 유학자들에게 영향을 주고 조선 양반사인들 사이에 널리 퍼졌던 것이다.[29] 예컨대 장현광(張顯光, 1554-1637)은 "역가는 비록 '각(刻)', '분(分)'의 '수(數)'를 말하기는 하지만, 이 '수'를 쓰지 않고 단지 빠른 방법('捷法')을 사용해서 논의할 뿐"이라고 지적했다.[30] 이가환(李家煥, 1742-1801)도 관상감 관원들이 "'입성(立成: 계산표)'을 사용하여 정해진 일들만 할 뿐, 산가지를 쥐고 종횡으로 계산에 능란하지만 그 원인과 이유에 대해 물으면 망연히 설명하지 못한다."고 이야기했다.[31]

양반사인들의 이 같은 인식은 중인 역산 전문가들의 실제 상황을 반영했던 것으로 보인다. 예컨대 시헌력 계산법 도입에 큰 공을 세운 관상감 중인 관원 허원(許遠, 1662-?)은 역서 제작과 직접 관련이 없는 우주론이나 천체 운동 등에 대한 보다 근본적인 지식에는 관심이 없었다.[32] 또한 양반사인들은 중인 역산 전문가들이 계산법에서도 한번 익숙해진 방법에 만족하고 새로운 방법에는 관심이 없다고 생각했다. 예컨대 정조(正祖, 재위 1776-1800)는 1789년에 내린 천문책(天文策)에서 관상감 관원들이 "헛되이 구문(舊聞)에 얽매여 있고, 일에 접해서는 다시 고치는 것을 꺼려서, 영축(盈縮), 유복(留伏), 교식(交食), 능력(凌歷) [등의 계산]에 한결같이 중국의 방식을 사용하고 변통함이 없으니 인습의 폐단이 점차로 고루하게 되는 것은 당연한 형세이다."라고 지적하면서 신하들의 대책을 구했다.[33]

따라서 양반사인들은 중인 역가들이 역법 운용의 능력도 부족하다고 생각하여 신뢰하지 않았다. 예컨대 1684년 최석정(崔錫鼎, 1646-1715)은 관상감 관원들의 능력이 부족해서 아직 시헌력 개력 당시의 수준에 머물러 있고 칠정력(七政曆) 계산의 경우에는 여전히 대통력(大統曆)을 사용하여 오차가 잦음을 지적하면서 그들로 하여금 역(曆) 추산법을 학습하도록 하자고 건의했다.[34] 이보다 21년 후인 1705년 역서에서 청나라 역서와 중요한 차이가 남에 따라 관상감 관원에게 내릴 처벌을 논의하는 자리에서 우의정 이유(李濡, 1645-1721)는 "근래 역관(曆官) 중에 계산을 잘하는 자가 전혀 없고 따라서 역서가 정밀함을 결(缺)함이 대개 이에서 비롯된 것"이라고 하여 관상감 관원의 무능함을 지적했고,[35] 예조판서 윤세기(尹世紀, 1647-1712)는 관상감은 매우 중요한 관서임에도 "소위 관원이라는 자들은 모양을 갖추지 못했으며… 이번 잡과(雜科) 시험 때에 보니 초시에 참여할 수 있게 된 자들이 모두 용렬하고 무식한 부류여서 열 사람 중 하나 정도 가까스로 합격할 정도였다."고 개탄했다.[36] 양반사인들은 역법의 여러 가지 결함과 문제점들을 역가들의 책임으로 돌리기도 했다.[37] 물론 예외적인 경우는 있어서 서호수(徐浩修, 1736-1799)는 관상감 주부(主

簿) 문광도(文光道, 1727-?)에 대해서 묻는 황윤석에게 그가 "역산에 정통하여 일월 교식 같은 것은 이 사람이 아니면 추보할 수 없고 관상감의 여러 관원 중에 [그의 능력에] 미칠 수 있는 자가 없"다고 이야기했지만,[38] 앞 장에서 보았듯이 황윤석이 서호수의 이 말을 듣고도 문광도를 만나지 않은 것을 보면 양반사인들의 중인 역산 전문가들에 대한 불신의 정도를 알 수 있다.

하지만 그렇다고 해서 양반사인들 자신들의 역산에 대한 관심이나 능력이 중인 역산가들에 비해 나은 것은 아니었다. 앞 장에서 보았듯이, 영의정이 당연직으로 관상감의 최고책임자인 영관상감사(領觀象監事)가 되고 종2품인 두 명의 제조(提調)직도 양반 관리가 맡았지만 이들조차 역법에 깊은 관심과 지식이 없는 경우가 많았고 이들이 역산에 필요한 역법과 산학의 전문교육을 받을 기회도 없었다. 이가환은 조선 관상감의 이같은 상황을 허형(許衡, 1209-1281), 서광계(徐光啓, 1562-1633), 이지조(李之藻, 1565-1630) 등이 역국(曆局)을 맡아 탁월한 역법지식과 능력으로 역법개혁을 수행하던 원(元), 명(明)대의 중국의 예와 비교하기도 했다.[39]

문신들에게 산법 공부를 시켜 역법의 추보 업무에 종사토록 하겠다는, 위에서 본 세종의 조치도 문신들의 호응을 받지 못하고 그 이후 이어지지 않았다.[40] 숙종(肅宗, 재위 1674-1720)대를 예로 들어 구만옥이 보여주었듯이 양반사인들을 천문학교수 같은 과학기술 관련 전문직에 임명하려 해도 그것을 '천한 기예(賤藝)'로 생각해서 꺼리는 경우가 많았으며, 심지어 그 같은 전문직에 종사한 사실이 이후의 경력에 장애가 되는 일까지도 있었다.[41] 이런 상황에서 역법의 실제 업무는 어쩔 수 없이 정3품 정(正) 이하의 중인 관원들에게 맡겨졌다.

양반사인들 중에는 국가를 위해 중요한 역법 업무가 이렇듯 낮고 천한 계층의 사람들에 의해서 수행되고 있다고 하여 이를 개탄하는 경우도 있었다. 예컨대 숙종대에 김수항(金壽恒, 1629-1689)은 관상감의 겸교수(兼教授) 자리를 능력이 못 미치는 미천하고 잡스러운 무리들이 차지하여 사환(仕宦)의 지름길로 이용되고 있다고 지적했고,[42] 이가환은 그들이 계산법에만 관심이 있다는 위에서 본 언급에 앞서 "여항(閭巷)의 천류(賤流)"가 아니면 관상감 관직에 오르려 하지 않았다고 하면서 그들을 이처럼 천시한즉 "날마다 살피고 달마다 시험을 쳐도 여전히 지리멸렬하다."고 이야기했다.[43] 이서구는 관상감 관원들이 구문(舊聞)에 젖어 있다는, 위에서 언급한 대책에서 "운관(雲觀: 관상감)에 적을 두고 계산을 하거나 도표를 고찰하는 자들의 무리는 모두 여항의 백도(白徒)들로 유품(流品) 잡직(雜織)은 이미 상고(上古)에 관직을 세워 직책을 나눈 뜻을 잃었다."고 개탄하고 더구나 그들이 다루는 추보(推步), 점험(占驗)의 법이 서양 오랑캐들로부터 나온 것이 많기 때문에 사인들은 이를 "방기(方技)나 잡술(雜術)로 보고 비천한 오랑캐[의 일]로 여겨 공부하지 않았다."고 했다.[44]

이 같은 상황을 개선하기 위한 제안들이 나오기도 했다. 예컨대 숙종대 영관상감사 영의정 허적(許積, 1610-1680)은 관상감 관원 중에는 천문역산을 환히 이해하는 자가 적고 양반사인들 중에는 조금 아는 자가 있지만 천문교수직을 천직(賤職)으로 여겨 꺼리고 있으나 겸교수직을 별도로 설치하고 우대하여 차출하면 응할 것이라는 제안을 했고,[45] 최석정도 유명무실해진 천문학겸교수 제도를 통해 문관을 차출하자는 제안을 되풀이했다.[46] 정조대에 이가환은 "통명박달지사(通明博達之士)를 널리 구해서 그 우열(優劣)에 따라 진급의 길을 열어주면 반드시 구문(舊聞)[에만 젖는 폐단]에서 벗어날 것"이라고 하면서 "재주와 학식 있는 자들을 잘 골라 성과를 이루도록 전적으로 책임을 맡기고 공이 있으면 상을 주고 일을 제대로 하지 못하면 벌을 줄" 것을 제안했고 그렇게 하면 "계산법(立成)만을 공부하지 않고 본원(本原)을 탐구하여 이미 일어난 것으로부터 그 소이연을 알게 되는즉, 통변(通變)이 저절로 일어나고 인습과 고루(孤陋)의 폐단도 점차 없앨 수 있을 것"이라고 주장했다.[47] 그러나 이러한 제안이 받아들여져 실행에 옮겨진 증거는 없다. 한편 영관상감사를 맡은 남구만(南九萬, 1629-1711), 최석정 등은 관상감 관원들의 열악한 근무환경을 지적하고 개선을 건의했는데, 이들은 관상감 관원들의 '역법 공부 모임'을 조직해 이들을 공부시키기도 했다.[48]

2. 사례: 1735년도 역서 간행에 대한 조정의 논의

1735년도 역서의 윤달 결정과 간행을 두고 국왕 영조(英祖, 재위 1724-1776)가 참여한 조선 조정의 논의 과정에서 양반 신료들이 관상감의 중인 관원들에 대해 보인 태도에서 전문직 중인에 대한 조선 양반사인들의 태도가 잘 드러난다.[49] 1734년도 청(淸)의 역서가 그동안 사용한 것과 다른 새로운 방법을 사용함에 따라 그간 사용하던 계산 방법을 계속 사용하게 되면 1735년 조선의 역서에서 청과 윤달이 달라질 가능성이 제기되었고, 그런 가능성에 접한 조선 조정은 1734년 4월 10일 이에 어떻게 대처할 것인가에 대한 논의를 하게 되었다. 영조가 참여한 이 논의에서 관상감 제조 심수현(沈壽賢, 1663-1736)이 그해의 북경 사행(使行)에 관상감 관원을 따라 보내서 청이 채택한 신법(新法)을 배워 오도록 하자는 관상감 측의 주장을 내어놓자 대부분의 신료들이 이런저런 이유를 들어 끈질기게 반대 의견을 제시했는데, 양반 신료들의 그 같은 반대 의견에 관상감 중인 관원들의 능력과 신뢰성에 대한 불신이 담겨 있었다.

반대하는 신료들 중에는 어쩔 수 없이 사행에 관상감 관원을 함께 파견해야 할 상황임을 인정하는 사람도 있었지만, 병조판서 윤유(尹游, 1674-1737)는 지난번에도 관상감 관원들이 역상(曆象)에 차이가 나므로 새 책들을 얻어 와야 한다고 하여 자신이 청에 갔을 때 사 가지고 온 후 차이가 없어졌다고 했는데, 이제 또 새로운 책들을 구해 와야 한다고 하니 이는 아마도 이들이 사행(使行)에 참여했을 때 생기는 금전적 이익을 탐해서인 듯하다고 지적했다. 이에 대해 심수현은 전해의 동지사행(冬至使行) 때 관상감 관원의 동행이 불허되어 가지 못했기 때문에 결국 청 역서와 큰 차이가 나게 된 것이고, 특히 윤달이 차이가 나게 되어 문제가 심각하게 되었으므로 이번에는 관상감 관원들이 북경에 가서 그렇게 차이가 난 이유를 알아 오려고 하는 것일 뿐 사행의 이익을 탐해서일 리가 없다고 하면서 관상감 측 주장을 두둔했다. 결국 영조가 심수현의 주장에 동조해서 비록 신법을 얻어 오는 일에 폐가 많고 관상감 관원들에게 속을 가능성이 있기는 하지만 그렇다고 하더라도 역법의 차이가 심해서 "끝내 역법을 잃는 것은 불가(不可終失曆法)"하므로 참여하도록 허락해야 한다고 결론을 내렸다.

그러나 예조판서 윤순(尹淳, 1680-1741)이 다시 문제를 제기했다. 자신이 몇 년 전 북경 사행을 가서 『역상고성(曆象考成)』을 구해 베껴 올 당시에는 관상감 관원 중 허원(許遠)이 있어 그 책에 담긴 계산법을 잘 이해했는데 지금은 그런 자가 없어 걱정이라는 것이었다. 관상감 관원들의 자질이 낮아 그들을 사행에 따라가게 해도 제대로 이해하고 배워 오기 힘들 것이라는 생각을 보인 것이다. 영조가 다시 역상(曆象)을 중시하여 매번 사행길에 중인 관상감 관원 한 사람을 보내서 역법을 배워 오게 한 인조(仁祖, 재위 1623-1649) 시기의 선례를 들었지만, 부제학(副提學) 이종성(李宗城, 1692-1759)이 관상감 관원들은 건성건성 일을 해서 제대로 하지 못하니 이런 중요한 일을 중인 관원들에게만 맡길 것이 아니라 사대부들에게 시키는 것이 좋겠다고 했고, 영조가 과연 사대부 중에 산수에 능한 자가 있는지 묻자 좌찬성 정제두(鄭齊斗, 1649-1736) 부자가 산수에 능하니 그들을 시켜 고정(考正)하도록 하면 될 것이라고 답했다. 그러나 심수현이 다시 나서서, 시헌력법은 매우 정밀한데 이를 만든 서양인들의 계산, 측정의 방법은 책을 얻어 온다고 하더라도 이에 바로 쉽게 통달하기가 힘든 것으로, 정제두 부자가 비록 산수에 밝고 역법을 이해한다고 해도 꼭 들어맞는 결과를 낼 수는 없을 것이라고 이야기해서 결국 관상감 관원들을 보내는 것으로 논의가 매듭지어졌다. 이 논의 과정에서 드러나듯, 관상감의 중인 관원들은 도덕성, 진정성, 안목 등의 측면에서 국왕이나 양반 신료들로부터 신뢰를 받지 못했다. 특히 이들은 북경 사행에 참여하려는 것이 역서 간행을 위한 새로운 방법의 습득을 위해서가 아니라 그 같은 평계를 내세워 북경 여행 과정에서 생기는 경제적 이익을 추구해서라는 의심을 받았다.

한편 관상감의 중인 관원들은 논의에 참여한 국왕 영조나 양반 신료들보다 역법 전문지식에 더 밝았을 것이고 논의 자체가 이들의 전문지식에 많이 의존했지만, 실제 논의의 과정을 자세히 살펴보면 그들이 지닌 전문지식의 가치, 중요성은 인정받지 못하고 있었음을 알 수 있다. 국왕과 양반 신료들은 대체로 이들 중인 관원들이 수행하는 업무가 깊이 있는 지적 능력과 판단이나 선택이 따르는 것이 아니라 기계적으로 계산만 하는 것으로 간주했고, 이들이 실수를 범하지 않고 착실히 작업하기만 하면 정확한 결과를 얻어낼 수 있어야 한다고 생각했다. 따라서 이들의 계산 결과에 오차가 생겼을 때는 당연히 처벌을 받아야 했다. 마땅히 할 수 있는 일을 하지 못했다는 생각이었던 것이다. 그리고 그 같은 처벌의 결정도 관상감 관원들 중 상급자에 의해서가 아니라 비전문가인 국왕과 양반 신료들에 의해 이루어졌다. 전문지식을 지닌 중인 관원들은 논의에 직접 참여하지 못했을 뿐 아니라 논의의 과정에서 전혀 존중받지 못했다. 역서의 문제들을 대상으로 한 논의의 참여자들은 국왕과 양반 신료들이었고

정작 전문지식을 갖춘 전문가들이라고 할 수 있는 관상감의 중인 관원들은 논의에서 제외되었던 것이다.[50]

또한 논의의 과정에서 관상감 중인 관원들의 생각과 의견은 익명(匿名)으로, 그리고 양반 신료들에 의해 대변되어 나타났을 뿐이었다. 그들의 신분상의 한계와 신뢰 가능성 등에서의 문제점들이 작용했던 것이다. 관상감 중인 관원들의 이 같은 처지는 그들이 『승정원일기(承政院日記)』의 기록에 나타나는 방식에서 잘 드러난다. 『승정원일기』에서는 그들을 '거배(渠輩)', 즉 '그들', '저들'이라고 칭했다. 왕과 양반 신료들이 '우리들'이고 중인 관원들은 '저들'이었던 것이다. 예컨대 양반 신료들은 "저들의 말을 들으면…"이라는 식으로 그들의 의견을 전했는데, 『실록』의 기록에는 그나마의 기록마저도 나타나지 않았다. 필요한 경우 논의 장소에 불려와서도 이들은 국왕과 직접 대화하지 못했고 국왕이 양반 신료를 시켜 이들과 대화한 후 그 내용을 보고하게 하는 식으로 논의가 진행되었다. 예를 들어 이듬해의 청력이 도착한 후인 1734년 11월 18일의 논의 중 영조는 중인 관원을 사행에 동행시킨 이유를 알기 위해 관상감 관원들의 설명을 들어 오게 했고, 그 설명이 불충분하자 그 일을 잘 알고 있는 관원을 직접 데려오게 했지만, 해당 관원이 불려온 후에도 그와 직접 대화하지 않고 관상감 제조로 하여금 대화한 후 보고하도록 했다. 해당 관원의 이름이 기록되어 있지 않은 것은 물론이다.[51]

3. 의원에 대한 태도

다른 분야의 중인 전문종사자들에 대한 양반사인들의 태도도 비슷했다. 예컨대 의원(醫員)들에 대해서 양반사인들은 대체로 천시하는 생각을 지녔다. 이는 "의인(醫人)은 의국(醫國)과 같다."[52]고 할 정도로 의술의 중요성을 강조했던 정조가 그럼에도 이를 천시하는 조선의 상황을 개탄하는 다음의 글에 잘 나타나 있다.

> 의술이란 것은 뭇 생명을 구제하는 것이다. 그러므로 어버이를 섬기는 자는 의술을 몰라서는 안 된다고 하는 것인데, 의술을 천시해서 되겠는가. 우리 동국(東國)의 풍속은 방술(方術)에 종사하는 것을 부끄럽게 여긴다. 이는 본래 유학을 숭상한 데서 온 것이나, 의술 또한 유술(儒術) 가운데 하나이다. 나라를 다스림에 오직 유술만을 숭상하였던 송조(宋朝)에서도 태종(太宗)은 몸소 『태평성혜방(太平聖惠方)』을 지었고 인종(仁宗)은 몸소 『황우제중방(皇祐濟衆方)』을 지었으며, 손사막(孫思邈), 심괄(沈括), 소식(蘇軾)에 이르기까지 모두 각각 지은 의서가 있다. 어찌 [우리] 동인(東人)들이 이를 천시하고 부끄럽게 여기는 것과 같겠는가.[53]

양반사인들은 특히 의원들이 병의 치료보다는 돈 버는 일에 관심을 지니고 권세 없는 환자들에게는 거만하게 구는 태도를 경멸했다. 예컨대 이익(李瀷, 1681-1763)은 당시 의원들이 돈 버는 데에만 혈안이 되어 본무(本務)인 사람을 살리는 일보다는 죽이는 일이 많다고 비판했다.[54] 정약용(丁若鏞, 1762-1836)은 자신의 아들이 의술을 빙자해서 재상들과 교의(交誼)를 맺어 자신을 귀양에서 풀어주려고 의원 노릇을 하려 한다는 것을 듣고는 그 같은 일은 "해서는 안 될 뿐 아니라 할 수도 없는 일이라고" 크게 꾸짖으며 "무릇 사람들 중에 높은 벼슬과 깨끗한 직책이 있고 덕이 높고 학문이 깊은 사람도 가외로 의술(醫術)의 '리(理)'를 아는 자가 있지만 그 몸이 아주 천한 데에 이르게 하지는 않는다."고 했는데,[55] 『마과회통(麻科會通)』에 포함된 「속의(俗醫)」라는 제목의 글에서는 당시 의원들의 행태에 대해 다음과 같이 묘사하기도 했다.

> 매번 병을 앓는 집에 이르러 목을 빼어 머리를 세우고 종이를 펴고 붓
> 을 취해 손 가는 대로 바로 [처방을] 쓴다.… 그 집주인은 공손하게 집
> 어 조심스럽게 보고 간혹 한 가지를 지적하여 그 당부(當否)를 논하는
> 데 의원은 곧 성을 내며 "그것이 걱정되면 쓰지 말라, 나는 [내 처방
> 을] 바꾼다는 것은 모른다."라고 말한다.… 간혹 갑자기 명성을 얻는 자
> 가 있으면… 세력 있는 사람들만을 보며 동분서주하면서 의기양양해
> 한다. [그러나] 미천하고 힘없는 사람들은 온 성(城)을 두루 찾아다니
> 다가 해질녘이나 아침에야 비로소 그에게 이르고 그는 돌아다니며 술
> 을 먹어 붉은 얼굴과 흐릿한 눈으로 뒤따라와 아이를 보는데, 병세는
> 이미 위험해져 있다.[56]

이와 관련해서 '유의(儒醫)'라고 부르는 유학자들의 존재에 대해 주목할
필요가 있다. 3장에서 보았듯이 의학에 대해 유학자들이 관심을 갖고 의
료지식을 지니게 된 것이 '유의'들의 출현으로 이어졌는데 조선에서도 유
의들이 나왔던 것이다. 위에서 유학자들이 부모에 대한 효도에서, 그리고
자신과 가족의 건강과 치료를 위해서 의학에 관심과 지식을 가졌던 것
을 보았고, 이황의 경우가 좋은 예였다. 그러나 이황을 '유의'라고 부를 수
있는지는 분명치 않다. 신동원에 따르면, 이황의 수준을 넘어서 유학자가
"타인을 위해 의술을 베푼 경우, 사람들은 그들을 유의(儒醫)라고 불렀"는
데,[57] 예컨대 4장에서 언급한 바 있는 이문건(李文楗, 1495-1567)이 "의학이
론과 처방(處方)에도 정밀하여 활인(活人)을 매우 많이 하였다."는 기록은
그가 자신과 가족만이 아니라 다른 사람도 치료를 하였다는 것을 말해
주고 '유의'의 예라고 할 수 있다.[58] 이에 비해 김남일은 다음과 같이 '유

의'에 대한 훨씬 더 넓은 정의를 내렸다

> '유의(儒醫)'란 일반적으로 유교적 사상을 바탕으로 의학의 이치를 연
> 구한 사람들을 일컫는다. 넓은 의미로는 당시 지식인들 중에서 의학의
> 이치에 통달하여 의학연구에 일가견이 있는 사람들을 말하기도 한다.
> 이 중에는 의학적 지식이나 의료기술에 정통한 학자가 있었는가 하면,
> 학자라고는 하나 실제로 의학을 전문적인 업으로 삼았던 사람도 있고,
> 학자였지만 개인적인 필요에 의하여 의학을 연구한 사람들도 있었다.[59]

이 정의에 따르면 많은 유학자들이 '유의'의 범주에 포함되는 셈인데, 김
남일은 다음과 같이 덧붙였다.

> 유의들은 문자에 대한 이해도가 높았을 뿐만 아니라 사물을 받아들
> 이고 현상을 해석할 때 보다 이성적으로 접근했다. 그리고 단순한 치
> 료경험이나 전래되어 오던 비방들을 취합하여 체계적으로 정리하고자
> 부단히 노력했다. 또한 자신의 생각을 저술할 수 있는 능력이 있었기
> 에 의서(醫書)의 편찬은 대부분 유의에 의해 이루어졌다.

김성수에 따르면 조선에서 유의가 다수 활동했던 시기는 16~17세기였
다.[60] 조선 초기에는 유의들이 주로 국가 주도로 중앙행정기구에서 활동
했는데 16세기에 지방을 중심으로 개별적인 형태의 활동을 하게 되었던
것이다. 이는 16세기에 사림(士林)이 성장한 사실과 관련이 있다. 이들이
17세기 초반 상주(尙州)에 존애원(存愛院)을 설치하는 등 적극적 의료 활
동을 펼쳤던 것이다. 한편 18세기 들어서는 상업적 의사들이 다수 등장
하면서 유의의 활동은 상대적으로 비중이 낮아졌다.

3절 양반사인 중심의 인식

과학기술 전문종사자들에 대해 앞 절에서 본 것과 같은 인식과 태도를 지니고 있던 양반사인들은 자신들이 과학기술에 대해 관심을 가지고 그에 대해 논의할 때 중인 전문종사자들과 자신들의 차별성을 부각시키려 들기도 했다. 오영숙이 보여주었듯이 최석정에게서 그 같은 경향이 두드러졌다. 예컨대 그는 『구수략(九數略)』의 도입 부분에서 '수(數)'의 '원(原)', '명(名)', '위(位)', '상(象)', '기(器)', '법(法)' 등에 대해 유가 경전 『주역』「계사전(繫辭傳)」의 구절들과 연결시켜 논의했으며,[61] 이어 본문의 첫 부분인 「총론팔법(總論八法)」에서는 유가의 기본 철학적 개념들인 '도(道)', '의(義)', '리(理)'와 관련지어 논의했다.[62] 그는 또한 『구수략』의 인용 서적 목록에서 『주역(周易)』, 『모시(毛詩)』, 『논어(論語)』, 『상서(尙書)』뿐 아니라 본문에서는 언급하지도 않은 『중용(中庸)』, 『대학(大學)』, 『순자(荀子)』, 『사기(史記)』, 『한서(漢書)』 등 유가 경전 25가지를 들고 최치원(崔致遠, 857-?), 황희(黃喜, 1363-1452), 서경덕(徐敬德, 1489-1546), 이황, 이이(李珥, 1536-1584) 등 저명한 유학자들 여러 명을 산학에 밝은 학자들로 거명하기도 했다.[63] 최석정이 서양 수학을 받아들인 사실이 그의 이 같은 경향을 더욱더 강하게 했을 것으로 보인다. 자신이 다루는 대상이 유학자의 본업이 아닌 산학이었을 뿐만 아니라 그것이 오랑캐 서양인들의 지식이기까지 했기에 그 같은 '이중적 주변성(double marginality)'을 합리화해야 할 필요가 더욱더 컸던 것이다.[64]

한편 양반사인들이 과학기술 분야의 책들을 펴내면서 대체로 그림을 사용하지 않으려는 경향을 보인 데에서도 그들의 자기 신분에 대한 자의식을 읽을 수 있다. 양반사인들에게 그림은 여전히 중인들의 영역으로 생각되었던 것이고 따라서 그들은 삽화 그림보다는 글로써 과학기술의 현상이나 도구, 기술적 과정들을 설명하는 편을 선호했던 것이다.[65] 예컨대 박지원은 『열하일기(熱河日記)』에서 중국인들의 벽돌집에 대해 매우 자세히 이야기하면서도 그것을 그림으로 정확히 묘사해주려고 하지 않았다.[66] 이는 지도(地圖)에 대한 양반사인들의 태도에서도 나타나서, 그들은 지도 제작, 특히 회화(繪畵)식 지도 제작에 나서기를 내켜하지 않았다.[67]

양반사인들은 중인 전문직 종사자들을 평가함에 있어 그들에게서 드러나는 양반사인의 가치를 찾아 지적하기도 했다. 예컨대 18세기 전반(前半)에 활동한 의과(醫科) 출신 의관 이수기(李壽祺, 1664-?)에 대한 연구에서 이기복은 양반사인들이 자신들과 같은 특성과 덕목을 지녔음을 들어 이수기를 평가한다는 점을 지적했다. 이는 4장에서 보았듯이 오광운(吳光運, 1689-1745)이 이수기의 의안서(醫案書) 『역시만필(歷試漫筆)』에 붙인 발문(跋文)에서 의원들에 대한 양반사인들의 부정적 태도를 드러내면서도, 이수기가 오광운 자신은 지니지 못한 '사람을 살릴 수 있는 능력'을 지녔을 뿐 아니라 그 같은 "처음의 '마음을 보존하고 사물을 건지려는(存心濟物)' 바는 [유학자와] 같다."는 점을 평가하는 데서도 드러난다.[68] 중인 출신으로 김종후(金鍾厚, 1721-1780)의 스승이었고 시작(詩作)에 능했던 정래교(鄭來僑, 1681-1759)도 이수기가 의업에 종사하면서도 "유가의 설(說)을 익히는 것도 등한시하지 않았고 이 편[『銘心編』]은 전기(傳記)와 여러 책들을 인용하여 전거(典據)로 삼고 자신의 뜻을 덧붙인 것으로 그 말이 윤리에 맞고 행실이 의리에 맞는다."고 평가하고 이로부터 그가 "'의(醫)'를 공부하는 '의인(醫人)'임을 또한 알겠다."고 했다.[69]

때로는 중인 전문직 종사자들이 양반사인들을 본받아 그들과 같은 모습과 태도를 보임으로써 자신들의 위상을 높이려 하기도 했다. 양반사인들이 지배하는 현실에 대한 자신들의 입장과는 별도로, "지배층이 가진 문화의 이용가치는 무시하지 않"았던 중인 전문직 종사자들은 "양반 지배층이 향유하는 영역에 접근을 시도하면서 (그들의 세계를 전복시킬 만한 역량은 없으므로) 그들의 자원을 전유하려 하였고" 양반 지배층의 이데올로기를 자신들의 "이해관계에 봉사하도록 전용"할 수 있었던 것이다.[70] 그 같은 경향은 수학과 역법에 능했던 전문직 중인 김영(金泳, 1749-1817?)이 잘 보여주는데, 그는 자신의 수학지식이 『주역』을 연구한 끝에 학문의 '리(理)'를 깨달은 결과로 얻어진 것이라고 하면서 "그 '리'를 궁구하지 않고 단지 그 '수'만을 궁구하면 끝내 그 '기(器)'에 국한되고 그 '도'에 나아가지 못할 것"이라는, 전형적인 유학자의 수사(修辭)를 내세웠다.[71] 의관 이수기가 의원들의 경험방(經驗方) 책들과는 질적으로 다른 책인 『역시만필』을 저술한 것도 중인 전문직 종사자들이 양반사인들의 자세를 본받는 경향을 보여준다. 또한 그가 『역시만필』에 저자인 자신의 서(序)를 붙이지 않고 사인들의 서문과 발문(跋文)을 부탁한 것에서도 양반사인들로부터 인정받고자 하는 그의 생각을 읽을 수 있으며[72] 책 제목에 사인들이 선호하는 '만필(漫筆)'이라는 표현을 사용한 것도 의학지식만이 아니라 "문예나 자아를 앞세우는" 문인들의 자세를 본받고 있다.[73]

사실 중인들이 책을 저술하는 것 자체가 양반사인들을 본받는 자세라고 할 수 있겠다. 『구일집(九一集)』이라는 산서(算書)를 펴낸 중인 산원(算員) 홍정하(洪正夏, 1684-?)는 책의 저술을 통해 양반사인들로부터 인정받으려는 중인 전문직 종사자의 또 다른 모습을 보여준다.[74] 그는 『구일집』 안에 조선에 파견된 청나라 수학자 하국주(何國柱)와 산학과 천문학에 대해 문답하고 그로부터 인정을 받은 것에 대해 자세히 썼는데, 특히 하국주가 풀지 못한 문제를 자신이 풀어내어 그로부터 "산가(算家)의 여러 기법 중에 방정(方程), 정부(正負)의 법이 가장 최고로 어려운데 그대가 이를 능히 아는군요."라는 말을 듣고 "방정의 기법은 중등(中等)의 법일 뿐인데 어찌 어려울 것이 있겠소."라고 응수했음을 소개함으로써 자신의 월등한

실력을 내세웠다.[75] 그 외에 산원들은 자신들의 산서(算書)에 여러 어려운 문제들을 싣기도 하고, 책을 낀 동자(童子)와 산법을 논하고 현령(縣令), 군수(郡守)들에게 능숙한 계산 능력을 과시하는 등의 내용을 포함시키기도 했다.[76]

4절 중인 전문직 종사자들의 자의식

그러나 다른 한편 중인 전문직 종사자들은 자신들의 분야와 관련된 양반사인들의 지식과 활동을 자신들의 전문지식 및 능력과 차별화하려 들기도 했다. 전문직 중인들 중에서 특히 의관들에게서 그 같은 '독자적 정체성'에 대한 자의식이 두드러졌다. 텍스트 중심의 유가 전통과 임상(臨床) 실무 중심의 경험의학 전통의 사이에서 "중간자의 위치에 있었던 전문기술직 의관들은 민간의 의원들과 자신들을 차별화하고 유의(儒醫)로 대표되는 사대부 문신들과도 구분되는 사회적 문화적 지위를 확보"하려 했고 이를 위해 "텍스트 전통과 경험 전통의 지적 자원을 긴밀히 엮어서 자신들의 정체성을 구성할 필요가 있었"던 것이다.[77]

의관들은 우선 민간의 세습 의원들에 대해서는 자신들의 유학적 소양과 함께 텍스트 전통을 내세워 차별화할 수 있었는데, 특히 의관들이 고방(古方)에 정통한 것은 몇몇 경험방서와 약물 이름에 대한 지식에 의존한 민간 의원들과 자신들을 차별화하는 데 중요했다.[78] 예컨대 이수기, 임정(任珽, 1684-1754) 등 의관들은 맥상(脈象)을 살펴 그 허실(虛實)을 분별하는 것을 의료의 요체라고 하면서 자신들이 절맥(切脈)에 정통함을 들어 맥에 서툴고 맥진을 소홀히 하는 당시의 민간 의원들과 차별화했다.[79] 그러나 유학자들에 대해서는 의관들이 경험 전통이나 텍스트 전통을 내세워 자신들의 자부심을 드러내기 힘들었다. 텍스트 전통은 원래 유학자들에게 속했고 의학 텍스트 역시 오히려 유의를 비롯한 유학자들이 더 접근 가능한 자원이었기 때문이다.[80]

이런 상황에서 의관들은 자신들의 전문가적 식견과 능력을 내세워 유학자들과의 차별성을 부각시키는 입장을 보였다. 이기복은 앞에서 언급한 이수기에 관한 연구에서, 18세기 전반 "여항문학운동이 발흥하는 등 기술직 중인들의 기예가 높아지고 자의식이 고조되던 시기"에 그런 지적 분위기에서 "자신의 전문가적 기예를 드러내고 바람직한 의사상을 제시하면서 자신을 전문지식인으로 차별화하려는 자의식을 드러낸 것이 바로 『역시만필』이다."라고 했는데,[81] 물론 위에서 보았듯이 이수기가 "인의(仁義)와 '존심제물(存心濟物)'을 내세워 유사(儒士)와 '문화적 동질성'을 공유"하려 한 면도 있었지만 그보다는 오히려 양반사인들과 차별성을 두는 방식으로 의사의 '전문가적 독자성'을 확보하고자 한 점을 지적한 것이다.[82] 실제로 『역시만필』에 실린 의안(醫案)들에는 "도덕성과 윤리의식에 대한 언설이 없고 주로 전문가적 지견을 강조"했는데,[83] 예컨대 "때에 따라 권변(臨時權變)"할 수 있는 전문가적 능력을 강조했고[84] "의술은 뜻[으로 하는 것]이다(醫者意也)."라는 널리 알려진 말을 부정하고 "[병은] 뜻으로 다스릴 수 없다(不可以意治之)."하여 비전문가의 의료 행위에 대해 일침을 가하기도 했다.[85]

의원들의 전문가적 능력의 중요성과 관련해서 "의원으로 삼대(三代)를 계속하지 않았으면 그 약을 복용하지 않는다."는, 5장에서 보았던 『예기(禮記)』의 구절이 흔히 의학 경험의 중요성을 강조하거나 기술관직의 세습을 정당화할 때 인용되었다.[86] 이와 관련해서 직접 의업에 종사하기도 했던 중국의 유의들과는 달리 조선의 유의는 의술을 업으로 하지는 않았다는 사실을 주목할 필요가 있다.[87] "유의들의 의료시장 유입을 걱정할 필요가 없었던" 조선 의관들은 "상한학(傷寒學)이나 온병학(溫病學)과 같은 학적인 계보를 굳이" 내세워 유의들과 경쟁할 필요가 없었고 "특정한 학파에 몰입"할 필요도 없었던 것이다.[88]

전문가로서의 능력을 통해 유학자들과 차별성을 보이고 자신들의 독자적 정체성을 내세우는 모습은 산학이나 천문역산학 등 다른 분야의 전문직 중인들에게서도 비슷하게 나타났을 것으로 생각된다. 그 같은 경향은 예컨대 중인 산원들이 저술한 산서(算書)들에서도 볼 수 있어서, 경선징(慶善徵, 1616-?)의 『묵사집산법(黙思集算法)』, 홍정하의 『구일집』 같은 산서들에서 이들 산원들은 위에서 본 것처럼 양반사인들의 인정을 받고자 하는 내용을 포함하면서도 다른 한편 전문적 지식과 구체적 계산방법을 통해 유학자들의 수학지식과 자신들의 지식의 차별화를 시도했다.[89] 관상감 관원 허원이 시헌력 체제의 도입을 완결한 후 펴낸 『현상신법세초류휘(玄象新法細草類彙)』도 구체적 시헌력 계산법의 지침서로서, "천체를 대상으로 하면서도 이기(理氣)와 음양오행(陰陽五行)의 형이상학적 우주론을 담론하지 않고 천체 운행을 계산할 수 있는 실용적 알고리듬을 제시하는 데 집중했다."[90] 이런 면에서 이들 전문직 중인들은 자신들의 전문지식을 중심으로 자기 집단의 '독자적 정체성'을 구성해 가고 있었던 것이라고 할 수 있다.[91]

한편 18세기부터는 중인 전문직 종사자들이 위와 같은 독자적 정체성 추구와 함께 양반사인들과의 연결 및 교류의 움직임도 보였다. 사실 양반사인들은 전문직 중인들을 차별하고 천시하기만 했던 것은 아니고 때로는 그들과 친밀한 관계를 맺기도 했다. 처음 이들의 관계는 최석정이 시헌력 체제 도입을 위해 허원의 두 차례 북경 파견을 후원한 일에서 볼 수 있듯이 양반사인이 전문직 중인을 후원하는 관계로 나타났다.[92] 그러나 18세기 후반에는 양반사인과 전문직 중인들이 함께 역법과 수학의 전문지식을 공부하고 토론하는 경우가 서울 지역의 몇몇 양반사인들과 전문직 중인들 사이에 더 잦아졌다. 예컨대 전문직 중인 문광도는 서호수와 친히 왕래하며 책을 빌려 보기도 했는데, 문광도는 "당대 산학의 일인자"로 평가되던 홍양해(洪量海, ?-1778)로부터 산학을 배웠고 나중에 서호수가 문광도로부터 산학을 배웠다고 하는 것을 보면, 홍양호-문광도-서호수로 이어지는 수학지식의 '전수(傳受) 관계'에서 중인 문광도가 중심의 역할을 했음을 볼 수 있다.[93] 홍대용과 동행한 1765년을 비롯해 여러 차례 북경을 다녀온 관상감 중인 관원 이덕성(李德星)은 이가환과 정철조(鄭喆祚, 1730-1781) 등과 교류하며 『기하원본(幾何原本)』같은 책을 빌려주기도 했으며, 또 다른 관상감 관원 김영 또한 서유본(徐有本, 1762-1822), 홍석주(洪奭周, 1774-1842), 홍길주(洪吉周, 1786-1841) 등과 각별한 사이여서 홍길주가 김영의 죽음을 애도하며 그의 전기를 쓰기도 했다.[94] 물론 그렇다고 해서 양반사인들이 중인들을 낮춰 보는 태도가 완전히 사라진 것은 아니어서, 예컨대 서유본의 문집에는 김영이 소옹(邵雍, 1011-1077) 등의 역학(易學) 관련 주해들을 비판한 데 대해 과연 그가 『십삼경주소(十三經註疏)』를 외우고서 선유(先儒)들의 주소(註疏)를 비판하는 것이냐고 힐난하는 편지가 실려 있는데 김영의 전문가적 능력은 높이 평가하면서도 중인인 그가 유가적 소양은 부족할 것이라는 편견이 드러나 있다.[95]

또한 18세기 후반 이후에는 전문직 중인들의 이 같은 자의식 형성과 함께 그들의 경제적 능력이 커지면서 중인들의 신분 상승 움직임이 있었다. 영조대에 노비의 신분 상승 운동과 함께 서얼들의 통청(通淸) 운동이 시작되었고, 여항(閭巷) 문학활동을 주로 한 서얼들의 통청 운동은 어느 정도 성과를 거두어 1777년 3월 정유절목(丁酉節目)을 통한 정조의 허통(許通) 결단에 따라 이덕무(李德懋, 1741-1793), 유득공(柳得恭, 1748-1807), 박제가(朴齊家, 1750-1805) 등의 서얼이 규장각 검서관(檢書官)으로 등용되기에 이르렀다.[96] 그리고 이 같은 서얼들의 통청 운동의 성과에 고무되어 전문직 중인들도 통청 운동을 벌였다. 그러나 어느 정도 성공적이었던 서얼들에 반해 기술직 중인들은 "결과적으로 좌절되고 기록(正史)에서 찾아볼 수조차 없이 묵살되"었다. 그들은 이미 특수한 전문지식과 기술을 지닌 신분층으로 구성되어 "그 나름의 역할과 안정을 이루고 있었기 때문"이라고 할 수 있겠다.[97] 이런 상황에서 많은 전문직 중인들은 실속 없는 양반으로의 상승보다는 중인 신분으로 있으면서 경제적인 부를 축적하려 했으며 "정치권력에 접근함으로서 자신들의 역량에 상응하는 사회적 지위를 보존 유지하고… 공고화하려고 했다."[98]

한편 중인들이 그들의 신분 때문에 과학기술 분야들에 대해 양반사인들보다 더 수용적이었을 가능성을 고려해볼 필요가 있다. 사회 안에서의 그들의 주변부적 신분 때문에 외부 오랑캐로부터의 지식이나 지적으로 주변부에 속했던 과학기술 분야의 지식에 대해 양반사인들에 비해 저항을 덜 느꼈을 수가 있는 것이다. 과학기술과 관련된 이런저런 분야들에 관심을 지니고 일정 정도의 업적을 이루었던 이규경(李圭景, 1788-1860), 김정호(金正浩, 1804-1866), 최한기(崔漢綺, 1803-1877), 이제마(李濟馬, 1837-1899) 같은 사람들이 중인이었다는 사실은 이런 면에서 의미가 있을 수 있다.[99] 또한 19세기 중반 이후 개화(開化) 운동이 추진되던 시기 과학기술과 관련된 분야에서 업적을 남긴 사람들 중에 중인 출신들이 많았다는 점도 주목할 만하다.[100] 사실 1881년 북경으로의 영선사행(領選使行)은 주로 중인과 평민들로 구성되었다.[101] 그리고 이 같은 사실은, 10장에서 볼 것처럼, 한국 근현대과학기술의 형성 과정에서 과학기술자들의 독특한 성향—'중인의식'이라고 부를 수 있는—을 형성하는 데에 영향을 미치기도 했다.

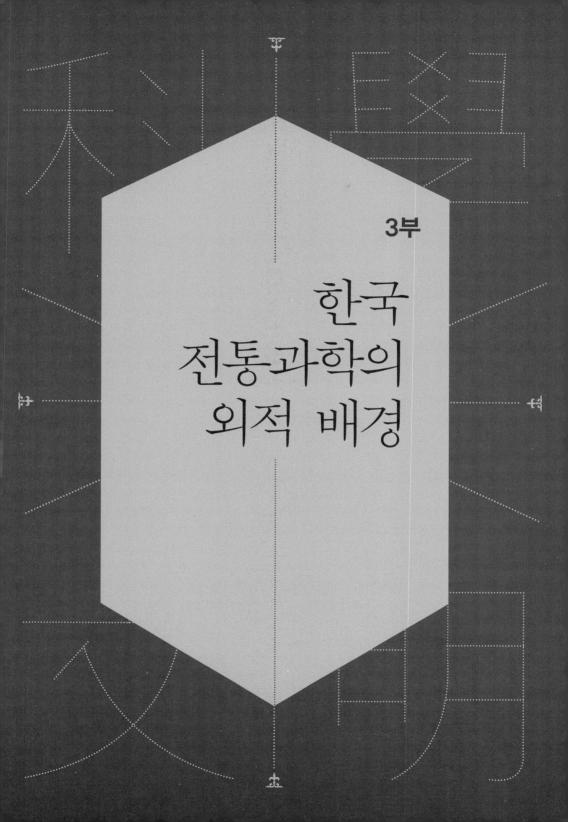

3부

한국
전통과학의
외적 배경

7장

한국 전통과학과 중국

1, 2부에서 한국 전통과학기술의 배경으로서 유가 전통과 양반사회를 다루었는데, 한국 전통과학기술은 한국 내부의 이 같은 사상적, 사회적 배경 속에서만 형성, 발전해온 것은 아니었다. 제3부에서는 한국 밖으로 눈을 돌려 한국 전통과학기술의 배경으로서 중국 및 서양의 과학기술에 대해 살펴볼 것이다.

우선 한국 전통과학기술의 많은 관념, 이론, 기법(技法), 기물(器物)들은 중국에 그 기원을 두었고 그 발전 과정에서도 중국으로부터 압도적인 영향을 받았다. 중국의 과학은 한국 전통과학의 중요한 원천(源泉)으로서 한국 전통과학의 형성과 발전에 엄청난 영향을 미쳐왔으며, 그런 면에서 중국 과학은 한국 전통과학의 배경으로서 중요할 뿐 아니라 그 기본 '전제(前提)'였다고 할 수 있다. 실제로 전통시대 한국의 학자 또는 과학자들의 저술을 살펴보면 그 가운데 상당한 부분이 그보다 더 이른 시기에 쓰여진 중국의 문헌들을 발췌, 수집한 내용들로 구성되어 있음을 자주 발견하게 된다. 물론 그렇다고 해서 그러한 저술을 집필한 전통시대 한국

학자들의 학문이 폄하되는 것은 아니다. 이 같은 '발췌'와 '수집'은 전통시대 중국의 학자들도 근본적으로 똑같이 사용하던 저술 방식이었다. 하지만 그럼에도 불구하고 이 사실은 몇 가지 문제들을 제기한다. 이 장은 이러한 문제들을 논의하면서 시작한 후 그로부터 파생하는 여러 가지 다른 문제들을 함께 제기하고 검토할 것이다.

1절 한국 과학사에서 '중국의 문제'

위에서 이야기한 상황은 우선 한국 과학의 역사를 연구하는 데서 일종의 '정체성(正體性)의 문제'—과연 한국의 전통과학은 중국 과학의 일부로 인식되어야 할 것인가?—를 제기한다.[1] 예컨대 전상운(全相運)은 1976년에 출간된 한국 과학기술사 통사(通史)를 "한국의 문화는 고대로부터 중국 문화의 깊은 영향권 안에 있었다. 그래서 한국과학사는 실질적으로 중국 과학사의 한 지류(支流)였으며 그 변형(變形)이기도 했다."는 말로 시작했다.[2] 그러나 전상운은 곧이어 한국인들이 중국으로부터 과학지식과 기술을 단지 수용하기만 한 것이 아니라 그것을 수정하고 그들 자신의 필요와 조건에 맞추어 개조시켰으며 전통시기 한국인들의 이러한 태도가 한국 과학의 수많은 '독자적' 발전을, 그리고 종종 새로운 발견과 발명을 이루어냈다고 덧붙였다. 한국 전통과학기술에 대해 현대의 학자들이 수행한 초기 연구의 상당 부분은 한국인들이 이루어낸 새로운 기여, 그리고 그것과 중국의 과학적 성취와의 차이에 초점을 맞추어왔다.[3]

그러나 이러한 역사 서술의 관점으로 전통시기 한국 과학사를 전반적으로 논의하려고 하면 한 가지 곤혹스러운 문제에 부딪히게 된다. 내가 '한국 과학사 연구에서의 중국의 문제(the problem of China)'라고 부르는 이 문제는 기본적으로 한국 전통과학기술의 도처에 존재하는 것으로 보이는 중국 과학의 관념과 기술의 기법들의 의미에 대한 것이다.[4] 다소 다듬어지지 않은 방식으로 표현하면, 문제는 다음과 같다. 한국 과학사 연구자들은 한국 전통과학기술에 널리 존재하는 중국 과학의 관념과 기술의 기법들에 어떤 역할과 의미를 부여해야 할 것인가? 지리적으로 한국에서 논의되고 수행되었다는 사실을 제외하면 중국의 그것과 똑같았던 한국 전통과학의 이론과 실행을 어떻게 다루어야 할 것인가? 만일 연구자가 자신의 관심을 한국에 특유한 것에만 한정한다면, 한국의 과학기술에서 중국과 비교했을 때 다르지 않은 많은 것들을 배제해야만 할 것이다. 그러나 이것이 한국의 전통과학을 연구하고 이해하는 적절하고 정당한 방법일 수 있는 것인가?[5] 물론 외국인이라면 주로 한국 과학의 독특한 면모를 보여주는 것에만 관심을 갖는다고 해서 문제가 되지는 않을 것이다. 그러나 한국인 과학사학자들이 그와 같아야 할 것인가? 한국의 과학사 연구자들이 한국의 과학기술에서 중국과 다르지 않은 많은 것들을 모두 무시하고 오로지 한국에 특유한 것들만 연구하는 것이 정당한 태도인가, 아니면 적어도 허용될 만한 태도인가? 그리고 그렇게 하는 것이 가능할 것인가? 한편, 이와는 반대로 한국에서 일어났던 모든 것을 연구 대상에 포함시킨다면, 중국에서 일어났던 일들과 별반 다르지 않은 많은 것들을 다루어야만 할 것이다. 그렇다면 이는 한국의 전통과학을 연구하고 이해하는 적절하고 정당한 방법일 수 있는가?

이런 문제들과 관련해서 "한국, 베트남, 일본 사람들이 한문으로 쓴…과학 원전"에 대해 이야기하면서 "이 모든 자료들은 '중국 과학'이라고 이야기할 수 있다."고 말한 나카야마 시게루(中山茂)의 지적에 동의할 수도 있을 것이다.[6] 그리고 비록 나카야마의 주장에 따라 이 같은 자료들을 '중국 과학'으로 규정한다고 해도, 한국 과학사 연구자들이 던질 수 있는 생산적인 질문들은 여전히 남아 있다. 어떠한 경로를 통하여 그러한 과학적 관념과 기물이 한국에 전파되었는가? 한국인들은 중국으로부터 도래한 그러한 관념, 기법, 기물을 어느 정도까지 이해, 채택, 소화, 숙달했는가? 한국인들은 그것을 개별적으로 받아들였는가, 아니면 전체의 일부로서 받아들였는가? 그리고 그들은 중국 과학의 전체에 또는 체계에 얼마만큼 충실했는가? 한국인들은 종종 중국 과학의 체계들을 전체로서 온전히 받아들인 것처럼 보이는데, 과연 언제나 그러했는가? 중국 과학 전체 중에서 한국인들은 어느 부분이나 측면을 더 선호했으며, 그 이유는 무엇이었는가? 사실 이러한 질문들은 전통시대 한국에서 이루어진 과학기술 활동의 본성과 그것이 한국의 문화와 사회에서 차지하는 위치에 대해 더 많은 것을 조명하게 해줄 수 있다.

그러나 중국과 똑같은 이러한 개념과 기법의 실제 내용에 대해서는 어떻게 해야 할 것인가? 한국 과학사 연구자들은 그러한 것들을 무시해야 할 것인가? 그것들은 물론 대부분 중국 과학기술의 연장(延長), 복제(複製), 반복(反復)에 지나지 않았다고 할 수 있지만 그렇다고 해서 그러한 것들이 한국 과학사 연구자에게 전혀 중요하지 않다고 결론 내릴 수 있는 것인가? 한국 과학사 연구자에게 그러한 자료들은 중국 사람들이 지니고 다루었던 개념이나 기법들과는 다른 의미를 지니는 것은 분명하다. 그러나 그러한 차이의 진정한 의미는 무엇인가?

또한 한국 과학사 연구자는 자신의 연구 대상인 전통시기의 한국인이 쓴 것과 똑같은 내용을 그보다 앞선 시기의 중국인이 이미 썼다는 사실은 깨닫지 못한 채 그 자료들을 연구하게 되는 경우가 종종 있다. 그런데 똑같은 내용을 이미 중국인이 썼다는 사실을 이 한국 과학사 연구자가 알게 된다면 어떻게 될 것인가? 과연 어떤 일이 일어날 것인가? 아니면 어떤 일이 일어나야 하는 것인가? 분명히, 그동안 자신이 연구해온 그 자료가 지닌 의미는 그가 그러한 사실을 깨닫는 순간 변화하게 될 것이다. 과연 이 변화의 본질은 무엇이며, 그러한 사실을 알게 된 이제 이 연구자는 그 자료를 어떻게 다루어야만 하는 것인가?

2절 '중심' 중국의 과학과 '주변' 한국의 과학

앞에서 언급한 문제는 과학사에서의 '중심과 주변' 문제의 한 예로 볼 수도 있다. 이때 중국은 '중심'에, 그리고 한국은 '주변'에 해당한다. 우선 이러한 구도에서 한국 과학사를 볼 때 생기게 되는 몇 가지 사항들을 열거해보자.

전체적으로 보았을 때 동아시아 과학의 역사에서 중국의 지위는 거의 절대적이었다. 나카야마가 지적했듯이, 중국은 중요한 발전들이 거의 언제나 먼저 일어나고 이후 '주변'으로 그 발전이 확산되는 '중심'이었다.[7] 물론 시기에 따라 중국 내의 여러 지역들 사이에서 '중심'과 '주변' 관계의 변동과 뒤바뀜이 일어났었음을 부인할 수는 없다. 그러나 중국에서는 '중심'과 '주변'의 이러한 뒤바뀜은 결코 그렇게 자주—예컨대 서양의 경우처럼 자주— 일어나지 않았다. '중국=중심'의 지위는 과학 분야에서 특히 철저했다. 동아시아의 다른 나라들이 중국에 대해 정치적, 군사적, 또는 경제적 측면에서 일시적인 우위를 차지한 경우는 있었지만, 과학에서 중국의 지배적 지위는 거의 아무런 도전을 받지 않았던 것이다. 그리고 이렇듯 '중국=중심'의 거의 절대적인 지위로 인해, 중국 문화권의 주변부에 위치한 사람들도 대체로 중국 과학의 중심성을 인정했다.

조선 후기 사인(士人)들은 당시 중국 중심의 동아시아 세계에서 자신들이 주변부에 있음을 스스로 자각하고 있었다.[8] 그들이 자주 표현했던 문화적, 지적(知的) 자부심에도 불구하고 조선 사인들은 자신들이 학문과 문화의 중심에 있다고 실제로 느끼지는 않았던 것이다. 이 같은 자신들의 '주변성'에 대한 자각은 조선 사인들이 계속해서 중국 사인들의 저술에 관심을 가지고 읽으면서도 정작 자신들 저술의 독자로서는 거의 전적으로 조선 사인들만을 염두에 두었던 것으로 보인다는 점에서 드러난다. 물론 이는 자신들의 학문이 중국과 다른 독자적인 것이라는 조선 사인들의 '자주적' 의식을 보여주는 것일 수도 있고 중원(中原)이 오랑캐 만주 왕조의 지배하에 들어간 상황에서 자신들만이 진정한 '중화(中華)'이므로 오랑캐 치하의 청 사인들을 의식할 필요가 없다는 자부심의 결과일 수도 있겠지만, 그보다는 자신들이 자부하는 '중화'로서의 조선의 학문과 문화의 수준이 중심인 중국으로부터 인정받지 못하고 있으며 실제 중국의 사인들이 주변부인 자신들의 저술에는 별 관심을 주지 않는다는 현실을 인식하고 있었음을 보여주는 것일 수 있다. 조선 사인들의 저술에 대한 중국 사인들의 태도도 조선 사인들의 이 같은 인식이 실제 현실과 부합되는 것이었음을 보여준다. 조선 사인들은 거의 모든 글을 한문으로 썼기에 중국 사인들이 이를 읽을 수 있었지만, 실제로 중국 사인들은 조선 사인들의 저술을 포함해서 조선의 문화나 학문적 성취에 대해 거의 관심을 보이지 않았던 것이다.

그나마 시문(詩文) 분야에서는 조선인들의 작품이 중국에서 인정받는 경우들이 어느 정도 있었다.[9] 그러나 중국에서 시문 이외의 영역의 조선인의 저술이 간행되거나 유통되는 예는 극히 드물었다. 두드러진 예외가 허준(許浚, 1546-1615)의 『동의보감(東醫寶鑑)』이었는데, 이 책은 1763년에 판각(板刻)이 되고, 1766년에는 광동본(廣東本)이 나오는 등 중국에서 널리 유통되고 있었다.[10] 그 외의 예외적인 경우로 『고려사(高麗史)』도 중국 사인들 사이에 유통되었다.[11] 그러나 중국 사인들이 이처럼 중국에서 유

통되거나 간행된 조선의 저술들에 큰 관심을 갖거나 그 내용을 깊이 이
해하고 있었던 것으로 보이지는 않는다. 『동의보감』도 완전히 예외는 아
니었다. 1747년 중국에서 『동의보감』 필사(筆寫) 초본(抄本)을 처음 제작한
왕여존(王如尊)은 그 저자 허준이 "중국 송대(宋代, 960-1279)의 어의(御醫)"
인 것으로 잘못 생각하기도 했다.[12]

이 같은 상황은 조선 사인들과 중국 사인들의 교류의 폭이 좁았던 데
기인한 면이 있었다. 사실 조선 사인들과 중국 사인들과의 교류는 명(明,
1368-1643) 말 이후 오랜 기간 중단되었다. 청(淸, 1644-1911) 초기 한참 동
안은 청에 대한 반감에서 조선 사인들이 연행(燕行) 중 청측 인사들과의
교류를 꺼리는 분위기도 있었고 연행사들이 청인들의 행사에 참여했다
고 하여 귀국 후 탄핵을 받는 일까지 있었다.[13] 18세기 중반 이후에야 연
행 간 조선 사인들에 의해 청 사인들과의 교류가 다시 시도되었지만, 조
선 사신 숙소인 회동관(會同館)은 자금성(紫禁城) 안에 있었기에 연행 중
의 조선 사인들은 주로 만주족 신료들과의 접촉만이 가능했고, 한족(漢
族) 사인들과의 개인적인 접촉은 비공식적으로, 때로는 은밀하게 이루어
질 수밖에 없었다. 조선에 오는 청 사신들도 대부분 만주족이었기에 청
사인들이 조선 방문의 기회를 통해 조선 사인들과 교류할 기회는 거의
없었다.[14] 그리고 드물게 교류가 있었던 경우에도 필담(筆談)에 의존해야
했고 언어, 문화의 차이 때문에 오해가 빚어지기도 했다.[15] 또한 연행의
경로도 개항 이전까지는 엄격히 정해져 있어서 조선 사인들이 연행 중
중국 내 지방의 중국 사인들과 접촉할 수 있는 기회도 드물었다.

이런 상황에서 조선 사인들과 중국 사인들의 교류는 극히 제한적으로
이루어지고 있었고 그들 사이에 깊이 있는 지적, 학문적 논의가 이루어지
는 일도 드물었다. 연행 간 조선 사인들의 주된 학문적 관심은 중국 사인
들과의 직접 토론보다는 오히려 조선에서 구하기 힘든 문헌들을 구하는

일에 있었기에, 많은 조선 사인들이 북경에서 주로 서적을 구입하고 서목(書目)을 입수하는 일에 노력을 기울이고 경비를 썼다. 다만 몇몇 조선 사인들이 연행 중 중국 사인들과 만나 교분을 쌓은 후 그 교분에 바탕해서 교류를 지속하기도 했는데, 때로는 이 같은 중국과 조선 사인들 간의 교류의 네트워크가 후대로 이어지는 일도 있었다.[16]

이처럼 중국 사인들과 제한적인 교류만이 가능했던 상황에서 조선 사인들은 중국 학계의 상황에 대해 무지한 경우가 많았고, 그에 대해서는 조선 사인들 자신들이 인식하고 있기도 했다. 그런 가운데에서도 조선 사인들은 대체로 중국의 학계에 대해 깊은 관심을 지니고 선망(羨望)했다. 특히 그들은 자신들이나 동료 및 선배 조선 사인들에 대한 중국 학계의 평가에 큰 관심을 보였다. 드물게 조선의 업적이 중국에서 인정받을 때 조선 사인들은 매우 만족해했다.

이런 면에서 특기할 만한 예가 앞에서 보았듯이 중국에서 여러 차례 간행되며 높은 평가를 받았던 『동의보감』인데, 많은 조선 사인들이 북경의 서점들에서 『동의보감』을 보고서 감격했고 나중에 이에 대해 자랑스럽게 이야기했다. 홍대용(洪大容, 1731-1783)은 북경의 일반 사람들이 의약(醫藥)을 숭상하지 않는 상황에서도 "의자(醫者)들이 『동의보감』을 매우 진귀하게 여기고 책방에서 간행한 지가 오래됐다."고 했으며,[17] 박지원(朴趾源, 1737-1805)은 "양평군(陽平君)[허준]이 외딴 바깥 번방(蕃邦)에서 책을 지어 중화에서 사용할 수 있게 되었으니 말씀이 족히 전할 만하면 지역에 의해 제한되지 않는다."거나 "천하의 보배는 마땅히 천하가 공유해야 한다."는 등의 말[18]로 『동의보감』을 격찬한 능어(凌魚)의 1766년 중국판 서문을 『열하일기』의 「구외이문(口外異聞)」에 수록하면서, "우리 동국(東國)의 서적으로 중국에서 출간된 것은 매우 드문데 홀로 『동의보감』 25권이 한창 유행하고 있고 판본(板本)이 정묘(精妙)하다."고 했다.[19] 서유문(徐有聞,

1762-1822)은 유리창(琉璃窓)의 "가게들은 모두 우리나라 『동의보감』을 고이 책으로 꾸며서 서너 질(帙) 없는 곳이 없으니, 저들이 귀히 여기는 바인가 싶더라."고 이야기했다.[20] 사실 중국에서 높은 평가를 받는다는 사실이 『동의보감』의 조선에서의 평가 상승으로 이어졌던 것으로 보이는데, 아직 이 책이 중국과 일본에서 높은 평가를 받는다는 것이 알려지기 이전에 쓴 글에서 이익(李瀷, 1681-1763)은 『동의보감』이 "규모는 제대로 되었으나, 단지 늘어놓기만 많이 하고 뜻은 소략하므로 사람들이 또한 탓한다. 듣건대, 중국 사신[北使]이 와서 많이 싸 가지고 돌아간다고 하는데 상국(上國) 사람들 또한 반드시 검토해볼 것이다."고 하여 유보적 평가를 보였었다.[21]

연행 간 조선 사인들은 중국 사인들을 만나는 기회에 조선의 높은 학문적 수준과 성취를 알리고 그들로부터 인정받으려고 하기도 했다. 박지원은 연행길에 중국 사인들을 만나게 되면 어떤 이야기를 해서 그들에게 깊은 인상을 줄 수 있을까를 고민했음을 털어놨다.[22] 실제로 박지원은 연행 중 만난 중국 사인들에게 자신이 홍대용으로부터 들은 땅의 회전이나 달세계 같은 내용들을 자세히 설명하고 그들의 질문에 답하기도 했다.[23] 중국에서의 평가에 대해 이처럼 깊은 관심을 지녔던 조선 사인들은 자신들이나 동료 또는 선배 조선 사인들에 대한 중국 사인들의 평가에 크게 집착하는 태도를 보였다.[24]

3절 한국 과학의 독자성, 자주성

물론 한국인들이 자신들의 독특함을 발견하고, 연구하고, 발전시키고, 확립하려는 노력을 집중적으로 경주한 시기가 있었다. 특히 15세기 초 세종

(世宗, 재위 1418-1450) 시기에 그러한 노력은 문화와 학문의 여러 영역에서 경주되었다.[25] '훈민정음(訓民正音)', 즉 한글을 창제하는 프로젝트는 그러한 노력들 중에서도 가장 중요하고 두드러진 사례였는데, 과학의 여러 분야에서도 비슷한 성격을 지닌 프로젝트들이 수행되었다. 예컨대 역법 분야에서 세종대의 천문학자들은 역사상 최초로 한양(漢陽)의 위도(緯度)를 기준으로 하는 역산(曆算) 체계를 마련하는 데 성공하여, 중국 수도의 위도를 기준으로 한 기존의 역산 체계를 대체했고, '칠정산(七政算)'이라는 이름의 이 새로운 체계를 사용하여 1447년의 일식과 월식을 예측할 수 있었다. 의학 분야에서도 여러 중요한 성취가 있었다. 『향약집성방(鄕藥集成方)』과 『의방유취(醫方類聚)』라는 두 의서(醫書)의 편찬은 중국과는 다른 독자적 의학지식 체계를 발전시키려는 한국인들의 노력의 성과를 보여주는 대표적인 예들로 널리 알려져 있다. 농업 분야에서도 괄목할 만한 진전이 있었다. 새로운 농업 이론과 기술 및 농법들이 개발되었으며, 그 가운데 대부분은 새로 도입된 집약적 연작(連作) 농법의 요구와 긴밀하게 연결되어 있었고, 『농사직설(農事直說)』에는 이러한 노력들이 잘 반영되어 있다. 이와 비슷한 정도의 발전을 보인 다른 분야들로는 음악, 지리학, 지도학 등을 들 수 있고, 인쇄, 제지(製紙), 화기(火器) 제조, 심지어 법의학(法醫學)과 같은 분야의 각종 기법들도 이 시기에 상당한 수준에 이르렀다.

이러한 활동들은 일반적으로 이 시기 한국 과학의 '자주적' 정신을 보여주고, 언어, 위도(緯度), 자원(資源), 기후 등의 측면에서 한국이 중국과 차이가 있음을 당시 한국인들이 잘 이해했다는 것을 드러내는 사례들로 간주된다. '중국과 조선의 풍토가 서로 같지 않다'는 '풍토불일(風土不一)'이라는 표현에 분명히 드러나 있듯이, 그러한 사례들에서 다루는 대상은 중국과 한국 사이에 유의미한 지역적 차이들이 예측되는 것들이었다. 그러나 문중양은 심지어 이러한 노력들조차도 중국과 똑같은 수준의 과학적 성취에 도달하기 위한 세종과 조정(朝廷) 학자들의 노력으로 볼 수 있다고 지적했다.[26] 그에 따르면, 세종대의 한국인들이 한양의 위도를 기준으로 하는 역산 체계를 구축하기 위해 노력을 기울인 것은 '자주적' 정신의 발로였기보다는 중국에 필적하는 역 계산 능력을 갖추겠다는 시도를 반영하는 것이었다. 이러한 노력은 자신들의 수도를 기준으로 하는 역 계산법을 소유함으로써 중국의 수준에 달하려는 그들의 염원을 보여주었던 것이다. 그러나 그들은 자신들의 역산 체계를 '역(曆)'이라고 부를 수 없었기 때문에 '산(算)'으로 명명할 수밖에 없었다. 물론 이는 명나라 조정을 자극하지 않기 위한 조치였다. 명나라 황제만의 독점적 특권으로 여겨진 역산 체계를 조선에서 독자적으로 구축했다는 사실을 만일 명 조정이 알게 된다면 그들은 조선 왕의 충성심을 의심할 것이기 때문이었다. 결국 이 사례 또한 조선이 여전히 중국의 중심성을 인정하고 있었음을 또 다른 각도에서 보여주고 있는 것이다.

이와 관련해서 한국의 'why-not' 질문이라고 부를 수 있는 문제가 제기될 수 있다.[27] 예를 들어, 세종대에 한국 과학기술의 몇몇 분야가 정점(頂点)에―사실상 당시로서는 세계 최고의 수준에― 도달했다가 그 이후 '침체'와 '쇠퇴'를 겪었다고 볼 수 있는데, 이에 대해 다루면서 같은 시기 중국의 상황을 무시할 수 있는 것인가? 그리고 다음과 같은 질문들을 도외시할 수는 있는 것인가? 세종대 한국인들이 받아들인 중국의 과학 이론과 기법의 수준은 어떠했는가? 그것들은 그 이후 중국에서 어떻게 바뀌었는가? 중국의 과학과 기술이 정말로 침체하거나 쇠퇴했었을 경우에도,[28] 한국의 과학기술이 독자적인 발전을 지속하는 일이 가능했을 것인가? 예를 들어, 중국에서는 침체하거나 쇠퇴했던 중국 과학기술의 특정 요소들이 유독 한국에서만 지속적으로 발전하는 일이 가능했을 것인가? 이슬람 과학의 영향이야말로 세종대 한국 과학이 지닌 활기와 생명력의 원천으로서 중요했다는 전상운의 언급[29]은 한국에서의 상황이 중국과 달랐거나 적어도 좀 더 복잡했을 수 있음을 암시한다. 그러나 만일 한국 과학기술은 중국 과학기술의 발전 없이 독자적으로 번영할 수 없었다는 결론에 도달하게 된다면, 그것은 한국의 'why not' 질문이 중국의 'why not' 질문의 일부로 환원되어야만 함을 의미하는 것인가?

4절 조선의 역법과 역서: '자국력'

앞 절에서 세종대의 역법 관련 작업에 관해 살펴보면서 이 작업을 한양을 기준으로 조선의 독자적 역법체계를 구축하기 위한 '자주적' 노력으로 보아온 그간의 견해와 달리, 이를 중국 수준의 역산 능력을 갖추겠다는 노력으로 해석하는 것이 가능함을 보았다. 그런 면에서 또 다른 흥미로운 사례는 정조(正祖, 재위 1776-1800) 시기인데[30] 중국 역법의 틀 안에서 진행된 이 시기의 조선 역 확립과 역서 출판 과정은 조선의 과학이 지니는 독자성, 자주성의 성격과 한계를 보여주기에, 이에 대해 독립된 절로 살펴볼 것이다.[31]

조선은 건국 이래 전 시기를 통해 계속해서 대통력(大統曆), 시헌력(時憲曆) 등 중국의 역법(曆法)을 받아들이고 그에 바탕한 역서를 사용했다. 하지만 그렇다고 해서 중국에서 간행, 반포(頒布)한 역서를 조선에 들여와서 쓰거나 그대로 재간행했던 것은 아니다. 조선은 자체적으로 역 계산을 했고, 역서를 간행해서 배포했던 것이다. 물론 조선이 중국과 다른 별도의 역법을 채택한 것은 아니었고 어디까지나 중국 역법의 틀 안에서의 역서 간행 작업이었지만, 조선이 간행, 배포한 역서는 중국이 간행, 반포한 역서와 차이가 있었다. 이와 관련해서 한 가지 질문이 제기된다. 조선에서의 자체적 역 계산과 역서 간행을 통해 조선의 역이 조선 독자적인 역, 즉 '자국력(自國曆)'의 성격을 지니게 되었는가 하는 질문이 그것이다. 아래에서는 특히 이 질문을 염두에 두고 조선 후기의 역 계산과 역서 간행의 상황을 검토해볼 것이다.

1. 조선의 역 계산

조선에서는 중국 황제가 반포한 역을 사용하면 되었고, 또한 사용해야만 했다. 그렇다면 그럼에도 불구하고 조선에서 별도로 역 계산을 했던 이유는 무엇이었을까? 이에 대해서는 여러 가지 요인들을 생각해볼 수 있겠다.

우선, 가장 근본적인 이유로 조선에서의 역서의 수요에 맞춰 이를 제때에 보급해야 할 필요가 있었다.[32] 조선이 필요로 하는 막대한 부수의 역서를 매년 11월경 중국이 반포한 역서인 '청력(淸曆)'이 도착한 후 인쇄하는 것은 시간상으로 불가능했기 때문에 '청력'이 도착하기 전에 역서 인출(印出) 과정을 진행할 수밖에 없었다. 실제로 조선 조정은 역서 전체 15장의 판목(版木)을 몇 차례로 나누어 인쇄했고 매년 4월부터 이 인쇄 작업을 시작해야만 했는데, 물론 역서를 인쇄하기 위해서는 그에 앞서 역 계산 작업이 이루어져야 했다. 그리고 이 같은 역 계산에는 당연히 시간이 소요되었기에 조선은 역서를 배포하기 대략 1년 전부터 역 계산 작업을 시작해야만 했다.[33] 문제는 청이 자신들이 반포한 역서만을 조선에 전했을 뿐 그것을 만드는 데 사용한 구체적 역 계산법을 알려주지 않는다는 것이었다. 조선 조정은 여러 가지, 주로 비공식적인 방법으로 중국의 역 계산법을 입수하여 자신들의 역 계산을 수행해야만 했다.

11월경에 다음 해의 청력이 북경으로부터 도착하면 조선 조정은 역 계산 작업이 끝나고 인쇄 과정이 이미 한참 진행되는 도중인 조선의 역서를 새로 도착한 청력과 대조해보았고, 조선의 역 계산 결과가 청력과 차이가 날 때는 결국 청력을 따라야 했다. 중국과의 조공(朝貢), 책봉(冊封) 관계 속에서 중국의 정삭(正朔)을 받아들여 사용할 수밖에 없었던 상황에서 조선의 역서가 중국력과 일치해야 할 필요성은 다른 모든 고려사항들에 우선했기 때문이다. 사실 조선 정부가 시헌력을 받아들인 것 자체가 중국이 채택한 새 역법을 받아들임으로써 중국의 역과 차이가 나지 않는 역을 사용하려는 것이었다.[34]

조선에서 청의 역법을 사용하여 계산한 역서가 북경에서 도착한 청력과 차이가 날 수 있는 이유는 여러 가지가 있었다. 우선, 중국과 조선이 함께 쓰는 '표준시각'의 개념이 없이 각각 북경 순천부(順天府)와 한양(漢陽)에서의 중성(中星) 정남(正南) 시각을 기준으로 쓰는 상황에서 중국과 조선의 경도(經度) 차이는 동일 천문현상에 대한 중국과 조선의 관측시각에 42분(分)의 차이가 나게 했으며, 이는 중국과 조선에서의 낮과 밤의 길이의 차이와 일출(日出), 일몰(日沒) 시각의 차이 등으로 나타났다. 그리고 이 같은 차이들은 당연히 역(曆)의 중요한 요소들에 차이를 빚을 수밖에 없었다.

우선 월(month)의 대소(大小)를 결정하는 일에 문제가 생겼다. 역의 주된 구성요소인 달(month)은 해와 달(moon)의 겹침이 일어나는 순간인 합삭(合朔)이 속하는 날에 한 달이 시작되도록 해서 결정되는데, 합삭 시간이 북경과 한양의 경도 차이 때문에 42분(分) 차이가 남에 따라, 이것이 한 달이 시작하는 날짜의 차이로, 나아가 달의 대소의 차이로 이어질 수가 있었던 것이다. 북경과 한양의 경도 차이는 역 계산에서 또 다른 중요한 요소인 윤달(閏月) 결정에도 문제를 빚었다. 윤달은 중기(中氣)[35]가 없는 달을 윤달로 한다는 이른바 '무중치윤(無中置閏)'의 원칙에 의해 정해지기 때문에 윤달의 결정은 정확한 절기(節氣) 시각에 좌우되었고, 따라서 청과 조선에서의 중기 시각의 차이가 날짜의 차이로 나타나고 이것이 한 달의 마지막 날에 해당될 경우에는 해당 중기가 속하는 달이 달라지게 되고 이는 윤달의 결정에도 차이를 빚을 수 있었다.

청의 역과 조선에서 간행하는 역서 사이에 나타날 수 있는 이 같은 차이들 중, 절기 시각의 경우는 월 대소의 경우에 비교해서 실제 하늘의 현상을 더 직접적으로 반영했기 때문에 조선은 조선에서의 절기 시각이 청과 차이가 있을 수밖에 없음을 받아들였다. 실제로 조선 역에서 절기 시각은 한양을 기준으로 계산했으며, 역서 첫 장에 한양을 기준으로 한 중기와 절기의 입기(入氣) 시각을 기록했다.[36] 그러나 월의 대소의 결정을 두고서는 조선은 청력을 따랐다. 비록 월의 대소가 해와 달의 겹침이라는 실제 하늘에서의 현상에 바탕해서 결정되는 것이었지만, 그 같은 하늘의 현상을 정확히 반영해야 할 필요보다는 청과 조선의 역서에서 같은 달의 대소가 같아야 할 필요가 더 컸던 것이고, 실제로 조선의 역서는 청력과 같게 월 대소를 결정해서 사용하면 되는 것이었기 때문이다. 이처럼 월의 대소와 윤달의 결정을 청력과 일치시키기 위해 조선은 청과 차이가 나는 것이 당연한 합삭 시간을 청 역서와 동일하게 맞추고 있었고 그 외에도 보름, 상하현(上下弦) 시각을 북경 시각에 일치시키고 역서에도 중국의 일자를 기록했다.[37]

그런데 이렇듯 월 대소나 윤달의 결정에 영향을 미치는 합삭 시각이나 절기 시각은 편의상 중국의 시각을 사용해도 일상생활에는 문제가 없었지만, 밤낮의 길이나 일출(日出), 일몰(日沒) 시각의 경우에는 직접 경험하고 관측되는 것으로 일상생활에 영향을 미치는 것이었기에 조선의 역서는 조선을 기준으로 계산한 수치를 사용해야 했다. 사실 조선 역서가 청력과 달랐던 것은 이 두 가지뿐이었다. 그렇다면 단지 밤낮의 길이와 일출, 일몰 시각을 얻기 위해 조선에서 별도로 역 계산을 했던 것일까? 그것만을 위해서라면 청력에서 각 성(省)과 번속(藩屬) 지역들에 대해 계산해서 제시해준 자료를 사용하면 되는 일이지 않았을까? 그 외의 다른 이유는 없었던 것일까? 예를 들어 역서에 포함되지는 않지만 일월식, 특히 관측 위치에 따라 크게 차이가 나는 일식 계산의 필요가 있었던 것이었을까?[38]

위의 질문들은 모두 조선에서 자체적으로 역을 계산해야만 했었을 실제적 필요를 제기하고 있는데, 조선에서의 역 계산의 구체적 상황을 살펴보면 그 같은 수준의 필요를 가지고는 설명하기 힘든 두 가지 사실이 눈에 띤다. 첫째, 조선이 굳이 조선의 위치에 해당하는 절기 시각에 바탕해서 조선 역 나름의 윤달을 결정해보았다는―비록 청력과 다른 결과가 나왔을 경우 청력을 따르기는 했지만― 점이다. 만약 청력과 부합되는 윤달을 결정하는 것만이 목적이었다면 애초에 북경의 절기 시각을 기준으로 결정했으면 되었을 것임에도 굳이 조선의 경도(經度)에 바탕해서 윤달을 결정해보았다는 사실이 눈길을 끄는 것이다. 둘째, 조선에서 굳이 '칠정력(七政曆)', 즉 '행성운행표(ephemerides)'를 계산할 수 있는 능력을 확보하려고 했다는 점이다. 만약 정확한 역서를 만드는 것만이 목적이었다고 한다면 해와 달을 제외한 다른 행성들의 운행을 모두 계산할 수 있어야 할 필요는 없었음에도 불구하고 조선 조정은 계속해서 '행성운행표' 전체의 계산법을 확보하기 위해 노력했던 것이다. 사실 조선이 시헌력의 세부 사항을 배우려고 기울인 노력의 많은 부분이 '행성운행표' 계산 능력을 확보하는 것이었다. 이는 '행성운행표'가 실제로 역서에 포함시켜야 할 필요가 있었던 것은 아니었지만 그것이 역법체계의 중요한 구성요소였기에 이를 계산할 수 있는 능력을 가지려 했던 것임을 보여준다.

이는 결국 조선 조정이 조선에서의 하늘의 운행을 반영하는 자체적 역 계산을 할 수 있는 능력을 갖추어서 조선 나름의 '역 만드는 법(成曆之法)'을 유지하고 있을 필요성을 느꼈음을 말해주는데,[39] 그 일환으로 조선의 절기 시각에 바탕한 윤달을 추정해보기도 했고 '행성운행표' 계산법을 확보하려고 했던 것이라고 할 수 있다. 이는 사실 나라를 다스리는 자가 천상(天象)을 관찰하여 백성들에게 바른 시간을 부여해주어야 한다는 유가의 '관상수시(觀象授時)'의 이념에 따른 것으로, 청에 복속하여 청의 역을 받아 사용해야 했으면서도 이 정도의 역 계산 능력을 보유함으로써 조선 국왕이 통치자(治者)의 '관상수시'의 역할을 행하고 있음을 보이려 했던 것이다.[40]

조선 조정의 자체적 역 계산 능력을 확보하기 위한 이 같은 노력에 힘입어 조선의 역 계산 능력은 향상되었다. 그리고 그에 따라 1760년경부터는 조선에서 자신들의 역 계산 능력에 어느 정도 자신을 갖게 되었고,[41] 서호수(徐浩修, 1736-1799)가 관상감을 주도하게 되고 조선 천문역법의 역사를 정리한 『국조역상고(國朝曆象考)』가 편찬된 1796년에 이르면 이 같은 자신감은 더욱 확고히 드러났다. 이 시기에 이르러서는 조선에서의 절기 시각의 계산 결과가 청력과 달랐을 때에도 조선의 결과를 그대로 따르기도 했는데, 이는 조선에서 계산한 절기나 합삭, 보름 등의 시각이 청의 역서와 다른 경우는 항상 청의 역서를 따르고 계산을 잘못했다고 하여 담당 관원의 책임을 물었던, 1654년 시헌력 체제를 도입한 이래 그때까지의 관행과는 전혀 다른 태도였다.[42]

조선의 역 계산 능력과 역법지식에 대한 이 같은 자신감에서 정조는 1799년 이가환(李家煥, 1742-1801)에게 중국에서 책을 들여와 『율력연원(律曆淵源)』과 같은 성격의 '역산학의 대전(曆算學之大典)'을 편찬할 것을 명하기도 했다. 그리고 이 같은 일은 역법 분야에만 국한된 것이 아니어서 그외의 다른 분야들에서도 비슷한 시도가 있었고 실제 성과로도 이어졌다.

예를 들어 술수(術數) 분야에서는 청의 술수서 『협기변방서(協紀辨方書)』와 『상길통서(象吉通書)』를 종합하는 '술수학의 대전(術數學之大典)'으로서 『협길통의(協吉通義)』가 1795년에 편찬되었고,[43] 농업 분야에서도 『농정전서(農政全書)』와 『수시통고(授時通考)』에 버금가는 '농가의 대전(農家之大典)'을 편찬하기 위해 1798년 「권농정구농서윤음(勸農政求農書綸音)」이 내려졌던 것이다.[44]

2. 조선 자체의 역서: '자국력'?

그러나 자체적인 윤달 결정이나 행성운행표 계산 등을 시도한 위에서 본 것 같은 조선 조정의 노력이 조선의 '자국력'을 만들겠다는 의식을 나타내주는 것은 아니다. 사실 위에서 말한 역 계산 능력에 대한 '자신감'이란 것은 중국의 역법에 바탕해서 조선에서의 역 계산을 정확하게 할 수 있다는, 따라서 중국의 역 계산에 구애받지 않고 조선 자체의 힘으로 독자적 역 계산을 할 수 있다는 자신감이었지 중국의 역과 별도의 독자적인 조선 자체의 역을 만들겠다는 생각은 아니었던 것이다. 그리고 그런 면에서 역 계산 결과 합삭이나 절기 시각이 청력과 차이가 났는데도 그대로 역서에 싣는, 앞 소절에서 언급한 예들은 월 대소나 윤달의 결정과 같이 중요한 사항에 영향을 미치는 경우들이 아니었음을 주목할 필요가 있다. 그 같은 중요한 차이를 빚게 되었을 경우에는 조선 조정이 청력과 다른 선택을 할 수 없었을 것이다.

　문중양은 정조 시기 조선 자체의 역인 '자국력'을 갖기 위한 시도로 볼 수 있는 예들 중 하나로 중국의 역서에서 각 성(省)의 경위도(經緯度)에 해당하는 데이터를 수록하는 것과 같이 조선의 역서에도 서울만이 아니라 8도(道)의 경위도 데이터를 수록하려는 시도가 있었음을 들었다.[45] 이 같

은 작업의 필요성은 8도의 지방위치 데이터와 지방시(地方時) 정보를 활용
하자는 차원에서 서명응(徐命膺, 1716-1787)이 1760년의 경연(經筵)에서 이
미 주장했었던 것으로, 그는 조선의 영토가 수천 리(里)에 이르는데 왕정
(王政)의 선무(先務)인 '경천수시(敬天授時)'를 서울 부근 3백리 위주로만 해
서는 안 된다는 논리를 펴면서 중국이 주야, 절기 시각을 13개 성(省) 각
각에 대해 나누어 정하듯이 조선도 8도 감영(監營)별로 주야, 절기 시각
을 나누어 정해야 한다고 주장했다.[46] 서명응의 이 제안은 한양의 경도와
8도의 북극고도(北極高度) 실측값이 구해지지 않았기에 한참 동안 시행될
수가 없었다. 그러나 1789년쯤 서울의 주야각(晝夜刻)을 시헌력에 입각해
서 계산한 경루법(更漏法)이 완성되면서 조선의 지방시 결정법이 정비되자
상황이 바뀌게 되었다.[47] 1791년 관상감 제조 서호수가 역서에 8도의 주
야, 절기 시각을 수록할 것을 다시 주장하여 정조가 이를 채택함에 따라
다음 해 역서에서부터 수록하기로 하는 결정이 내려졌고, 이를 위해 서
호수의 주도로 8도 감영의 북극고도와 서울로부터의 동서편도(東西偏度)
가 정해지기에 이르렀다.[48] 그러나 1792년 역서에서부터 8도의 주야, 절기
시각을 수록하려는 위의 결정에 대해서는 반대 의견들이 제기되었고 결
국은 시행되지 못했다. 관상감 제조 서용보(徐龍輔, 1757-1824)가 "외국에
서 역을 만드는 것은 이미 법으로 금하고 있는데, 또 이 예(例)를 더하는
것은 헛되이 문제를 확대하게 된다고 경연에서 아뢰어 이를 폐지"게 되
었던 것이다.[49]

이상에서 살펴본 정조 시기 역법 관련 작업들은 세종대 『칠정산(七政
算)』의 예와 비교해보았을 때 좀 더 '독자적'이고 '자주적'인 정서를 보이
는 면이 있음을 부정할 수는 없다. 사실 조선이 '행성운행표'의 계산법을
확보하려고 했던 것이나 조선의 절기에 바탕하여 윤달을 결정하는 원칙
을 고수하려고 했던 것은 그 같은 희망의 표현이었다고 할 수 있다. 그러

나 일부 사인들 사이에 그런 면이 있었음을 부인할 수는 없다고 하더라도, 조선 정부 차원에서의 역 계산과 역서 편찬 작업의 목표는 어디까지나 중국 역법의 틀 안에서 중국 역서와 일치하는 조선의 역서를 편찬해내는 능력을 갖추는 것이었다. '자국력'을 지향하는 정서를 보여준다고 하여 위에서 살펴보았던 정조 시기의 시도들도 모두 근본적으로 중국 역법의 틀 안에서 정확한 역 계산을 통해 조선의 역서를 중국 역서에 일치시키고 중국 역서의 수준으로 높이고자 하는, 근본적으로는 중국을 본받으려고 하는 정조와 조선 사인들의 희망을 보여주는 것이다.[50] 그런 면에서, 당초 정조의 명에 의해 1792년 역서에서부터 포함시키려고 했던 8도의 경위도 등 수치들이 실제 관측에 의한 것이 아니라 계산에 의한 것이었다는 점은 주목할 만하다.[51] 그들에게 중요했던 것은 실제 관측과 일치하는 정확한 수치들을 얻어내는 것이 아니라 조선의 역서에 중국 역서처럼 각 도에 해당하는 수치들을 포함시키는 것 자체였던 것이다. 중국과 같은 수준의 역서를 제작하여 사용하고 그 사실을 내세우려고 하는 이같은 노력은 역사서 편찬, 주자학 체계 수립 등의 노력에서 보듯이 문화와 학문의 모든 영역에서 중국과 같은 수준의 성취를 꾀했던 정조 시기의 다양한 작업들과 함께 진행되었다.[52] 이런 작업들은 조선이 모든 분야, 모든 차원에서 중국과 같은 수준에 달하려는 희망을 보여주며, 역법과 관련해서 이 절에서 살펴본 상황은 이 같은 작업들의 일환으로 추진되었던 것이다.

5절 중국으로부터의 전래와 '시간지연': 변형 및 왜곡

한국 과학의 독자성, 우수성을 찾으려 하는 분위기 속에서 한국이 중국과는 별도로 독자적으로 이루었거나 중국보다 먼저 이루어낸 과학적 성취들이 한국 과학사 연구자들로부터 많은 주목을 받아온 것은 당연했다. 그러나 그보다 훨씬 더 흔하고 일반적인 사례들, 즉 중국에서 먼저 일어난 성취들이 한국에서 시간차를 두고 나중에 나타나는 사례들도 충분히 흥미로우며 때로는 한국과 중국의 실제 상황에 대해 더 흥미로운 통찰을 얻게 해준다. 예컨대, 많은 문화적 요소나 경향들이 중국에서 먼저 출현한 이후 중국으로부터 한국으로 전래되어 들어왔고, 많은 경우 한국은 중국의 것들을 그대로 도입하여 채택하고 사용했다. 특히, 중국에서 앞시기에 발생했거나 유행한 문화요소나 경향이 한국에서는 한참이 지난후 훨씬 나중 시기에, 때로는 중국에서는 이미 그 같은 요소나 경향이 소멸되었거나 그것들을 둘러싼 환경이 변화해버린 후에 한국에서 나타나는 경우를 자주 볼 수 있다. 그리고 그런 시간상의 지연은 여러 측면에서, 그리고 흔히 인식하는 것보다는 훨씬 더 깊고 광범위하게 나타났다.[53]

이 같은 시간지연은 우선 중국과 한국 사이의 사상과 기물의 이전(移轉)과 교류가 즉각적이고 자동적으로 일어나지 않았음을 말해준다. 그리고 중국으로부터 전래되는 사상이나 기물이 더 새롭고 더 혁신적인 것일수록 시간지연은 더 길고 더 오래 끌었다. 예를 들어 한국인들의 삶과 사상에 깊은 영향을 준 불교, 주자학, 천주교 등의 전래의 경우들에서 그러한 시간지연이 두드러지게 나타났다. 그런데 이 같은 시간지연은 중국으로부터 전래된 요소나 경향이 한국에서 중국에서와는 다른 방향으로 발전되게 하거나 중국의 원형(原形)의 특정 측면만을 두드러지게 심화시켜 발전시키는 현상을 빚었다. 실제로 중국으로부터 시간지연을 겪으면서 도입된 사상이나 경향이 조선에서는 중국에서와 다른 측면이나 방향으로 전개되는 경우를 자주 찾아보게 된다.

서양으로부터 중국에 전래된 서양 과학이 그 후 중국으로부터 조선에 전래되는 과정에서도 시간지연과 그에 따르는 변형, 왜곡 등이 있었다. 그리고 전래되는 서양 과학의 지식이나 기물의 성격에 따라 시간지연이나 그에 따른 변형, 왜곡의 정도와 양상이 당연히 달랐다.[54] 예컨대 서양의 천문학에 기반한 역법인 시헌력(時憲曆)은 즉각적인 실용적 필요 때문에 신속히 도입되었고 그 도입 과정도 비교적 단순했으며, 그런 면에서 서양의 우주론 지식이 조선에 도입되는 복잡하고 규명하기 힘든 과정과 대비되었다. 그러나 자세히 살펴보면 시헌력의 도입 과정에서도 일정 정도의 시간지연은 있었다. 물론 1644년 입관(入關) 직후 청이 시헌력을 채택하자 조선 조정은 다음 해에 바로 이를 채택하기 위한 논의와 검토에 착수했다. 그러나 이는 청이 반포한 역을 가져와 그대로 사용하면 되는 일이 아니었다. 청이 역서만을 반포했을 뿐 그 계산법은 공포하지 않았기 때문에 조선이 독자적으로 시헌력에 바탕한 역 계산 능력을 갖추어야 했는데 그 같은 역 계산 능력을 조선이 갖추는 데에는 오랜 시간이 소요되었고, 결국 10년이 지난 1654년에야 시헌력에 바탕한 조선의 역서를 반포할 수 있었던 것이다.[55]

사실 중국 역법을 받아들이면서 어려움을 겪는 상황은 이미 고려 때부터 나타났다. 고려가 수시력(授時曆)을 받아들인 후에도 교식(交食) 계산에 필요한 '개방(開方)'법이 전해지지 않았기 때문에 교식 계산을 두고는 여전히 선명력(宣明曆)의 방법을 적용해야 했던 것이다.[56] 조선 초기에도 수시력을 해득하고 그 추보(推步)법을 완전히 터득하기 위해서 1420년(세종 2)부터 1444년까지 오랜 기간이 소요되었다.[57] 시헌력(時憲曆)의 경우에는, 그것이 서양 천문학에 바탕한 역법으로 대통력(大統曆)에 이르기까지 동안의 중국의 전통 역법과 전혀 다른 체제였기에 어려움이 더욱 심했다. 조선이 그것을 배우는 데 오랜 시간이 걸렸고 세부적인 계산법 등에 대한 정보를 얻어내는 데 제약도 더 컸던 것이다. 게다가 시헌력을 채택한 이후에도 청은 『역상고성(曆象考成)』과 『역상고성후편(曆象考成後編)』을 채택하는 등 역 계산법에서 몇 차례의 개혁을 단행했는데, 청은 그런 개혁이 있은 후에도 자신들이 역 계산법을 개혁한 사실을 공포하지 않았기 때문에 조선은 청이 새 계산법을 사용해 계산하여 반포한 역을 받아보고 그 동안의 계산법으로 계산한 결과와 다르다는 것을 알고 난 후에야 청의 역 계산법에 개혁이 있었음을 알게 되었고, 그 후 상당한 시간이 지나고서야 조선이 그 세부 계산법을 터득하게 되었다.[58]

이처럼 즉각적인 실용적 필요에 의해 도입이 추진되었던 역법과 달리 서양 과학과 우주론의 일반적인 관념이나 지식은 중국으로부터 도입되고 조선에서 소화는 데 더 오랜 기간이 소요되었다. 사실 역법을 두고서도 그 기반이 되는 천문학, 수학지식을 소화하는 데에는 더 긴 시간지연이 있어서, 청에서는 시헌력의 기초가 되는 서양 천문학, 수학지식을 집대성한 『역상고성』, 『수리정온(數理精蘊)』을 포함한 『율력연원(律曆淵源)』 총서가 1720년대 초에 편찬이 되고 많은 청의 사인들이 이내 그 내용에 정통해 있었는데, 조선 사인들은 그 후 60~70년이 지난 정조대 말년에 이르러서야 이를 소화하게 되었다. 이렇듯 뒤늦게 서양 역법의 천문학적, 수학적 기반을 이해한 서호수는 "서력(西曆)이 중력(中曆)에 비해 우수한 것은 '수(數)'를 말함에 있어 '리(理)'를 밝혔기 때문"이라고 했다.[59] 서양 역법에는 '리'가 있어 중국 역법에 비해 우수하다는 생각은 서양 천문학에 처음 접했던 서광계(徐光啓, 1562-1633), 이지조(李之藻, 1565-1630) 등이 이미 100년도 더 전에 이야기했던 것이었는데,[60] 그 후 청의 사인들은 중국 역법의 전통을 재확인하고 새로운 고증학적 연구에 바탕해서 중국 역법의 우수함을 주장하면서 오히려 서양 역법은 계산만 치중할 뿐 '리'가 없다는 주장까지 하게 된 상황에서 서호수는 중국에서 100년도 전에 제기되었던 이 같은 주장을 내놓은 것이다. 서광계 등 명말 중국 사인들을 매료시켰던 『기하원본』의 가치에 대한 인식, 즉 그것이 '소이연(所以然)'을 보여준다거나 '허리(虛理)'가 아닌 '실리(實理)'라거나 하는 인식도 조선에서는 서호수에 이르러서야 제대로 얻어졌다.[61]

지구(地球)설도 처음 마테오 리치(Matteo Ricci: 利瑪竇, 1552-1610)에 의해 중국에 소개된 후 많은 중국 사인들의 관심을 끌고 열띤 논쟁을 거치면서 17세기를 통해 여러 중국 사인들에 의해 받아들여진 데 반해, 조선에서는 중국으로부터 도입된 후 한참 동안은 거의 받아들여지지 않았다. 17세기를 통해 조선에서 지구설을 받아들이자고 주장한 사람은 김만중(金萬重, 1637-1692)이 거의 유일했다고 할 수 있다.[62] 정제두(鄭齊斗, 1649-1736) 이후 소론(少論)계 양명(陽明)학자들이 비로소 지구설을 받아들이기 시작했지만[63] 받아들이는 사람들의 경우에도 그에 대한 의구심으로부터 완전히 벗어나지는 못했다. 최석정(崔錫鼎, 1646-1715) 같은 사람은 지구설이 황당무계한 면이 있지만 그것이 학술적 유래(由來)가 있는 것이므로 곧바로 배척할 수는 없고 "두고 살펴서 색다른 견해를 넓히도록 해야 한다."는 정도의 유보적 태도를 보였다.[64] 조선에서 비교적 많은 사인들이 지구설을 받아들이게 된 것은 이익, 이가환, 홍대용, 박지원 등을 거친 18세기 말경이 되어서라고 할 수 있다.[65] 그리고 지전(地轉)설의 경우에도, 이미 김석문(金錫文, 1658-1735), 이익, 홍대용 등이 지전 관념을 제기하기는 했지만, 지전설을 본격적으로 소개한 브누아(Michel Benoist: 蔣友仁)의 『지구도설(地球圖說)』은 중국에서 1767년에 간행된 후 한참이 지난 1850년대에야 조선에 도입된 것으로 보인다.[66]

명청 교체기 중국 사인들 사이에 유행했던 우주론적인 논의, 특히 '방이지(方以智)학파'의 학자들 사이에 활발했던 『주역』 상수학(象數學) 체계에 바탕한 우주론적 논의도 한 세기 이상이 지난 18세기 후반에야 조선 사인들의 관심을 끌게 되었다.[67] 『물리소지(物理小識)』, 『고금석의(古今釋疑)』

등 '방이지학파'의 문헌들은 18세기 말이 되어서야 조선에 들어왔는데 처음 이덕무(李德懋, 1741-1793)가 언급만 했던 것이 나중에 그의 손자 이규경(李圭景, 1788-1856)에 의해서야 본격적으로 소개되었고,[68] 최한기(崔漢綺, 1803-1877)의 '기륜(氣輪)'에 바탕한 우주론 논의로까지 이어졌다.[69] 사실 방이지학파의 논의의 기반이 되었던 『건곤체의(乾坤體義)』나 『공제격치(空際格致)』 같은 예수회사들의 서적들도 18세기 후반이 되어서야 조선에 들어왔는데,[70] 이는 중국 사인들 사이에서는 이미 그에 대한 관심이 사라진 한참 후였다. 중국에서는 18세기 이후 점점 잊혀져가고 있었던 그 같은 우주론적 논의가 100년이 훨씬 더 지난 후에 조선 사인들의 관심을 끌게 되었던 것이다.

물론 조선에서도 18세기 말이 되면 그 같은 우주론적 논의에 대한 반발의 움직임이 나타났다. 서호수, 이가환을 비롯해서, 유희(柳僖, 1773-1837), 홍길주(洪吉周, 1786-1841) 등 우주론적 논의에 몰두하는 대신 수리천문학의 지식을 갖추고 본격적인 역법, 수학 논의를 할 수 있는 사람들이 등장했던 것이다.[71] 그 자신 우주론적 논의에 뛰어들었던 홍대용도 『주역』의 상수학 체계에 바탕한 우주론적 논의에 대해서는 분명하지 않고 이해할 수 없는 것으로 비판했다.[72] 우주론적 관심과 지식의 전래(傳來)에서의 이 같은 시간지연도 청과 조선 사인들의 우주론 논의와 그에 대한 태도에서 차이를 수반했다. 청과 조선 사인들의 차이는 『주역』에 바탕한 상수학적 우주론 논의에 대한 태도에서 두드러졌다. 청 사인들은 그러한 우주론 논의에 별로 관심을 갖지 않고 소옹(邵雍, 1011-1077)이나 채원정(蔡元定, 1135-1198) 같은 사람들의 과도한 상수학적, 수비학(數秘學)적 공론들을 배격한 데 반해, 김석문, 서명응 등 18세기 조선 사인들이 상수학적 우주론을 심화시켰던 것이다.[73]

9장에서 살펴볼 '서학중원론(西學中源論)'이 조선에 전래되는 데에도 시간지연이 있었다. 중국에서 17세기 중반쯤에 유행하기 시작한 서학중원론은 조선에는 훨씬 후인 18세기 후반에야 나타났던 것이다. 그리고 주목할 만한 점은 이 경우에도 시간지연을 겪으면서 조선에서는 중국과는 다른 양상이 빚어졌다는 것이다. 시간지연을 겪은 후 조선에 도입된 서학중원론을 처음 제기한 서명응이 서양 우주론 지식의 중국 기원에 대해 중국 사인들보다 훨씬 정교한 주장을 했던 것이다. 서명응은 『주역』, 특히 선천역(先天易)을 서양 우주론 지식을 포함한 모든 우주론 지식의 기원으로 보고 그에 바탕해서 '상수학적' 우주론 체계를 구축했는데, 그 과정에서 구체적 서양 우주론 지식 하나하나의 기원을 제시했다.[74] 또한 서명응은 주역을 '체(體)', 서양 천문학을 '용(用)'으로—또는 선천역을 '체', 구고법(句股法)을 '용'으로— 제시함으로써 나중 19세기 후반에 나타나는 '중체서용(中體西用)'론의 원형을 제시하기도 했다.[75]

8장

서양 과학

앞 장에서 한국 전통과학에 중국의 영향이 압도적이었음을 보았는데, 17세기부터는 서양 과학이 조선에 들어오고 받아들여지면서 이후 조선 후기의 과학에 영향을 미치기 시작했고, 18세기부터는 그 영향이 상당한 수준에 이르렀다. 한국 전통과학의 전반적인 모습이 대체로 18세기 후반에야 완성된 점을 고려하면 이렇듯 17, 18세기를 통해 조선에 전래된 서양 과학의 영향을 빼고 한국 전통과학을 생각할 수는 없다.[1] 이 장에서는 18세기에 이르러 한국 전통과학에 큰 영향을 미치고 중요한 요소로 포함되게 된 서양 과학의 전래와 그에 대한 유학자들의 태도에 대해 살펴볼 것이다.

1절 유학자들의 서양 과학에 대한 태도

1부의 여러 장들에서 유학자들의 과학기술에 대한 태도에 영향을 미친 유가 전통의 여러 요소와 측면들을 보았는데, 그중 몇 가지는 그들의 서양 과학기술에 대한 태도에도 영향을 미쳤다.

우선 '격물(格物)' 이론이 서양 과학지식에 접한 유학자들로 하여금 그것을 받아들이고 공부하도록 하는 데에 기여했다. 예컨대 유학자로서 서양 과학을 도입한 선구자라고 할 수 있는 서광계(徐光啓, 1562-1633)는 "하나의 사물이라도 알지 못하는 것은 유자(儒者)의 부끄러움이다."[2]라고 하여 격물의 중요성을 강조했고, 『태서수법(泰西水法)』의 서문(1612)에서 그는 서양인들의 가르침에 "일종의 격물궁리(格物窮理)의 학문"이 있다고 했다.[3] 웅명우(熊明遇, 1579-1649), 방이지(方以智, 1611-1671), 유예(游藝, 1614?-?), 게훤(揭暄, c. 1625-1705) 등 이른바 '방이지학파'의 학자들도 여러 가지 서양 과학지식을 격물 이론에 바탕해서 자신들의 우주론 틀 안으로 받아들였고,[4] 서양의 과학지식을 가리켜 '격치(格致)'라는 용어를 사용하기도 했다.[5]

그러나 무엇보다도 그 유용성이 유학자들로 하여금 서양 과학기술에 관심을 갖게 하는 데 기여했다. 17세기 초 처음 서양 과학을 받아들인 중국 유학자들은 서양 과학지식과 기술의 실용적 이용 가능성을 중요시했다. 예컨대 서광계는 『태서수법』이나 『기하원본(幾何原本)』의 서문 등을 포함하여 여러 글들에서 서양 과학지식이 실생활에 유용함을 지적했고 이지조(李之藻, 1565-1630)도 서양의 역법, 수학, 수리(水利), 측량 등의 실용성을 강조했는데[6] 사실 이들은 서양 과학기술에 접하기 이전에도 군사, 토목 분야를 포함해서 정부의 실제 업무에 관여하고 있었기에 그 같은 유용성에 더 깊은 관심을 가지게 되었을 것이다.[7] 그리고 이들을 비롯한 유학자들에게 예수회사들이 지닌 지식과 능력의 실제적 유용성이 전체적으로 봐서 그들의 종교가 지닌 잠재적 위험성보다 더 중요했던 것이다.

서양 과학지식과 기술의 실용성에 대한 서광계의 관심은 단순히 경제적 효용만이 아니라 더 넓은 맥락에 걸쳐 있었다. 그는 국가의 정치, 경제, 군사 전반적인 면에서 쇠퇴로부터 벗어나는 데에 서양 과학이 유용함을 보았던 것이다. 예컨대 역법 개혁도 쇠퇴해가는 명(明, 1368-1643) 왕조를 구하려는 그의 노력의 일환이었다고 볼 수 있다.[8] 사실 서광계는 서양 과학만이 아니라 천주교도 전통적 가치를 회복하고 사회의 질서를 바로 잡는 데 유용하다고 생각해서 받아들인 면이 있다.[9] '방이지학파'의 학자들 또한 '사물의 리(物理)'를 공부함으로써 왕학(王學) 말류(末流)의 폐단에서 벗어날 수 있으리라 생각해서 서양 과학지식을 받아들였다.[10]

한편 황제들의 서양 과학에 대한 관심도 유학자들이 서양 과학에 대해 관심을 지니도록 하는 효과를 빚었다. 예컨대 강희제(康熙帝, 재위 1661-1722)는 역법과 수학 외에 지리, 의학, 음악, 기계 등 여러 과학적 주제들에 관심을 지녔는데, 특히 서양 천문학과 수학에 대한 강희제의 관심이 그의 신하들에게도 영향을 미쳐서 많은 사인(士人) 관료들이 수학과 천문학을 공부하고 그 분야들의 책을 편찬하고 출판하기도 했다.[11] 완원(阮元, 1764-1849)은 『주인전(疇人傳)』의 하국종(何國宗, ?-1767) 전기(傳記)에서 강희제 시기에 수학지식을 통해 황제의 관심을 끌고 관록(官祿)을 얻으려는 자들이 많았음을 지적했다.[12]

강희제가 서양 과학에 관심을 지니게 된 데에는 여러 가지 동기들이 복합적으로 작용했다. 물론 서양 과학기술이 지니는 실용성이 중요했다. 강희제는 예수회사들을 천문역법 및 의학지식, 화포(火砲) 및 지도 제작 등의 업무에 고용했는데, 사실 명 황제들도 당초 실용적 목적 때문에 예수회사들을 고용했었다. 실용성의 측면에서 가장 중요했던 것은 정확한 달력을 위한 서양 천문학지식이었다. 1665년 시작된 역옥(曆獄) 기간 중 자신이나 신하들이 역법에 대한 지식이 모자라 어려움을 겪었던 일 때문에 그 후 "20여 년간 국정의 여가에 천문역법에 전념했다."는 강희제 자신의 이야기도[13] 정확한 달력을 확보하기 위해 역법에 관한 충분한 지식을 얻으려는 것이 그가 서양 천문학과 수학을 공부한 주된 동기였음을 보여준다. 황제로서 자신의 권위를 세우고 높이기 위해서 서양 과학지식을 사용한 면도 있었다. 특히 어린 나이에 즉위한 이민족인 만주족 군왕으로서 그가 한족(漢族) 신하들의 존경을 받기를 꾀했고, 이를 위해 자신이 높은 수준의 서양 과학지식을 지니고 있음을 이용하려고 한 측면이 있었다.[14]

유학자들이 받아들였던 대표적 서양 과학 분야는 천문학이었다. 이는 무엇보다도 서양 천문학의 정확함이 명말 당시 긴박한 필요가 있었던 역법 개혁에 유용했기 때문이었다. 예컨대 이지조는 1613년 서양 역산서를 번역할 것을 청하는 상소에서 서양인들의 "천문과 역수(曆數)에 대한 논의에는 중국의 옛 성현들이 미치지 못한 바가 있음"을 지적했다.[15] 방이지도 서양 역법에 의한 경위도(經緯度), 일월식(日月蝕), 각성(各省) 시각(時刻) 등의 수치가 "가히 정밀하다고 말할 수 있다."고 했고[16] 매문정(梅文鼎, 1633-1721)은 "서법(西法)을 반드시 사용해야 하는 것은 그것의 관측과 계산의 정밀함 때문일 뿐, 그것이 다름을 좋아해서가 아니다."라고 말했다.[17] 유학자들은 서양 천문학의 그 같은 정확함의 원인이 그들의 관측기구에 있다고 보았다. 이지조는 위에서 언급한 상소에서 서양 천문 관측기구들이 "하나하나가 정밀함이 뛰어나서" 곽수경(郭守敬, 1231-1316) 같은 사람이 다시 나와도 그에 전혀 미칠 바가 못 될 것이라고 이야기했다.[18] 왕석천(王錫闡, 1628-1682)도 서양 신법은 "서적과 기구가 특히 잘 갖추어져 있고 관측이 더욱 정밀하다."고 평가했다.[19]

유학자들은 서양 천문학이 하늘의 현상들에 담겨 있는 '리(理)'를 설명한다는 면에서도 중국 천문역법에 비해 우수하다고 생각했다. 이지조는 서양의 "천문과 역수(曆數)"가 중국의 옛 성현이 미치지 못할 바라는 위의 언급에 이어 그들은 "도수(度數)만을 논하는 것이 아니라 또한 그 '소이연의 리(所以然之理)'를 밝힐 수 있다."고 했다.[20] 왕석천은 그 같은 서양 천문학을 '리'를 다루지 않는 중국 역법과 비교하면서 서양 역법이 '리'로 부터 출발해서 연역적으로 논의하는 데 반해 중국 역법은 "'법(法)'에 대해서는 자세하지만 그 '리'를 드러내지 않으며 '리'가 '법' 속에 들어 있"을 뿐이라고 했다.[21] 서양 천문학의 '리'의 가장 중요한 요소는 그것이 천문현상의 '소이연의 고(故)'를 설명한다는 것이었다. 서광계는 리치(Matteo Ricci: 利瑪竇, 1552-1610)의 서양 역법은 "하나하나 그 '소이연'으로부터 확연하고 불변인 '리'를 보여주어 우리 중국 옛 책들과 견주면 들어보지 못한 바가 많다."고 지적했다.[22] 매문정은 "중국의 역법이 밝히는 바는 '당연한 운행(當然之運)'이고 서양 역법이 헤아리는 것은 '소이연의 원천(所以然之源)'이다. 이것이 그 취할 수 있는 바이다."라고 하여 서양 천문학으로부터 받아들여야 할 것이 '소이연'임을 더욱 분명히 했다.[23]

유학자들이 많이 받아들인 또 다른 서양 과학 분야는 수학이었다. 이는 역시 서양 수학이 지니는 실용성 때문이었다. 유학자들은 국가의 통치와 백성의 생활의 여러 측면에서 서양의 수학이 높은 실용성을 지님을 인식했다. 실제로 리치도 한역(漢譯) 『기하원본』을 펴내면서 수학이 천문 관측, 역법, 천문 의기(儀器), 시계 및 악기 제작, 축성(築城), 교량(橋梁), 궁전 등 건축을 비롯해, 측량, 지도 제작 같은 다양한 분야에 이용될 수 있음을 내세웠다.[24] 유학자들에게 서양 수학의 이 같은 실용성의 기초는 물론 그 정확함에 있었다. 예컨대 서광계는 『동문산지(同文算指)』 서문에서 "그들의 수학의 정밀하고 공교로움은 한(漢), 당(唐) 시대[의 수학]에 비해 10배, 100배이다."라고 했다.[25]

서광계는 서양의 수학이 그 실용성과 정확함 이외의 다른 측면에서도 중국 수학에 비해 우수하다는 생각이었는데, 그에게 서양 수학의 우수함의 기초는 그 '의(義)'에 있었다. 그는 그 같은 수학의 기초로서의 '의'를 단순한 수학적 기법들을 가리키는 '법(法)'과 대비해서, "'리'가 밝지 않으면 '법'을 세울 수 없고, '의'가 분별되지 않으면 '수(數)'에 대해 쓸 수 없다."고 주장했고[26] 그렇듯 '의'가 '법'보다 더 중요함에도 중국 수학의 '법'들은 서양의 "'법'들과 대략 같지만 그 '의'는 완전히 결여하고 있어서 그 근거하는 바를 알 수가 없다."고 지적했다.[27]

서광계가 보기에 서양 수학의 '의'가 담긴 기본 텍스트는 『기하원본』이었다. 서광계는 "『기하원본』은 도수(度數)의 근본(宗)"이라 했고,[28] 『기하원본』을 "공부하지 않아도 될 사람은 없다.… 이 책에 정통한 사람은 한 가지 일도 정통할 수 없는 것이 없고 이 책을 공부하기를 즐기는 사람은 한 가지 일도 공부할 수 없는 것이 없다."고 말했다.[29] 간단한 것을 통해 복잡한 것을 이해하고 쉬운 것을 통해 어려운 것을 이해하게 해주는 『기하원본』으로 대표되는 서양 기하학이 엄밀한, 확실한, 따라서 신뢰할 만한 논리적 방법이라는 인식도 서양 수학이 받아들여지는 데 기여했다.[30] 서광계의 생각으로는 이 같은 『기하원본』은 "'리'를 공부하는 사람들로 하여금 부기(浮氣)를 제거하고 정심(精心)을 연마할 수 있게" 해주는 도덕적 효능도 지녔다.[31]

2절 조선 유학자들의 서양 과학에 대한 관심과 지식

다음 장에서 더 자세히 보겠지만 조선 유학자들은 전적으로 중국을 통해 서양 과학을 받아들였고 따라서 서양 과학에 대해 중국의 유학자들과 비슷한 태도를 보였다. 17세기 초부터 중국을 통해 새로운 서양 과학 지식이 유입되자 조선 유학자들은 서양 과학에 관심을 지니기 시작했고 차츰 이를 받아들여갔다. 그리고 조선 유학자들이 일반적으로 자연세계에 관한 지식에 관심을 갖는 데에 이 같은 새로운 서양 과학지식의 유입이 영향을 준 면도 있었다.

17세기 초부터 조선에 들어오기 시작한 서양 과학지식은 시간이 흐르면서 조선의 유학자들 사이에 차츰 관심을 끌고 상당 부분 받아들여졌는데, 이는 여러 가지 사실들에 의해 간접적으로 뒷받침된다. 18세기 중엽쯤에는 보수적인 노론 핵심층에서도 서양 과학지식의 우수성을 인정하는 일이 있었고 그것이 퍼지는 상황에 대한 우려가 표현되기도 했다.[32] 18세기 후반에 이르러서는 서양 과학지식은 더 널리 퍼졌다. 예컨대 안정복(安鼎福, 1712-1791)은 1785년에 지은 「천학고(天學考)」에서 서학서(西學書)가 선조(宣祖, 재위 1567-1608) 말년부터 조선에 들어왔는데 "벼슬아치와 선비들 중 읽지 않은 사람이 없었고, 이를 제자(諸子)나 불도(佛道)의 부류로 보아 서실(書室)의 완상품으로 갖추었다."고 말했다.[33] 조선 유학자들이 접하는 서양 과학지식의 수준도 높아져서, 1735년 이익(李瀷, 1681-1763)은 문인들에게 『태서수법』과 『직방외기(職方外紀)』 같은 초기 서양 과학 소개서들을 빌려주고 있었음에 비해 1768년에 이가환(李家煥, 1742-1801), 황윤석(黃胤錫, 1729-1791) 등은 정철조(鄭喆祚, 1730-1781)로부터 『수리정온(數理精蘊)』, 『역상고성(曆象考成)』 등 수학, 천문역산 분야의 전문서적들을 빌리고 있었다.[34] 이런 상황에서 과거 시험에도 서양 과학과 관련된 내용이 출제되었고 그에 대한 비판이 제기되기도 했다.[35] 영조대에는 국왕의 책문에 대한 답안에 리치의 설을 인용하는 일도 있었고,[36] 국왕이 홍계희(洪啓禧, 1703-1771)를 불러 지구설에 대해 의심을 표하고 홍계희로부터 지구설을 옹호하는 설명을 듣기도 했다.[37] 정조(正祖, 재위 1776-1800)대에는 이 같은 일이 더 잦아져 1789년 정조의 천문책(天文策)에 대한 대책(對策)에서 이가환이 서양의 학설을 인용하여 답했으며 다음 해에는 증광시(增廣試)의 오행(五行)에 관한 책문에 대해 정약전(丁若銓, 1758-1816)이 서양의

사원소설을 통해 답변하기도 했다.[38]

조선 유학자들 중에서는 이익이 처음으로 서양 과학지식을 광범위하게 받아들였다. 이익은 『태서수법』, 『직방외기』, 『천문략(天問略)』 등을 읽고 그에 대한 발문(跋文)을 쓰기도 했는데, 그가 서양 과학에 대해 지녔던 태도가 조선 유학자들의 기본적인 태도가 되었다. 이익이 신후담(愼後聃, 1702-1761)과 주고받은 문답에 서양 과학에 대한 그의 생각이 잘 드러나 있다.[39] 1724년 신후담과의 첫 만남에서 리치가 어떤 사람인가라는 질문에 이익은 "이 사람의 학문을 소홀히 할 수 없다."는 말로 답을 시작했고,[40] 1725년에는 "그 말이 '리(理)'에 맞는다는 것을 알았으면 어찌 그것이 옛날과 다르다고 하여 취하지 않을 수 있는가."라고 하여 서양 과학이 '리'에 합치되므로 받아들여야 한다고 주장했다.[41]

『성호사설(星湖僿說)』에는 천문역법, 수학, 지도, 조석(潮汐), 인체 해부, 의약, 화기(火器), 수차(水車) 등 서양 과학기술 여러 분야에 대한 이익의 지식과 평가가 담겨 있다.[42] 그중에서도 이익은 특히 서양 천문학의 우수함을 강조하면서, 서양의 천문 수치와 관측 및 계산이 과거에는 없었던 전혀 새로운 것임을 지적했다.[43] 그는 서양인들이 관측하는 "기수(器數)와 계기(械機)의 정교함은 중국에 없었던" 바이고 그들이 널리 돌아다니고 오랜 시간을 걸쳐 관측한 결과에 바탕했기에 지극히 정확하고 자신이 애호하는 바라고 했으며,[44] 이처럼 정밀한 서양의 역법을 중국 역법이 미칠 수가 없고 이를 따라야 한다고 주장했다.[45] 예컨대 서양인 샬(Johann Adam Schall von Bell: 湯若望, 1592-1666)이 만든 시헌력의 정확함은 "성인(聖人)이 다시 태어나도 반드시 따를 수밖에 없을 것"이라는 것이다.[46] 이익은 또한 서양 천문학이 유용하다는 점도 강조했다. 『천문략』과 『기하원본』 같은 책들에 담긴 서양의 "천문(天文)과 주수(籌數)의 법"은, 이익의 생각으로는, 옛사람이 하지 못한 것을 해냈을 뿐 아니라 "세상에 크게 유익

했"던 것이다.[47]

홍대용(洪大容, 1731-1783)도 서양 천문역법의 우수함을 인식해서 연행 중 만나 교유한 엄성(嚴誠), 반정균(潘庭筠) 등 한족(漢族) 사인들에게 "하늘에 대한 논의와 역법은 서양의 법이 매우 높아서 가히 옛사람들이 밝히지 못한 것을 밝혀냈다고 말할 만하다."고 했고[48] 귀국 후에 쓴 『연기 (燕記)』에서는 그것이 수학과 관측 및 의기(儀器)에 바탕했다고 하면서 높이 평가했다.

> 마테오 리치(利瑪竇)가 중국에 들어오면서 서양 사람과의 교통이 시작되었다. 산수(算數)를 가지고 전도(傳道)하고, 또한 의기에 능해서 귀신처럼 측후(測候)하기도 하고, 역상(曆象)에 정묘(精妙)함은 한(漢), 당(唐) 이후 없던 바이다.… 서양의 법은 산수로써 근본을 삼고 의기(儀器)로써 이를 살펴서 모든 형상을 관측한다. 무릇 천하의 멀고 가까움, 높고 깊음, 크고 작음, 가볍고 무거운 것을 눈앞에 모두 모아 마치 손바닥을 보는 것처럼 하니, 한, 당에도 없던 것이라고 말해도 망령되지 않다.[49]

황윤석도 그 이전의 중국 역(曆)이 "거칠고 정밀하지 못했는데… 리치의 새 역이 나온 이후에 '천지경위(天地經緯)'의 설이 믿을 만하고 증험이 있게 되었다."고 했고[50] 『율력연원(律曆淵源)』을 구해 읽은 후에는 그 책이 심원(深遠)하고 정밀(精密)하며 상명(詳明)함을 지적하면서 "내가 더 일찍 보았더라면 어찌 30년을 마음고생을 해서 이처럼 병이 났겠는가."라고 탄식하기도 했다.[51] 또한 그는 서양인들의 "역산(曆算)과 수법(水法) 등은 천고에 빼어나고" 비록 중국의 성리학이 우수하지만 "역산 제법(諸法)은 서양보다 나은 것이 없다."고 했고,[52] 서법이 나온 이래 일식의 예보가 틀린 적이 없었다고 이야기하기도 했다.[53] 정조도 "명대 마테오 리치가 수정한 역법은 지극히 정묘하다."고 이야기하고 외국인인 리치가 어떻게 그렇게 할 수 있었을까 하고 놀라움을 표현하기도 했다.[54] 서양 과학, 특히 천문 역법의 우수함에 대한 이 같은 인식은 그 외에도 조선 유학자들 사이에 널리 퍼져 있어서 서양에 대해 비판적이었던 윤기(尹愭, 1741-1826)마저도 리치의 천문, 지리 등 지식의 정묘(精妙)함을 평가했다.[55]

조선 유학자들은 서양의 수학에도 관심을 지녔다. 조선 유학자들도 중국 유학자들처럼 수학의 유용성을 중요시했기에 역시 그 유용성 때문에 서양 수학에 관심을 지녔을 것으로 보인다. 예컨대 이익은 『산학계몽(算學啓蒙)』을 공부하는 등 전통 수학에 조예를 가지고 그 연장선상에서 서양 수학에도 관심을 기울였다.[56] 이가환은 수학의 지식이 음악, 기술, 농업, 군사 등에 응용될 수 있으며 천문역법은 농업과 의료에 중요하다고 지적했고,[57] 정약용도 "백공(百工)의 교묘함이 모두 수리(數理)에 근본한 것으로 반드시 구(句), 고(股), 현(弦)의 예각, 둔각이 서로 들어맞고 서로 어긋나는 본리(本理)에 밝은 다음에야 그 법을 얻을 수 있을 것"이라고 해서 각종 기예에 수학의 지식이 필요함을 지적했던 것이다.[58]

물론 조선 유학자들은 서양 수학의 기초라고 하는 『기하원본』에 대해서도 관심을 지녔다. 이익은 『기하원본』이 "부기(浮氣)를 제거하고 정심(精心)을 연마할 수 있게 해준다."는 서광계의 언급을 인용하면서 "지극히 옳다."고 했으며[59] 박지원(朴趾源, 1737-1805)도 선(線)이 길이만 있고 넓이는 없다는 것을 표현하는 "빛이 있고 빛이 없는 사이(有光無光之間)"라는 『기하원본』의 구절을 도심(道心)의 은미(隱微)함에 대한 자신의 논의에 사용하기도 했다.[60] 그러나 서양 수학의 유용성에 치중했던 조선 유학자들은 논리적 체계에 기반한 『기하원본』의 내용을 제대로 이해하지는 못했던 것으로 보인다. 예컨대 수학 실력 수준이 높았다는 정철조도 『기하원본』의 성격에 대한 오해를 드러냈다.[61]

사실 『기하원본』의 내용은 서호수(徐浩修, 1736-1799)에 이르러서야 비로소 조선에 제대로 전해졌다.[62] 서호수가 『기하원본』에 대한 이해가 있었기에 그가 서양 천문학이 '리'를 밝힌다는 점을 그 우수함으로 인식할 수 있었을 것이다.

> 역법에서 '법'과 '수'를 이야기하면서 반드시 그 '소이연의 리'를 밝힌 것은… 서광계의 『숭정역지(崇禎曆指)』에서 시작했다.… '법'과 '수'를 이야기함에 있어 중국과 서양은 같은데 서양 역법이 중국 역법보다 뛰어난 것은 그것이 '수'를 이야기하면서 반드시 그 '리'를 밝힌다는 것이다.[63]

서호수는 『수리정온』에 대해서도 서양 수학이 "실제로 유용한 '수'로 천하의 일들을 이루어낼 수 있다."고 했지만,[64] 그것이 단지 '법(法)'만을 이야기한 것이 아니라 '소이연지고(所以然之故)'까지 밝힌 점을 들어 그것이 "진정으로 실용의 책이고 일을 이루는 도구"라고 지적했다.[65]

서양 천문학과 수학에 대한 이 같은 인식과 관심은 4장에서 본 것처럼 18세기 후반에 이르러 조선 유학자들이 수학, 천문역법 등 과학 분야에 상당 수준의 관심과 지식을 갖게 되는 데에 기여했다. 이덕무(李德懋, 1741-1793)가 "요즘 서울에는 서학(西學), 수리(數理)를 전문으로 하는 사람들이 있다."고 하면서 서명응(徐命膺, 1716-1787), 서호수 부자, 이벽(李檗, 1754-1785), 정후조(鄭厚祚, 1758-1793) 등을 언급했다는 기록을 황윤석의 『이재난고(頤齋亂藁)』에서 찾아볼 수 있는데,[66] 황윤석 자신은 당시 서학에 뛰어난 인물로 자신을 포함해서 서호수, 이가환, 홍양해(洪量海, ?-1778), 문광도(文光道, 1727-?) 등을 언급했다.[67] 이들 중 특히 서호수는 서양 수학과 천문학지식을 종합한 『역상고성』, 『수리정온』 등을 섭렵하고 그 내용을 소화, 분석해냈으며,[68] 홍양해는 여러 유학자들로부터 당대 수학의 일인자로 평가받았다.[69] 이들 외에도 당대에 서양 수학에 능통했던 유학자들로 정철조, 유희(柳僖, 1773-1837) 등도 들 수 있다.[70] 한편 서양 수학과 천문학에 정통한 전문직 중인 김영(金泳, 1749-1817)과 문광도 등도 있었으며 이들은 6장에서 보았듯이 양반 유학자들과 깊이 교유하고 있었다.[71]

조선 유학자들은 천문학과 수학 이외에 서양 과학의 다른 분야들에도 관심을 지녔다. 특히 서양의 지도(地圖)가 그들의 관심을 끌었던 것으로 보이는데, 리치의 「곤여만국전도(坤輿萬國全圖)」가 1602년 중국에서 간행된 1년 후에 조선에 전래된 것을 비롯해서 알레니(Giolio Aleni: 艾儒略, 1582-1649)의 「만국전도(萬國全圖)」, 페르비스트(Ferdinand Verbiest: 南懷仁, 1623-1688)의 「곤여전도(坤輿全圖)」 등의 서양 지도들이 중국에서 제작된 후 얼마 안 돼서 조선에 도입되었다.[72] 지도와 함께 서양의 지리 지식도 조선에 들어와 유학자들의 관심을 끌었다.[73] 우선 서양의 세계지도들이 바탕으로 했던 지구(地球) 관념이 조선 유학자들의 눈길을 끌었는데, 조선 유학자들은 처음에는 지구 관념에 대해 저항감을 보이고 반대론을 펼쳤지만 시간이 가면서 차츰 받아들이는 사람들이 늘어났다.[74] 서양의 세계지도들에는 지구 관념 외에도 다양한 지리지식이 담겨 있었고, 지도들 외에도 알레니의 『직방외기(職方外紀)』, 페르비스트의 『곤여도설(坤輿圖說)』 등에 서양 지리지식이 담겨 조선에 들어왔다.[75] 물론 아래에서 볼 것처럼 조선 유학자들은 그 많은 부분을 받아들이지 않았지만 서양 지리지식이 관찰에 바탕해서 더 정확한 면이 있다는 점을 인정했다. 예컨대 홍양호 (洪良浩, 1724-1802) 같은 사람은 "근래에 서양 사람들이 처음으로 '곤여(坤輿)'의 지도를 만들었는데 바다가 땅 가운데에 있다고 분명히 말했다. 그들은 일찍이 배를 타고 바다 끝까지 간 자들이니 그 말이 진실로 근거가

있겠다."고 했다.[76]

　조선 유학자들은 서양 의학지식에도 관심을 보였다. 조선에서 처음으로 서양 의학에 대해 소개한 것은 안정복이 『성호사설유선(星湖僿說類選)』에 실은 이익의 「서국의(西國醫)」라는 글로, 이 글에서 이익은 서양 의학설이 "중국 의가들에 비해 더 자세하고 철저하게 드러내주므로 버릴 수 없다. 다만 규모와 언어가 전혀 달라서 받아들여 이해할 수 없는 바가 있다."고 평가했다.[77] 조선 유학자들은 서양의 기술과 기물(器物)의 우수함에도 관심을 보였는데, 예컨대 홍양호는 연행길에 본 서양 수차(水車)들의 정교함에 대해 이야기하면서 "가히 인공(人工)이 천기(天機)를 빼앗았다고 할 만하다."고 찬탄했다.[78]

3절　서양 과학과 기독교

서양 과학은 기독교와 함께 동아시아에 들어왔다. 물론 전달자인 예수회사들과 받아들인 유학자들의 주된 관심은 서로 달랐다. 예수회사들에게는 당연히 기독교 신앙을 전파하는 것이 주목적이었고 서양 과학은 부수적이었거나 선교를 위한 도구일 따름이었는 데 반해 유학자들 쪽에서는 서양의 과학에 대한 관심 때문에 기독교 신앙을 갖게 된 경우가 많았던 것이다. 그러나 양쪽 모두 서양의 과학과 기독교가 연결된 것으로 본다는 점에서는 같았다. 따라서 서양 과학에 대한 유학자들의 태도는 기독교에 대한 그들의 인식에 영향을 받았다. 이 절에서는 서양 과학과 기독교의 관계에 대한 유학자들의 인식과 태도에 대해 살펴볼 것인데, 기독교 자체에 대해서나 기독교와 서양 과학의 관계에 대해서도 조선 유학자들은 중국 유학자들과 대체로 같은 생각을 보였다.

1. 연결과 혼동

유학자들은 서양으로부터 들어온 기독교와 서양의 과학을 구분하지 않고 흔히 '서학(西學)'이라는 이름으로 함께 이야기했다. 그리고 그 같은 상황에서 초기 중국인 개종자들은 서양 과학지식과 기독교 교리를 혼동하는 경우가 잦았다. 예컨대 서광계는 서양 수리(水利) 기술과 기계들에 관한 책인 『태서수법』의 서문에서 기독교에 대해 이야기하는 것을 당연히 여겼고,[79] 이지조도 지구설에 관한 책인 『환용교의(圜容較義)』에 붙인 서문에서 "조물주(造物主)가 천지를 '화성(化成)'한"데 대해 이야기했다.[80] 사실 서광계, 이지조 등 초기 천주교 개종자들이 기독교 신앙을 지니게 되는 데에 천주교와 함께 들어온 서양의 과학은 중요한 동인이었다.[81]

조선 유학자들의 경우에도 서양의 과학기술 때문에 천주교에 관심을 가지고 믿게 되는 경우가 많았다. 정동유(鄭東愈, 1744-1808)는 중국인들이 서양 과학기술에 끌려 천주교에 빠지게 되는 이유에 대해 "그것으로 역(曆)을 만들면 부절(符節)을 합한 것처럼 들어맞고 그것으로 기구(器具)를 만들면 모두 상정(常情)을 넘는다. 중국인들이 처음 이 '수(數)'를 보고 또한 어찌 놀라고 미혹되어 흔들리지 않을 수 있었겠는가. 미혹됨이 이에 그치지 않아 드디어 그 [천주교의] '도(道)'를 믿게 된다."라고 했는데,[82] 실제로 조선 최초의 세례신도 이승훈(李承薰, 1756-1801)은 1789년 북경의 북당(北堂) 선교사들에게 보낸 프랑스어 편지에서 자신이 처음에는 서양 수학에 끌렸었다고 털어놓았으며,[83] 1801년 신유사옥(辛酉邪獄) 당시 공초(供招) 과정에서 "문자를 조금이라도 아는 사람들은 역상(曆象)의 법이 교묘하다 하여 천주교에 유혹되었다."고 자술했다.[84] 1811년 조선의 한 천주교도는 교황에게 보낸 편지에서 천주교가 전파되면서 서양 문물에 접하게 되었고 "그것을 서로 이야기하는 것이 매우 즐겁"다고 썼다.[85] 1839년 기해사옥(己亥邪獄)을 주도한 이지연(李止淵, 1777-1841)은 신유사옥 당시 많은 사인(士人)들이 서학서가 "방술(方術)이 정미(精微)한 곳이 있어" 천주교에 빠져들었다고 지적했다.[86] 철종(哲宗, 재위 1849-1863), 고종(高宗, 재위 1863-1907) 시기에 체포된 천주교도들 중에도 자신들이 서학서 중의 농업이나 의학에 대한 뛰어난 내용에 끌려 천주교에 빠지게 되었다고 말하는 경우가 많이 있었다.[87] 이항로(李恒老, 1792-1868)는 서양인들이 자신들의 기술을 전하는 것은 우매한 백성들을 속이고 현혹시켜서 널리 호응하도록 한 후 자신들의 꾀하는 바를 이루려고 하는 것이라고 지적했다.[88]

이런 상황에서 많은 유학자들은 서양 과학의 관념과 지식을 기독교 신학의 일부분인 것으로 생각했고, 그처럼 기독교와 연결된 서양 과학의 관념과 지식을 받아들이기를 주저했다. 두드러진 예가 지구(地球)의 관념이다. 사실 유학자들은 예수회사 도래(渡來) 이전에는 지구 관념에 접한 적이 없었는데 예수회사들을 통해 지구 관념에 처음 접하게 되면서 그것이 중국이 '중화(中華)'로서 대지의 중심에 있다는 자신들의 관념과 배치되는 위험하고 불온한 정치적 함의들을 지니고 있음을 읽게 되었다.[89] 이에 따라 많은 유학자들이 지구 관념을 비판했다. 예컨대 양광선(楊光先, 1597-1669)은 땅을 구형(球形)으로 그린 예수회사들의 지도에서 서양 역법의 결함의 원인을 찾기도 했는데, 서양인들이 중국이 자신들의 발바닥에 밟히고 있는 나라라고 하면서 우주의 큰 주인이 되고자 한다고 비판했다.[90] 조선의 유학자들도 마찬가지였다. 유신환(兪莘煥, 1801-1859)의 아버지 유성주(兪星柱)는 서양인들이 '남녀유별'을 지키지 않는 것을 그들이 하늘과 땅을 구분하지 않고 둥글다고 하는 것에 연결시키고, 그같이 남녀를 구분하지 않는 습관으로 세상을 변화시키기 위해 지구설을 퍼뜨리는 것이라고 주장하기까지 했다.[91] 유학자들은 사원소(四原素)설도 기독교 교리의 일부분으로 생각했고 방이지나 이익처럼 서양 과학지식에 우호적이었던 사람들까지 포함해서 대부분의 유학자들이 기독교와의 연결 때문에 사원소설을 받아들이기를 주저했다.[92] 유학자들은 인체(人體)에 대한 서양의 해부학 지식에서도 신(神)의 창조를 주장하는 기독교 교리와의 연관을 보았고,[93] 그 때문에 서양 해부학 서적들이 금지 대상이 되기도 했다.[94]

서양 과학과 기독교가 연결되어 있다는 인식과 그에 따른 기독교와 서양 과학의 혼동은 자연히 서양 과학과 기독교에 대한 유학자들의 태도에 영향을 미쳤다. 위에서 보았듯이 서광계, 이지조 같은 초기 개종자들의 경우에는 기독교가 서양 과학과 연결되어 있다는 인식 때문에 기독교를 받아들이기가 쉬웠을 수 있지만, 기독교를 위험스럽게 생각했던 대다수의 유학자들에게는 예수회사들의 과학과 그들의 종교가 연결되어 있다는 인식은 그와는 반대의 효과를 빚었다. 많은 유학자들이 예수회사들이 들여오는 과학지식이 위험한 종교인 기독교와 연관되어 있기 때문에 역시 위험한 것으로 여겼던 것이다. 따라서 유학자들이 실제로는 기독교가 비판의 대상이었으면서도 기독교가 아니라 서양 과학을 비판하는 경우가 잦았다. 1616년 남경교안(南京教案)을 일으켜 예수회사들의 박해를 주도했던 심확(沈潅, 1565-1624)이 서양 예수회사들을 공격하면서 그들의 역법을 공격했던 일이 바로 그러한 예였다.[95] 그리고 이처럼 천주교와 서양 과학 기술을 함께 배척하는 일은 조선에서의 천주교 박해 과정에서 두드러지게 나타났다.[96] 1785년 이승훈의 부친은 그로 하여금 소장하고 있던 『기하원본』, 『수리정온』 등의 서양 과학 서적들을 문중 사람들 앞에서 불태우도록 하고 천문 관측 의기들을 부수고 천주교를 비판하는 글을 짓도록 했다.[97]

이처럼 서양 과학과 기독교 사이의 혼동이 널리 퍼진 상황에서 유학자들은 기독교와의 연관 때문에 서양 과학이 비판 대상이 될 가능성을 걱정해서 서양 과학지식에 대해 적극적으로 공부하고 논의하는 것을 삼

가기도 했다. 사실 서양 과학을 받아들이고 옹호했던 서광계, 이지조 등
도 서양 과학과 기독교의 연결을 부담으로 느꼈던 것으로 보인다. 매문정
(梅文鼎, 1633-1721)이 서양 천문학을 더 적극적으로 옹호하기를 주저한 것
도 기독교와 연관되는 것에 대한 두려움 때문이었을 수 있다.[98] 조선에서
처음으로 서양 천문학과 지리지식을 높이 평가했던 유몽인(柳夢寅, 1559-
1623)이 리치의 세계지도를 받아들이기를 거부한 것도 주로 기독교에 대
한 거부감 때문이었다.[99] 이가환은 서양 수학과 천문학 서적들을 중국으
로부터 도입해서 간행하라고 정조가 명령하자 사람들이 서양 과학과 천
주교를 혼동하여 비방이 심해질 것이 두렵다고 하면서 명령에 따르기를
주저하기도 했다.[100]

2. 서양 과학과 기독교의 분리

이 같은 상황에서 서양 과학지식을 받아들인 유학자들 중 일부는 기독교
를 자신들이 받아들이는 서양 과학지식으로부터 분리시키려고 시도했다.
예컨대 서광계는 『숭정역서(崇禎曆書)』를 편찬하면서 종교적 문헌들은 제
외시키고 과학적인 자료들에 집중했고,[101] 이지조는 서학서들을 모아 『천
학초함(天學初函)』을 편찬하면서 기독교와 관련된 내용이 포함된 '리편(理
編)'과 과학 내용들로 구성된 '기편(器編)'으로 나누었으며, 『동문산지(同文
算指)』의 서문에서는 "수'에 바탕해서 '리'를 찾는" 『기하원본』 같은 수학
책들과 "근본과 근원"을 찾는 『천주실의(天主實義)』 같은 책들을 구분했
다.[102] '방이지학파'의 학자들 역시 예수회사들의 과학을 그들의 종교로부
터 분리했는데,[103] 방이지는 서양의 '천구(天球)' 관념을 논의하면서 천구
들에 영혼(靈)이 존재한다는 생각, 특히 맨 바깥의 '정천(靜天)'에 천주(天
主)가 존재한다는 생각을 거부했다.[104] 설봉조(薛鳳祚, 1600-1680)가 서양

천문학과 중국 천문역법의 종합을 시도한 자신의 책의 제목을 '천학회통(天學會通)'에서 '역학회통(曆學會通)'으로 바꾼 것도 '천학'이라는 표현이 암시하는 기독교와의 연관을 끊기 위한 것이었다.[105] 서양 수학과 천문학에 조예가 깊었던 매문정도 기독교는 거부하는 태도를 보였다. 매문정은 예수회사들이 서양 수학지식으로 세상을 바꾸려는 목적으로 학자들의 환심을 사는 글을 쓴다고 비판했고,[106] 설봉조의 사망 후 그에 대해 쓴 시에서 "결코 예수를 섬기지 않으면서 능히 그들의 기법을 궁구했다."고 하여 설봉조가 기독교를 서양 천문학지식으로부터 분리했음을 평가했다.[107] 시간이 지나면서 기독교는 거부하면서 서양 과학을 받아들이는 것이 많은 유학자들의 일반적인 입장이 되어갔다.

조선 유학자들도 같은 경향을 보였다. 정두원(鄭斗源, 1581-?)은 로드리게스(Johannes Rodorigues: 陸若漢, 1561-1633)로부터 받은 서적과 물품을 국왕에게 올리면서 작성한 목록에서 기독교 서적들은 제외시켰다.[108] 이익은 천문학이나 수학 같은 서양 과학지식을 높이 평가했지만 기독교 교리들은 단호히 비판했고,[109] 홍대용도 천문역법에 대한 논의에서 서법(西法)이 "옛사람들이 밝히지 못한 것을 밝혀냈다고 말할 만하다."는 위에서 본 언급에 이어 "다만 서양의 [천주]학은 우리 유가의 상제(上帝)의 호칭을 훔쳐서 불가의 '윤회(輪廻)'라는 말로 꾸민 것으로 천하고 비루하여 가소롭다."고 덧붙였다.[110] 박지원, 박제가, 홍양호 등 이른바 '북학론자'들도 비슷한 태도를 보였다.[111]

이 같은 태도는 서양인들에 대해 "그들의 '도(道)'는 『[천주]실의』에 실려 있는데 나는 그것은 보지 않고 그들의 수는 『기하[원본]』에 갖추어져 있는데 나는 그것을 취한다."[112]고 했던 황윤석에게서 두드러졌다. 황윤석은 『천주실의』를 읽고 나서 천주의 학문은 "매우 천하고 비루하며 천당, 지옥, 영혼불멸의 설은 심히 어지럽다."고 이야기한 후, 그 같은 기독교의 결함을 서양 역법, 수학, 수법(水法) 등의 우수함과 대비했다.[113] 따라서 황윤석은 천주교가 받아들일 수 없는 이단(異端)의 사설(邪說)이지만 그렇다고 해서 서양의 역상(曆象), 수리(數理), 율려(律呂), 공장(工匠)의 법까지 폐지해서는 안 된다고 주장했다.[114]

국왕 정조도 기독교와 서양 과학을 분리해서 대처하는 경향을 보였다. 그는 천주교 신앙을 금하는 조치를 취하고 "서양 문물에 일방적으로 경도되는… 태도"를 비판했지만 다른 한편 "천주교의 탄압이 서양의 과학기술에 대한 관심을 위축시키는 방향으로 전개되는 것"을 걱정하면서 서양의 천문역산학의 "성과를 체계적으로 정리하려는 계획"을 추진했다.[115] 1791년 정조가 천주교 신앙을 금지하는 조처의 일환으로 규장각(奎章閣) 소장(所藏) 서양 서적들을 소각하라고 명령했지만 수학, 천문학 및 기술에 관한 책은 소각에서 제외되었던 것이나,[116] 앞서 보았듯이 그가 천주교 금령을 내린 한참 후인 1799년에 이가환으로 하여금 서양 과학 서적들을 도입하고 수학 및 천문학 서적들을 간행하도록 명령한 것은 그의 이같은 경향을 반영한 것이라 할 수 있겠다.[117]

4절 유학자들의 서양 과학 비판

앞 절에서 서양 과학과 기독교와의 연결을 깨고 기독교로부터 분리해서 서양 과학을 받아들이는 유학자들의 태도에 대해 보았는데, 그런 가운데 유학자들 사이에 서양 과학에 대한 비판이 제기되었다. 물론 처음부터 대부분의 유학자들은 서양 과학지식에 대해 대체로 비판적이었다.[118] 그러나 서양 과학에 대해 더 우호적이었던 유학자들도 서양 수학과 천문학이 모든 면에서 중국보다 우수한 것이 아님을 인식하기 시작했다. 그리고 그들이 중국의 과학 전통에 대해 차츰 깊이 알게 되면서 중국과 서양의 과학이 서로 다른 측면과 다른 주제들에 장점이 있다고 생각하게 되었다. 왕석천은 "사실 대통력(大統曆)이 반드시 모두 잘못된 것은 아니고 서양인들이 반드시 모두 옳은 것도 아니다."라고 말했고,[119] 매문정은 위에서 보았듯이 "중국의 역법이 밝히는 바는 '당연한 운행(當然之運)'이고 서양 역법이 헤아리는 것은 '소이연의 원천(所以然之源)'이다. 이것이 그 취할 수 있는 바이다."라고 했는데,[120] "'평심(平心)'으로 '리'를 보면(以平心觀理)" 서법이 "자세하고 분명하며(詳明)" 중법은 "간단하고 포괄적임(簡括)"을 깨닫게 될 것이라고 말하기도 했다.[121] 물론 매문정은 서양 수학과 천문학의 우수성을 받아들이고 구면(球面) 기하학을 극찬하는 등 서양 과학의 여러 장점들을 인식하고 있었지만, 그럼에도 그는 중국 역법의 기본 틀을 견지했다. 매문정은 또한 중국과 서양의 역법이 서로를 보완할 수 있다고 생각했으며 특히 서양 천문학이 중국 역법의 단점을 보완하고 더 발전시켰다고 믿었다.[122] 그리고 이 같은 매문정의 태도는 후대의 많은 유학자들에 의해 채택되었다.

이런 가운데 유학자들은 서양 과학의 결함들을 보게 되었다. 예컨대 왕석천과 방이지는 서양이 하늘의 주위 한 바퀴를 나타내는 데에 '365+¼도(度)'를 쓰지 않고 '360도'를 쓰는 것을 계산 편의만을 취한 것이라고 하여 비판했으며,[123] 왕석천과 매문정은 서양의 달(month)이 실제 달(moon)의 움직임을 나타내지 못하고 태양의 운행을 나타내는 1년을 12개로 나눈 것에 불과하다고 비판했다.[124] 매문정은 정확한 달력을 표현하는 정삭(正朔)의 중요성을 강조하면서, 서양인들이 "사사롭게 정삭을 세웠다(私立正朔)."고 하여 비판했다.[125] 그 외에도 왕석천은 『숭적역서』에서 많은 구체적 결함들을 찾아내어 지적했다.[126] 『명사(明史)』 「역지(曆志)」 편찬자들은 원래 초고에서 서양 천문학을 칭찬하는 부분들을 삭제하기까지 했다.[127] 완원은 『주인전』에서 서양 천문학과 수학이 내적(內的) 모순을 포함해서 여러 문제들이 있음을 지적했다.[128]

서양 지리지식에 대해서는 유학자들 사이에 부정적인 의견이 더 많았다. 많은 중국 유학자들이 서양 지리지식을 받아들이지 않았는데, 조선의 예를 보자면, 조선 유학자들 중 처음으로 서양 과학지식을 받아들인 유몽인이 서양 지도에는 "중국이 동쪽 모퉁이 한편에 치우쳐 있어 작기가 손바닥만 하고 우리나라는 크기가 버들잎만 하며 서역(西域)이 천하의 중심"이라고 되어 있어서 받아들일 수 없다고 하면서 이것을 우리나라에 전한 사람을 "망령되다."고 비판했다.[129] 최석정(崔錫鼎, 1646-1715)은 서양 지리지식을 완전히 버리지는 않으면서도 "중국 구주(九州)가 아시아 땅의 북쪽 경계에 있어 그 설(說)이 넓고 크지만 허망한 거짓이며 황당무계해서 도리에 맞지 않는다."고 했다.[130] 신후담도 『직방외기』의 오대주(五大洲)설에 대해서 "저 유럽의 나라들은 바다 끝의 외딴 지역이자 오랑캐의 궁벽(窮僻)한 지방에 불과"한데 그 크기가 비슷하다고 해서 감히 중국과 "나란히 놓고 [오대주의 하나]로 혼칭(混稱)하는 것은 심히 사리에 맞지 않는다."고 비판했다.[131]

유학자들은 서양 의학에서도 부정적인 측면을 보았다. 예를 들어 서양 의학이 "규모와 언어가 전혀 달라서 받아들여 이해할 수 없는 바가 있다."는 위에서 인용한 이익의 말[132]에 바로 서양 의학의 부정적인 측면에 대한 인식이 담겨 있었다. 특히 인체 해부학 지식의 경우에는 위에서 보았듯이 기독교 교리와의 연결에 대한 반감도 작용해서 청대 유학자들 사이에 비판적인 시각이 많았다. 예를 들어 왕학권(王學權, 1730-1810)은 서양 의학서들이 인체에 대해 새롭게 보인 것이 있기는 하지만 "천착(穿鑿)의 폐단"을 면치 못했음을 지적했고, 유정섭(兪正燮, 1775-1840)은 서양 해부학의 성과를 인정하면서도 그것이 중국인의 장부(臟腑), 경락(經絡)과는 다르다고 하여 비판했다.[133] 조선의 신후담은 사람에게 영혼(靈魂) 이외에 '생혼(生魂)'과 '각혼(覺魂)'이 있어 죽은 후에는 생혼과 각혼은 없어지고 영혼만 존재한다는 서양의 '삼혼(三魂)'설에 대해 사람은 하나의 혼을 가지고 있을 뿐이라고 하면서 비판했다.[134]

이처럼 서양 과학의 결함들을 본 몇몇 유학자들은 서양의 천문학과 수학이 '리(理)'를 결여하고 있다는 생각까지 제기했는데, 이는 서양 천문학이 현상과 도수(度數)만이 아니라 '리'를 설명한다는, 위에서 본 서광계, 이지조 등의 생각과는 정반대되는 것이었다. 사실 서양인들이 '질측(質測)'에는 상세하지만 '통기(通幾)'를 논함에는 부족하다는 방이지의 유명한 언급에 서양 과학의 그 같은 결함을 보는 경향이 이미 담겨 있었다.[135] 물론 방이지가 서양 과학을 받아들이고 그 정확함을 인정했음은 사실이고 심지어는 서양 천문학을 받아들인 후에야 유가의 목표가 달성되었다고 말하기까지 했지만,[136] 그의 전반적 평가는 서양인들은 구체적 세부에만 몰두하고 역법의 리를 터득하지는 못했다는 것이었다. 방이지학파의 유학자 게훤(揭暄, c. 1625-1705)은 서양 천문학에 대해 "그 '설'이 정밀해질수록 그 '리'는 더 어두워지고, 그 계산이 확실해질수록 그 '고(故)'는 더 갈라진다."고 이야기했다.[137] 서양 역법이 우수하다고 하는 것은 관측과 예측이 정확하고 자세한 면에서는 옳지만 법의(法意)에 대한 깊은 이해의 면에서는 옳지 않다는 왕석천의 이야기도 같은 취지였다.[138] 서양 천문역법에 대한 이 같은 비판적인 생각은 조선 유학자들 사이에도 퍼졌다. 서양 과학지식을 받아들여 『주역』에 바탕한 우주론 체계들을 구성해낸 김석문(金錫文, 1658-1735), 서명응 등이 그런 경향을 보였고,[139] 윤행임(尹行恁, 1762-1801)은 역가(曆家)들이 서양 역법을 종(宗)으로 삼지만 자신은 그것을 받아들일 수 없다고 하면서 서양 역법은 "그 '수'를 살펴보면 맞지 않은 일이 없는데 그 '리'를 살펴보면 큰 차이가 있다."고 이야기했다.[140]

서양 과학이 중국에 도입되는 과정에서 볼 수 있는 몇 가지 측면들이 서양 천문학에 대한 이 같은 유학자들의 생각에 영향을 미치기도 했다. 우선 예수회사들이 가져온 서양 천문학은 다양하고 때로는 서로 모순되기도 하는 잡다한 지식들로 단일한 일관된 체계를 구성하지 못했다는 점을 들 수 있다. 예컨대 예수회사들의 서양 천문학은 프톨레마이오스(Claudius Ptolemaeus, c. 100-170), 티코(Tycho Brahe, 1546-1601) 그리고 코페르니쿠스(Nicolaus Copernicus, 1473-1543)의 서로 모순되는 체계와 관념들을 포함했다.[141] 서양 과학의 한 가지 주제에 대해 여러 다른 경로와 출처를 통해 받아들여 혼동을 빚기도 했는데, 조선의 경우에는 더욱 심해서 장기간에 간행된 상호 이질적인 한역 서학서들이 중국으로부터 동시에 도입되어 혼동을 빚기도 했다.[142] 또한 예수회사들은 흠천감(欽天監)에서의 자신들의 지위를 계속 유지하기 위해 서양 지식의 보급에 소극적인 면도 있었고 때로는 이론적 기초는 제외하고 과학지식 자체만을 전수하기도 했다.[143]

9장

서양 과학의 도입과 중국

1절 중국을 통한 간접적 도입

앞 장에서 서양 과학기술에 대한 조선 유학자들의 인식과 태도가 중국 유학자들과 거의 같았음을 보았다. 사실 서양 과학을 받아들임에 있어 조선 유학자들은 거의 전적으로 중국에 의존했기에 이는 당연한 일이었다. 그들은 직접 서양인들과 접하거나 서양의 책을 읽음으로써가 아니라 거의 전적으로 중국의 서적을 통해서 서양 과학을 도입했던 것이다.[1]

조선 유학자들은 처음에는 예수회사들과 그들의 협력자인 중국 학자들이 한역(漢譯)하여 중국에서 간행한 서양 서적들을 통해 서양 과학기술에 접했다. 1631년 정두원(鄭斗源, 1581-?) 일행이 명(明)에서 돌아오면서 『치력연기(治曆緣起)』, 『천문략(天問略)』, 『직방외기(職方外紀)』, 『원경설(遠鏡說)』, 『건곤체의(乾坤體義)』 등의 한역 서양 과학서들을 가져온 이래 소현세자(昭顯世子, 1612-1645), 김육(金堉, 1580-1658) 등이 『서양신법역서(西洋新法曆書)』를 도입해 오면서 조선 유학자들은 이들 서적들을 통해 차츰 서양 과학에 접하게 되었다.[2] 조선에서 처음으로 서양 과학의 다양한 주제들에 대해 논의한 이익(李瀷, 1681-1763)도 이렇게 도입된 『건곤체의』, 『직방외기』 등 한역 서양 과학서들을 통해 서양 과학지식을 받아들였던 것으로 보인다.[3] 사실 조선 유학자들은 중국으로부터 이 같은 '한역(漢譯) 서학서(西學書)'들이 들어오기 이전에는 서양에 대한 관심이 거의 없었다. 물론 그 이전에도 조선 유학자들은 표류해 온 서양인들에 직접 접할 기회가 있었지만 그런 외국인들에 대해 별 관심을 보이지 않았는데, 예수회사들이나 중국 학자들이 저술한 천문역법, 수학 등의 한문 서적들에 접한 후 그에 대해 관심을 지니고 더 알고 공부해보고자 하는 생각을 하게 되었던 것이다.

조선 유학자들에게 서양 선교사들과 직접 접할 기회를 제공했던 연행(燕行)도 서양 과학의 중국을 통한 간접적 도입이라는 기본적인 성격을 크게 바꾸지는 못했다. 사실 17세기 중반까지는 연행사(燕行使)들은 서양이나 서양인들에 대해 별 관심을 표하지 않았다. 물론 천문 서적, 세계지도 등이 연행사들이 북경에서 구해 와서 왕에게 바치는 주요 품목이었던 것은 사실이지만 그런 것들이 조선 유학자들 사이에 서양 과학 자체에 대한 관심을 크게 유발하지는 못했다. 18세기에 들어서 청나라에 대한 조선 유학자들의 적대적 정서가 완화되면서 연행 간 조선 유학자들이 예수회사들과 직접 만나 대화하는 경우들이 더 잦아졌고, 서양 과학 관련 기물(器物)이나 서적 등을 입수해서 조선으로 가져오는 일도 더 많아졌으며, 드물게는 조선 유학자들이 예수회사들을 직접 만나 서양 과학에 대해 논의하는 일도 있었다. 예를 들어 1720년 연행한 이기지(李器之, 1690-1722)는 서양 선교사들을 접촉하며 천문 서적과 의기(儀器)를 얻으려고 노력했으며,[4] 1765년 연행한 홍대용(洪大容, 1731-1783)의 연행록에도 그가 서양 선교사 할러슈타인(August von Hallerstein: 劉松齡, 1703-1774), 고가이슬

(Anton Gogeisl: 鮑友管, 1701~1771) 등과 만나 서양의 언어, 복식(服飾), 풍습 등과 아울러 천문역법, 지리, 수학, 혼천의(渾天儀), 망원경, 자명종(自鳴鐘) 등에 관해 대화한 내용이 담겨 있다.[5] 물론 그 같은 서양의 서적이나 기물, 그리고 서양인들과의 만남에 대한 기록이 조선 유학자들에게 서양 과학에 대한 흥미를 유발시키는 계기가 되었을 것이지만, 언어를 비롯한 여러 가지 제약 때문에 조선 연행사들이 직접 예수회사들과 서양 과학에 대해 깊은 논의를 하기는 힘들었고 결국 조선 유학자들이 서양 과학에 접한 주된 통로는 계속해서 한역 서양 과학서들이었다.

이후 중국 역법의 구체적 내용을 이해하고 그 계산법을 익히고자 하는 조선 조정의 방침과 연행 간 유학자 개인들의 관심에서 많은 한역 서양 과학서들이 조선에 들어오게 되었다. 시간이 가면서 중국 학자들이 직접 서양 과학에 대한 논의를 담은 책들을 내놓게 되면서 조선 유학자들은 차츰 중국 학자들의 책들에 포함된 내용에 의존해서 서양 과학을 받아들였다. 예컨대 매문정(梅文鼎, 1633~1721)의 『역산전서(曆算全書)』가 조선에 유입된 후에 천문역산에 관심을 가진 조선 유학자들은 매문정의 저술에 많이 의존했다.[6]

18세기 중, 후반에 이르러서는 조선 유학자들 사이에 서양 과학 서적들이 비교적 널리 유통되었다.[7] 물론 연행 간 유학자들이 가져온 서적들은 대부분의 경우 중국의 정부나 관변 학자들이 역법의 필요 등을 위해 편찬한 책들로, 이 책들은 서양 과학 자체에 대한 직접적인 관심보다는 조선의 역서(曆書) 계산을 위한 목적에서 중국의 역법을 이해하기 위해 필요한 것들이었지만,[8] 조선 유학자들은 그런 서적들을 통해 지구설(地球說), 천체의 운행, 일월식 등에 대해 그동안 지녀왔던 전통적 지식과는 전혀 다른 서양의 과학지식에 접하게 되었고 차츰 서양 과학지식에 관심을 가지고 받아들이는 사람들이 나타났다. 그리고 그런 식으로 접하게 된 서양 과학지식에 대한 관심과 이해가 조선 유학자들 사이에 점점 깊어지면서 나중 서호수(徐浩修, 1736-1799) 같은 사람은 『기하원본(幾何原本)』, 『동문산지(同文算指)』 등 초기의 한역 서학서들만이 아니라 『율력연원(律曆淵源)』 같은 책들을 섭렵하고 거기에 담긴 서양 과학지식을 소화하는 단계에 이르렀다.[9]

조선 유학자들은 이처럼 중국의 서적을 통해 서양 과학지식을 접했을 뿐 아니라, 실제 서양 과학에 대한 정보를 얻고 서적들을 구하는 데서도 중국 학자들을 통하는 경우가 많았다. 예컨대 홍대용은 1767년 반정균(潘庭均)에게 보낸 편지에서 『천학초함(天學初函)』을 평생토록 보고 싶었지만 보지 못했다고 하면서 혹 구할 수 있으면 보내달라는 뜻을 완곡히 표현했다.[10] 홍양호(洪良浩, 1724-1802)도 1782년, 1784년 두 차례 연행길에 알게 된 기윤(紀昀, 1724-1805)에게 1797년 편지를 보내 서양의 천문계산법, 의기(儀器), 기예(技藝)는 물론 '십이중천(十二重天)', '한(寒)', '열(熱)', '온(溫)'의 '삼대(三帶)'와 해, 달, 별들의 크기와 궤도('廣輪') 등에 대한 논의는 그간 유가(儒家)에서는 나온 적이 없는 것들이기는 하지만 근거가 있는 것이므로 이단(異端)의 가르침이라고 해서 폐할 수가 없음을 이야기한 후, 자신은 서양인들의 책을 볼 수가 없으니 기윤의 고견을 듣고 싶다고 하면서 그에 대한 정보를 보내줄 것을 요청했다.[11]

이처럼 중국을 통한 '간접적' 도입에만 의존하는 상황에서 조선 유학자들이 서양 과학지식에 접하는 데에는 제약이 있었음은 당연했고 그에 따라 그들의 서양 과학 이해의 수준에도 한계가 있을 수밖에 없었다.[12] 예컨대 황윤석(黃胤錫, 1729-1791)이 "일생 서양 역상(曆象)의 학문을 연구했다."고 평가한 정철조(鄭喆祚, 1730-1781)도 4장에서 언급했듯이 『기하원본』이나 『수리정온』 같은 책의 성격이나 내용에 대해 제대로 알고 있지 못했다.[13]

그럼에도 불구하고 조선 유학자들은 중국을 통한 서양 과학의 이 같은 '간접적' 도입에 대체로 만족하고 있었던 것으로 보인다. 중화 문화권의 '주변'에 위치한 조선으로서 외부로부터의 새로운 문화요소의 도입을 '중심'인 중국에 의존하는 것을 당연시했던 것이다. 이 같은 상황은 19세기 후반에도 상당 기간 지속되었다. 서양 근대 천문학지식도 전문적 서양 천문학 서적이 아니라 여러 한역 서양 과학서 속의 단편적 지식의 형태로 유입되었다. 예컨대 최한기(崔漢綺, 1803-1877)가 여러 가지 서양 천문학지식을 자신의 저술에 포함시키고 있었지만 그 내용은 전적으로 중국의 서적들에 의존했다.[14] 그는 주로 홉슨(Benjamin Hobson, 1816-1873)의 『박물신편(博物新編)』과 허셀(John Herschel, 1792-1871)의 『담천(談天)』을 통해 서양 천문학지식에 접했던 것으로 보이는데, 『박물신편』은 과학 전반에 대한 소개서 정도에 지나지 못한 반면 『담천』의 경우는 그에게는 너무 어려운 전문적 내용으로, 이 두 책을 통해 그가 서양 근대 천문학을 제대로 이해하기 힘들었을 것이고, 그 한계는 그의 저술에 그대로 반영되어 나타났다.[15]

이렇듯 지식과 문화의 도입을 '중심'인 중국에 의존한다는 것은 '주변' 조선 사인들의 머릿속에 당연한 것으로 깊이 각인되어 있어서 그들은 개화기에 이르러서도 서양에 관한 지식은 중국으로부터 얻을 수 있는 것으로 충분하다고 느꼈던 것으로 보인다. 온건개화파 지식인들에게도 중국이 여전히 서양의 새 문화에 대한 관문 역할을 했고 이들 사이에는 중국을 근대 문명의 발원지로 생각하는 경향도 있었다. 1881년 김윤식(金允植, 1835-1922)의 인솔 하에 청에 파견된 영선사행(領選使行)을 통해 많은 한역 서양 과학서가 도입되었는데 1883년 창간된 〈한성순보(漢城旬報)〉와 1886년의 〈한성주보(漢城周報)〉는 주로 이러한 서적들에 바탕하여 서양 과학지식을 소개했다.[16] 1898년 창간된 〈황성신문(皇城新聞)〉의 서양 과학 및 문물 소개 기사들도 중국 신문기사들에 주로 의존하고 있었다.[17] 이런 상황에서 개화기 조선의 지식인들은 서양 언어를 배우려는 생각조차 거의 지니지 않았던 것으로 보인다.[18] 이 같은 상황은 나중에 급진개화파들 사이에서 중국에 대한 부정적 의식이 퍼지고 일본에의 의존이 심화된 후에도 상당 기간 지속되었고 조선이 일본의 식민지가 된 1910년대 이후에야 서양 지식 도입의 주된 경로가 중국에서 일본으로 바뀌었다.

조선이 서양의 과학을 이처럼 중국을 통해 간접적으로 받아들인 과정과 관련해서 몇 가지 서로 연관된 가능성들을 상정해볼 수 있다. 우선, 중국이 이미 받아들였다는 사실 때문에 조선 유학자들이 더 쉽게 서양 과학지식을 받아들였을 가능성이 있다. '중심'인 중국이 서양 과학을 받아들였다는 사실은 '주변'인 조선인들에게 그것이 '중심' 중국에 의해 공인되었다는 의미를 지녔을 수도 있고, 중국이 그것을 받아들이는 과정에서 서양 과학지식 자체가 어느 정도 '중국화'됨으로써 조선 유학자들이 서양 과학지식의 외래성을 덜 느끼게 되었을 수도 있다. 또한 조선이 어차피 외국인 중국으로부터 과학지식을 도입해온 오랜 관행 때문에 서양으로부터 과학지식을 도입하는 데에 조선 유학자들이 저항감을 덜 느꼈을 가능성도 생각해볼 필요가 있다.[19] 더 일반적인 차원에서 보면, 중국을 통한 조선의 서양 과학 도입 과정은 '주변'인 조선이 또 다른 '주변'인 서양으로부터의 지식이나 기물을 '중심'인 중국을 통해 받아들이는 과정이었고, 이는 임종태가 지적하듯이 중국이 "보유한 국제적 문화의 한 단면"을 수용하는 것으로 볼 수 있다.[20]

이 같은 측면들은 서양 천문학에 기반한 역법인 청의 시헌력(時憲曆)에 대한 조선 유학자들의 태도에서 잘 드러난다. 시헌력이 오랑캐 서양인들의 천문학에 바탕한 것이라는 데 대한 조선 유학자들의 반감은 크지 않았다. 위에서 언급했듯이 중국이 받아들임으로 인해서 조선 유학자들에게 서양 역법의 외래성이 줄어들었다고 볼 수도 있으며, 어쨌든 중국이 이미 받아들였다는 사실이 조선 유학자들로 하여금 더 쉽게 서양 역법을 받아들이도록 해주었을 수 있는 것이다. 실제로 조선 정부가 시헌력을 받아들이는 결정을 했을 때 그것은 서양 역법을 받아들이겠다는 것보다는 중국이 채택한 새 역법을 받아들이는 것이었고 그런 의미에서 조선의 시헌력 채택은 원(元, 1280-1367), 명(明, 1368-1643)대 이래 중국의 새 역법을 채택해온 오랜 관행의 지속이었다고 할 수 있는 것이다.[21] 서학(西學)에 대한 강력한 반대자들마저도 서양 천문학에 바탕한 역법인 시헌력 채택을 결국 수용했다는 사실 또한 중국의 역법을 받아들여 사용할 수밖에 없었던 당시 조선의 상황을 말해준다.[22]

　실제로 서호수는 『상위고(象緯考)』의 「역상연혁(曆象沿革)」에서 우리나라의 역법의 흐름을 기술하면서 시헌력이 서양 역법이라는 데에 큰 의미를 부여하지 않고 고대부터 중국 역법을 도입해온 계속된 과정의 일환으로 시헌력 도입에 대해 기술했다.[23] 그리고 시헌력 도입 이후 실제 역법의 계산법을 중국으로부터 배워 오는 과정도 앞선 시기 원과 명으로부터 역법을 배워 오던 때와 다를 바가 없었다.[24] 사실 조선 유학자들은 서양의 천문학 서적들과 그 저자들에 대해 이야기하면서 굳이 서양임을 밝히지 않고 그동안 중국의 역법 서적이나 저자들을 지칭할 때 사용해온 '역서(曆書)'나 '역가(曆家)' 등의 표현을 그대로 사용하는 경우가 많았다. 어쩌면 조선 유학자들이 한역된 서양 과학서들을 접해서, 더구나 그 서양인 저자들의 한자 이름과 책 속에 담긴 한자 전문용어들에 접해서, 그것들이 중국이 아니라 서양의 것이라는 점을 항상 의식하지 않았을 가능성도 있다.

2절 중국 과학 전통의 우수성 재확인

앞의 8장에서 유학자들이 서양 과학의 부정적 측면과 결함을 찾고 그에 대해 비판하게 되었음을 보았는데, 이는 결국은 중국의 과학이 서양보다 더 우수하다는 생각으로 이어지게 되었다. 시간이 지나면서 중국의 과학이 서양인들의 것보다 더 우수하다고 주장하는 유학자들이 실제로 나타났다. '방이지학파'의 학자들은 위에서 보았듯이 서양 천문학이 정밀해질수록 그 '리'는 더 어두워진다고 했던 게훤(揭暄, c. 1625-1705)의 『선기유술(璇璣遺述)』(1675년 간행)을 계기로 중국과 서양 과학의 상대적 우수성이 역전(逆轉)되었다고 믿었다.[25] 예컨대 방이지(方以智, 1611-1671)는 게훤의 우주론적 논의의 성취들을 열거한 후 그것들 각각에서 그가 서양 학자들보다 우위에 섰다고 평가했다.[26] 다른 유학자들도 게훤에 대한 그 같은 높은 평가에 동조했다. 매문정은 게훤이 "서양의 기법(術)을 깊이 통했는데 그에 더해 별도의 깨달음을 얻었다."고 했다.[27] 중국의 과학이 서양 과학보다 더 우수하다는 생각은 차츰 유학자들 간에 주된 입장이 되었다. 중국 유학자들이 중국의 과학 전통에 대해 더 잘 알게 되면서, 그 우수성에 대한 그들의 확신은 더 굳건해졌던 것이다. 중국 과학이 서양 과학보다 우수함을 단언하는 완원(阮元, 1764-1849)의 『주인전(疇人傳)』에서 이같은 확신은 궁극적인 모습을 띠었다. 완원은 유학자들만이 역(曆)의 '리(理)'를 이해하므로 역서 제작은 외국인들이 아니라 유학자들의 손에 맡겨져야 한다고 주장했다.[28]

중국 과학 전통의 우수성에 대한 확신은 유학자들로 하여금 서양 과학의 관념과 지식을 중국 과학 전통의 틀 속에 담으려고 시도하도록 하기도 했다. 사실 숭정(崇禎) 개력(改曆) 작업 자체가 서양 천문학지식과 방법을 전통 중국의 태음력(太陰曆) 체계에 수용하려는 시도였다. '방이지학파'

에 속했던 유학자들이 서양 과학 관념들을 전통 중국의 우주론 체계 안에 포함시키려 했던 작업들도 같은 성격의 것들이었다.[29] 그런 작업이 얼마만큼 진행이 된 18세기 말 『사고전서(四庫全書)』 편찬자들에게는 중국 과학 전통이 서양 과학지식 전부를 포괄하는 틀이 되기에 이르렀다.[30]

조선 유학자들도 서양 과학 자체가 아니라 중국 유학자들에 의해 소화되고 재구성된 서양 과학을 받아들이게 되었다. 시헌력을 통해 조선이 받아들인 것도 서양의 천문학 자체가 아니라 중국 대통력(大統曆)의 틀 속에 담긴 서양 천문학지식이었다. 조선 유학자들 사이에서는 서양의 과학지식을 전통적인 경학(經學), 특히 역학(易學)의 틀 속에 받아들여 이해하는 경우가 많았다. 예컨대 정제두(鄭齊斗, 1649-1736)는 서양 천문역법지식을 역학(易學)의 틀 속에 "새롭게 짜맞추고자 하였"으며,[31] 서양 천문, 우주론 지식을 선천역학(先天易學)의 틀 속에서 해석했던 서명응(徐命膺, 1716-1787)의 경우에 대해서는 아래 절에서 자세히 보게 될 것이다.

서양 과학지식을 중국 과학 전통의 틀 속으로 받아들이는 이런 분위기 속에서 지구설에 바탕한 리치의 서양 세계지도도 전통 중국지도의 틀 속으로 포함되었다.[32] 지구설에 바탕한 세계지도들에서도 전통적인 중화주의적 관념은 유지되었는데, 서양 지리지식을 받아들여 세계 전체를 포괄하는 중화주의적 지리지(地理誌)들도 출현했다.[33] 서양의 천문학지식이 중국의 점성술 체계 속으로 수용된 것도 같은 종류의 시도였다. 중국 점성술의 믿음과 실행들은 서양 천문학의 도입 이후에도 지속되었고 시헌력 채택 이후에도 역서(曆書)는 점성술적 기능을 지녔고 계속해서 점술가들에 의해 사용되었다.[34] 유학자들도 서양 천문학지식을 채택한 이후에도 점성술에 대한 관심을 지속해서 지녔고 서양의 천문학과 점성술 지식을 중국 점성술 체계 속에 집어넣으려고 노력했다. 예컨대 설봉조(薛鳳祚, 1600-1680)는 스모글렉키(Nikolaus Smogulecki: 穆尼閣, 1611-1656)로부터 서

양 점성술 지식을 열심히 배워 자신의 역법 틀 속에 집어넣었다.[35]

"저쪽의 재질(材質)을 녹여 대통(大統)의 모형 속에 넣자(鎔彼方之材質, 入 大統之型模)."라는 서광계의 유명한 슬로건은 그 같은 작업을 지칭하는 것 이었다. 서광계가 '대통(大統)'이라는 말을 사용한 것을 보면 그가 서양 천 문학의 자료들을 대통력(大統曆)으로 대표되는 중국 전통 역법체계 속에 포함시키려고 했음을 말해준다.[36] 서광계의 슬로건은 후대 유학자들에게 큰 공감을 일으켰고, 많은 유학자들이 인용하고 논의했다.[37] 17세기 후반 서양 천문학에 능했던 중국의 '역산 대가' 세 사람─매문정, 왕석천(王錫 闡, 1628-1682), 설봉조─이 모두 서광계의 슬로건을 약간씩 변형된 형태 로 인용했고, 그런 일은 그 후로도 많은 유학자들에 의해 지속되었다. 조 선에서도 많은 유학자들이 서광계의 슬로건을 여러 가지 형태로 인용했 다. 서호수는 『증보문헌비고(增補文獻備考)』「상위고(象緯考)」에서 서광계의 슬로건을 인용하면서 '저쪽(彼方)'이라는 표현을 '서양(西洋)'으로, '재질(材 質)'을 '산법(算法)'으로 바꾸어 더 구체적으로 밝혔고 이것이 "참으로 공 론(公論)"이라고 덧붙였다.[38] 이청(李晴)은 이를 더 변형시켜 "서양의 산(算) 을 녹여 중토(中土)의 틀(型)에 넣자."고 썼으며,[39] 남병철(南秉哲, 1817-1863) 은 "서인(西人)의 자질(資質)을 녹여 중국의 형범(型範)에 돌려보내자."라고 하여 더욱 변형된 형태로 인용했다.[40]

3절 서양 과학 중국기원론

이 장의 첫 절에서 조선이 서양 과학을 도입함에 있어 중국에 전적으로 의존하고 중국을 통한 '간접적' 도입에 만족했음을 보았으며, 이어지는 절에서는 그 같은 상황에서 조선 유학자들이 중국 과학이 서양 과학보다 우수하다는 중국 유학자들의 생각을 받아들이고, 그들을 좇아 서양 과학지식을 중국 과학 전통의 틀 속에 담으려 했음을 보았다. 이에서 더 나아가 조선 유학자들은 서양 과학지식이 원래 중국에서 유래했다는 중국 유학자들의 생각 또한 받아들였다.

1. '서학중원론'

높은 수준의 서양 과학지식에 접한 17세기 중국 유학자들은 이를 받아들이면서 자신들이 처하게 된 갈등의 상황을 '서학중원(西學中源)', 즉 서양 과학이 중국에서 기원했다는 관념을 통해서 해결하려고 시도했다. 그들은 당시 중국에 들어오고 있는 서양 과학의 개념들과 중국의 것들 사이의 유사성을 찾았고 그것들이 중국 고대에 기원했다고 믿었다. 고대 중국의 황금기에 중국인들이 그 같은 지식을 가지고 있었는데 후대에 그것이 서양으로 전해졌고 그 후 중국에서는 사라진 지식을 서양인들이 발전시켜 다시 중국에 전하게 되었다는 생각을 통해 자신들이 오랑캐 서양인들의 지식을 받아들여야 하게 된 난감한 상황을 정당화했던 것이다.[41] 중국 유학자들은 서양 오랑캐들이 고대 중국의 높은 수준의 문화와 학문을 받아들여 자신들의 문화와 학문을 더 발전시키고 높은 수준을 성취했다고 인식한 것인데, 서양 과학의 중국 기원에 대한 이 같은 믿음의 바탕에 결국 중화 문명의 탁월성과 보편성에 대한 유학자들의 확신이 존재했다.

사실 중국의 전통, 그중에서도 유가 전통의 우수성에 대한 중국 유학자들의 믿음은 거의 절대적이었다. 그들은 학문, 사회제도, 도덕적 가치, 심지어는 언어에 이르기까지 중국 문명의 모든 영역들이 중국을 제외한 나머지 세계의 '오랑캐들'의 그것들에 비해 우수하다고 확신했다. 중국 전통문명의 보편성과 탁월성에 대한 확신은 고대 중국 문명의 황금기에 대한 믿음으로 이어졌다. 특히 고대 성인들의 시기가 중국의 문명이 최고에 달한 황금기였고 성인들이 쓴 경전(經典)들에 모든 진리가 담겨 있다는 믿음이 중국 유학자들 사이에 널리 퍼져 있었다. 그리고 이런 믿음은 이 세상에서 가치 있는 모든 것은 중국에서 기원했고 중국 고대 경전(經典)에 담겨 있어야 한다는 생각을 낳았고, 그렇다면 중국보다 우수한 것으로 보이는 서양의 과학지식 또한 그 기원이 사실은 고대 중국일 수밖에 없게 되었다. 결국 서양의 과학은 문화의 황금기인 고대 중국의 과학을 받아들여 발전시킨 것이라는 생각이 자리잡았고, 많은 중국 유학자들이 고대 중국에 높은 수준의 과학이 존재했고 그것이 서양 과학의 원류였다고 믿게 되었다. 예를 들어 그들은 중국 고대의 『주비산경(周髀算經)』이 동서양의 모든 천문학 및 수학지식의 원류였고 모든 수학지식이 『구장산술(九章算術)』의 범주를 벗어나지 않는다고 믿었다.

중국 유학자들은 서학중원론을 주로 서양 과학지식의 수용을 옹호하는 논리로 사용했다. 비록 오랑캐 서양인들의 것이지만 원래 중국에서 기원한 것이므로 그것을 받아들이는 것이 문제가 될 수 없다는 논리였다. 그러나 서학중원론은 그 외에도 여러 맥락에서 다른 목적으로 사용되기도 했다. 예를 들어 강희제(康熙帝, 재위 1662-1723)는 서학중원론을 청 왕조의 통치를 정당화하는 데에 이용했다. 중국이 잃어버린 고대 중국의 역법을 받아들여 발전시켜온 서양인들로부터 역법을 다시 받아들인 것이 바로 청 황실이라는 것이었다.[42] 이에 반해 황종희(黃宗羲, 1610-1695), 방이지 같은 명의 유신(遺臣)들은 원래 중국의 성인들로부터 유래한 것을 서양의 오랑캐들로부터 불완전한 형태로 받아들인 청 왕조를 깎아내리는 데에 서학중원론을 사용했다. 또한 서학중원론에 동조했던 사람들이 모두 서양 과학에 호의적이었던 것만도 아니었다. 예컨대 서학중원론의 초기 주창자들 중에서도 웅명우(熊明遇, 1579-1649) 같은 사람은 서양 천문학을 이해하여 받아들이고 그것과 중국 역법 사이의 종합을 이루어내려는 경향을 보였지만,[43] 방이지 같은 사람은 중국의 전통으로 돌아가서 그것을 옹호하는 쪽으로 향했다.[44] 실제로 중국의 전통 천문역법을 고수하고 서양 천문학의 도입을 반대했던 사람들 중 많은 수가 서학중원론에 바탕해서 서양 천문학을 깎아내렸다.

2. 조선의 서학중원론 수용

만주족 청에 패해 복속하는 수모를 당한 조선 유학자들 사이에서는 청에 대한 '반청(反淸)' 감정이 널리 퍼져 있었고, 반(反)오랑캐 정서의 분위기 속에서 그들은 중화사상에 더욱 집착했다. 그들은 중국의 전통, 그중에서도 유가의 전통에 대한 깊은, 때로는 중국인들 자신보다 더 깊은 존경심을 보였다. 특히 고대 중국의 지식과 제도에 대해 강한 믿음을 지녔는데, 그중에서도 중국 고대 경전에 대한 믿음은 거의 절대적이어서 그들에게 경전은 모든 지식의 궁극적인 원천이었다. 이런 상황에서 서양 과학을 접하게 된 조선 유학자들은 서학중원론을 자연스럽게 받아들였다. 반(反)오랑캐 정서와 중화사상이 지배하는 상황에서 서양인들의 과학이 고대 중국에서 기원했다는 생각은 조선 유학자들에게 오랑캐인 서양인들의 과학을 받아들이는 일을 합리화하는 논리를 제공해주었던 것이다. 더구나 중국 유가 전통을 자신들의 전통으로 생각하던 그들에게 서양 과학이 고대 중국에서 기원했다는 것은 그것이 바로 자신들의 전통에서 기원했다는 의미가 되는 셈이었다. 이는 외부 문화요소의 도입 과정에서 '주변'인 자신들을 '중심'인 중국과 일체화시키는 조선 유학자들의 경향을 보여주는 것으로, 서양 과학의 원래 기원이 자신들의 전통에 있었다는 주장을 펴면서 그들이 자신들의 전통이라고 생각한 것은 조선의 고대가 아니라 고대 중국이었던 것이다.

서학중원론은 비교적 늦게, 아마도 18세기 후반에야 조선에 들어온 것으로 보인다.[45] 이때쯤에는 서양 과학의 우수함이 조선 유학자들 사이에 어느 정도 받아들여진 상황이 서학중원론의 수용에 기여했을 것으로 생각된다. 이런 상황에서 조선 유학자들은 여러 중국 서적 및 한역 서학서들을 통해 서학중원론을 받아들였는데, 그중 가장 중요한 영향을 미친 것은 당시 많은 조선 유학자들이 열심히 공부했던 『역학의문(歷學疑問)』 등 매문정의 역산서들이었다.[46]

조선에서 처음 서학중원론을 천명한 사람이 서명응이었다는 견해가 대체적으로 받아들여지고 있다.[47] 물론 이익 같은 사람도 지구설이나 땅의 둘레가 9만 리(里)라는 서양의 학설들이 과거 중국에 있었다는 생각을 표현하기는 했지만,[48] 서양 과학지식이 중국에서 유래했음을 분명히 구체적으로 주장하고 이를 서양 과학 수용의 논리로 처음 제기한 것은 서명응이었던 것이다.

서명응은 서양 천문학이나 우주론의 구체적 지식이 고대 중국 문헌들의 내용과 부합됨을 주장했다. 예컨대 그는 명 말에 중국에 들어온 서양 천문학이 정확하지만 "그 법은 모두 『주비(周髀[算經])』를 기초로 해서" 주야(晝夜), 절기(節氣)의 차이, '지구(地球)', '이차(里差)' 이론 등이 모두 「요전(堯典)」이나 『대대례기(大戴禮記)』 등 중국 고대 문헌들의 내용과 "꼼꼼히 들어맞는다."고 이야기했다.[49] 이렇게 서양 천문학지식의 기원을 중국 고대에서 찾은 서명응은 서양 천문학만이 아니라 천문학 자체가 복희(伏羲)에서 유래했다고 주장했다. 그는 선천역(先天易)의 틀 속에서 천문학지식을 논의한 『비례준(髀禮準)』의 서문을 "천문과 상수(象數)는 복희씨로부터 시작했다."는 말로 시작했는데,[50] 이어지는 그의 논의에 따르면, 복희 이후에는 요(堯), 순(舜)과 하(夏), 상(商)을 거친 후 주나라의 주공(周公)이 구고

(句股)의 법술(法術)을 논하고 『주비산경』을 지었으며 그에 근거해 천문을 관측하고 관제를 정해 『주례(周禮)』를 지었고, 이에 천문이 크게 발전했다.[51] 그러나 이 같은 수준 높은 중국 고대의 천문역법이 진나라의 분서(焚書)를 겪으면서 중국에서는 쇠퇴했고 한나라 이후 『주례』, 『주비산경』 두 책이 세상에 다시 나왔지만 유가 핵심 경전이 된 『주례』와는 달리 『주비산경』은 술가(術家)의 책으로 간주되어 천여 년 동안 인정받지 못했다는 것이 서명응의 생각이었다.[52] 서명응은 이런 상황에서 명 말 유입된 서양 천문학이 한결같이 '주비'의 법에 기초하고 있었고 정확했음을 서학중원론을 통해 설명했다. 이는 주나라가 망하면서 외국으로 피신한 '주인(疇人)'들이 고대 중국 천문역법을 서양에 전했기 때문이라는 것이었다.[53]

이렇듯 서양 지식의 기원을 중국 고대에서 찾은 서명응은 그 같은 서양의 지식과 중국의 전통적 천문학 및 우주론 지식을 복희(伏羲)의 「선천방원도(先天方圓圖)」에 바탕한 선천역(先天易)의 틀 속에 집어넣어 해석했다.[54] 그 과정에서 서명응은 중국에서 기원한 서양 천문학지식과 선천역의 관계를 '체(體)'와 '용(用)'의 개념을 사용해서 설명했다. 서양 천문학 및 우주론 지식, 그리고 역법의 구고 계산법은 '용'이었고, 역학, 특히 복희의 선천역이 '체'였다는 것이다. 서명응에 따르면, 고대 중국에는 '체'와 '용'이 함께 있었다가 '용'이 중국에서 사라져 서양으로 갔고, 서양에서 발전되어 중국으로 돌아왔다. 서양에서 받아들인 '용'은 결국은 고대 중국의 '용'이었던 것이고, '체'는 계속 중국에 있었던 것이다.

'체'-'용'을 통한 서명응의 설명은 그가 보는 서양 천문학의 결함에 대한 설명도 가능하게 해주었다. 고대에 중국으로부터 서양으로 간 것은 역법의 '용'에 불과했고 '체'는 결여하고 있었고,[55] 따라서 서양 천문학은 '용'에서는 정확하고 효율적이지만 '체'를 결여했기에 일관성 있고 체계적이고 근본적인 이론이 결여되었다는 것이다.[56] 그렇다면 서양 천문학의 이 같은 결함을 보완하기 위해 '체'를 다시 세워야 했는데, 서명응은 이를 역학(易學), 특히 선천역의 틀에서 찾았다. 어차피 원래 중국에서 기원한 서양 천문학과 우주론 지식을 중국의 '체'에 연결시킨 것이다. 실제로 그의 선천역의 틀은 서양 천문학, 우주론 지식만이 아니라 중국 전통 천문역법 지식도 포용했다.[57]

이후 서학중원론은 황윤석, 홍양호, 홍대용 등 다른 여러 조선 유학자들에 의해 받아들여졌다. 황윤석은 1760년대 중반 서명응으로부터 서학중원론을 전해 듣고 이를 받아들인 것으로 보이는데[58] 그는 서양 역산학의 정밀함을 인정하면서도 "그 역상의 범위가 또한 주비(周髀)를 넘어서지 않은즉, 그 설(說)이 비록 신기한 것 같지만, 그 '리(理)'는 이미 [중국의] 옛사람들이 이야기한 바가 있다"고 말했으며,[59] 홍대용이 연행 중 구입해 온 『수리정온』이 "서양 산법의 지극히 정밀한 바를 보여준다."는 김이안(金履安, 1722-1790)의 말에 대해서 "진실로 그렇지만, 이 '리'는 옛사람들이 이미 모두 이야기했고, 가령 옛사람들이 '수설(竪說)'했다면 서양인들은 반드시 횡설(橫說)하니 그 기이함을 좋아하고 새로운 것에 힘씀이 이와 같다. 수설과 횡설이 비록 다르지만 그 '리'는 하나이다."라고 응수하기도 했다.[60]

홍양호도 서양인들의 추보(推步)법이 정밀하여 청조(清朝)는 그들을 흠천감(欽天監)에 배치하여 지금도 쓰고 있지만 "그 주천(周天)의 도(度)는 희(羲), 화(和)의 범위를 벗어나지 않고 추보의 기법은 전적으로 황제(皇帝)의 구고(句股)를 사용한 것이니 이는 우리 유가(儒家)의 나머지"라고 말했고,[61] 홍대용도 요순 시기에는 선기옥형(璇璣玉衡)과 구고의 기법에 의지하여 천문지식이 떨쳤는데 이후 그 법상(法象)이 전해지지 않아 쇠퇴했지만, "서양의 법이 나온 이래 기기(機器)와 술법의 오묘함이 요순이 남긴 비결을 깊이 얻었다."고 하여 서양 천문학이 요순의 법을 전해 받은 것으로 이야기했다.[62] 그 외에 이가환(李家煥, 1742-1801), 서유본(徐有本, 1762-1822), 정약용(丁若鏞, 1762-1836) 등도 지구설이 『대대례기』나 『주비산경』 같은 중국 고대 문헌에 이미 담겨 있음을 지적했다.[63] 서학중원론은 19세기 중반 이후에도 한참 동안 조선 유학자들 사이에 퍼져 있었다.[64]

3. 서학중원론에 대한 다양한 태도

조선 유학자들은 서학중원론에 대한 그들의 반응—수용, 거부, 이용 등—에서 다양한 모습을 보였다. 조선 유학자들은 중국 유학자들이 그랬듯이 서학중원론을 다양한 방식으로 이용했다. 물론 가장 흔한 것은 서양 과학을 받아들이는 근거로 서학중원론을 이용하는 경우로, 서양 과학이 비록 오랑캐의 것이지만 원래 중국에서 기원한 것이므로 받아들이는 데 문제가 없다는 것이었다.[65] 그러나 서양 과학을 받아들이는 사람들 중에도 서학중원론을 근거로 해서 여전히 중국 전통의 우수성을 주장하는 경우도 있었다. 예컨대 서유본은 서양 천문역산지식을 그 정확함 때문에 받아들이면서도 그 같은 서양 지식의 수용 논리로 서학중원론을 내세우기보다는 고대 중국의 경전(經典)에 그 같은 정확한 지식이 이미 담겨 있었음을 지적함으로써 중국 고대 유가 전통의 우수함을 주장하는 편이었다.[66] 서양 과학의 지식이 대부분 고대 중국에서 기원했다는 이 같은 서학중원론의 생각을 서양 과학을 반대하거나 비판하는 근거로 사용하는 경우도 있었다. 예컨대 서양인들이 추보에만 능할 뿐이고 이는 복희, 황제, 요순의 고법을 부연한 것에 지나지 않는다고 했던 이헌경(李獻慶, 1719-1791)은 "설사 서양 추보(推步)의 학이 중국보다 낫다고 해도 단지 한 부분에 밝을 뿐이니 전혀 귀하게 여길 일은 아니며, 더구나 그것이 원래 중국 역법의 밖으로 벗어난 것이 아니니, 이 같은 점을 보면 그 지식과 도(道)를 믿는 것은 그 또한 미혹됨이 심하다."고 덧붙였으며,[67] 서양 천문학의 도움 없이도 중국 역법을 계속 운용할 수 있다고 주장했다.[68]

서양인들이 고대 중국으로부터 천문지식을 받아들인 후 이를 제대로 발전시키지 못했다는 비판도 제기되었다. 서양인들이 관측과 계산에만 능할 뿐 근본적인 틀은 발전시키지 못했다는 것인데 서양 천문학이 '용(用)'은 우수하지만 '체(體)'는 결여했다는 서명응의 생각도 그 같은 비판이었다고 할 수 있겠다. 그 외에도 윤행임(尹行恁, 1762-1801)은 정조의 천문책(天文策)에 대한 대책(對策)에서 서양의 역법에 대해 "그 '수(數)'를 검토해보면 들어맞지 않는 일이 없지만 그 '리(理)'를 검토해보면 크게 차이가 나는 일이 많음"을 지적했고,[69] "서양 역법이 스스로 '상(象)'과 '수'를 겸했다고 생각하지만 제 생각에는 상수(象數)에 파묻혀 '리'에 어두우며… 그 '리'를 얻지 못한즉 그 '상'과 '수'라는 것도 정밀할수록 더 차이가 난다."고 하면서, 서양의 역법을 두고 "학문이 사이(四夷)에 있다고 말할 수 있을 뿐 전적으로 신뢰할 수는 없다."고 이야기했다.[70]

서양 과학에 대한 이해가 깊어지면서 서양 과학과 중국 과학의 기원이 서로 다르다는 것을 인식하고 서학중원론에 대해 부정적인 태도를 보이는 사람들이 나타나게 되었다. 서학중원론자였던 홍양호가 서양 과학의 모든 것이 중국에서 기원한 것이 아니며, '12중천'설, 열대, 온대, 한대의 '삼대(三帶)'설은 중국에 없었던 것을 서양인들이 관측, 측량을 통해 밝힌 것이라고 지적한 바 있었는데,[71] 서호수, 이가환 등은 서학중원론에 대해 부정적 태도를 보이거나 아예 언급하지도 않았다.[72] 예컨대 서호수는 한편으로는 지구설이 중국 고대에 있었고 서양에서 시작된 것이 아니라는 매문정의 말을 인용했으면서도[73] 서학중원론에 대한 비판적 태도를 견지했고, 고대 주인(疇人)들이 흩어진 후 중국의 수학이 쇠퇴했음을 인정하면서도 중국의 수학이 서양으로 전파되었다고 말하지 않았다.[74] 서호수는 그 같은 독자적 발전을 이룬 서양 역법이 중국 전통 역법에 비해 우월하다고 주장했는데, 그 이유에 대해 그가 "서력(西曆)이 중력(中曆)에 비해 우수한 것은 '수'를 말함에 있어 반드시 그 '리'를 밝혔기 때문"이라고 한 것은 그 이유를 설명한 것이었다.[75] 이가환도 서양에서 건너온 지구설이나 구중천(九重天)설은 고대 성인들이 이미 밝혀놓은 것이라고 하면서도 중국의 천문역법이 서양에 건너갔다는 주장은 내어놓지 않았다.[76]

남병철(南秉哲, 1817-1863)은 서학중원론에 대한 반대 의견을 더 분명하게 표현했다.[77] 그는 서양 천문학이 중국에 비해 더 우수하다고 보았고 세차(歲差), 태양 운동속도의 최대최소에 대한 논의, 60진법(進法) 사용 등을 서양 천문학의 우수함을 보여주는 예로 들었다.[78] 그는 역법은 하늘의 측험을 위주로 하는 것으로 하늘의 현상과 변화는 "중국과 서양을 가리지 않으며 오직 정밀한 관측과 정교한 계산만이 이에 합치될 수 있다. 저 해, 달, 오성이 세간(世間)에 존화양이(尊華攘夷)의 의리가 있음을 어찌 알겠는가?"라고 말하고 서법은 정확한 데 비해 중법이 정확하지 않은 경우가 많은 것을 한탄하면서 "단지 하늘[의 현상]이 실제와 합치하는지 여부를 논할 뿐 사람이 중화인지 오랑캐인지를 논하지 않는 것이 가하다."고 덧붙였는데,[79] 고대 중국 '중화'의 천문역법에서 서양 천문학의 기원을 찾으려는 생각 같은 것은 받아들이지 않으려는 정서를 읽을 수 있다. 이 같은 생각을 지녔던 남병철은 주인(疇人)들이 흩어진 후 천문역산학이 도참(圖讖)에 빠지거나 「하도(河圖)」, 「낙서(洛書)」와 연결되어버렸다고 하면서도,[80] 그렇게 흩어진 주인들이 서양에 과학을 전했다고 하지는 않았다. 오히려 남병철은 중국 유학자들이 견강부회하여 '서학중원'을 꾸며내게 된 이유에 대해서, 사람들이 서양의 기계나 기술에 끌려서 서양인들의 종교인 천주교를 믿게 될 것이 두려워서였다는 설명을 제시했다.[81]

물론 남병철이 서양 문화와 과학의 모든 측면이 중국에 비해 우수하다고 생각한 것은 아니다. 남병철은 서양인들이 능한 것은 천문학 한 가지일 뿐 '덕(德)', '행(行)', '예(藝)' 등의 측면들에서는 중국이 능하다거나,[82] 그들은 주공(周公)이나 공자(孔子)를 알지 못하고 단지 윤선(輪船)이나 화포(火砲)만을 아는 자들이라고 지적했다.[83] 결국 유학자인 남병철에게는 천문학지식이나 무기, 군함 등은 부차적인 중요성을 지닐 뿐 중요한 것은 성인(聖人)의 학문이었다.[84] 남병철은 서양의 천문학을 받아들이면서도 결코 중화 문명의 우월성을 포기하지 않았고 서양인들이 능했던 천문학과 수학이 그에게는 결코 "사인(士人)과 군자(君子)의 학"이나 "성인의 학"이 될 수는 없었던 것이다.[85]

10장

후기:
한국 현대과학의 배경으로서
한국 전통과학

앞 장들에서 한국 전통과학의 배경을 여러 가지 측면들에서 살펴보았다. 그런데 이 같은 배경 속에서 전개되어온 한국 전통과학의 모습은 오늘날 한국 과학에서 찾아보기 힘들다. 그리고 이 같은 단절의 상황은 한국이 전통과학과는 별도로 전혀 새로운 현대과학을 형성하고 발전시키는 과정을 밟아 오늘날의 한국 과학의 모습을 지니게 되었기에 생겨났다고 볼 수 있다. 그러나 그렇다고 해서 한국 전통과학과 현대 한국 과학 사이에 연속의 측면은 없는 것인가? 나아가 한국 전통과학이 현대 한국의 과학에 아무런 영향도 미치지 않았을 수 있는가? 이 책의 마지막 장인 이 장은 위의 질문들을 염두에 두고 한국 근현대과학의 특징을 살펴보는 과정에서 그 동안 앞 장들에서 그 배경을 살펴온 한국 전통과학이 이번에는 거꾸로 한국 근현대과학의 '배경'으로 작용했음을 보게 될 것이다.[1]

19세기 후반 이후 한국 사회에서는 과학기술이 크게 강조되었다. 그리고 그 기간 동안 한국은 정치적, 사회적으로 많은 어려움을 겪으면서도 과학기술을 성공적으로 발전시킨 것으로 평가되어왔다. 특히 지난 반세기 동안의 한국 사회는 경제발전과 산업화에 눈부신 성공을 거두었다고 평가되고, 그것이 한국 과학기술의 성공을 나타내는 것으로 인식되기도 했다. 나 또한 이것이 근본적으로 잘못된 시각은 아니라고 생각한다. 그러나 그 같은 시각에서는 제대로 인식할 수 없는 몇 가지 뚜렷한 특성을 현대 한국 과학기술에서 찾아볼 수 있는데, 그러한 특성들이 생겨난데에는 지난 한 세기 반 동안 형성된, 과학기술에 대한 한국인들의 독특한 인식과 태도, 즉 한국인들의 '과학기술관(科學技術觀)'이 작용했고, 이는 더 길게 보면 전통 한국 사회의 과학기술의 특성들로부터 영향 받기도 했다.

물론 1980년대가 지나면서는 한국 과학이 내가 이 장에서 지적하는 특성들로부터 벗어나는 경향도 나타나기 시작했지만, 1950년대 이후 현대과학기술 형성의 초기 단계에서는 이 같은 특성들이 두드러졌다. 아래에서는 초기 단계에서 한국 현대과학기술 발전을 독특한 방향으로 이끌어가면서 독특한 문제들을 만들어내었던 특성들을 논의할 것인데 이들 특성들은 아직도 한국 과학기술에 영향을 미치고 있다.

1절 서양 과학기술의 도입

현재와 같은 형태의 과학기술이 한국 사회에 존재하게 된 것은 비교적 가까운 과거의 일이다. 그리고 그것은 근본적으로 서양에서 유래한 과학기술이 발전하여 이루어진 형태이다. 물론 전통 한국 사회에도 천문역법, 수학('算學'), 화성학(和聲學; '律呂'), 의학, 풍수(風水) 및 각종 기예(技藝) 분야에서 과학기술적 전통들이 존재했지만, 현대에 들어 한국이 과학기술을 발전시키려는 노력을 시작했을 때, 그것은 이들 전통 분야들과는 거의 완전히 단절된 서양의 과학기술을 대상으로 했다.

8장에서 보았듯이 한국이 서양 과학기술을 도입하는 과정은 17세기 초 중국으로부터 들여온 서양의 책과 기물(器物)들에 몇몇 유학자들이 관심을 갖게 되면서 시작되었다. 그 같은 서양의 책과 기물들 중에서 그들은 특히 과학기술과 관련된 것들에서 깊은 인상을 받았다. 그러나 19세기 말에 이르기까지는 서양 과학기술이 한국 사회에 별로 큰 영향을 미치지 못했다. 그리고 그 후 서양 과학기술을 도입하려는 적극적인 노력을 기울이기 시작하고서도 한국은 동아시아의 인근 두 나라인 중국과 일본에 비해, 특히 훨씬 일찍부터 그리고 훨씬 적극적이고 효과적으로 서양 과학기술의 도입과 동화(同化)에 노력한 일본에 비해 성공적이지 못했다. 주로 정치적으로 소외당하고 종교적으로 박해받던 소수에 의해 수행된 이 같은 노력은 결코 적극적이지도 지속적이지도 못했다. 우선 한국에서 그러한 노력은 늦게—중국이나 일본에 비해 아주 늦게— 시작되었고 대원군(大院君) 집권기(1863-1873)에는 격렬한 쇄국(鎖國) 정책의 피해를 보기도 했다. 특히, 앞 장에서 보았듯이 한국이 서양 과학기술을 받아들인 것이 서양과의 직접적인 접촉을 통해서가 아니라 처음에는 중국 그리고 나중에는 일본을 매개로 하는 간접적인 경로를 통해서였다는 사실이 중요했는데, 이 같은 간접성은 일본의 식민통치 기간(1910-1945) 동안, 그리고 그 이후로도 정도는 약했지만 얼마동안 계속되었으며, 결과적으로 한국이 서양 과학기술을 동화하는 정도와 수준을 크게 제약했다.

서양 과학기술을 받아들이는 데서의 한국의 이 같은 상대적인 실패가 과연 20세기 초 한국이 맛본 불행—일본의 강점(强占)과 식민지 지배로 이어진—의 주된 요인이었다는 인식[2]이 옳은 것인지에 대해서는 논란의 여지가 있다. 그러나 중요한 것은 당시 한국인들이 그러한 인식을 지니고 있었다는 것이다. 그리고 이 같은 인식은 한국의 과학기술 발전에 대체로 긍정적인 효과를 발휘했다. 당시 한국인들이 국가적 불행의 원인을 서양 과학기술의 수용과 동화 과정의 상대적 실패에서 찾음으로써, 국가를 부강하게 만들려는 그 후의 노력은 과학기술에 최우선 순위를 부여하게 되었고, 그에 따라 과학기술은 강력하고 적극적으로 지원받고 진흥되었다. 그러나 그 같은 인식은 부작용도 빚었다. 과학기술의 본질, 실체, 효용 그리고 가능성에 대해, 또한 과학기술과 사회의 다른 요소들의 관계에 대해 정부와 국민들이 지니게 된 오해와 이에 대한 지나친 단순화 및 왜곡이 그것이다. 그리고 이 부작용들은 한국 사회에서의 과학기술의 발전 형태에서 다음 절들에서 보게 될 것과 같은 몇 가지 독특한 특성들을 빚어냈다.

2절 공리주의적 과학기술관

한국 근현대과학기술의 초기 단계에서의 가장 두드러진 특성은 과학기술이 순전히 실용적인 목적을 위해서만, 특히 경제적인 효용과 이익을 위해서만 존재하고 추구되는 것이라는 지나치게 실용적이고 공리주의(功利主義)적인 과학기술관이었다. 그리고 이 같은 과학기술관의 밑바탕에는 1장에서 본 '형이상(形而上)'과 '형이하(形而下)', '도(道)'와 '기(器)'의 이분법이 깔려 있다. 자연현상은 대부분 지각(知覺) 가능한 구체적 성질들과 물리적 효과를 수반하며 따라서 '형이하'인 '기'에 속하기 때문에 빤한 것으로 간주되고 더 깊은 탐구는 필요가 없다고 인식되었고, 따라서 유학자들은 자연현상 및 그 현상에 대한 과학지식을 가벼이 여겼으며 심지어는 '형이상'인 형이상학 및 도덕철학과 '형이하'인 과학지식 및 기술 사이에 위계의 관념도 자리잡았던 것인데, 이것이 과학기술을 단순한 '도구(器)'

로 인식하는 경향을 낳았던 것이다.

이 같은 인식이 잘 드러나는 것이 개항기 한국 지식인 사이에 퍼져 있던 이른바 '동도서기론(東道西器論)'이다. '도(道)'-'기(器)' 이분법에 입각해서 동양의 정신, 가치, 문화를 가리키는 '동도(東道)'는 그대로 살린 채 서양으로부터 실용적이고 물질적인 도구, 즉 '서기(西器)'인 과학기술을 받아들이자는 생각이 그것이다.3 서양 열강의 무기 및 기술의 우월함과 그것이 주는 위협을 통감한 19세기 한국의 지식인들은 전통적인 가치와 문화는 근본으로서 유지하면서 나라를 부유하고 강하게 하는 수단으로서 서양의 과학기술을 이용하려고 했던 것이다.

물론 서양의 '도(道)'는 제외하고 서양의 '기(器)'만을 받아들이겠다는 생각은 동아시아 세 나라에 공통적으로 나타났으나―중국에서는 '중체서용(中體西用)', 일본에서는 '화혼양재(和魂洋才)'라고 불리었다4― 그 영향은 세 나라 중 한국에서 가장 깊고 지속적이었다. 중국과 일본, 특히 일본에서는, 서양 문화의 다른 영역과 완전히 분리하여 그 과학기술만을 도입할 수는 없고, 따라서 서양 과학기술과 함께 그 근본이 되는 서양 문화 전체를 받아들여야 한다는―'서기(西器)'와 함께 '서도(西道)'를 받아들여야 한다는― 인식이 자라난 데 반해, 한국에서는 서양의 과학기술이란 순전히 실용적인 도구에 불과하고 서양 문화의 다른 요소들과 분리해서 별도로 받아들일 수 있다는―'서도'와 분리시켜 '서기'만을 받아들일 수 있다는― 믿음이 지속되었던 것이다. 그리고 과학기술을 순전히 도구로만 인식하는 이 같은 공리주의적 과학기술관은 한국의 정부와 국민들이 과학기술에 대해 지니는 기본적인 인식이었으며 이는 현재까지도 완전히 바뀌지 않고 있다.

이러한 공리주의적 인식의 결과 중 한 가지로 볼 수 있는 것은 과학기술이 한국 문화 전반에 완전히 동화되지 못했다는 점이다. 많은 한국인들에게 과학기술은 단순히 외래의—서양의— 것일 뿐만 아니라 어쩐지 '문화적'이지 못하며 심지어는 '지성적'이지도 않은 것처럼 비쳐졌다. 과학기술은 '도'가 아니라 '기'에 지나지 않는다는 생각이었던 것이다. 이 같은 생각에 따라 과학과 기술은 한국 문화와 학문의 다른 영역들로부터 대체로 유리된 상태에 처하게 되었다. 이런 식으로 이른바 '두 문화의 문제 (two-culture problem)'[5]는 한국에서 더욱더 심각했으며, 그에 따라 일반 지식인들이 과학기술에 대해 무지하고 무관심한 것은 어느 나라에서나 나타나는 경향이지만, 한국에서는 더욱더 두드러졌다.

한국 문화의 다른 영역들로부터 과학기술의 유리 상태가 가장 잘 드러나는 측면이 모든 학문 분야와 문화 영역들을 '문과(文科)'와 '이과(理科)'로 나누는 한국 학문 사회의 뿌리 깊은 관습이다. 이 구분에 따르면 자연과학과 함께 공학, 의학, 약학, 농학 등 과학과 관련된 모든 분야들은 이과에 속하고, 나머지 모두는 문과에 속한다. 그리고 한국의 학문 사회에서는 고등학교 수준 이상의 모든 곳에서 이 구분이 작용한다.[6] 고등학교 이래 생활에 깊이 배어든 이 같은 구분은 거의 절대적인 것이 되어서, 일단 한쪽에 속한 사람은 다른 쪽에 속한 사람과는 전혀 다른 성격의 분야와 활동에 종사하는 다른 종류의 사람이고 따라서 서로 아무런 관련도 없다는 식의 생각까지를 한다. 그리고 이에 따라 문과와 이과 각각에서 상대방에 대해 편견을 지니게 되고 그들 사이에 서로에 대한 몰이해 상태가 존재하게 된다. 결국 이 같은 구분은 일반인들에게 과학기술에 대한 이질감을 더욱 심화시키며 문화 일반으로부터 유리된 과학기술의 상태를 합리화시키기까지 했다.

따라서 과학기술이 그 실용적, 도구적 가치 때문에 정부와 사회로부터 많은 지원과 보호를 받기는 했지만, 그러한 지원과 보호—때로는 과보호—가 과학기술을 한국의 문화적 토양 속에 독립된 요소로 뿌리내리게 해주지는 못했다. 단순히 도구로만 인식된 과학기술은 독자적인 문화적 역할이 주어지지 않았고 많은 경우 경제의 일부분으로 분류되었다. 이것이 바로 한국 현대 사회에서 과학기술의 초기 상황이었다. 과학기술은 보호되고, 진흥되고, 지원되고 이용되었지만, 그것은 단지 도구로서일 뿐이었고 독자적인 문화적 영역으로서가 아니었던 것이다.

3절 한국 과학기술자들의 '중인의식'

현대 한국의 과학기술이 문화 일반으로부터 유리되어 있을 뿐만 아니라 한국의 과학기술 전통과도 거의 완전히 단절되어 있음은 이미 지적했다. 현대의 한국 과학기술은 거의 전적으로 서양에서 기원했고, 그 속에 전통 한국 과학기술의 내용이나 방법의 영향은 보이지 않는 것이다. 현재의 한국 과학기술의 이론과 실행에서 전통의 흔적들을 찾기는 매우 힘들다. 현재도 실행되고 있는 한의학(韓醫學)은 예외로 볼 수 있지만, 한의학과 양의학(洋醫學) 사이의 거의 완전한 분리 상태나 그 둘 사이에 극심한 마찰이 잦다는 사실에서 알 수 있듯이, 이 예외가 오히려 한국 현대과학의 전통과학으로부터의 단절을 더 잘 보여주는 예라고도 할 수 있다.[7] 그런데 흥미 있는 일은, 과학기술의 내용과 방법이 과거의 그것들과 단절되었음에 반해 전통과학기술의 사회적 맥락은 현재의 상황에 계속해서 영향을 미치고 있음을 보게 된다는 것이다.

예컨대, 앞의 2부의 장들에서 보았듯이 전통 한국 사회에서 과학기술은 주로 '중인(中人)' 계층의 분야였다. 지배 계층인 양반 출신의 학자나 관리들—대부분 두 가지 역할을 겸했던—도 때로 과학기술 관련 활동을 하기는 했지만, 그것은 대부분 관리(管理)와 감독의 역할이었으며 따라서 그들의 과학기술에 대한 개입은 피상적인 경우가 많았던 것이다. 그런데 6장에서 언급했듯이 바로 이 중인 계층 사람들이 나중에 한국이 서양 과학기술을 도입하기 시작했을 때 자연스럽게 주된 역할을 담당하게 되었고, 이것이 중요한 결과를 빚어냈다. '중인의식(中人意識)'이라고 부를 수 있는 이 계층 사람들 특유의 태도인, 자신들은 단지 그 주변인에 불과한 전체 사회와 국가에 대한 관심은 결여한 채 자신들의 개인적, 집단적 이해관계에 치중하는 태도가 사라지지 않고 현대 한국 과학기술계에서도 두드러진 특성으로 남게 되었던 것이다.[8]

현대 한국의 과학기술자들의 관심이 자기 분야의 전문적인 내용이나 활동에만 좁게 한정되는 일이 많은 것은 이 같은 태도의 영향으로 볼 수 있다. 그들은 대체로 전체 사회와 국가의 문제들에 대해 무관심하며, 이러한 문제들에 기여할 수 있는 방법을 적극적으로 찾으려 하는 경우도 드물다. 실제로 한국 과학기술자들이 자기 분야의 전문 과학기술 활동 이외의 여타의 것에 대해 보이는 무관심이나 거리감은 아주 심해서, 그들은 과학기술 분야의―때로는 자신들의 전문분야에서조차― 과제와 작업들의 계획, 재정, 관리 등의 문제에 대해서도 별로 관심을 보이지 않기도 한다. 이것이 한국에서 '과학기술자 겸 관리자(scientist-manager, technologist-manager)'라고 부를 수 있는, 과학기술의 관리에 종사하는 현역의 과학기술자 인력이 제대로 형성되지 않은 부분적 이유일 수 있겠다.

전문화된 현대과학기술의 특징적 요소인 그 같은 전문적 과학기술 관리 인력이 존재하지 않는 상황에서, 한국 과학기술의 관리 업무는 흔히 과학기술을 단순히 또 하나의 경제 지표(指標)로 인식할 따름인 일반 관리들에게 주어졌다.[9] 1967년 4월에는 정부 안에 과학기술 전담 부서인 과학기술처가 생겼지만, 심지어는 이 '과학기술처' 마저도 주로 경제 또는 행정 관료들에 의해 채워졌다. 때로 과학기술자들이 과학기술처나 정부

내 다른 과학기술 관리 부서에서 활동하는 일이 있기는 했지만, 그들은 대체로 그 일에 종사하기 훨씬 전부터 이미 실질적인 과학기술 전문 활동을 멈춘 퇴역 과학기술자인 경우가 많았다. 때로는 과학기술과 관련된 중요한 결정들이 힘 있는 정치인들—주된 관심이 주로 정치적이거나 심지어는 개인적인 이익의 추구에 있는—에 의해 이루어지기도 했다. 전통시기 한국 사회를 특징지었던, 일반직 관료가 과학기술을 포함하여 정부와 사회의 모든 영역을 지배하는 상황이 이런 식으로 현대에까지 지속되고 있는 셈이다.

여기서 길게 다루지는 않겠지만, 한국 전통과학기술의 사회적 맥락이 현대에까지 지속되는 다른 예들을 더 들 수도 있다. 우선 위에서 다룬 내용과 관련 있는 것으로는 과학기술 활동의 정부에 대한 과도한 의존과 집중 현상이 있다. 예컨대 한국의 수많은 '정부출연' 연구소들에서 볼 수 있는 연구개발 활동의 정부 의존 정도는 어느 나라에서도 유례를 찾아보기 힘들 만큼 큰데, 이와 관련해서 전통시기 한국 과학기술 분야의 전문적 활동이 주로 정부에 의해 이루어진 점을 생각해볼 수 있다.[10] 또 들 수 있는 것은 과학기술자들의 심한 대학 선호 현상으로, 이 또한 교육과 학문을 중시하던 과거 한국 사회의 전통의 영향으로 볼 수 있을 것이다.

4절 '최종산물' 위주의 과학기술 도입

현대 한국 과학기술의 초기 단계에서의 또 다른 특성 한 가지는 앞의 두 절에서 이야기한 특성들 양쪽 모두와 관련되어 있는 것으로서, 외부로부터 과학기술을 도입함에 있어 '최종산물'만을 지나치게 강조했다는 점이다. 과학지식이나 기술의 제품 및 정보는 열심히 도입하고 이용했지만 과학 연구의 과정, 그리고 과학지식을 기술혁신으로 전환시키는 과정 등 그 것들을 생성하는 과정은 등한시한 것이다. 이런 상황에서, 비록 정부와 사회가 과학과 기술 양쪽 모두를 적극적으로 지원하고 진흥했고, 새로운 과학지식이 기술에 응용되어 기술혁신을 낳으리라는 생각마저도 널리 믿고 받아들였지만, 과학 연구와 산업적 연구개발의 결과들을 기술적 산물로 만드는 과학과 기술 사이의 실제 연결은 잘 이루어지지 않았다.

이는 아마도 대부분의 개발도상국들에 공통된 현상일 것이며, 그 이유들은 명백하다. 과학 연구와 산업적 연구개발들을 지원하는 데, 그것도 그러한 연구들이 제대로 뿌리내리도록 지원하는 데 필요한 비용은 엄청나며, 특히 그러한 연구들이 시행된 선례가 없고 따라서 처음부터 새로 시작해야 하는 상황에서는 감당하기 힘든 것이었다. 그것이 눈에 보이는 제품이나 기계든 아니면 추상적인 과학지식이나 기술적 정보든 최종산물을 수입하는 것은 상대적으로 간단하며 비교적 짧은 시간에 해낼 수 있는 데 반해 그 같은 최종산물을 생산하는 과정 자체를 이전하여 새 토양에 뿌리내리게 하는 데는 긴 시간과 많은 노력이 필요하다. 그리고 그 정도는 그 같은 과정들이 점점 더 복잡하고 전문적이며 고가화(高價化)되면서 더 심해져왔다.

특히, 과학지식을 기술적 공정들로 전환하는, 과학지식과 기술적 공정들 간의 실제 연결 과정을 이전하는 것은 지극히 힘들다. 그것은 과학지식과 기술적 공정을 각각 따로 도입한 후 양쪽을 그냥 연결지음으로써 이전될 수 있는 것이 아니며, 그렇다고 양쪽 사이의 연결이 완전히 이루어진 다음에 그같이 연결된 상태를 통째로 이식할 수 있는 것도 아니다. 한국에서 과학과 기술 사이의 연결이 제대로 이루어지고 뿌리내리기 위해서는, 그 연결이 아주 초보적인 상황—과학지식이 처음으로 산업기술에 실질적으로 응용되었던 19세기 후반의 서유럽[11]과 같은—에서부터 시작되었어야만 했다. 그리고 그 연결이 그 같은 초보적 형태로부터 자라나고 성숙하여 현재의 밀접하면서도 복잡한 형태로 발전되었어야만 했던 것이다. 그 실제 과정은 매우 복잡하고 우회적인 경로를 밟을 수밖에 없겠지만, 그러한 방식으로만 과학과 기술 사이의 진정한 연결은 형성되고 뿌리를 내릴 수 있는 것이다.

이는 이 같은 연결을 그 첫 단계로부터 형성, 발전시켜나가는 일이 엄청난 시간과 노력 및 경비를 요구하는 것임을 의미한다. 그러나 모든 개발도상국들이 겪어야 하는 극심한 기술적, 경제적 압력 때문에, 한국의 정부나 산업 그리고 과학자들마저도 그 같은 발전 과정이 제대로 진행되기를 기다려줄 여유가 없었다. 과학과 기술은 따로따로 도입되어 적극적으로 육성되었지만 그 둘 사이의 연결은 무시되었다. 그리고 이에 따라, 기술의 발전이 과학지식의 발전과 긴밀하게 연결되어 있다는, 현대과학기술의 가장 특징적인 특성들 중 하나를 나타내는 생각은 한국에서는 상당 기간 단지 이념의 상태로 남아 있게 되었다.

물론 한국 정부가 과학과 기술 사이의 이 같은 연결에 대한 희망을 완전히 포기한 것은 아니었다. 실제로 제1차 경제개발계획(1962~66)을 추진하기 시작하면서 바로 정부는 과학 연구의 결과를 산업적으로 유용한 기술적 지식으로 변형시켜줄 것을 기대하여 '연구개발'을 촉진하는 정책을 채택했다. 1966년 설립된 한국과학기술연구소(Korea Institute of Science and Technology, KIST)는 정부에 의해 설립된 연구개발 기구의 가장 중요한 예로 들 수 있다. 1970년대 후반에 들어서 정부는 화학공업, 기계공업, 전자공업 등 개별 산업 분야들을 대상으로 하는 전문 연구개발 기관들을 설립했다. 그리고 같은 시기에 정부는 또한 대기업들로 하여금 자체의 연구개발 인력과 설비를 갖춘 연구소들을 세울 것을 장려했다. 그러나 결과는 쉽게 나오지 않았다. 상당 기간 동안 이 연구소들—정부 설립 연구소든 기업 연구소든—의 노력의 대부분은 새로운 기술의 개발과 생산보다는 도입된 기술의 적용과 동화(同化)에 쏟았던 것이다.[12] 1980년대 후반에 들어서야 변화가 생겨났다. 연구개발 기관들, 특히 기업에 의해 설립된 연구소들의 수가 급격히 늘어났고 이들 중 일부가 경제적 이익을 가져다주는 산업기술지식을 생산해내기 시작한 것이다.

이렇듯 과학과 기술 사이의 연결은 직접적이거나 간단하지 않았는데, 그렇다고 해서 과학기술과 산업 사이의 연결이 덜 복잡하거나 더 자동적인 것은 아니었다. 산업 생산과 경제의 과학 및 기술 발전에 대한 의존성은 정책 입안자들이나 일반 대중이 흔히 생각하는 것만큼 그렇게 밀접한 것이 아니다. 연간 국민총생산이 80억 달러에서 거의 600억 달러로, 그리고 수출은 연간 10억 달러 미만에서 170억 달러로 늘어난 1970년대 한국의 경이적인 산업적 성장은 그에 상응하는 과학과 기술의 성장을 수반하지 않았다. 그것은 오히려 1960년대와 70년대를 통해 한국이 보여준 외국 기술 도입, 그것도 대부분 최종산물 형태로서의 도입에서 보인 놀라운 능력에 기초했다. 그리고 이 같은 능력은 주로 1950년대 이래 한국의 높은 교육 수준에 뿌리를 둔 것이었다. 역시 전통 한국 사회 특유의 교육열의 지속으로 볼 수 있는 이러한 높은 교육 수준의 결과로 1960년대 초에 이르러서 한국은 잘 교육받고 성취 의욕이 강한 막대한 규모의 잉여 인력을 보유하게 되었고, 이들이 그 이후 시기에 매우 효율적으로 이용되었던 것이다.

이러한 사실에 비추어볼 때, 1980년대 들어 나타나기 시작한 국가 경제구조의 변화—경공업으로부터 중공업으로, 나아가서는 고급 기술에 바탕한 산업으로—는 관련 과학과 기술 분야의 발전의 결과였다고 보기 힘들다. 그러한 변화는 한국에서 이들 산업 분야의 서로 다른 상대적인 경제적 중요도의 변화에 의해 생겨났던 것이다. 더욱이 산업 인력의 구조와 특성에서의 변화들은 기술적 변화로부터가 아니라 국가 경제구조의 변화로부터 연유했다.

　이 절에서 논의된 특성 또한 대부분의 개발도상국들에 얼마간 공통되는 것이지만 한국 사회에서 훨씬 두드러졌는데, 거기에는 여러 가지 이유가 있다. 우선, 과학기술을 단지 실용적 도구로만 보고 문화적 가치를 인정하지 않는 관점에서는 최종산물인 과학지식, 기술정보, 그리고 특히 제품의 습득만이 중요할 뿐 그것을 얻어내는 과정이 별로 의미가 없었을 것은 당연하다. 더구나 그 과정에 개입되는 문화적 창조력이나 독창성 같은 것에서는 아무런 가치도 찾아볼 수 없게 되었다. 이것은 또한 과학기술이 문화의 다른 영역들로부터 유리되어 이질적 요소로 남아 있던 사실과도 밀접한 관련이 있었다. 독자적인 문화적 가치를 인정받지 못한 분야에서 실용적 가치를 지닌 최종산물 이외의 다른 요소들, 예를 들어 과학기술의 최종산물을 만들어내는 활동이나 과정, 그리고 과학과 기술 사이의 연결 등은 별 의미를 갖지 못했을 것이기 때문이다.

5절 '과학주의'

한국 현대과학기술 초기 단계의 또 다른 두드러진 특성은 과학기술에 대한 지나치게 단순한 믿음과 맹목적인 수용이었다. '과학주의(scientism)'[13] 라고 부를 수 있는 이 같은 특성은 위에서 논의된 모든 특성들과 관련이 있지만, 그중에서도 특히 서양 과학기술 도입에서의 실패가 그 후의 국가적 불행—다른 동아시아 국가인 일본 제국주의의 제물(祭物)로 이어진—의 주된 원인이었다는 개화기 이래의 믿음의 직접적인 결과라고 할 수 있다. 이에 따르면, 한국과는 대조적이던 일본의 상황은 서양 과학기술 도입에서의 성공의 결과였다고 여겨졌다. 이러한 믿음으로부터, 나라가 처한 곤경에서 빠져나올 수 있는 가장 좋은, 어쩌면 유일한 길은 과학기술의 발전을 통해서라는 믿음이 자연스럽게 자라났고 널리 퍼지게 되었다. 과학기술은 모든 종류의 힘의 원천으로 생각되었으며, 모든 문제들과 폐해를 치유할 수 있는 '만병통치약'으로까지 여겨졌다.

일제 식민지 기간 중 이 같은 '과학주의'적 인식은 과학기술자들만이 아니라 일반 지식인과 정치, 사회 지도자들 사이에서도 널리 받아들여지고 있었다. 때로 이들은 과학기술을 통해 나라를 부강하게 하고 궁극적으로는 독립을 얻기 위한 목적으로 전국적 규모의 '과학운동'을 추진하기도 했다.[14] 이러한 상황에서 에디슨(Thomas A. Edison, 1847-1931)이나 다윈(Charles Darwin, 1809-1882) 같은 과학기술자들이 대중적 영웅으로 많은 존경을 받기도 했다. 이 같은 '과학주의'는 일제 통치가 끝난 후에도 사라지지 않았다. 한국전쟁 후 10여 년간 공과대학이 고교 졸업생들 사이에서 큰 인기를 누렸으며, 1970년대에는 대통령 박정희(朴正熙, 1917-1979)의 강력한 지원 하에 이른바 '전국민의 과학화운동'이라는 것이 벌어지기도 했다.[15] 이 운동은 그 이름에서 알 수 있듯이 과학기술의 대중화에 초점을 두었으며, 일반 대중 사이에, 특히 초, 중등학교 학생들 사이에 '과학주의'적 믿음을 확산시켰다. 1980년대에 들어서 한국 사회는, 이번에는 컴퓨터와 정보과학, 반도체산업, 유전공학 등 이른바 '첨단 과학기술'을 대상으로 또 한 차례 폭발적인 관심을 보였다. 이 같은 움직임들의 밑바탕에 과학기술의 힘에 대한 '과학주의'적 믿음이 깔려 있었음은 분명하다. '과학주의'가 이 시기에 이르기까지 과학기술에 대한 한국 지식인들의 태도에 핵으로 작용하고 있었던 것이다.

이 같은 '과학주의'가 한국 과학기술의 발전에 순전히 긍정적인 역할만을 했다고 할 수는 없다. 예를 들어 그것은 과학기술의 능력에 대한 현실적인 이해를 제대로 얻는 데 도움이 되지 못했으며 오히려 과학기술을 대상으로 한 '미신'을 빚어냈다고까지 할 수 있다. 과학기술이 학생들 사이에 매우 인기 있는 분야로 재부상했었다는 점이 그 같은 '과학주의'의 영향이 얼마나 강한가를 증언해주지만, 그런 인기에도 불구하고 과학기술이 문화적으로 유리되어 있었던 것은 한국 현대 사회와 문화에서 과학기술의 영향이 얼마나 피상적인가를 말해준다고 하겠다. 이런 종류의 '과학주의'는 과학기술을 통해 산업화—'근대화', '서구화'—를 이루겠다는 끊임없는 추구에 힘을 더해주었지만, 산업화 과정에서 일어날 수 있고 실제로 일어난 많은 문제들에 대한 관심은 그 같은 추진력에 압도되어 한참 동안 한편으로 밀려났다. 따라서 과학기술의 발전이 빚어낸 '환경'이나 '자연 자원'의 문제 같은 것들은 거의 무시되었고, '과학주의'적 추구에 의해 심화된 정치적 무감각은 더 나아가 농업경제, 저임금노동 및 부(富)의 재분배와 관련된 다른 사회적 문제들이 소홀히 취급되게 하는 데도 기여했다. 1980년대에 들어서기까지는 일반 대중과 정부가 과학기술 발전이 빚은 이 같은 문제와 부작용들에 대해 진지한 관심을 기울이는 일은 드물었다.

이 같은 '과학주의'적 태도가 한국의 전통과학기술에 대한 심한 무관심을 조장했을 것임은 당연하다. '과학주의'에 의해 받들어진 과학기술이 전적으로 서양의 것이었기 때문이다. 그것은 또한 현대과학기술이 한국의 전통만이 아니라 일반 사람들의 생활로부터도 유리된 것이라는 인식을 낳았다. 이러한 인식은 과학기술이 문화 일반으로부터 유리되어 있다는 위에서 이미 언급한 인식과, 과학기술 특히 현대과학기술이 정치적, 경제적 억압의 도구가 되었다는 더 과격한 믿음으로 연결되기도 했다. 그리고 이들 모두가 결합하여, 많은 지식인들과 정치적으로 '의식화'된 학생들 사이에 강한 반(反)과학적 태도가 퍼지도록 하기도 했다.

6절 미국과 일본의 영향

현대 한국 과학기술에 대한 논의에서 검토되어야 할 또 한 가지 측면은 외국의, 특히 미국과 일본의 영향이다. 앞 장들에서 한국 전통과학이 거의 전적으로 중국의 과학에 바탕했고 서양 과학의 도입도 주로 중국을 통한 것이었음을 보았는데, 현대 한국 과학기술의 미국과 일본에 대한 의존에서 그와 비슷한 모습을 찾아볼 수 있는 것이다.

미국의 영향은 한국이 서양 과학기술을 수용하고자 노력하기 시작했을 때부터 존재했다. 한국 최초의 근대적 학교와 병원들을 설립하고 운영하는 데 중요한 역할을 했던 미국 선교사들은 일제 식민지 시기 동안에도 그 같은 활동을 계속했다. 그러다가 일제 통치로부터의 해방 이후, 특히 한국전쟁 이후에는 미국의 영향이 지배적인 것이 되었고 그동안 지속되었던 일본의 영향을 능가하게 되었다.

이처럼 미국이 영향을 미치게 된 경로 중 하나는 직접적인 것으로서, 한국 과학기술의 개발을 도운 원조, 차관(借款) 및 기타 지원 계획들이었다. 그러나 길게 보아서는 또 다른 경로가 훨씬 더 중요한 영향을 미친 것으로 드러났다. 한국전쟁 직후 미국 유학생이 급증하기 시작한 것이 그것이다. 많은 한국 학생들이 과학과 공학 분야의 대학원 교육을 받기 위해 미국 유학을 떠났고 그 숫자는 계속 증가했는데, 1960년대 말이 되면 미국에서 교육받은 과학자와 공학자들이 한국의 과학기술계 주요 교육 및 연구기관들의 주축을 이루게 되었다. 이러한 상황은 한국 과학기술의 여러 측면들, 특히 과학기술 교육에 커다란 영향을 미치게 되었다.[16] 과학기술 분야의 교과과정과 교과목의 내용은 미국의 것들을 매우 비슷하게 따랐고, 미국 대학의 교과서들을 그대로 사용하기도 했다. 이런 식으로 미국식 모델이 그때까지 지배적이었던 일본식 모델—그리고 일본식 모델이 기초로 삼았던 독일식 모델—을 재빨리 대체하게 되었다.

물론 한국 과학기술 교육에 대한 미국의 압도적인 영향은 많은 면에서 유익했다. 한 가지 예를 들자면, 그것은 과학기술 교육을 위한 교과과정과 교과목 자료를 마련하는 데에 비교적 안전하고 효율적인 방법을 제공해주었다. 한국에서 그것들을 새로 개발하는 대신 이미 실제로 사용되어 효과를 보여준 것들을 사용할 수 있었기 때문이다. 그러나 부정적인 영향들도 있었다. 예를 들어, 한국과 미국 학생들의 차이—입학 전 준비, 동기(動機), 졸업 후 경력 등의—를 제대로 고려하지 않은 채 미국의 모델을 그대로 받아들이는 것은 분명히 문제를 야기할 수밖에 없었던 것이다. 또한 한국 사회에서 과학기술의 '외래성'을 더욱 심화시켰고 그에 따라 위에서 언급한 반(反)과학적 정서에 일조하기도 했다. 게다가 많은 과학 및 공학 분야 유학생들이 학업을 마친 후 미국에 잔류하였기 때문에 '두뇌 유출(brain drain)'의 문제도 생겨났다.

그런데 더욱 심각한 문제는 미국 유학에서 귀국한 과학기술자들 대부분이 가장 창의력이 크고 활동이 활발한 시기인 대학원 및 박사후(post-doctoral) 과정을 미국에서 보내고 돌아왔다는 사실에 있다. 물론 그들이 한국을 위해 매우 값진 과학기술 인력 자원의 공급원(供給源)이었던 것은 사실이다. 그러나 그들이 대학원 교육을 받는 동안이나 젊은 박사 시절에 한국의 과학기술 연구와 교육에 제공할 수 있었을 기여는 그대로 그들을 받아들였던 미국에 주어지고 말았던 것이다. 대부분의 과학기술 연구에서 실제 작업의 많은 부분이 대학원생들의 학위논문 연구 과정이나 박사후 훈련과정에서 행해지는 점을 감안하면 이는 매우 심각한 손실이었다고 할 수 있다. 이 문제는 미국에서 교육받은 이들 과학자나 공학자가 한국에 돌아오고 나서도 해결되지 않았다. 많은 수의 우수한 학생들이 미국의 대학원 교육을 받기 위해 떠난 한국에는 우수 대학원생의 부족 상태가 발생하게 되었고 새로 귀국한 젊은 과학자나 공학자에게 대학원생의 부족은 시설이나 연구비의 부족보다도 더 심각한 어려움을 빚었기 때문이다.

　이것이 과학기술 분야 대학원 교육에 악영향을 미친 것은 당연했다. 한국의 과학기술 분야 대학원 교육은 1970년대 말에 이르기까지도 극히 미미한 수준에 머물렀다. 1971년에 정부는 과학기술 분야의 독립된 대학원을 새로 설립했으나, 이 대학원은 '한국과학원(Korea Advanced Institute of Science)'이라는 이름에도 불구하고 설립 후 한동안 사실상 석사학위 과정 위주로 운영되었고 많은 졸업생들이 박사과정 수학을 위해 외국(주로 미국) 유학을 가거나 산업체에 취업했다. 이런 상황이 계속되면서, 학생들에게 단순히 지식을 전수(傳授)하기만 하는 것이 아니라 학생들을 직접 연구 활동에 참여시킴으로서 연구능력을 심어주는 진정한 대학원 교육과정은 만족할 만한 수준에서 이루어지지 않았고 대부분의 유능한 과학기술계 학생들은 대학원 교육을 받기 위해 외국 유학을 길을 택했다. 그리고 이처럼 한국 내의 대학원 과학기술 교육이 독립된 연구 활동을 할 수 있도록 학생들을 준비시켜주지 못함에 따라 계속 생겨나는 수많은 과학기술 교육 및 연구기관의 자리가 외국에서 교육받은 과학기술자들로 채워져갔다. 이렇듯 이미 양성된 과학기술 인력, 즉 과학기술 인력 양성의 '최종산물'을 도입하는 데에 치중함으로써 한국은 고급 과학기술 인력을 스스로 생산하는 '과정'을 발전시키지 못하고 있었던 것이다. 물론, 1980년대부터 이 같은 유형으로부터 중요한 변화들이 있었다. 정부는 많은 대학들에서 과학기술 분야 대학원 교육과정을 육성하기 위해 여러 가지 정책을 채택했다. 그러나 한참 동안은 대학원 교육의 육성을 위한 정부의 정책들 또한 주로 학생 수를 늘리고 지식과 정보를 전수하는 데에 치중했고 학생들을 실제 연구 활동에 종사시킴으로써 그들의 연구능력을 길

러주기 위해 배려하거나 지원하지는 못했다.

이렇듯 미국의 영향이 한국 과학기술의 기초적인 영역에서 지배적이었던 데 반해, 좀 더 즉각적, 실용적, 구체적인 측면에서 한국 과학기술은 일본에 더 크게 의존했다. 고급의 기초과학이론, 과학기술지식, 도구, 교육 방법 등과 고급 과학기술 인력은 미국으로부터 주로 받아들였지만, 그 같은 이론과 지식 및 실제 기술, 특히 낮은 수준의 기술을 동화, 보급시키는 구체적 방법들과 즉각적 효용을 위한 현장훈련(on-the-job training)은 주로 일본에 의존했던 것이다. 따라서 일본은 한참 동안 한국의 가장 중요한 기술 도입선(導入先)이었다.[17]

한국 과학기술의 일본에 대한 의존은 어떤 의미에서 일제 35년 통치기간 동안의 일본 의존이 관성적으로 지속되는 것으로 볼 수 있다. 서양의 과학과 기술을, 실제로는 서양 문화 전반을, 일본을 통해 간접적으로 받아들이는 것은 한국에게는 아주 편리한 습관이 되어 쉽게 바꾸기 힘들었을 수 있다. 그리고 이는 앞선 시기—17, 18세기부터 19세기 중엽까지—중국을 통해 서양 과학을 도입하던 것과 같은 상황이 재현된 것으로 볼 수 있겠다.

머리말

1. "한국의 과학과 문명" 총서가 하나의 모델로 삼기도 한 Needham의 총서는 Cambridge University Press에서 1954년 1권이 출판된 이래 7권 수십 책으로 출판되었으며 *"History of Scientific Thought"*라는 제목의 2권은 1956년에 나왔다.

2. Needham 총서의 7권 2부는 Needham 사후 *"General Conclusions and Reflections"*라는 제목으로 중국 과학의 사회적 배경에 대한 그 자신의 단편적 글들을 모아 2004년에 출판되었지만 처음 기획한 결과물이 되지는 못했다.

1부 유가 전통과 과학기술

1장 유가 사상과 학문

1. 이런 관점은 니덤의 연구들에서 가장 두드러지게 나타나는데, *Science and Civilisation in China* (Cambridge: Cambridge University Press, 1954-): (일부 번역) 조셉 니담 著, 李錫浩·李鐵柱·林禎岱 譯『中國의 科學과 文明 1-3』(乙酉文化社, 1985-88)의 여러 부분에서 이러한 관점을 찾을 수 있다.

2. "形而上者謂之道, 形而下者謂之器.":『周易』「繫辭傳」, 上12.

3. 이들 용어들에 대해서는 김영식,『주희의 자연철학』(예문서원, 2005), 1-4장을 볼 것.

4. "物易見, 心無形. 度物之輕重長短易, 度心之輕重長短難. 度物差了, 只是一事差. 心差了時, 萬事差.":『朱子語類』(臺北: 正中書局 1962년 引行), 卷51, 5a쪽. 바로 앞의 구절에서 주희는 같은 주장을 다른 식으로 표현하여 "사물의 오류는 해가 없지만, 마음의 오류는 해가 있다(物之差無害, 心之差有害)."고 이야기했다.

5. "朱子之所謂理, 皆道心之謂也. 禮義雖存, 我苟不以道心從之則何以行禮義哉. 且凡天

下之物, 虛者貴, 實者賤, 無形者貴, 有形者賤. 道德仁義禮法政教, 皆以虛治實, 以無形御有形.": 『與猶堂全書』第2集 經集 卷14 『論語古今註』: 『韓國文集叢刊』(이 책에서는 따로 밝히지 않는 한 "한국고전종합DB"에서 제공하는 사이버 자료를 사용한다), a282_332d. [이하 "(문집총간 a282_332d)"와 같이 표기한다.] 여기서 정약용은 『論語』「季氏」편 "血氣"에 관한 구절(16.7)에 대한 주희의 "以理勝氣, 則不爲血氣所使."라는 주해에 대해 설명하고 있다.

6. 『論語』「爲政」편 (2.2).

7. "雖小道, 必有可觀者焉, 致遠恐泥. 是以君子不爲也.": 『論語』「子張」편 (19.4).

8. 『禮記』의 한 구절은 의료종사자들을 기술자, 술사들과 함께 나열하고 있다: "凡執技以事上者, 祝史射御醫卜及百工.": 『禮記註疏』(臺北: 新文豊, 1977 영인본). 13.7b.

9. 예컨대 『管子』「四匡」("士農工商四民, 國之石民也."); 『淮南子』「齊俗訓」(士農工商, 鄉別州異.") 등을 볼 것.

10. "小人哉樊須也. 上好禮, 則民莫敢不敬. 上好義, 則民莫敢不服. 上好信, 則民莫敢不用情. 夫如是, 則四方之民襁負其子而至矣, 焉用稼.": 『論語』「子路」편 (13.4).

11. "或勞心, 或勞力. 勞心者治人, 勞力者治於人.": 『孟子』「滕文公上」(3上4).

12. "小道不是異端, 小道亦是道理, 只是小. 如農圃醫卜百工之類, 却有道理在. 只一向上面求道理, 便不通.": 『朱子語類』卷49, 2a쪽.

13. 역법을 '소도'의 일부로 보는 사례는 洪大容(1731-1783)이 金鍾厚(1721-1780)에게 보낸 편지에 지적되어 있는데, 김종후가 "율력(律歷), 산수(算數), 전곡(錢穀), 갑병(甲兵)은 개물성무의 대단(大端)"이라고 하면서도 이들 분야들을 '소도'라고 부르는 것에 대해 홍대용은 "그럴싸하지만, 유독 그것들을 스스로 맡아 하려 하지 않는 것은 무엇 때문인가?" 하고 물었다.("揖讓升降,固開物成務之急務. 律曆算數錢穀甲兵, 豈非開物成務之大端乎. 今高明以律曆算數錢穀甲兵爲小道, 則似矣. 獨無奈其自任….": 『湛軒書』內集, 卷3, 22b (문집총간 a248_069a).

14. 김영식, 『주희의 자연철학』, 423, 485쪽.

15. "爲政以德, 譬如北辰. 居其所, 衆星共之.": 『論語』「爲政」편 (2.1).

16. "規矩, 方圓之至也, 聖人, 人倫之至也.": 『孟子』「離婁上」(4上2).

17. "天之高也, 星辰之遠也, 苟求其故, 千歲之日至, 可坐而致也.": 『孟子』「離婁下」(4下26).

18. 「繫辭傳」下2章.

19. 예컨대 王安石(1021-1086)과 林希逸(1235년 진사)은 '考工記解'라는 제목의 저술을,

그리고 戴震(1724-1777)은 「考工記圖」를 집필했다.

20. "然堯典闕風月令左傳國語所言星辰, 前後已相差一次. 是歲差之法, 可卽是例推. 周禮 土圭之法, 日南景短, 日北景長, 日東景夕, 日西景朝, 是里差之法, 亦可卽是而見. 六經 所載, 未始非推步之根.": 『四庫全書總目』 卷 106 (北京: 中華書局, 1965), 892쪽.

21. Joseph Needham, *Science and Civilisation in China*, vol. 6, part 1 (Cambridge: Cambridge University Press, 1986), pp. 463ff.

22. "草木蟲魚, 詩家自爲一學": 『歐陽文忠公文集』 卷129 「博物說」: 樂愛國, 『宋代的儒學 與科學』 (北京: 中國科學技術出版社, 2007), 18쪽.

23. Carla Nappi, *The Monkey and the Inkpot: Natural History and Its Transformations in Early Modern China* (Cambridge, Massachusetts: Harvard University Press, 2009), p. 88.

24. "子曰. 小子; 何莫學夫詩. 可以興, 可以觀, 可以群, 可以怨. 邇之事父, 遠之事君. 多識 於草木鳥獸之名.": 『論語』 「陽貨」편 (17.9). 『說苑』에는 공자가 실제로 '萍實'과 '商羊' 같은 특이한 동식물에 대한 지식을 지닌 사람으로 언급되어 있다: 『說苑』 (四部備要 本), 18.10a.

25. Nappi, *The Monkey and the Inkpot*, p. 24.

26. Nappi, *The Monkey and the Inkpot*, pp. 22-23.

27. Benjamin A. Elman, "The Investigation of Things (Gewu 格物), Natural Studies (Gezhixue 格致學), and Evidential Studies (Kaozhengxue 考證學) in Late Imperial China, 1600-1800", in Hans Ulrich Vogel and Günter Dux (eds.), *Concepts of Nature: A Chinese-European Cross-Cultural Perspective* (Leiden: Brill, 2010), pp. 368-399 중 pp. 383-384; Nappi, The Monkey and the Inkpot, pp. 21-22, 25.

28. Nappi, *The Monkey and the Inkpot*, pp. 22-23.

29. 물론 신유학자들이 '物'을 '일(事)'이라는 의미로 해석했고, '격물'에 대한 그들의 논 의가 대개 도덕과 사회적인 관심에 무게를 두어 이루어진 것은 사실이다. 그러나 구 체적인 물체와 현상이 그들의 '物' 개념으로부터 배제된 것은 결코 아니었으며, 따라 서 자연현상과 물체에 대한 지식과 이해는 '격물'을 위한 노력의 일환이었다. '격물'과 '리' 관념에 대한 더 자세한 논의는 김영식, 『주희의 자연철학』, 1장을 볼 것.

30. Willard J. Peterson, "Confucian Learning in Late Ming Thought," in D. Twitchett & F. W. Mote (Eds.), *The Cambridge History of China*, vol. 8 (Cambridge: Cambridge University Press, 1998), pp. 708-788, 특히 pp. 783-786을 볼 것.

31. Willard J. Peterson, "Fang I-chih: Western Learning and the 'Investigation of Things'",

in William Theodore de Bary (Ed.), *The Unfolding of Neo-Confucianism* (New York: Columbia University Press, 1975), pp. 369-411: (번역) "方以智의 格物 사상과 서양 과학 지식", 金永植 編, 『중국 전통문화와 과학』(창작과비평사, 1986), 333-365쪽; 張永堂, 『明末方氏學派研究初編: 明末理學與科學關係試論』(臺北: 文鏡, 1987); 張永堂, 『明末淸初理學與科學關係再論』(臺北: 學生書局, 1994). 張永堂은 심지어 方以智(1611-1671)가 격물 작업의 일환으로 실제로 몇 가지 '物理研究'를 수행했다고 주장하기도 했다. 張永堂, 『明末方氏學派研究初編』, 84쪽 이하를 볼 것.

32. '博學'이라는 말은 『論語』「顔淵」편(12.15), 「子張」편(19.6), 『孟子』「離婁下」(4下15), 『中庸』 20章 등에 나온다.

33. "大學之道, 必以格物致知爲先, 而於天下之理, 天下之書無不博學.": 『朱文公文集』(四部備要本) 卷60. 16b쪽.

34. 『論語』, 「憲問」편(14.37).

35. 구만옥, "柳僖의 '度數之學'에 대한 인식과 『考工記圖補註補說』", 『한국실학연구』 32(2016), 115-194쪽 중 119-120쪽.

36. "天地之間, 別有甚事, 只是陰與陽兩箇字. 看是甚麼物事, 都離不得. 只就身上體看, 纔開眼, 不是陰便是陽.": 『朱子語類』 권65, 4b쪽.

37. 음양과 오행에 대한 더 자세한 논의는 김영식, 『주희의 자연철학』, 3장을 볼 것.

38. "天下之理, 單便動, 兩便靜. 且如男必求女, 女必求男, 自然是動. 若一男一女居室後便定.": 『朱子語類』 권65, 6a쪽.

39. "陽主進而陰主退, 陽主息而陰主消. 進而息者, 其氣彊. 退而消者, 其氣弱. 此陰陽之所以爲柔剛也.": 『朱文公文集』 권38, 11b-12a쪽.

40. 이 예들을 포함해서 다른 많은 오행 연관들이 김영식, 『주희의 자연철학』, 3장에 나와 있다. '四德'에 대한 더 자세한 논의는 김영식, 『주희의 자연철학』, 4.4절을 참조할 것.

41. 예를 들어 Needham, *Science and Civilisation*, vol. 2; John B. Henderson, *The Development and Decline of Chinese Cosmology* (New York: Columbia University Press, 1984): (번역) 문중양 역. 『중국의 우주론과 청대의 과학혁명』(소명출판, 2004) 등을 볼 것.

42. "一陰一陽, 如環無端.": 『朱子語類』 권76, 1b쪽.

43. 김영식, 『주희의 자연철학』, 88-90쪽, 표 3.1에 바탕함.

44. 김영식, 『주희의 자연철학』, 95쪽, 표 3.2 및 Joseph Needham, *Science and Civilisation*

in China, vol. 2 (Cambridge: Cambridge University Press, 1956), pp. 262-263, Table 12 에 바탕함.

45. 김영식, 『주희의 자연철학』, 193-194쪽.

46. "天卽人, 人卽天. 人之始生, 得於天也. 旣生此人, 則天又在人矣. 凡語言動作視聽, 皆 天也. 只今說話, 天便在這裏.": 『朱子語類』 권17, 14b쪽. 이러한 관념은 인간이 "천지 의 기"(天地之氣)와 "천지의 마음(天地之心)"을 받아서 자신의 기와 마음으로 만든 다는 유가의 기본 인식과 부합된다. 김영식, 『주희의 자연철학』, 202-207쪽을 볼 것.

47. 김영식, 『주희의 자연철학』, 16쪽.

48. 이 문단의 내용은 김영식, 『주희의 자연철학』, 195-197쪽의 논의에 바탕했다.

49. "可以贊天地之化育, 則可以與天地參矣": 『中庸』 22장.

50. "人在天地中間, 雖只是一理, 然天人所爲, 各自有分. 人做得底, 却有天做不得底. 如天 能生物, 而耕種必用人. 水能潤物, 而灌漑必用人. 火能爇物, 而薪爨必用人.": 『朱子語 類』 권64, 10a쪽.

51. "蓋天只是動, 地只是靜… 人便兼動靜": 『朱子語類』 권100, 6b-7a쪽.

52. "天能覆而不能載, 地能載而不能覆.": 『朱子語類』 권110, 4b쪽. 여기서 주희는 『중용』 의 "하늘이 '덮은' 것과 땅이 '실은' 것(天之所覆, 地之所載)"(31장)이라는 구절에 대 해 언급하고 있다.

2장 실용과 상식

1. 金秋鵬, 『中國科學技術史. 人物卷』 (북경: 과학출판사, 1998).

2. 葛榮晉 主編, 『中國實學思想史』 (北京: 首都師範大學出版社, 1994), 中卷.

3. Catherine Jami, Peter Engelfriet, and Gregory Blue, "Introduction", in Jami, Engelfriet, and Blue, eds., *Statecraft and Intellectual Renewal in Late Ming China: The Cross-Cultural Synthesis of Xu Guangqi (1562-1633)* (Leiden: Brill, 2001), pp. 1-15 중 pp. 13-14.

4. 구만옥, 『영조대 과학의 발전』 (한국학중앙연구원출판부, 2015), 58쪽.

5. "居今之世, 欲反古之道, 不亦難乎. 窮年累世縷析毫分, 而實無關於身心之治亂家國之興 衰, 而適足以來聚訟之譏, 則殆不若律曆筭數錢穀甲兵之可以適用而需世.": 『湛軒書』 內集 卷3 「與人書 二首」 (문집총간 a248_069a). 1장 주13에서 보았듯이 이 편지의 뒤 에 가서 홍대용은 律曆, 算數, 錢穀, 甲兵이 "開物成務의 大端"이라고 이야기했다. "正心誠意, 固學與行之體也. 開物成務, 非學與行之用乎. 揖讓升降, 固開物成務之急 務, 律曆算數錢穀甲兵, 豈非開物成務之大端乎." (문집총간 a248_070d).

6. Christopher Cullen, "Motivations for Scientific Change in Ancient China: Emperor Wu and the Grand Inception Astronomical Reforms of 104 B.C", *Journal for the History of Astronomy* 24(1993), pp. 185-203.

7. 신민철, "명대 천문 '사습(私習)'의 금지령과 천문서적의 출판: 그 이념과 실제", 『한국과학사학회지』 29(2007), 231-260쪽.

8. "君有疾飮藥, 臣先嘗之. 親有疾飮藥, 子先嘗之.": 『禮記』 「曲禮下」.

9. 曾雄生, "宋代士人對農學知識的獲得和傳播—以蘇軾爲中心," 『自然科學史硏究』 34(2015), 1-18쪽.

10. 서유구 지음, 정명현 외 옮기고 씀, 『임원경제지: 조선 최대의 실용백과사전』 (씨앗을 뿌리는사람, 2012), 250-289쪽.

11. Timothy Brook, "Xu Guangqi in His Context: The World of the Shanghai Gentry," Jami, Engelfriet, and Blue, eds., *Statecraft and Intellectual Renewal in Late Ming China*, pp. 72-98, 특히 pp. 92-93.

12. Li Cho-ying, "Contending Strategies, Collaboration among Local Specialists and Officials, and Hydrological Reform in the Late-Fifteenth-Century Lower Yangzi Delta", *East Asian Science, Technology, and Society* 4(2010), pp. 229-253.

13. 예컨대 Francesca Bray, "Science, Technique, Technology: Passages between Matter and Knowledge in Imperial Chinese Agriculture," *British Journal for the History of Science* 41 (2008), pp. 319-344 중 pp. 321, 328을 볼 것.

14. Francesca Bray and Georges Métailié, "Who Was the Author of the Nongzheng quanshu?", Jami, Engelfriet, and Blue, eds., *Statecraft and Intellectual Renewal in Late Ming China*, pp. 322-359 중 pp. 324-325; Francesca Bray, "Science, Technique, Technology," p. 330.

15. '권농문'에 대해서는 김영식, 『주희의 자연철학』, 494쪽; 周藤吉之, 『宋代經濟史硏究』 (東京: 東京大學出版會, 1962), 45-48쪽을 볼 것. 심지어 徐光啓의 『農政全書』조차도 주로 '勸農'의 임무에 대한 그의 관심으로부터 비롯된 것이었다. Bray and Métailié, "Who Was the Author of the Nongzheng quanshu?".

16. Bray는 그 외에 농업, 건축, 풍수, 의례, 의료 등을 "가족의 기술 (technologies of family)"이라고 지칭하고 있다: Francesca Bray, "Chinese Literati and the Transmission of Technological Knowledge: The Case of Agriculture," in Dagmar Schäfer, ed., *Cultures of Knowledge: Technology in Chinese History* (Leiden: Brill, 2012), pp. 299-325 중 p. 324.

17. 구만옥, "조선왕조의 집권체제와 과학기술정책—조선전기 천문역산학의 정비과정을 중심으로", 『東方學志』 124집(2004), 219-272 중 231쪽.

18. Craig Clunas, *Superfluous Things: Material Culture and Social Status in Early Modern China* (Cambridge: Polity Press, 1991), 특히 chapter 2.

19. 이 문단과 다음 문단의 내용은 김영식, 『주희의 자연철학』, 18-21쪽에 더 자세히 논의되어 있다.

20. "大凡讀書須是熟讀. 熟讀了自精熟, 精熟後理自見. 如喫果子一般, 劈頭方咬開, 未見滋味, 便喫了. 須是細嚼敎爛, 則滋味自出, 方始得這個是甛是苦是甘是辛, 始爲知味. 又云. 園夫灌園, 善灌之夫, 隨其蔬果, 株株而灌之. 少間灌漑旣足, 則泥水相和, 而物得其潤, 自然生長. 不善灌者, 忙急而治之….": 『朱子語類』 권10, 6a쪽.

21. 이들 예 및 다른 예들은 김영식, 『주희의 자연철학』, 9장에 나와 있다. John E. Murdoch은 중세 유럽에서 몇몇 신학적 문제들이 빛, 운동, 天球 등과 같은 자연현상들을 논의하는 일을 합리화하는 데 사용된 경우들을 언급하고 있는데, 이는 주희의 경우와는 정확히 반대되는 경우들이라고 할 수 있다. John E. Murdoch, "From Social into Intellectual Factors: An Aspect of the Unitary Character of Late Medieval Learning", John E. Murdoch and Edith D. Sylla, eds., The Cultural Context of Medieval Learning (Boston: Riedel, 1975), pp. 271-339 중 pp. 278-279.

22. "伊川謂雷自起處起. 何必推知其所起處.": 『朱子語類』 권100, 11a쪽. 정이와 소옹 사이의 대화("堯夫曰, 子以爲起於何處. 子曰, 起於起處.")는 『河南程氏遺書』 卷21上: 『二程集』 (北京: 中華書局, 1981), 270쪽에 실려 있다.

23. "天地初間只是陰陽之氣. 這一箇氣運行, 磨來磨去. 磨得急了, 便拶許多渣滓. 裏面無出處, 便結成簡地在中央.": 『朱子語類』 권1, 4b쪽.

24. '리' 개념에 대해서는 김영식, 『주희의 자연철학』, 1장을 볼 것.

25. "物易見, 心無形. 度物之輕重長短易, 度心之輕重長短難. 度物差了, 只是一事差. 心差了時, 萬事差.": 『朱子語類』 권51, 5a쪽. 1장 주4를 볼 것.

26. "儒釋言性異處, 只是釋言空儒言實, 釋言無儒言有.": 『朱子語類』 권126, 7b쪽.

27. 이에 대한 더 자세한 논의가 김영식, 『주희의 자연철학』, 12.5절에 담겨 있다.

28. 이 같은 개념들—'운동', '혼합물', '진공(眞空)', '공간', '무한' 등—은 바로 중세 서양의 스콜라철학자들이 끈질기게 논의하던 것들이었다. 반면에 유학자들은 이 문제들에 대한 논의를 배격했다: 김영식, 『주희의 자연철학』, 529쪽. 그리고 그 '배격'의 근거가 실제 세계에 대한 강조와 "쓸모없는" 이론적 추론의 회피였다는 것은 역설적이

다. 위와 같은 개념들에 대한 추상적, 이론적 추론이 실제 세계의 현상들의 근본적인 이해에 기여하는 경우가 많았기 때문이다. 적어도 서양에서는, 바로 그런 개념들의 해석과 관련한 지속적인 논쟁이 과학혁명기 동안에 근대과학—궁극적으로 우리가 오늘날 지니고 있는 '쓸모 있는' 과학으로 이끌었던—이 형성되는 데 기여했다. 이와는 반대로, 실제 세계의 실재성과 논의의 유용함에 대한 지나친 강조는 그 실제 세계를 이해하고 그 속에서 살아나가는 데 유익할 수 있었을 바로 그 개념들에 대해 주희와 같은 사람들이 더 자세히 고찰하는 일을 힘들게 만들었던 것이다.

29. "論日月, 則在天裏, 論天, 則在太虛空裏. 若去太虛空裏觀那天, 自是日月羈得不在舊時處了": 『朱子語類』 권2, 3b쪽.

30. 『朱子語類』 권86, 8b-9a쪽.

31. 전용훈, "조선중기 유학자의 천체와 우주에 대한 이해—여헌 장현광의 「역학도설」과 「우주설」", 『한국과학사학회지』 18(1996), 125-154쪽.

32. 『朱子語類』 권115, 5a쪽.

33. 이에 대한 더 자세한 논의는 김영식, 『주희의 자연철학』, 13.3절을 참조할 것.

34. 그뿐 아니라, 서양 중세 스콜라 학자들에게 무거운 물체의 낙하와 가벼운 물체의 상승은 우주의 구조에 대한 그들의 관념과 결부되어 있었다. 그들에게 무거운 물체들은 그것들이 자신들의 자연스러운 위치인 우주의 중심, 즉 지구 중심을 향해 움직이는 경향을 지니기 때문에 낙하하는 것이었다. 따라서 스콜라 학자에게는 어떻게 무거운 지구가 하늘 한가운데에 안정되게 머물러 있을 수 있는가 하는 문제는 생겨나지 않았다. 무게의 개념은 그들의 우주 구조 속에 포함되어 있어서, 4원소 중 가장 무거운 원소인 흙 원소로 이루어진 지구가 그 자연스러운 위치인 우주의 중심에 존재하고 따라서 움직이지 않는 것은 당연했던 것이다. 이에 비해, 주희에게는 무게의 문제와 우주 구조의 문제는 각각 별개였고, 따라서 그는 지구의 무게 문제를 다루어야만 했다. 서양 스콜라 학자들의 우주 구조가 무게라는 경험적 사실을 그것의 일부로 포함했던 데 반해, 주희는 무게라는 관념을 우주 구조와는 별개의 독립된 사실로서 설명해야 했다. 그의 생각으로는 몇몇 무거운 물체들이 아래로 움직인다는 경험적 사실은 우주(天地)의 구조라는 또 다른 특정한 경험적 사실과는 별개였던 것이다. 김영식, 『주희의 자연철학』, 12.2절. 중세 서양의 자연관에 대한 간단한 논의가 Edward Grant, *Physical Science in the Middle Ages* (New York: Wiley, 1971); (번역) 홍성욱, 김영식 역, 『중세의 과학』 (민음사, 1992), 4-5장에 실려 있다.

35. 물론 '자연(自然)'이란 표현이 있었지만, 유학자들에게 그것은 글자 그대로의 뜻—'저

절로 그러함― 이상을 의미하지 않았다. 또한 그들이 '천지(天地)'라는 말로 자연세계를 가리키기도 했지만, 그것은 항상 자연세계 전체를 가리키는 아주 포괄적인 의미에서 사용되었고 그 세부의 물체와 현상들까지 염두에 두지는 않았다. 사실 영어에서도 'natural'이라는 단어의 뜻은 명확하지 않다. 예를 들어 그것은 '당연하다'는 뜻으로 쓰이기도 하며, 유학자들에게 가장 중요한 철학적 개념의 하나였던 '성(性)'을 영어로 'human nature'라고 번역하기도 한다.

36. Shigeru Nakayama, "Characteristics of Chinese Astrology," *Isis* 57(1966), pp. 442-454: (번역) "중국 점성술의 특징", 金永植 編, 『중국 전통문화와 과학』 (창작과비평사, 1986), 217-233쪽.

37. Nathan Sivin, "Chinese Alchemy and the Manipulation of Time", *Isis* 67 (1976), pp. 513-526: (번역) "중국 연금술의 성격", 金永植 編, 『중국 전통문화와 과학』, 289-307쪽.

38. Andre L. March, "An Appreciation of Chinese Geomancy," *Journal of Asian Studies* 27(1968), pp. 253-267: (번역) "중국 풍수술의 이해", 金永植 編, 『중국 전통문화와 과학』, 308-330쪽.

39. 孫小淳, "北宋政治變革中的'天文災異'論說", 『自然科學史硏究』 23(2004), 218-231 중 220-221쪽.

40. 예를 들어 三浦國雄은 "점치는 사람은 천지생성의 순서를 筮竹을 빌려서 모의적으로 재연하는 것이다."라고 이야기했다. 『朱子と氣と身體』 (東京: 平凡社, 1997), 172쪽: (번역) 미우라 구니오 지음, 이승연 옮김, 『주자와 기 그리고 몸』 (예문서원, 2003), 184쪽.

41. 이 문단의 내용은 김영식, "과학적·초자연적 주제들에 대한 주희의 태도: 유가 학문의 경계 규정과 확장", 『유가 전통과 과학』 (예문서원, 2013), 128-158쪽 중 144-149쪽의 논의에 바탕했다.

42. 이 문단과 다음 문단의 내용은 김영식, "과학적·초자연적 주제들에 대한 주희의 태도", 141-144쪽의 논의에 바탕했다.

43. "人心才動, 必達於氣. 便與這屈伸往來者, 相感通. 如卜筮之類皆是." 『朱子語類』 권3, 2a쪽.

44. 朱熹, 『周易參同契考異』 (四部備要本), 3b쪽.

45. Patricia Ebrey, "Sung Neo-Confucian Views on Geomancy", in Bloom, Irene, and Joshua A. Fogel, eds., *Meeting of Minds: Intellectual and Religious Interaction in East Asian*

Traditions of Thought (New York: Columbia University Press, 1997), pp. 75-107 중 pp. 96-97에는 유학자들이 어떤 때 술수를 배격했는가에 대한 여러 가지 가능한 기준들이 제시되어 있다.

3장 유학자들과 과학기술

1. 金秋鵬, 『中國科學技術史: 人物卷』 (北京: 科學出版社, 1998).

2. 사실 范仲淹(989-1052), 胡瑗(993-1059), 歐陽脩(1007-1072), 王安石(1021-1086), 司馬光(1019-1086), 蘇軾(1037-1101) 등 북송대의 중요한 학자들이 대부분 관료로서 활약했으며 다양한 과학기술 주제들에 관심을 보였다: 樂愛國, 『宋代的儒學與科學』 (北京: 中國科學技術出版社, 2007), 10-37쪽.

3. Nathan Sivin, *Granting the Seasons: The Chinese Astronomical Reform of 1280, With a Study of Its Many Dimensions and an Annotated Translation of Its Records* (New York: Springer, 2009), pp. 161-163.

4. "堯命羲和主曆象,⋯ 是皆具乎吾儒之書": 『竹簡集』 권6 「贈潘守固授陰陽正術序」.

5. "非曆官而知曆者": 『明史』 (北京: 中華書局 교점본), 권 31, p. 544.

6. 『明神宗顯皇帝實錄』 萬曆39年(1611) 12월 5일.

7. Benjamin A. Elman, *From Philosophy to Philology: Intellectual and Social Aspects of Change in Late Imperial China* (Cambridge, Mass.: Harvard University Press, 1984), chap. 3; Limin Bai, "Mathematical Study and Intellectual Transition in the Early and Mid-Qing", *Late Imperial China* 16.2 (December 1995), pp. 23-61.

8. 徐海松, 『淸初士人與西學』 (北京: 東方出版社, 2000), 293, 297쪽.

9. 신민철, "明代 天文 '私習'의 禁止와 曆法觀의 再定立" (서울대 석사논문, 2007), 12, 39쪽.

10. "在弘治十年, 令訪取世業原籍子孫, 倂山林隱逸之士, 及致仕退閑等項官, 吏·生·儒·軍·民人等, 有能精通天文者, 試中取用. 在嘉靖元年,⋯ 保擧精通天文曆法者, 不拘致仕官員·監生·生員·山林隱逸之士": 『聖壽萬年曆』 「附錄」; 신민철, "明代 天文 '私習'의 禁止와 曆法觀의 再定立", 39쪽에서 재인용.

11. 樂愛國, 『宋代的儒學與科學』, 154쪽.

12. Matteo Ricci, *China in the Sixteenth Century: The Journals of Matthew Ricci: 1582-1610*, ed. Nicholas Trigault, tr. Louis Gallagher (New York: Random House, 1953), p. 476.

13. Peter Engelfriet and Siu Man-keung, "Xu Guangqi's Attempts to Integrate Western

and Chinese mathematics", Catherine Jami, Peter Engelfriet, and Gregory Blue, eds., *Statecraft and Intellectual Renewal in Late Ming China: The Cross-Cultural Synthesis of Xu Guangqi (1562-1633)* (Leiden: Brill, 2001), pp. 279-310 중 p. 287.

14. "苟能推自然之理, 以明自然之數. 則雖遠而乾端坤倪, 幽而神情鬼狀, 未有不合者矣.": 『測圓海鏡』「序」: 樂愛國, 『宋代的儒學與科學』, 153-154쪽.

15. Horng Wann-Sheng, "The Influence of Euclid's Elements on Xu Guangqi and His Successors", Jami, Engelfriet, and Blue, *Statecraft and Intellectual Renewal*, pp. 380-397 중 p. 388; Bai, "Mathematical Study and Intellectual Transition", p. 36. 이 같은 생각은 수학이 여러 다른 분야들의 기초라는 Ricci의 생각과 관련이 있다: Keizo Hashimoto and Catherine Jami, "From the Elements to Calendar Reform: Xu Guangqi's Shaping of Mathematics and Astronomy", Jami, Engelfriet, and Blue, *Statecraft and Intellectual Renewal*, pp. 264-278 중 pp. 266-267.

16. "因數而悟理": 徐海松, 『淸初士人與西學』, 196쪽.

17. "欲求精密, 則必以數推之. 數非理也, 而因理生數, 卽數可以悟理也.": 「曆說一」: 『曉菴遺書』: 薄樹人 主編, 『中國科學技術典籍通彙. 天文卷六』 (鄭州: 河南敎育出版社, 1995), p. 593.

18. "儒者不知曆理, 而援虛理以立說. 術士不知曆理, 而爲定法以驗天.": 『曉菴新法』「自序」: 薄樹人 主編, 『中國科學技術典籍通彙. 天文卷六』, 433쪽.

19. "數學卽理學也": 方中通, 『數度衍』「序文」.

20. "數與道非二本.": 『數書九章』「序」.

21. "理與數非二物也.": 『竹簡集』 권6 「贈潘守固授陰陽正術序」.

22. "數外無理, 理外無數, 數也者 理之分限節次也.": 『續學堂文鈔』 卷2 「學歷說」 (續修四庫全書, 1413책, 356쪽).

23. Ping-yi Chu, "Technical Knowledge, Cultural Practices and Social Boundaries: Wan-nan Scholars and the Recasting of Jesuit Astronomy, 1600-1800" (Ph.D. Dissertation, University of California, Los Angeles, 1994), pp. 218-220.

24. "夫理與數合符而不離, 得其數, 則理不外焉.": 『律曆淵源』「序」.

25. "自古未有不知數而爲儒者. 中法之絀於歐邏巴也, 由於儒者之不知數也.": 『潛研堂文集』 卷23 「贈談階平序」 (臺北: 臺灣商務印書館, 1968), 335쪽.

26. Charlotte Furth, "The Physician as Philosopher of the Way: Zhu Zhenheng (1282-1358)," *Harvard Journal of Asiatic Studies* 66 (2006), pp. 423-459 중 p. 435.

27. Furth, "The Physician as Philosopher of the Way," p. 435.

28. 김남일, 『한의학에 미친 조선의 지식인들 — 유의열전』 (들녘, 2011), 60쪽.

29. Robert P. Hymes, "Not Quite Gentlemen?: Doctors in Sung and Yuan", *Chinese Science* 8 (1987), 9-76.

30. Asaf Goldschmidt, "The Song Discontinuity: Rapid Innovation in Northern Song Dynasty Medicine", *Asian Medicine* 1(2004), pp. 53-90, 특히 pp. 53-64; Angela Ki Che Leung, "Medical Learning from the Song to the Ming", in Paul J. Smith and Richard von Glahn, eds., *The Song-Yuan-Ming Transition in Chinese History* (Cambridge, MA: Harvard University Press, 2003), pp. 374-398, 특히 p. 376.

31. Furth, "The Physician as Philosopher of the Way", p. 435.

32. 祝平一, "宋明之際的醫史與儒醫", 『中央研究院歷史語言研究所集刊』 (臺灣中央研究院歷史語言研究所) 77(2006), 401-449; Chao Yüan-Ling, *Medicine and Society in Late Imperial China: a Study of Physicians in Suzhou, 1600-1850* (New York : Peter Lang, 2009), pp. 155-160.

33. Charlotte Furth, "Introduction: Thinking with Cases", in Charlotte Furth, Judith T. Zeitlin, and Ping-chen Hsiung, eds., *Thinking with Cases: Specialist Knowledge in Chinese Cultural History* (Honolulu: University of Hawaii Press, 2007), pp. 1-27 중 p. 14.

34. Pingyi Chu, "Calendrical Learning and Medicine, 1600-1800", Willard J. Peterson, ed., *The Cambridge History of China*, vol. 9 The Ch'ing Empire to 1800, Part 2 (Cambridge University Press, 2016), pp. 372-410 중 pp. 399-400.

35. 樂愛國, 『宋代的儒學與科學』, 159-162쪽.

36. Furth, "The Physician as Philosopher of the Way", p. 424; Benjamin A. Elman, *On Their Own Terms: Science in China, 1550-1900* (Harvard University Press, 2005), p. 25

37. Furth, "The Physician as Philosopher of the Way", p. 435.

38. 이 같은 생각이 처음 표현된 것은 "성인은 한 가지라도 알지 못하는 것을 부끄럽게 여긴다."는 양웅(揚雄, B.C.58-A.D.18)의 『법언(法言)』에 나오는 구절로 성인의 경지를 가리켰던 것으로 보인다.: "聖人之於天下, 恥一物之不知, 仙人之於天下, 恥一日之不生.": 『揚子雲集』 卷1 『法言』 「君子」篇: 구만옥, "황윤석(黃胤錫)의 '천문(天文)' 인식과 『상위지요(象緯指要)』", 『韓國思想史學』 51(2015), 403-449 중 417-418쪽.

39. "物有萬殊, 事有萬變, 而一事一物, 莫不有理, 亦莫不有原. 不窮其理, 則無以盡吾心之知. 不究其原, 又曷從而窮其理哉. 故聖門之學, 以格物致知爲先. 文學之士, 以博

問洽識爲貴. 而一物不知, 又儒者之所恥也.": Benjamin A. Elman, "The Investigation of Things (Gewu 格物), Natural Studies (Gezhixue 格致學), and Evidential Studies (Kaozhengxue 考證學) in Late Imperial China, 1600-1800", in Hans Ulrich Vogel and Günter Dux, eds., *Concepts of Nature: A Chinese-European Cross-Cultural Perspective* (Leiden: Brill, 2010), pp. 368-399 중 pp. 382-383에서 재인용.

40. "先生曰, 吾先正有一言, 一物不知, 儒者之恥.": 리치(利瑪竇),「譯幾何原本引」: 徐宗澤 編,『明淸間耶蘇會士譯著提要』(北京: 中華書局, 1949 影印本), 262쪽.

41. 田淼,『中國數學的西化歷程』(濟南: 山東教育出版社, 2005), 136쪽.

42. 張永堂,『明末方氏學派硏究初編—明末理學與科學關係試論』(臺北: 文鏡文化事業 有限公司, 1987);『明末淸初理學與科學關係再論』(臺北: 學生書局, 1994).

43. "大而天地之定位, 星辰之彪列, 氣化之蕃變, 以及細而草物蟲多, 一一因當然之象, 而 求其所以然之故, 而明其不得不然之理.":『格致草』「自序」.

44. 張永堂,『明末方氏學派硏究初編』, 76-88쪽.

45. "算數之學, 實格物致知之要務也.":『御製數理精蘊』권1, 2a-2b쪽 (文淵閣四庫全書, 799책, 4쪽).

46. "古人以醫爲吾儒格物致知之一事.":『四庫全書總目』卷104 (北京: 中華書局, 1965, 上 卷, 871쪽).

47. "私習者, 爲庸人妄言天數者發, 而曆象授時之學, 正吾儒本業, 帝王不禁.":『古今律曆 考』, 卷 65「辯大統曆之失」:『叢書集成初編』(北京: 中華書局, 1985) 1322책, 1113쪽. 천문 私習 금령에 대해서는 신민철, "명대 천문 '사습(私習)'의 금지령과 천문서적의 출판: 그 이념과 실제",『한국과학사학회지』29 (2007), 231-260을 볼 것.

48. "使數學可廢, 則周孔之敎蹒矣":「刻同文算指序」: 王重民 輯校,『徐光啓集』(上海: 中 華書局, 1963), 80쪽.

49. Chu, "Calendrical Learning and Medicine", pp. 384-386.

50. Bai, "Mathematical Study and Intellectual Transition", p. 47.

51. Bai, "Mathematical Study and Intellectual Transition", p. 41; Benjamin A. Elman, *On Their Own Terms: Science in China, 1550-1900* (Harvard University Press, 2005), p. 108.

52. Bai, "Mathematical Study and Intellectual Transition", p. 46; Pingyi Chu, "Remembering Our Grand Tradition: The Historical Memory of the Scientific Exchanges between China and Europe, 1600-1800", *History of Science* 41 (2003), pp. 193-215 중 p. 197, 200.

53. "天之高也, 星辰之遠也, 苟求其故, 千歲之日至, 可坐而致也.": 『孟子』 「離婁下」 (4下 26).

54. "天地之道, 可一言而盡也.": 『中庸』 26장.

55. Chu, "Technical Knowledge, Cultural Practices and Social Boundaries", p. 246.

56. "節略成編, 爲兒子治經之助.": 『曆體略』 序, 권1, 3b (文淵閣四庫全書 789책 947쪽). 王懱 자신은 1639년 쓴 서문에서 어렸을 적에 아버지가 자신에게 『尙書』 구절들을 공부시키면서 별들과 별자리들의 이름을 가르쳤다고 썼다: 『重刻曆體略』 王懱序.

57. Chu, "Remembering Our Grand Tradition", pp. 199-200; Elman, "The Investigation of Things, Natural Studies, and Evidential Studies", p. 390.

58. "自古未有不知數而爲儒者. 中法之不紹於歐邏巴也, 由於儒者不知數也.": 『潛研堂文集』 卷23 「贈談階平序」; 王雲五 主編, 『國學基本叢書』 (臺北: 臺灣商務印書館, 1968) 卷3, 335쪽. Chu, "Remembering Our Grand Tradition", p. 200; 田淼, 『中國數學的西化歷程』, 141-143쪽.

59. Chu, "Technical Knowledge, Cultural Practices and Social Boundaries", pp. 246-247.

60. "常以天文輿地聲音訓詁數大端爲治經之本.… 自有戴氏, 天下學者乃不敢輕言算數, 而其道始尊.": 『疇人傳』 卷42, 22a. (續修四庫全書, 516책, 413쪽).

61. 田淼, 『中國數學的西化歷程』, 136-138쪽.

62. Benjamin A. Elman, "The Story of a Chapter: Changing Views of the 'Artificer's Record' ('Kaogongji' 考工記) and the *Zhouli*", in Benjamin A. Elman and Martin Kern, eds., *Statecraft and Classical Learning: The Rituals of Zhou in East Asian History* (Leiden: Brill, 2010), pp. 330-355.

63. Elman, "The Story of a Chapter", p. 353.

64. 구만옥, "柳僖의 '度數之學'에 대한 인식과 『考工記圖補註補說』", 『한국실학연구』 32(2016), 115-194쪽 중 130-131쪽.

65. Elman, "The Story of a Chapter", p. 354.

66. "算術亦是六藝要事. 自古儒士論天道定律曆者, 皆學通之. 然可以兼明, 不可以專業": 『顏氏家訓集解』 卷19 「雜藝」; 增補本 (王利器 撰. 北京: 中華書局, 1993), 587쪽.

67. "草木蟲魚, 詩家自爲一學. 然非學者本務." 『歐陽文忠公文集』 卷129 「博物說」; 樂愛國, 『宋代的儒學與科學』, 18쪽.

68. 위 주11을 볼 것.

69. "今夫世之論數者, 俱視爲末藝, 故高明者不屑爲之.": 『疇人傳』 卷30, 4b-5a.

70. Engelfriet and Siu, "Xu Guangqi's Attempts to Integrate Western and Chinese mathematics", p. 288.

71. 위 주 31을 볼 것.

72. "大者修身事天, 小者格物窮理, 物理之一端別爲象數.": 「幾何原本序」: 王重民 輯校, 『徐光啓集』, 75쪽.

73. "相與從西國利先生游, 論道之隙, 時時及於理數.": 「刻同文算指序」: 王重民 輯校, 『徐光啓集』, 80쪽,

74. "太上修身昭事, 其次見大祛俗, 次以廣稽覽, 次以習技數, 而猶賢於博奕也.": 「渾蓋通憲圖說序」: 徐宗澤編, 『明淸間耶蘇會士譯著提要』, 263쪽.

75. "論治歷當先正其大, 其分秒微差可無深論.": 『曆學疑問補』: 『曆算全書』 권5, 27a-28b. (文淵閣四庫全書 794책 78-79쪽).

76. 『績學堂詩鈔』 卷首 「梅庚序」: (續修四庫全書, 1413책, 448쪽).

77. "其致力亦以格物窮理爲本, 以明體達用爲功, 與儒學次序略似, 特所格之物皆器數之末.": 『四庫全書總目』 卷104 (北京: 中華書局, 1965, 上卷), 1080쪽.

78. "其于步算, 蓋餘事耳.": 『疇人傳』 卷40, 9b쪽.

79. "有宋名臣多不識曆法.": 「答萬貞一書」: 徐海松, 『淸初士人與西學』, 300쪽에서 재인용.

80. Horng Wann-Sheng, "The Influence of Euclid's Elements on Xu Guangqi and His Successors", pp. 380-397 중 p. 385.

81. "曆象算法, 朕最留心. 此學, 今鮮知者. 如文鼎眞僅見也.… 惜乎, 老矣.": 『績學堂文鈔』 卷首 「序」 (續修四庫全書, 1413책, 325쪽).

82. 이 소절의 내용에 대한 더 자세한 논의는 김영식, 『주희의 자연철학』 (예문서원, 2005), 51-57쪽을 볼 것.

83. 예를 들어, "비록 만 가지 '리'가 하나의 '리'일 따름이지만 공부하는 사람은 만 가지 '리' 중의 온갖 단서들을 찾아서 모두 이해해야 한다. 네 방향 [모두]에서 모아지고 합쳐지면 저절로 그것들이 하나의 '리'임을 볼 수 있게 될 것이다."("萬理雖只是一理, 學者且要去萬理中千頭百緒都理會. 四面湊合來自見得是一理"). 『주자어류』 권117, 12b쪽.

84. "격물을 함에 있어 단지 글의 뜻을 이해하기만 해서는 안 된다. 반드시 실제로 정성스럽게 노력해서 '格'해 나가야 비로소 이룰 수 있는 것이다."("格物不可只理會文義, 須實下工夫格將去始得". 『주자어류』 권18, 7a쪽).; "'치지'하려는 사람은 반드시 먼저 그 앎을 닦음이 있어야 한다."("致知者, 必先有以養其知". 『주자어류』 권18, 13b쪽).

85. "未知學問, 此心渾爲人欲. 旣知學問, 則天理自然發見, 而人欲漸漸消去". 『주자어류』 권13, 3b쪽.

86. Benjamin A. Elman, *A Cultural History of Civil Examinations in Late Imperial China* (Berkeley: University of California Press, 2000), pp. 461-481.

87. Elman, "The Investigation of Things, Natural Studies, and Evidential Studies", p. 386; Elman, *On Their Own Terms*, pp. 23, 77-78.

88. Chu, "Technical Knowledge, Cultural Practices and Social Boundaries", pp. 151-155.

89. Catherine Jami, *The Emperor's New Mathematics: Western Learning and Imperial Authority during the Kangxi Reign (1662-1722)* (Oxford: Oxford University Press, 2012), pp. 262-263.

90. "皇祐中, 禮部試璣衡天文之器賦, 擧人皆雜用渾象事, 試官亦自不曉, 第爲高等": 『夢溪筆談』 卷7「象數一」(127).

91. "其有通者, 不過胥吏. 士類以科擧故未暇篤實. 獨余幼賤不伍時流, 經籍之餘事…": 『丁巨算法』「序」(續修四庫全書, 1042책, 163쪽).

92. Han Qi, "Astronomy, Chinese and Western: The Influence of Xu Guangqi's Views in the Early and Mid-Qing", in Jami, Engelfriet, and Blue, *Statecraft and Intellectual Renewal in Late Ming China*, pp. 360-379 중 p. 368.

93. 물론 여기에는 역법을 둘러싼 논쟁이 정치적 불안정을 야기할 가능성에 대한 걱정이 작용했다. 특히 큰 물의를 빚은 曆獄(1665-1668) 이후에는 서양 천문학을 시험 과목에 포함시키는 것이 강희제에게 더욱 위험하게 느껴졌을 것이다: Elman, *On Their Own Terms*, pp. 167-169.

94. Catherine Jami, "Scholars and Mathematical Knowledge during Late Ming and Early Qing", *Historia Scientiarum* 42(1991), pp. 99-109 중 p. 103.

95. Elman, *On Their Own Terms*, p. 72.

96. 김영식, 『주희의 자연철학』, 428-430쪽.

97. "至宋而曆分兩途, 有儒家之曆, 有曆家之曆. 儒者不知曆數而援虛理以立說. 術士不知曆理而爲定法以驗天." 『曉庵新法』「自序」: 薄樹人 主編, 『中國科學技術典籍通彙. 天文卷六』, 433쪽.

98. Lingfeng Lü, "Eclipses and the Victory of European Astronomy in China", *East Asian Science, Technology, and Medicine* 27(2007), pp. 127-145 중 p. 141

99. Chu Pingyi, "Ch'eng-Chu Orthodoxy, Evidential Studies and Correlative Cosmology:

Chiang Yung and Western Astronomy", *Philosophy and the History of Science: A Taiwanese Journal* 4:2 (October 1995), pp. 71-108 중 pp. 87, 94.

100. 이기복, "18세기 의관 이수기(李壽祺)의 자기인식: 기술직 중인의 전문가의식을 중심으로", 『의사학』 22(2013), 483-527쪽 중 494-495쪽.

101. Martin Hofmann, "The Biographer's View of Craftsmanship", Dagmar Schäfer, ed., *Cultures of Knowledge: Technology in Chinese History* (Leiden: Brill, 2012), pp. 283-297 중 pp. 287-289.

102. Dagmar Schäfer, *The Crafting of 10,000 Things: Knowledge and Technology in Seventeenth-Century China* (Chicago: University of Chicago Press, 2011), p. 29.

103. Francesca Bray, "Chinese Literati and the Transmission of Technological Knowledge: The Case of Agriculture", Schäfer, ed., *Cultures of Knowledge*, p. 316.

104. Charlotte Furth, "Introduction: Thinking with Cases", in Charlotte Furth, J. T. Zeitlin, & Ping-chen Hsiung Eds., *Thinking with Cases: Specialist Knowledge in Chinese Cultural History* (Honolulu: University of Hawaii Press, 2007), pp. 13-14.

105. Chu, "Technical Knowledge, Cultural Practices and Social Boundaries", pp. 218, 222; Shi Yunli, "Nicolaus Smogulecki and Xue Fengzuo's *True Principles of the Pacing of the Heavens*: Its Production, Publication, and Reception", *East Asian Science, Technology, and Medicine* 27 (2007), pp. 63-126 중 p. 98.

106. 신민철, "명대 천문 '사습(私習)'의 금지령과 천문서적의 출판: 그 이념과 실제", 『한국과학사학회지』 29(2007), 231-260쪽.

107. Shi, "Nicolaus Smogulecki and Xue Fengzuo's *True Principles*", p. 98.

108. Benjamin A. Elman, "Some Comparative Issues in the World History of Science and Technology: Jesuit Learning in Late Imperial China", *Tsing Hua Journal of Chinese Studies* 41(2011), pp. 137-170 중 p. 159.

109. Francesca Bray, "Introduction: The Powers of *Tu*," Francesca Bray, Vera Dorofeeva-Lichtmann, and Georges Métailié, eds., *Graphics and Text in the Production of Technical Knowledge in China: The Warp and the Weft* (Leiden: Brill, 2007), pp. 1-78 중 p. 61.

110. Francesca Bray, "Agricultural Illustrations: Blueprint or Icon?," Bray, Dorofeeva-Lichtmann, and Métailié, eds., *Graphics and Text*, pp. 521-567 중 pp. 541-542.

111. Bray, "Agricultural Illustrations: Blueprint or Icon?", p. 549.

112. Angela Ki-Che Leung, "Medical Learning from the Song to the Ming"; Furth, "The

Physician as Philosopher of the Way."

113. Elman, "The Investigation of Things, Natural Studies, and Evidential Studies."

114. Elman, "The Investigation of Things, Natural Studies, and Evidential Studies," pp. 380-383.

115. Benjamin A. Elman, "Collecting and Classifying: Ming Dynasty Compendia and Encyclopedias (Leishu)", Extrême-Orient, *Extrême-Occident hors série* (2007), pp. 131-157 중 p. 136; Andrea Bréard, "Knowledge and Practice of Mathematics in Late Ming Daily Life Encyclopedias", in F. Bretelle-Establey, ed., *Looking at It from Asia: The Processes that Shaped the Sources of History of Science* (Springer, 2010), pp. 305-329 중 p. 305.

116. Elman, "Collecting and Classifying".

117. Furth, "Introduction: Thinking with Cases", pp. 20-21; Joachim Kurtz, "Framing European Technology in Seventeenth-Century China: Rhetorical Strategies in Jesuit Paratexts", in Dagmar Schäfer, ed., *Cultures of Knowledge*, pp. 209-232 중 p. 211.

118. Bréard, "Knowledge and Practice of Mathematics in Late Ming Daily Life Encyclopedias", pp. 313-314.

119. Bray, "Agricultural Illustrations: Blueprint or Icon?", p. 526.

120. Bray, "Agricultural Illustrations: Blueprint or Icon?", pp. 527-528.

121. Bray, "Agricultural Illustrations: Blueprint or Icon?", p. 528.

122. 정형민, 김영식, 『조선 후기의 기술도: 서양 과학의 도입과 미술의 변화』 (서울대학교 출판부, 2007), 117-123쪽; 中國農業博物館 編, 『中國古代耕織圖』 (北京: 新華書店, 1995); Bray, "Agricultural Illustrations", pp. 524-535.

123. Bray, "Agricultural Illustrations", pp. 533-534.

124. 이 절에서의 논의의 더 자세한 내용은 김영식, 『주희의 자연철학』, 414-424쪽을 참조할 것.

125. "如律曆刑法, 天文地理, 軍旅官職之類, 都要理會.": 『주자어류』 권117, 22b쪽.

126. "聖人敎人要博學.": 『주자어류』 권117, 22b쪽.

127. "若不先去理會得這本領, 只要去就事上理會, 雖是理會得許多骨董, 只是添得許多雜亂, 只是添得許多驕吝.": 『주자어류』 권84, 5a쪽.

128. "然亦須大者先立, 然後及之, 則亦不至難曉而無不通矣.": 『주문공문집』 권60, 17a쪽.

129. "雖未理會得詳密, 亦有箇大要處.": 『주자어류』 권117, 22b쪽.

130. 四分曆은 경전 주해 전통이 자리잡기 시작되던 후한 시대의 역법으로 그 수치들이
     후대 유학자들의 논의에서 표준적이 되었다. 具萬玉, 『朝鮮 後期 科學思想史 硏究 I.
     朱子學的 宇宙論의 變動』(혜안, 2004), 110쪽.

4장 조선 유학자들의 과학기술에 대한 태도

1. 정민이 『18세기 조선 지식인의 발견—조선 후기 지식 패러다임의 변화와 문화 변동』
   (휴머니스트, 2007)에서 언급하는 "편집광적인 정리벽, 종류를 가리지 않는 수집벽,
   사소한 사물에까지 미친 애호벽"(14쪽)도 그 같은 지적 분위기의 한 측면으로 볼 수
   있겠다.

2. 구만옥, 『영조대 과학의 발전』(한국학중앙연구원출판부, 2015), 237-238쪽.

3. 구만옥, 『영조대 과학의 발전』, 33-40쪽.

4. "自古帝王奉天之政, 莫不以曆象授時爲先務. 堯命羲和而秩四時, 舜在璣衡而齊七政,
   誠以敬天勤民爲不可緩也. 恭惟殿下聖武仁明, 以禪讓而有國, 中外晏然, 躋于大平. 卽
   堯舜之德也. 首察天文, 以正中星, 卽堯舜之政也.": 『陽村先生文集』卷22 「天文圖詩」
   (문집총간 a007_220b). 이후 역대 조정은 천문도를 중시하여 선조 때에는 120장의
   천문도를 인쇄해 정2품 이상의 문신들에게 배부했으며 영조대에는 세자의 책봉 의
   식 때 천문도를 인출하여 진상하는 규례가 있었다는 기록이 있다. 문중양, 『조선후
   기 과학사상사—서구 우주론과 조선 천지관의 만남』(들녘, 2016), 59쪽.

5. 예컨대 신경준(申景濬, 1712-1781)이 천문학지식을 지도 제작에 활용한 데 대한 논
   의는 박권수, "여암 신경준의 과학사상", 『한국실학연구』 29(2015), 235-277 중 240-
   247쪽을 볼 것.

6. 구만옥, 『영조대 과학의 발전』, 6쪽.

7. 문중양, "18세기 후반 조선 과학기술의 추이와 성격—정조대 정부 부문의 천문역산
   활동을 중심으로", 『역사와 현실』 39 (2001), 199-231 중 210-223쪽; 具萬玉, "朝鮮
   後期 天文曆算學의 主要 爭點: 正祖의 天文策과 그에 對한 對策을 中心으로", 『韓國
   思想史學』 27 (2006), 217-257; 전용훈, 『한국 천문학사』(들녘, 2017), 260-266쪽.

8. 전용훈, 『한국 천문학사』(들녘, 2017), 219-224쪽; 김슬기, "숙종 대 관상감의 시헌력
   학습: 을유년(1705) 역서 사건과 그에 대한 관상감의 대응을 중심으로", 『한국과학사
   학회지』 39(2017), 435-464쪽.

9. 구만옥, 『영조대 과학의 발전』, 77-83쪽.

10. 문중양, 『조선후기 과학사상사』, 164쪽.

11. "今若於數理曆象等書, 勿專習立成, 講明本原, 因其已然而知其所以然, 則通變自生, 而因襲孤陋之弊, 可以漸祛矣": 『錦帶殿策』「天文策」(대동문화연구원, 2002), 546a 쪽.

12. 문중양, 『조선후기 과학사상사』, 164-165쪽.

13. "故欲識天地之體狀, 不可意究, 不可以理索. 唯製器以窺之, 籌數以推之.": 『湛軒書』 外集 卷6 『籌解需用』 外編[下] (문집총간 a248_223a).

14. "拘於陰陽, 泥於理義, 不察天道, 先儒之過也. 夫月掩日而日爲之蝕, 地掩月而月爲之 蝕…": 『湛軒書』 內集 卷4 補遺 『毉山問答』 (문집총간 a248_095b).

15. "蓋渾天之制, 余亦嘗有意焉而未得其要. 陶山退翁之作, 華陽尤門之制, 皆壞傷疎略, 無足徵焉.": 『湛軒書』 外集 卷3 杭傳尺牘 「乾淨衕筆談 續」 (문집총간 a248_162a). 박 지원에 따르면 정철조(鄭喆祚, 1730-1781)도 집에 혼천의와 선기옥형(璿璣玉衡)을 소장하고 있었고 여러 기기들을 만들었으며 황도(黃道), 적도(赤道)와 남극(南極), 북극(北極)에 대해 홍대용과 밤을 새워 논의하기도 했다고 한다: "盖臺上諸器, 似是 渾天儀璿璣玉衡之類, 而庭中所置, 亦有似吾友鄭石癡家所見者. 石癡嘗削竹手造諸 器… 嘗與洪德保共詣鄭. 兩相論黃亦道南北極, 或擺頭, 或頤可. 其說皆渺茫難稽, 余 睡不聽. 及曉, 兩人猶暗燈相對也.": 朴趾源, 『燕巖集』 卷15 『熱河日記』 「謁聖退述 一 觀象臺」 (문집총간 a252_318a).

16. 구만옥, 『영조대 과학의 발전』, 183-189쪽.

17. 구만옥, 『영조대 과학의 발전』, 183, 188쪽.

18. 구만옥, 『영조대 과학의 발전』, 186-188쪽.

19. "日月五星, 盈縮遲疾之理, 順逆離合之度, 此係儒家格致之一端. 明儒亦於奏議言之, 則相與講究此事, 恐不妨矣.": 『頤齋亂藁』 (韓國情神文化硏究院, 1994), 권11, 1768년 8월 21일.

20. "律曆之學, 在儒者身心實工, 雖稍不緊, 亦天地間大文字, 不可無者.": 『頤齋亂藁』 권 14, 1770년 4월 9일.

21. "夫律曆算數之學, 前輩固不以爲當急, 而表裏易範, 經緯天地. 亦洛建諸老先生, 所不 廢者.": 『頤齋亂藁』 권14, 1770년 4월 21일.

22. "此書詎在可略. 夫體明用適, 方是儒者大全之學. 是不可不知也.": 『頤齋遺藁』 卷12 「題數理精蘊寫本」 (문집총간 a246_263d).

23. 문중양, 『조선후기 과학사상사』, 186쪽.

24. 문중양, 『조선후기 과학사상사』, 164-167쪽.

25. 전용훈, 『한국 천문학사』, 289쪽.

26. 전용훈, 『한국 천문학사』, 271쪽.

27. 『星湖先生全集』 卷43 (문집총간 a199_287d-290c; 290c-293d). 구만옥은 이 두 글에 대해서 "기삼백과 선기옥형의 문제를 다룬 조선시대 논설 가운데 이만큼 논리적 정합성과 창의성을 갖춘 글을 찾기는 쉽지 않다."고 평가했다. 구만옥, 『영조대 과학의 발전』, 156쪽.

28. 『承政院日記』 영조 4년(1728) 2월 18일: 구만옥, 『영조대 과학의 발전』, 33-35쪽.

29. "嗚呼, 象緯二典所重, 列朝尊敬, 況常訓旣載, 其敬於天, 昔年仰覯. 今予三復致審, 意盖深矣… 故此考中, 象緯爲首, 輿地次之, 此亦乾父坤母之義也. 嗟哉, 後昆, 師法二典, 欽體列朝, 雖造次之間, 須臾之際, 罔敢疎忽.": 『增補文獻備考』 卷首 「英祖朝御製象緯考題辭」.

30. "則凡後人之握數縱橫, 制器測候, 爭錙銖而較秒忽者, 悉不外於堯典一篇.": 『弘齋全書』 卷50 策問 「天文 閣臣承旨應製」 (문집총간 a263_272b).

31. 홍대용 지음, 정훈식 옮김, 『을병연행록』 (광명: 경진, 2012), 2권, 388쪽.

32. "余年十六, 讀堯典, 至朞三百, 握籌布筭, 三日始得其槩略.": 『金華耕讀記』 卷2 「朞三百」: 조창록, "楓石 徐有榘의 『金華耕讀記』", 『한국실학연구』 19(2010), 287-307 중 299쪽에서 재인용.

33. 구만옥, "다산 정약용의 천문역법론, 『다산학』 10(2007), 55-103 중 86-91쪽.

34. "星從天而西, 日違天而東, 漢志也. 天左旋, 日右行, 日東出, 月西生, 邵子也. 天與日月五星俱左旋, 張子也. 傳詩則從邵, 傳書則從張, 朱子也. 前賢之不同如此, 將誰使之折衷耶.": 『弘齋全書』 卷50 策問三 「天文 閣臣承旨應製」 (문집총간 a263_271c).

35. 구만옥, "朝鮮 後期 天文曆算學의 主要 爭點: 正祖의 天文策과 그에 對한 對策을 中心으로," 『韓國思想史學』 27(2006), 217-257 중 235쪽.

36. "古今箋注, 各成其是, 紛如聚訟, 而算數亦經中一事. 堯典曆象, 春秋日食, 可推而知, 且測驗於今. 七政行度, 合則是, 不合則不是. 得失立辨, 失者自誀, 乃先從事於此.": 『圭齋遺藁』 「圭齋遺藁序 尹定鉉」 (문집총간 a316_544c). 전용훈, 『한국 천문학사』, 302쪽.

37. "先生敎德弘曰『讀書筭學』此亦收放心之法.": 『艮齋先生文集』 卷5 溪山記善錄上 「記退陶老先生言行」 (문집총간 a051_081d).

38. "啓蒙簡而備實, 是算家之摠要.": 「重刊算學啓蒙序」: 『新編算學啓蒙』: 오영숙, "조선 후기 算學의 一面: 崔錫鼎의 산 '읽기'", 『韓國實學研究』 24(2012), 329-366 중 334-

335쪽.

39. 오영숙, "조선 후기 算學의 一面"..

40. 구만옥, "貞山 李秉休(1710-1776)의 학문관과 천문역산학 담론", 『한국실학연구』 38 호(2019), 335-389쪽.

41. "九數, 則余略涉筭家, 知其說不外於方圓勾股之積羃而已. 凡儒家所當究者, 只是步天 樂律二事": 『星湖僿說』 卷19 經史門 「射御數」.

42. "光啓有言曰, 算學能令學理者祛其浮氣, 練其精心.… 此說極是.": 『星湖僿說類選』 권5 下 「算學」.

43. "凡學者只患心麤. 變麤爲細, 無逾扵筭術. 余每敎小兒期三百註說, 其功與讀誦等焉.": 『星湖僿說』 卷15 人事門 「九章算經」.

44. "少也, 學于家庭, 愛觀性理大全一帙. 因之演繹理數文字, 漸通數學. 而首從事于算學 啓蒙, 不待先覺, 大費心力, 以至天元一法, 瀾漫透悟之境. 而思索之過, 疾病生焉.": 『頤 齋亂藁』 권14, 1770년 4월 2일.

45. "數者, 萬物之紀也. 物豈有出於數外者哉.": 『頤齋亂藁』 권11, 1768년 8월 21일.

46. "士苟存心於經世, 則宇宙內事, 孰非己分之當爲者哉. 况算數者, 萬物之紀, 田制者, 有國之本, 而七事又其總會也. 讀書淸暇, 不可不旁通, 明矣.": 『頤齋亂藁』 권10, 1768 년 6월 26일.

47. 전용훈, 『한국 천문학사』, 256쪽.

48. 전용훈, "19세기 조선 수학의 지적 풍토: 홍길주(1786-1841)의 수학과 그 연원", 『한 국과학사학회지』 26 (2004), 275-314쪽 중 305-306쪽.

49. "城郭室廬車輿器用, 莫不有自然之數法. 得之則堅完悠久. 失之則朝設夕弊, 害民國不 細.": 『保晩齋集』 卷7 「北學議序」 (문집총간 a233_208b).

50. 구만옥, "貞山 李秉休의 학문관과 천문역산학 담론", 356쪽.

51. "非數則禮樂制度無所措.": 「比例約說序」: 『私稿』: 구만옥, "마테오 리치(利瑪竇) 이후 서양 수학에 대한 조선 지식인의 반응", 『한국실학연구』 20(2010), 301-355쪽 중 317 쪽.

52. "此正實用之書而濟事之具也.… 物有多少輕重大小、而數以之行. 離物而言數, 是爲虛 數. 卽物而言數, 是爲眞數.… 此皆實實有用之數, 而可以濟天下之事者也.": 「數理精蘊 補解序」: 『私稿』: 구만옥, "마테오 리치 이후 서양 수학에 대한 조선 지식인의 반응", 317-318, 335쪽.

53. 구만옥, "조선후기 과학사 연구에서의 '실학'의 문제", 『한국실학연구』 36(2018), 637-

676쪽 중 644-645쪽.

54. "孔子嘗爲委吏矣, 曰會計當而已矣. 當會計者, 舍筭數奚以哉. 史氏言孔門諸子之盛, 以身通六藝稱之. 古人之務實用也如此.":『湛軒書』外集 卷4『籌解需用』「序」(문집총간 a248_176a); 홍유진, "홍대용(洪大容)의『주해수용(籌解需用)』의 구성과 저술 목적"(서울대학교 석사학위 논문), 23쪽.

55. "…不但治曆尙象必資於是, 樂歌之造律呂, 工師之制器用, 農家之興水利, 兵家之策攻守, 莫不有賴.":『錦帶殿策』「天文策」, 547a.

56. "百工之巧, 皆本之於數理. 必明於句股弦銳鈍角相入相差之本理, 然後乃可以得其法.":『與猶堂全書』第5集 卷2『經世遺表』卷2 冬官工曹 第六「利用監」(문집총간 a285_038d).

57. "有是理便有是氣, 有是氣便有是數.":『주자어류』권65. 6b쪽.

58. "蓋有理便有氣, 有氣便有數. 理不能遺氣以獨行, 亦何能遺卻數耶.":『退溪先生文集』卷25「答鄭子中別紙」(문집총간 a030_098a-098b).

59.『左蘇山人文集』卷7「題幾何蒙求」(문집총간 b106_127b-c).

60. "數出於氣. 氣命於理. 故君子之學. 必貴窮理. 然理有常有變. 理有不明. 則不得不因氣數而明之也.":『左蘇山人文集』卷5「曆數說」(문집총간 b106_090c).

61. "由數以知氣, 由氣以明理. 雖千百歲之遠, 消長進退之故, 可以瞭如指掌矣.": 같은 글 (문집총간 b106_091c).

62. "數也者, 六藝之一. 理也者, 萬物之統. 非數無以見理, 非理無以明數. 數與理, 相爲表裏, 同出一原. 豈可小哉.":『五洲衍文長箋散稿』권40 人事篇 技藝類 算數「數理辨證說」(한국고전종합DB, 0728).

63. 구만옥, "마테오 리치(利瑪竇) 이후 서양 수학에 대한 조선 지식인의 반응",『한국실학연구』20(2010), 301-355쪽 중 325-326쪽.

64. "又謂數學非理外之書. 自癸丑以後, 兼治數學. 謂朱子啓蒙一書, 乃數學之祖. 而多有未解處, 玩索多年, 洞究其原, 乃著啓蒙傳疑. 發揮分解, 殆無遺蘊.":『文峯先生文集』卷4「退溪先生言行通述」(문집총간 a042_231d).

65. 박권수, "徐命膺의 易學的 天文觀",『한국과학사학회지』20(1998), 57-101쪽; 문중양, "18세기 조선 실학자의 자연지식의 성격―象數學的 宇宙論을 중심으로",『한국과학사학회지』21(1999), 27-57쪽; 김영식, "서양 과학, 우주론적 관념, 그리고 17-18세기 조선의 역학(易學)",『동아시아 과학의 차이―서양 과학, 동양 과학, 그리고 한국 과학』(사이언스 북스, 2013), 135-156쪽; 김문용, "조선 후기 서양 수학의 영향과 수리

관념의 변화", 『한국실학연구』 24(2012), 403-441쪽 중 418-426쪽.

66. "大抵名物度數之術, 縱不及性命義理之學, 亦不可偏發不講, 視若異端也.… 象數之學, 雖非聖學之奧深, 不可易言者也.": 『五洲衍文長箋散稿』 「序」 (한국고전종합DB).

67. "漢之太初, 起數於黃鐘. 唐之大衍, 起數於蓍策. 原原本本, 鋪張縱橫.… 然朔望不明, 交食不合, 竟無益於欽天授時之實. 大抵樂與曆, 易與曆理, 未嘗不貫. 而法自迥殊, 決不容傅會而眩耀也.": 『燕行紀』 卷3 8月 25일 (한국고전종합DB).

68. "離物而言數, 是爲虛數. 卽物而言數, 是爲眞數.": 『私稿』 「數理精蘊補解序」: 구만옥, 『영조대 과학의 발전』, 182쪽.

69. 문중양, "18세기 조선 실학자의 자연지식의 성격," 50-55쪽.

70. "杜預云, 治曆者, 當順天以求合, 不當爲合以驗天.": 『推步續解』 卷1 「推日躔用數」 (한국고전종합DB).

71. 조선 후기 '도수지학'이라는 용어가 구사되는 맥락들에 대해서는 구만옥, "柳僖의 '度數之學'에 대한 인식과 『考工記圖註補說』", 『한국실학연구』 32(2016), 115-194쪽 중 119-122쪽을 볼 것.

72. "夫所謂度數之學者, 非如京房李淳風等牽合占驗之謂也. 卽專察物體之分限者也. 其分者, 若截以爲數, 則所以顯物之多少也. 完以爲度, 則指物之大小也. 數者, 乘除加減之所由起也. 度者, 高深廣遠之所由

73. 김남일, 『한의학에 미친 조선의 지식인들―유의열전』 (들녘, 2011), 23쪽.

74. 신동원, "미시사 연구의 방법과 실제: 이문건의 유의일기(儒醫日記)", 『의사학』 24(2015), 389-422쪽 중 399-400쪽.

75. 「乙巳以後罹禍人 李文健行狀」: 『(국역)국조인물고』 (세종대왕기념사업회, 1978), 1501-1502쪽.

76. "自夫丙戌以後, 先大王玉候彌留. 予夙宵侍側帶不解者, 蓋十一年, 而無日不從事於醫藥. 于時就東醫寶鑑, 自身形精氣, 以至婦人小兒, 依其門類, 鈔錄其證論脈訣, 凡爲四卷. 取伊川詩用時還解壽斯民之語, 名之曰壽民妙詮. 旣又念湯液諸方亦不可以終闕, 故隨即鈔錄, 爲別編五卷.": 『弘齋全書』 卷8 「壽民妙詮序」 (문집총간 a262_131a-131b).

77. 김남일, 『한의학에 미친 조선의 지식인들』, 55쪽. 『退溪先生言行錄』에는 그가 弱冠에 榮川醫院에서 수학했다는 기록이 있다: 權斗經 編, 『退溪先生言行錄』 乾 (일사문고 고서 필사본), 권2, 9a. 사실 이황은 어린 시절부터 심병(心病), 온병(溫病), 서리(暑痢), 토설(吐泄), 창증(脹證), 담증(痰證) 등의 질환을 겪었다고 한다.: 김남일, 『한의학에 미친 조선의 지식인들』, 56쪽.

78. 김성수, "조선시대 儒醫의 형성과 변화", 『醫史學』 28(대한의사학회, 2015), 105-120 쪽 중 111쪽.

79. 김남일, 『한의학에 미친 조선의 지식인들』, 131쪽.

80. "凡山具設經籍子史, 備藥餌方書.": 『象村稿』 卷48 外稿7 「野言」 (문집총간 a072_327b).

81. "余晚聞是書宜於愛閑多病之人, 亟屬兪新甫, 請印於慶尙使營… 嗚呼. 爲人子而 謹疾守身, 又豈非奉遺體之道歟.": 『牛溪先生集』 卷6 「題壽親養老書」 (문집총간 a043_156d).

82. 이들의 양생에 대한 관심에는 질병의 발생을 미연에 방지하는 예방의 목적만이 아 니라 약의 사용이 빚는 위험을 방지하려는 목적도 있었다: 김성수, "조선시대 儒醫 의 형성과 변화", 112쪽.

83. 김성수, "조선시대 儒醫의 형성과 변화", 112-113쪽; 김남일, 『한의학에 미친 조선의 지식인들』, 57쪽.

84. "文淊淳厚寡欲而又識義理, 氣質之美可謂難得. 然氣虛類我, 不能讀書刻苦以就其學. 最宜看醫書, 達養生之道, 完養心氣, 安其眠食, 至於老壽, 以副父母之心可也.": 『牛溪 先生集』 卷6 「示子文淊及三孫兒 乙未春」 (문집총간 a043_159a).

85. 신동원, "이황의 의술과 퇴계 시대의 의학", 『退溪學論集』 6(2010), 237-269쪽 중 246쪽.

86. 신동원, "이황의 의술과 퇴계 시대의 의학", 242-246쪽.

87. 신동원, "미시사 연구의 방법과 실제", 405-406쪽.

88. "今醫家不曉方書… 猶慮其無稽, 徧閱方書, 千金方云… 大抵業醫, 須先學本草, 備諳 藥性寒熱, 庶致不差.": 『太宗實錄』 15년(1415) 1월 16일.

89. "醫術, 須究知陰陽五行生克消息之理者, 乃能胗(診)病投藥. 且古之良方, 多出儒醫之 手. 則通理文人, 兼治醫術, 古有其例. 加設典醫兼正兼副正兼判官兼注簿各一, 並以 博學文士除授. 惠民局濟生院則提擧別坐中一人兼丞一人, 以博學剛正勤謹文士差定.": 『世宗實錄』 16년(1434) 7월 25일.

90. 김남일, 『한의학에 미친 조선의 지식인들』, 98, 128-129, 232, 246쪽 등. 또한 "단순 한 경험방의 수준을 넘어서 의학을 이론적으로 접근"하는 자세도 볼 수 있다: 김성 수, "조선시대 儒醫의 형성과 변화", 108쪽.

91. "又將以諺譯翻出, 雖使愚婦見之, 亦可解也.": 『西厓先生文集』 卷17 「鍼經要訣序」 (문 집총간 a052_329b).

92. 김남일, 『한의학에 미친 조선의 지식인들』, 139-140쪽.

93. 신동원, "이황의 의술과 퇴계 시대의 의학", 244쪽.

94. 신동원, "이황의 의술과 퇴계 시대의 의학", 255-258쪽.

95. 『退溪先生全書遺集』內篇 卷3 「與閔箟卿」, 「與閔箟卿」 등.

96. 신동원, "이황의 의술과 퇴계 시대의 의학", 244쪽.

97. 김남일, 『한의학에 미친 조선의 지식인들』, 37쪽.

98. 김남일, 『한의학에 미친 조선의 지식인들』, 89쪽.

99. 김성수, "조선시대 儒醫의 형성과 변화", 107쪽.

100. 김남일, 『한의학에 미친 조선의 지식인들』, 131-132쪽.

101. 김남일, 『한의학에 미친 조선의 지식인들』, 36쪽.

102. 김남일, 『한의학에 미친 조선의 지식인들』, 143, 256-258쪽; 김대원, "丁若鏞의 『醫零』. 1」, 『한국과학사학회지』 15(1993), 225-246쪽; 김대원. "丁若鏞의 『醫零』. 2」, 『한국과학사학회지』 16(1994), 132-157쪽.

103. 『芝峯類說』 권15. 김성수, "조선시대 儒醫의 형성과 변화", 114쪽.

104. 『星湖僿說』 「疫鬼」: 권6 萬物門, 「痲疹」: 권10 人事門, 「本草」: 권17 人事門, 「五臟圖」: 권15 人事門, 「三部脈」: 권10 人事門.

105. 『星湖僿說』 「醫」: 권14 人事門.

106. 『星湖僿說類選』 권5下 技藝門.

107. 조성산, "조선후기 성호학파(星湖學派)의 고학(古學) 연구를 통한 본초학(本草學) 인식", 『의사학』 24(2015), 457-496쪽 중 464-465쪽.

108. "余山中, 無醫方, 倂無藥料. 凡遇痢瘧, 率以臆治, 而亦時偶中, 則今倂錄于下以補之, 爲山居經驗方.": 『燕巖集』 卷15 別集 熱河日記 「金蓼小抄」 (문집총간 a252_335d-338c). 인용문은 (문집총간 a252_336a).

109. 許在惠, "18세기 醫官의 經濟的 活動樣相", 『한국사연구』 71 (1990), 85-127쪽 중 91-92쪽.

110. 김남일, 『한의학에 미친 조선의 지식인들』, 72-73쪽.

111. "格誠二字, 亦可以諧聲推之. 格從各, 各有辨別之義. 易曰, 物以羣分. 天下之物萬殊也. … 物各辨其理, 不復餘蘊, 然後方就吾心上論.": 『星湖僿說』 卷22 經史門 「格致誠正」.

112. "此雖細事, 用物而不知其名, 君子恥之, 故錄之.": 『星湖僿說』 卷6 萬物門 「倭刀」.

113. "汝旣實學, 須留心事務, 不爲鑿空之歸也.": 『星湖先生全集』 卷37 「答秉休甲戌」 (문

집총간 a199_164d).

114. "君子耻一物之不格, 名目度數, 亦當皆知.":『承政院日記』英祖 4년(1728) 2월 18일.

115. "[先生]嘗曰, 大丈夫生斯世, 天下事皆吾職. 一物未格耻也, 一藝不能病也.… 逐自聖 賢之書, 潜心探蹟, 深究乎性命之原. 汎濫乎九流百家, 莫不證印其是非, 以至天文地 理聲律醫卜之學.":『旅庵遺稿』卷13 附錄「行狀」([禮曹判書申獻求敬撰] (문집총간 a231_167c-167d).

116. "工家事. 亦吾儒格物之一事也":『旅庵遺稿』卷8「車制策 甲戌」(문집총간 a231_102a); "誠使一世之士. 旣據於德. 又游於藝. 以盡格物之工. 以致窮理之明. 則千 般事物. 皆在範圍中化出來. 而一車之制. 何難知之.": 같은 글 (문집총간 a231_105b). 신경준의 과학기술에 대한 태도에 관한 더 자세한 논의는 박권수, "여암 신경준의 과학사상"; 구만옥,『영조대 과학의 발전』, 204-212쪽을 볼 것.

117. "居今之世, 欲反古之道, 不亦難乎. 窮年累世縷析毫分, 而實無關於身心之治亂家國 之興衰, 而適足以來聚訟之譏. 則殆不若律曆算數錢穀甲兵之可以適用而需世.":『湛軒 書』內集 卷3「與人書 二首」(문집총간 a248_069a).

118. "至律曆算數錢穀甲兵, 雖博而寡要, 莫有一得. 亦至理所寓而人事之不可闕者.": 같은 글 (문집총간 a_248_069b); "正心誠意, 固學與行之體也. 開物成務, 非學與行之用乎. 揖讓升降, 固開物成務之急務, 律曆算數錢穀甲兵, 豈非開物成務之大端乎. 今高明以 律曆算數錢穀甲兵爲小道則似矣 獨無奈其自任.": 같은 글 (문집총간 a248_070d).

119. "所謂名物度數者, 零零瑣瑣, 善掛係人思慮, 放下不得. 間或證諸事物, 有些觸發而 可喜者, 誠不可易闕也.… 且禮樂律曆兵刑山川官制食貨之類,…":『三淵集』拾遺 卷13 「上仲氏 丁巳」(문집총간 a166_470a-470b).

120. "嘗著書, 工於考據辨證. 嘗於昆蟲草木名物度數經濟方略金石碑板, 以至國朝典章 外國風土, 莫不細究焉.":『雅亭遺稿』卷8 附錄「先考府君遺事」;『국역청장관전서』부 간본아정유고 제8권(한국고전종합DB).

121. "而至於名物度數, 不以小道而或忽. 乃謂音韵之學, 亦是儒者之所當知. 萬機之暇, 躬 加討論.":『惕齋集』卷7 對策「文字」(문집총간 a270_157d).

122. "太學士, 義理之學耶, 詞章之學耶, 經濟之學耶, 名物之學耶.":『明皐全集』卷14「劉 松嵐傳」(문집총간 a261_305d).

123. "大抵名物度數之術, 縱不及性命義理之學, 亦不可偏發不講, 視若異端也.":『五洲衍 文長箋散稿』「序」(한국고전종합DB). 위의 주 66*을 볼 것.

124. 구만옥, "柳僖의 '度數之學'에 대한 인식과『考工記圖補註補說』", 122쪽.

125. 구만옥, "柳僖의 '度數之學'에 대한 인식," 123-129쪽. 실제로 정약용의 『여유당전서』에는 「고공기」가 90회 이상 인용되어 있고 이규경도 「고공기」를 20회 넘게 인용했다: 같은 글, 128쪽.

126. "古人制器, 皆有法象, 而車制尤所愼重, 周禮考工記一篇, 可見也. 故特擧而言之.": 『退溪先生文集』卷35 「答李宏仲」 (문집총간 a030_301a).

127. "凡百工之具, 皆有法式, 然後可以摸象其制矣. 考工記爲古今營造法制, 洵爲不祧之典.": 『五洲衍文長箋散稿』권34 人事篇 治道類 祀典 「營造法式木經宗廟圖說辨證說」 (한국고전종합DB) (0440).

128. "得淸之戴震考工記補注, 不覺觀止之歎.": 같은 글; "凡營造器物, 考工記爲最古, 而號稱難讀, 淸戴東原震有考工記圖說, 其義始明.": 『五洲衍文長箋散稿』권42 人事篇 宮室類 宮室 「營室制度辨證說」 (한국고전종합DB) (592).

129. 구만옥, "柳僖의 '度數之學'에 대한 인식."

130. 이경구, "湛軒의 知識人 交遊와 知性史的 位置", 실시학사 편 『담헌 홍대용 연구』 (사람의무늬, 2012), 311-370쪽 중 361쪽.

131. 임종태, "여행과 개혁: 영조와 정조 시기 조선의 과학과 기술" (미출판 원고, 2018년 10월).

132. 임종태, "정조대 북학론과 그 기술 정책" (『한국과학문명사』 프로젝트 전통팀 2017년 11월 세미나 발표문), 1쪽.

133. 임종태, "여행과 개혁: 영조와 정조 시기 조선의 과학과 기술"

134. "博者易流於雜. 約者易歸於陋. 雜則不可謂博. 陋則不可謂約. 學者所當致察也.": 『芝峯先生集』卷27 「秉燭雜記」 (문집총간 a066_282b): 김문용, "조선후기 유서 지식의 성격", 『민족문화연구』 83(2019), 13-45쪽 중 23-24쪽.

135. "班固藝文志, 後世經傳既已乖離, 博學者, 又不思多聞闕疑之義, 而務碎義.": 『星湖僿說』卷9 人事門 「秦近君」. 김문용, "조선후기 유서 지식의 성격", 25-26쪽. 班固의 말은 『漢書』卷 30 「藝文志」 (中華書局 校點本, 1723쪽)에 나온다.

136. "九數則余略涉籌家, 知其說不外於方圓勾股之積冪而已. 凡儒家所當究者, 只是步天樂律二事. 其他亦不過因乘商除而無不通. 至於盈朒正負之類, 卽雜家之小數, 畢竟無用.": 『星湖僿說』卷19 經史門 「射御數」.

137. "儒家所用, 律呂步天而止耳, 句股方圓乘除足矣. 彼盈朒正負之類, 無所用而徒弊精神, 聖人必不屑扵此也.": 『星湖僿說』卷15 人事門 「九章筭經」.

138. "臣等魯莽, 不知帝王體天臨民之道, 而若但察璣衡, 無一心合天之德, 則亦無益也.":

『承政院日記』英祖 4년(1728) 2월 18일(위 주114*에 인용된 구절에 바로 뒤이은 구절).

139. 위의 주20을 볼 것.

140. 위의 주46을 볼 것.

141. "齋居無事, 謹采其宜於今而適於用者, 間附己意, 錄爲一冊.":『湛軒書』外集 卷4 『籌解需用』「序」(문집총간 a248_176a).

142. "推步之術, 全用黃帝之句股, 乃是吾儒之緖餘也.":『耳溪集』권15「與紀尙書書 別幅」(문집총간a241_267d).

143. "此果有補於國計之緊務聖學之要道者乎":『英祖實錄』36년(1760) 12월 7일.

144. "自余之少也, 竊不自揣, 妄擬一究天人之際. 其於易範律曆書數之說, 山川郡縣風俗之志, 以至陰陽神鬼心性情意之辨, 謂未始留念則不可也. 顧乃駸駸狀將流於雜, 而及夫就質於師敎, 始乃瞿瞿狀覺其爲可病.":『頤齋遺藁』卷11「誚洪克之樂眞序」(문집총간 a246_236d).

145. "余嘗請於公曰. 道者形而上者也, 藝者形而下者也. 君子語上而不語下. 公之所好, 無乃不擇於術乎."『明皐全集』卷8「幾何室記」(문집총간, a261_156b). 이에 대해 서호수는 "道는 形이 없어 현혹되기 쉽고 藝는 象이 있어 거짓으로 꾸미기 어렵다."고 하면서 자신이 도를 좋아하지 않는 것이 아니라 겉으로는 도를 좋아하는 척하면서 사실은 不道하고 藝를 말하며 얻는 것은 없음을 미워하는 것이라고 답했다.("夫道無形而易眩. 藝有象而難假. 吾非不好道也. 所惡名好道而實不道, 幷與所謂藝者而無得焉爾.")

146. "子之於幾何, 夫旣得其術矣. 又能善推所爲, 使心之爲本者, 無遠於堯舜禹湯之傳, 則吾道之與幾何, 高下又幾何也.":『明皐全集』卷8「幾何室記」(문집총간, a261_156c). 이하 유금의 "幾何室"에 대한 서형수와 서유구의「幾何室記」의 내용은 구만옥, "마테오 리치(利瑪竇) 이후 서양 수학에 대한 조선 지식인의 반응", 321-323쪽에서도 다루고 있다.

147. "余嘗過其家於終南之麓, 視其扁則曰幾何室. 入而詰之曰, 子不聞之乎. 藝道之末也, 而數於藝又末也. 若是其小哉, 子之學也.":『楓石鼓篋集』卷2「幾何室記」(문집총간 a288_228b).

148. "然察其色則亡歉焉, 而左右者皆天文曆數之書, 快然若自得者. 蓋其性之固然也. 余從而謝焉曰, 子其不以名易其性者也. 且當擧世驚大之時, 子獨不以小爲歉, 亦可謂特立也已.":『楓石鼓篋集』卷2「幾何室記」(문집총간 a288_228b).

149. "日月之行, 有其常度, 終古不變. 日食非爲災也. 余以爲其術非不精也, 其說非不盡也. 此足爲疇人之學, 而不足爲士君子之學也.… 是故君子雖有奇技異術, 不合於聖賢之學, 則不之貴也.":『圭齋遺藁』卷6「讀書私記」(문집총간 a316_647c-647d). 전용훈, "19세기 조선에서 서양 과학과 천문학의 성격―청조 고증학의 영향을 중심으로,"『한국과학사학회지』35(2013), 435-464쪽 중 461쪽.

150. "聞頗用功於醫書. 吾輩則全昧向方, 大小病患不免束手, 每抱不孝不慈之恨. 然豈不聞致遠恐泥之聖訓耶. 餘力旁及則可矣, 欲專治則恐妨實學."『明齋先生遺稿』卷19「與朴泰輔士元 十六日」(문집총간 a135_437b-437c). 같은 해에 이에 앞서 보낸 편지에서는 "무슨 책을 보고 있습니까? 잡박하기만 해서는 일을 이룰 수 없으니,『주자서절요(朱子書節要)』와『성학집요(聖學輯要)』및 퇴계와 율곡 등 여러 선생의 유집(遺集)을 받아들여 실천하는 것이 가장 절실합니다."("所看在何書? 雜博不濟事? 如朱子書節要聖學輯要及退栗諸先生遺集, 於受用, 最爲近實.")라고 했다.「與朴泰輔士元 三月十一日」(문집총간 a135_436d-437a).

151. "泛觀雜書, 博洽則有之, 不濟於事. 須着工於實學, 庶免外馳之弊也.":『明齋先生遺稿』卷19「與朴泰輔士元 壬子二月二十八日」(문집총간 a135_433a).

152. "君子之不屑爲醫者, 以其局於技而所活者有限也. 儒而不能濟一物, 讀古書雖多, 曾是讀素問者不若. 奚醫之慕儒.":『藥山漫稿』卷16「題李醫歷試漫筆」(문집총간 a211_078a-078b).

153. "…且禮樂律曆兵刑山川官制食貨之類, 凡民之日接而不察者也. 然非有僻書, 具載于墳典. 苟能尋派逐條, 精究而細抽, 亦無難解之理. 借未能十分透悟, 猶賢乎全昧. 但世人每於此等, 先生畏怯, 輒曰精力有限, 不可並用, 受黮養昧, 沒世而無聞. 不亦悲哉.":『三淵集』拾遺 卷13「上仲氏 丁巳」(문집총간 a166_470b).

154. "吾聞失於禮而亡國敗家者矣, 未聞以律曆籌數錢穀甲兵之不理而喪其國者也. 然律曆籌數錢穀甲兵而使誠無之, 亦不可以爲國也. 但君子之心, 則以律曆籌數錢穀甲兵之不理而喪其家國, 爲愈於失於禮而喪其家國耳.":『本庵集』卷4「與洪德保 己丑」(문집총간 a237_389d-390a).

155. 구만옥, "柳僖의 '度數之學'에 대한 인식", 117쪽.

156. "學問宗旨, 先定大綱然後著書爲有用耳. 大抵此道, 本之以孝弟. 文之以禮樂, 兼之以鑑衡財賦軍旅刑獄, 緯之以農圃醫藥曆象算數工作之技. 庶乎其全德.":『與猶堂全書』1集 卷20「上仲氏」(문집총간 a281_437c).

157. "院啓. 陳慰使鄭斗源狀啓, 殊極誕謾, 其所上進之物, 徒爲巧異, 無所實用者多, 而盛

有所稱引, 其不識事理, 甚矣. 此誠可罰而不可賞.":『承政院日記』仁祖 9년(1631) 7
월 13일. Jongtae Lim, "Rodrigues the Gift-Giver: A Korean Envoy's Portrayal of His
Encounter with a Jesuit in 1631", *Korea Journal* 56-2(Summer, 2016), pp. 134-162 중 p.
135.

158. "此則無甚緊用, 而亦一奇觀矣.":『一菴燕記』卷3 10월10일: 林基中 編,『燕行錄續
集』(서울: 尙書院, 2008), 卷111, 270쪽.

159. "余素不習此學, 故臆揣為說.":『星湖僿說』卷3 天地門「曆元」.

160. "以至律曆淵源, 說話縷縷, 因以出示曰, 此實平生所願講者, 而無人可與開口.":『頤齋
亂藁』卷 22, 1776년 8월 6일.

161. 川原秀城,『朝鮮數學史—朱子學的な展開とその終焉』(東京: 東京大學出版會,
2010), 153쪽: (번역본) 가와하라 히데키 지음, 안대옥 옮김,『조선수학사—주자학적
전개와 그 종언』(예문서원, 2017), 251-255쪽.

162. 안대옥, "18세기 正祖期 朝鮮 西學 受容의 系譜",『東洋哲學研究』71(2012), 55-90
쪽 중 79쪽.

163. 안대옥, "18세기 正祖期 朝鮮 西學 受容의 系譜", 66-67쪽.

164. "余每敎小兒期三百註說, 其功與讀誦等焉.… 今人每以技數而賤之. 奚可哉.":『星湖
僿說』卷15 人事門「九章筭經」.

165. "我東之爲士者, 以詞章之功爲決科之計者, 枉費心力, 壞了一生. 其於明庶物通衆藝
之道, 固無足責. 而山林之隱居修業者, 往往高其志大其言, 以名物度數爲末務, 不肯致
意.… 我東之取. 只一詞章之路而已. 草野之間, 雖有奇才異藝者, 於此詞章, 有所不能,
則爲無用之人, 而老死不知者. 果何限哉. 取人不專以科擧, 又開一門路, 以爲廣收效用
之道.":『旅庵遺稿』卷8「車制策 甲戌」(문집총간 a231_105a-105b).

166. "竊念我東三百年, 儒家者流, 其於經禮詞章之學, 可謂駸駸然古道矣. 惟是算數曆象,
未有一二窺其藩籬.":『頤齋亂藁』卷7, 1766년 7월 25일.

167. "拘於陰陽, 泥於理義, 不察天道, 先儒之過也.":『湛軒書』內集 卷4『毉山問答』(문
집총간 a248_095b).

168. "烏虖, 近世之文人學士, 自謂研九經通三才, 而一涉曆象, 茫然以爲越人之章甫
者. 斯可以知所愧矣.":『弘齋全書』, 卷50 策問三「天文 閣臣承旨應製」(문집총간
a263_272c).

169. "降及中古, 亦莫不以是爲重, 設官世掌, 專門服習.… 則擧世之人, 無不口誦而梨熟.…
臣以爲, 天運循環無往不復, 曆象之學, 古明而今晦也.":『錦帶殿策』「天文策」, 545c.

170. "其推步占驗之法, 多出於後世外夷之國, 故學士大夫視之若方技雜術, 率皆鄙夷而不
　　　學焉.":『惕齋集』卷7 對策「天文」(문집총간 a270_150b).

171. "夫我國之人, 讀書者徇空虛而略名物, 制器者溺見聞而昧度數. 百藝窳荒, 不師古
　　　昔.":『靑莊館全書』卷24「武藝圖譜通志附進說」(문집총간 a257_362c).

172. "不佞嘗以爲, 朝鮮有三部好書. 曰聖學輯要, 曰磻溪隨錄, 曰東醫寶鑑. 一則道學, 一
　　　則經濟, 一則活人方, 皆儒者事也. 道學固爲人根本之事, 尙矣也. 今世專尙詞翰, 於經
　　　濟蔑如也. 醫者之術, 其誰明之.":『雅亭遺稿』卷6「與李洛瑞書九書」;『국역청장관전
　　　서』부간본아정유고 제8권(한국고전종합DB).

173. "我東士大夫, 又不屑爲篆蟲魚註爾雅之學, 一任夫漁工樵竪之哇俚相傳, 莫有能引古
　　　證今起而是正者. 然則向所謂終不可解者, 固無論已.":『金華知非集』卷4「樂浪七魚
　　　辨」(문집총간 288_374c).

174. "東人之貴士而賤農也, 久矣.… 今則有高談性命而不辨五穀之名者矣.":『金華知非
　　　集』卷12『擬上經界策』下 (문집총간 a288_529a).

2부　양반사회의 과학기술

5장　양반사회 속의 중인 전문직 종사자들

1. 이성무, "조선의 양반",『개정증보 조선의 사회와 사상』(서울: 일조각, 2004), 112-178
　　쪽 중 116-117쪽.

2. 미야지마 히로시, 노영구 옮김,『미야지마 히로시의 양반―우리가 몰랐던 양반의 실
　　체를 찾아서』(너머북스, 2014), 29-31쪽.

3. 韓永愚,『朝鮮時代 身分史 硏究』(集文堂, 1997), 16쪽.

4. "…所謂兩班, 大夫士之子孫族黨也. 凡國制, 唯大夫士之族得通東西班正職, 故俗稱兩
　　班. 庶族, 本庶人之族而得參官序及爲校生之類, 俗稱中人, 又謂閑散方外. 庶孼, 大夫
　　士之妾出子孫, 品流定隔, 不相爲齒. 故今之鄕籍, 唯入兩班. 餘人雖有學行才德之士,
　　占科歷官之人, 不許參籍.":『磻溪隨錄』권9 敎選之制 上「鄕約事目」.

5. "維厥兩班, 名謂多端. 讀書曰士, 從政爲大夫, 有德爲君子; 武階列西, 文秩叙東, 是爲兩
　　班.":『燕巖集』卷8 別集 放璚閣外傳「兩班傳」(문집 a252_123b).

6. 韓永愚, "柳壽垣의 身分改革思想",『한국사연구』8(1972), 637-674쪽 중 641-646쪽.

7. 韓永愚,『朝鮮時代 身分史 硏究』, 17쪽.

8. 이성무, "조선의 양반", 117쪽.

9. 李成茂, "朝鮮前期 中人層의 成立問題", 『朝鮮의 社會와 思想』(一潮閣, 1999), 198-210쪽 중 209쪽.

10. 미야지마, 『미야지마 히로시의 양반』, 228쪽.

11. 류준경, "조선시대 소설유통의 '혁명성'", 『인문논총』 74(2017), 495-509쪽 중 508쪽.

12. 미야지마, 『미야지마 히로시의 양반』, 36, 96쪽.

13. 미야지마, 『미야지마 히로시의 양반』, 221, 228쪽.

14. 미야지마, 『미야지마 히로시의 양반』, 133쪽.

15. 강명관, "京華世族과 實學", 『한국실학연구』 32(2016), 297-315쪽 중 305쪽.

16. 예컨대 남병철과 남병길은 아버지의 병을 간호하고 삼년상을 치르던 1853~1856년의 기간 동안 그들의 천문학, 수학 연구를 심화시킬 수 있었다. 전용훈, 『한국 천문학사』(들녘, 2017), 272쪽.

17. 중인층의 성격에 대해서는 1971년 이성무가 논의를 시작한 이래 많은 연구들이 이루어졌는데 다음과 같은 연구들을 참조할 만하다. 李成茂, "朝鮮初期의 技術官과 그 地位: 中人層의 成立問題를 中心으로", 『柳洪烈博士 華甲紀念論叢』(探求堂, 1971), 193-229쪽; 유승주, "조선 후기 工人에 관한 一研究", 『역사연구』 71(1976), 405-455쪽; 78(1978), 231-258쪽; 79(1978), 475-502쪽; 박성래, "조선 유교사회의 중인 기술교육", 『대동문화연구』 17(1983), 267-290쪽; 정옥자, "조선 후기의 기술직 중인", 『진단학보』 61(1986), 45-63쪽; 한영우, "조선시대 중인의 신분·계급적 성격", 『한국문화』 9(1988), 179-209; 황정하, "조선후기 算員 집안의 연구", 『한국사연구』 66(1989), 47-73쪽; 허재혜, "18세기 醫官의 경제적 활동 양상", 『한국사연구』 71(1990), 85-127쪽; 김양수, "조선 후기 사회변동과 전문직 중인의 활동: 譯官·醫官·陰陽官·律官·算員·畵員·樂人 등과 관련하여", 延世大學校 國學研究院 편, 『韓國近代移行期 中人研究』(新書苑, 1999), 171-298쪽.

18. 이남희, "조선후기 '잡과중인'의 사회적 유동성—과거합격 실태를 중심으로", 『韓國近代移行期 中人研究』, 299-335쪽 중 306쪽.

19. 韓永愚, 『朝鮮時代 身分史 研究』, 65-68쪽.

20. 김두헌은 17세기에 중인 신분이 형성된 요인으로 성리학의 명분론의 강화로 사회 각 계층의 문벌화 양상이 심화된 것과 당시 조선을 둘러싼 국제정세와 사회경제적인 변화에 따라 역관, 의관, 산원 등의 수요가 증가한 것 두 가지를 들고 있다. 김두헌, 『조선시대 기술직 중인 신분 연구』(경인문화사, 2013), 173-174쪽.

21. 韓永愚, 『朝鮮時代 身分史 研究』, 25-26쪽. 사실 工匠, 商人, 노비 등은 庶人이나 백성으로 간주되지도 않는 미천한 신분이었다.: 같은 책, 15쪽.

22. 박성래, "조선 유교사회의 중인 기술교육", 269-270쪽. 각종 물품을 만들던 기술관청에 속한 장인들에 대한 신분적 차별도 이미 제도화되어 있었다.: 같은 글, 271쪽.

23. 박성래, "조선 유교사회의 중인 기술교육", 270-271쪽.

24. 韓永愚, 『朝鮮時代 身分史 研究』, 75-76쪽. 서얼의 경우에도 出仕 금지가 본격화된 것은 조선 후기에 이르러서였다.: 같은 책, 24쪽.

25. 韓永愚, 『朝鮮時代 身分史 研究』, 27쪽.

26. 정옥자, "조선 후기의 기술직 중인", 47쪽; 김양수, "조선시대 의원실태와 지방관 진출," 『東方學志』 104 (1999), 163-248쪽 중 210-211쪽.

27. 이남희, "조선 후기 잡과의 위상과 특성―변화 속의 지속과 응집", 『한국문화』 58(2012), 65-86쪽 중 73쪽.

28. 김양수, "조선시대 의원실태와 지방관 진출," 163-164쪽. 그리고 신동원이 지적하듯이 여기에는 의과 시험이 문무과보다 경쟁이 낮고 합격하기가 쉬운 것도 영향을 미쳤을 것이다.: 신동원, "조선 후기 의원의 존재 양태", 『한국과학사학회지』 26 (2004), 197-246쪽 중 216쪽.

29. 韓永愚, 『朝鮮時代 身分史 研究』, 73쪽.

30. "醫不三世, 不服其藥.": 『禮記』「曲禮下」. 이남희, "조선후기 '잡과중인'의 사회적 유동성", 314쪽.

31. 韓永愚, 『朝鮮時代 身分史 研究』, 92-93쪽; 김양수, "조선 후기 사회변동과 전문직 중인의 활동", 212쪽; 許在惠, "18세기 醫官의 經濟的 活動樣相," 『한국사연구』 71(1990), 85-127쪽 중 124쪽; 김두헌, 『조선시대 기술직 중인 신분 연구』, 38쪽.

32. 이남희, "조선후기 '잡과중인'의 사회적 유동성", 329쪽.

33. 韓永愚, 『朝鮮時代 身分史 研究』, 76쪽; 이남희, "조선후기 '잡과중인'의 사회적 유동성", 328-331쪽.

34. 李成茂, "朝鮮前期 中人層의 成立問題".

35. 김양수, "조선 후기 사회변동과 전문직 중인의 활동", 171쪽.

36. "韓位謙是中人之曾經雜職者也.": 『肅宗實錄』 12년(1686) 8월 27일. 『肅宗實錄』에서는 그에 앞서서도 "湖南道臣報備局之狀以爲, 業儒外中人孽屬軍保子枝等雜類之自稱幼學者, 旣不入於校案, 又不入於業儒."(10년 7월 3일); "今番本道中人庶孽抄送備局者, 無慮數千."(10년 8월 20일) 등의 기사들이 나온다.

37. "本國之俗, 專尚門地於業士之中, 而又有所謂兩班大夫士之子孫族黨也. 凡國制唯大 夫士之族, 得通東西班正職, 故俗稱兩班. 庶族, 本庶人之族而得參官序及爲校生之類, 俗稱中人, 又謂閑散方外. 庶孽, 大夫士之妾出子孫. 品流定隔, 不相爲齒.":『磻溪隨錄』 卷9 教選之制 上「鄕約事目」.

38. 韓永愚,『朝鮮時代 身分史 硏究』, 74-76쪽.

39. 강명관,『조선 후기 여항문학 연구』(창작과비평사, 1997), 50-52쪽.

40. "常人之於中人, 自有限隔. 見則先拜, 遇於路則下馬, 衣服不敢與同. 中人之於士族, 階 級尤截然. 不敢齒坐, 不同稱號, 言則必稱小人, 有過則受答不辭.":『景玉先生遺集』卷 2「名分說」(한국역대문집총서DB, No. 2372, 220쪽).

41. "宗室與士大夫爲朝廷縉紳之家. 下大夫則爲鄕曲品官中正功曹之類. 下此爲士庶及將 校譯官算員醫官方外閑散人. 又下者爲吏胥軍戶良民之屬. 下此爲公私賤奴婢矣. 自 奴婢而京外吏胥爲下人一層也. 庶孽及雜色人爲中人一層也. 品官與士大夫同謂之兩班, 然品官一層也, 兩班一層也.":『擇里志』「總論」: 李翼成 옮김 (서울: 한길사, 1992), 208 쪽.

42. "國制, 門地有定品, 京師尤甚. 士大夫爲一等業仕宦, 中人爲一等業象譯, 常漢爲一等 業商販僕隸. 惟中下等, 名目最多, 外象譯有醫家陰陽家律學曆學寫字學, 各司胥吏各道 邸戶, 各世其業, 通稱中人. 其下百執事公私賤役, 皆常漢也. 守之數百年, 皆截然不相 混.":『梅泉野錄』(서울: 國史編纂委員會, 1955), 40-41쪽.

43. 韓永愚,『朝鮮時代 身分史 硏究』, 70쪽.

44. "大抵中人輩, 非兩班, 非常人, 居於其間. 最是難化之物.":『正祖實錄』15년(1791) 11월 11일.

45. "從古無所於歸之蹤, 抱才齎恨, 擔却中行底道理, 輒多外入於異岐. 所謂中人之名, 進 不得爲士夫, 退不得爲常賤, 自分落拓, 無意於實地. 間或有薄有才藝之人, 不堪伎倆 之所使, 輒生妄想, 專尚好新. 所與學習者, 非從事於經學之人也.":『正祖實錄』23년 (1799) 5월 5일.

46. 정옥자, "조선 후기의 기술직 중인"; 신동원, "18세기 후반 조선 '과학기술'의 지형— 범주와 위상의 측면으로 본",『한국과학사학회 2018년 봄 학회 발표 자료집』, 97-105 쪽.

47. 조선에서는 '譯官'과의 혼동을 피하기 위해 천문역법 담당 전문 관원들을 '曆官'이 아니라 '日官'이라고 불렀다.

48. "中人而有裨校計士醫員譯官日官律官唱才賞歧寫字官畫員錄事之稱. 市井而有挾屬

曹吏廛民之名, 此中人市井之名分也.": 『弘齋全書』 卷49 「名分」 (문집총간 a263_258c):
韓永愚, 『朝鮮時代 身分史 研究』, 65쪽.

49. 정옥자, "조선 후기의 기술직 중인", 48-51쪽; 韓永愚, 『朝鮮時代 身分史 研究』, 65쪽.

50. 이남희는 잡과의 이 같은 위상이 지닌 "과거제 내에서의 차별과 중간층 내에서의 차별(우대)이라는 이중적인 성격"을 "사회적으로 양면적인—위와 아래로— 차별을 중첩적으로 내장하고 있는 독특한 기제"라고 표현하고 있다: 이남희, "조선 후기 잡과의 위상과 특성", 66쪽.

51. 朴星來, "朝鮮 儒敎社會의 中人技術敎育", 268-269쪽.

52. 이남희, "조선 후기 잡과의 위상과 특성", 67-68쪽. 이남희는 조선 후기 다른 과거제도가 문란해지는 데 반해 잡과는 규정에 의거 운영되었음을 지적했다: 이남희, "조선후기 '잡과중인'의 사회적 유동성", 308쪽. 한편 미야지마는 중국에서는 송대 이후 잡과가 폐지되었지만 조선에서는 끝까지 실시되었음을 지적했다: 미야지마 히로시, 『나의 한국사 공부』 (너머북스, 2013), 156쪽.

53. 이남희, "조선 후기 잡과의 위상과 특성", 68-70쪽.

54. 이남희, "조선 후기 잡과의 위상과 특성", 70쪽.

55. 이남희, "조선 후기 잡과의 위상과 특성", 72-73쪽.

56. 이남희, "잡과의 전개와 중인층의 동향", 『한국사 시민강좌』 48 (일조각, 2010), 154-168쪽 중 161쪽.

57. 허재혜, "18세기 醫官의 경제적 활동 양상", 103-104쪽.

58. 김양수, "조선시대 의원실태와 지방관 진출", 164쪽.

59. "…不精擇無定料. 雖有試才受遞兒之規, 遞兒數小, 故受者十無一焉. 故非謀避身役者, 人無願入, … 旣有定員, 而科額過多, 陞科者亦多無官無祿, 故唯以賕賂謀利爲事": 『磻溪隨錄』 卷10 敎選之制 下 「諸學選制附宗學見上學校條」.

60. 韓永愚, 『朝鮮時代 身分史 研究』, 77-78쪽. 물론 기술직 중인에게도 종종 당상관이 주어지기도 했지만 대우직에 불과했으며 실직(實職)이 주어진 것은 아니었다: 李成茂, "官職制度를 통해 본 朝鮮初期 兩班의 身分的 地位," 『朝鮮의 社會와 思想』, 100-150쪽 중 140쪽.

61. 김슬기, "숙종 대 관상감의 시헌력 학습: 을유년(1705) 역서 사건과 그에 대한 관상감의 대응을 중심으로", 『한국과학사학회지』 39(2017), 435-464쪽 중 456쪽. 물론 허원에게 가자된 정3품 通政大夫는 당상관 품계였으며, 따라서 이것이 반드시 '한품거관'의 제한 때문이었는지는 분명치 않다. 이후 제한 품계가 차츰 높아져서 19세기 초

金檢은 종1품 崇祿大夫에까지 이르렀다.: 박권수, "조선 후기 역서(曆書) 간행에 참여한 관상감 중인 연구", 『한국과학사학회지』 37(2015), 119-145쪽 중 137쪽.

62. 韓永愚, 『朝鮮時代 身分史 研究』, 52쪽.

63. 17세기 이후 서얼의 문과와 무과에 대한 허통이 실시되면서 서얼들도 오히려 잡과를 기피하는 경향을 보이기도 했고, 이에 따라 기술직에서 문반직으로의 이동은 전기에 비해 크게 축소되었다.: 韓永愚, 『朝鮮時代 身分史 研究』, 94쪽.

64. "醫書習讀官, 所讀諸書,… 能通諸書者, 啓授顯官.… 律員算員, 所業能通者, 啓授京外吏職.… 醫員, 雖不解方書, 能治瘡腫及諸惡疾, 成效最多者一人歲, 抄啓聞敍用.": 『經國大典』 禮典 「獎勸條」.

65. 韓永愚, 『朝鮮時代 身分史 研究』, 78-79쪽.

66. 韓永愚, 『朝鮮時代 身分史 研究』, 79-82쪽.

67. 이남희, "조선 후기 잡과의 위상과 특성", 80쪽. 이와 관련해서 이규근은 중인들의 동반직 除授가 빈번해지자 양반들의 견제가 있었음을 지적하고 있다.: 李圭根, "朝鮮時代 醫療機構와 醫官—中央醫療機構를 中心으로", 『東方學志』 104(1999), 95-160쪽 중 158쪽.

68. 이남희, "조선 후기 잡과의 위상과 특성", 74-75, 83쪽.

69. 김양수, "조선 후기 사회변동과 전문직 중인의 활동", 215-216쪽.

70. 예컨대 18세기 의관 이수기(李壽祺) 집안의 사람들은 산학, 역관, 의관 등 여러 기술직에 종사했다.: 이기복, "18세기 의관 이수기(李壽祺)의 자기인식: 기술직 중인의 전문가의식을 중심으로", 『의사학』 22(2013), 483-527쪽 중 491쪽.

71. 예컨대 "특집: 조선 시대 의료인 선발과 의원 실태", 『東方學志』 104(1999)를 볼 것.

72. 원래는 전의감, 惠民局, 濟生院이 '三醫司'로 일컬어졌는데, 내의원이 전의감에서 독립하고 제생원이 혜민국에 병합되어 내의원, 전의감, 혜민서가 '三醫司'로 불리게 되었다. 이 문단의 내용에 대한 더 자세한 논의는 손홍렬, 『한국중세의 의료제도 연구』 (수서원, 1988), 166-197쪽; 李圭根, "朝鮮時代 醫療機構와 醫官", 97-101쪽; 신동원, 『호열자, 조선을 습격하다: 몸과 의학의 한국사』 (역사비평사, 2004), 176-199쪽; 이경록, "조선전기 의료기구 개편의 성격과 그 의의", 『의사학』 29(2020), 1-42쪽 등을 볼 것.

73. 신동원, "이황의 의술과 퇴계 시대의 의학", 『退溪學論集』 6(2010), 237-269쪽 중 250쪽.

74. 허재혜, "18세기 醫官의 경제적 활동 양상", 113-114쪽.

75. 이하 조선 시대 의료 부문 관서의 직제와 그 변화에 관한 더 자세한 내용은 李圭根,

"朝鮮時代 醫療機構와 醫官"을 참고할 것.

76. 이들의 교육 내용에 대해서는 신동원, "조선 후기 의원의 존재 양태", 『한국과학사학 회지』 26(2004), 197-246쪽 중 224-229쪽을 볼 것.

77. 허재혜, "18세기 醫官의 경제적 활동 양상", 98쪽.

78. 신동원, "조선 후기 의원의 존재 양태", 213쪽.

79. 의학에 능한 유학자들이 필요함을 지적하며 이조(吏曹)가 세종에게 올린 앞의 4장 에서 본 장계는 바로 의서습독관에 관한 것이었다. 4장 주89를 볼 것.

80. 김성수, "조선시대 儒醫의 형성과 변화", 『醫史學』 28 (대한의사학회, 2015), 105-120 쪽 중 108-109쪽.

81. "其曰議藥同參者, 自士大夫至微賤, 有能者皆補也. 以是同參員少而技善": 이규상, 민 족문학사연구소 한문분과 옮김, 『18세기 조선인물지: 幷世才彦錄』 (창작과 비평사, 1997), 194쪽.

82. 이규상, 『18세기 조선인물지』, 194쪽.

83. 김양수, "조선 후기 사회변동과 전문직 중인의 활동", 221쪽. 이와 관련해서 김양수 는 17세기에 성하던 역관 무역이 18세기 이후 퇴조하면서 역관들이 그보다 대우가 좋던 의관으로 나아가거나 다른 길을 모색했음을 지적하기도 했다: 김양수, "조선시 대 의원실태와 지방관 진출", 235쪽.

84. 김양수, "조선 후기 사회변동과 전문직 중인의 활동", 221쪽; 이규근, "조선후기 내 의원 의관 연구: 『내의선생안 (內醫先生案)』의 분석을 중심으로", 『조선시대사학보』 3(1997), 5-50쪽 중 23-24쪽.

85. 김양수, "조선시대 의원실태와 지방관 진출", 213쪽.

86. 이규근, "조선후기 내의원 의관 연구", 24쪽.

87. 김양수, "조선 후기 사회변동과 전문직 중인의 활동", 222쪽; 李圭根, "朝鮮時代 醫 療機構와 醫官", 120쪽. 이남희는 숙종대에는 경기 지역의 수령 자리는 "의관이 의 례 맡는 자리가 될 정도였다."고 지적했다: 이남희, "조선 후기 잡과의 위상과 특성", 74쪽.

88. 李圭根, "朝鮮時代 醫療機構와 醫官", 118쪽. 심지어는 司憲府 감찰에도 내의원 의 관이 임명되기도 했다: 같은 글, 119쪽.

89. 李圭根, "朝鮮時代 醫療機構와 醫官", 99쪽.

90. 김양수, "조선시대 의원실태와 지방관 진출", 211쪽; 李圭根, "朝鮮時代 醫療機構와 醫官", 99-100쪽. 그리고 이 같은 의관의 신분 상승이 전문직 중인의 신분 상승을 주

도하는 역할을 하기도 했다.: 김양수, "조선 후기 사회변동과 전문직 중인의 활동", 221쪽.

91. 관상감의 직제와 운영에 관한 내용은 문중양, "왕의 허락을 얻어 천문을 관측하다: 조선의 천문역산가", 규장각한국학연구원 편, 『조선전문가의 일생』(글항아리, 2010), 47-74쪽 중 55-61쪽에 정리되어 있으며, 그에 대한 더 자세한 논의는 허윤섭, "조선 후기 觀象監 天文學 부문의 조직과 업무: 18세기 후반 이후를 중심으로"(서울대학교 석사학위논문, 2000); 박권수, "조선 후기 역서(曆書) 간행에 참여한 관상감 중인 연구" 등을 볼 것.

92. 문중양, "왕의 허락을 얻어 천문을 관측하다", 56-58쪽. 물론 이들 이외에도 역서 간행 업무에 종사하는 寫字官, 監印官 등이 있었고, 각종 잡역에 종사하는 匠人들이 있었다.: 박권수, "조선 후기 역서 간행에 참여한 관상감 중인 연구", 122-125쪽. 이들 관상감 직책과 그 변화에 관한 더 자세한 내용은 박권수, "조선 후기 관상감 산원직(散員職)의 설치와 확대", 『한국과학사학회지』 41(2019), 353-385쪽을 볼 것.

93. 문중양, "왕의 허락을 얻어 천문을 관측하다", 58쪽.

94. 박권수, "조선 후기 관상감 산원직(散員職)의 설치와 확대."

95. 박권수, "조선 후기 관상감(觀象監) 입속자(入屬者) 연구", 『한국사연구』 187(2019), 289-324쪽 중 320쪽.

96. 『書雲觀志』 卷1 「取才」: 박권수, "조선 후기 역서 간행에 참여한 관상감 중인 연구", 130-131쪽.

97. 박권수, "18·19세기 중인과학자의 학문과 사상—김영과 문광도에 관한 기록을 중심으로", 『전통과학의 재조명과 교육적 활용』(제주대학교 교육과학연구소 학술회의 자료집, 2007년 1월 22일), 73-86쪽 중 77-79쪽. 김영은 그 같은 관상감 관원들의 횡포를 이기지 못해 직을 파하고 결국은 곤궁한 처지에서 죽음을 맞이했다고 한다.: 같은 글, 79쪽.

98. 이남희, "조선 후기 잡과의 위상과 특성", 69, 71쪽.

99. 이 같은 추세는 매년 관상감에서 간행하는 역서에 실린 명단에 나타나서, 1746년의 역서에 金兌瑞, 이듬해의 역서에는 安國賓의 품계가 종2품으로 되어 있고 1779년 역서에는 처음으로 정2품 품계인 관원 李德星의 이름이 기록되어 있다.: 박권수, "조선 후기 역서 간행에 참여한 관상감 중인 연구", 138-140쪽. 이들 중 안국빈은 나중 최종 관직이 종1품에까지 이르렀다.: 같은 글, 139쪽.

100. 임종태, "중인의 과학과 양반의 과학"(미출판 원고, 2020년 2월), 19쪽.

101. 임종태, "중인의 과학과 양반의 과학", 24쪽.

102. 김양수, "조선 후기 사회변동과 전문직 중인의 활동", 213쪽.

103. 朴星來, "朝鮮 儒敎社會의 中人技術敎育", 269쪽.

104. 黃正夏, "朝鮮英祖·正祖時代의 算員硏究", 『白山學報』第35號(1988), 219-258쪽 중 229-230쪽; 오영숙, "조선 후기 算學의 一面: 崔錫鼎의 算 '읽기'", 『韓國實學硏究』 24(2012), 329-366쪽 중 333쪽.

105. 朴星來, "朝鮮 儒敎社會의 中人技術敎育", 275쪽.

106. 黃正夏, "朝鮮英祖·正祖時代의 算員硏究", 231-232쪽; 이남희, "조선 후기 잡과의 위상과 특성", 85쪽.

107. 예컨대 『管子』 「四匡」 ("士農工商四民, 國之石民也."); 『淮南子』 「齊俗訓」 (士農工商, 鄕別州異.) 등을 볼 것.

108. 예컨대 관리는 오직 士에서만 충원하고 기술관이나 胥吏 또는 농민이 東班에 참여하는 것을 배격했다: 韓永愚, 『朝鮮時代 身分史 硏究』, 29쪽.

109. "正言因言, 向來曆象考成七曜表亦入其中矣. 果尋於文光道否. 余曰, 彼旣非士夫, 則與之尋訪, 似涉如何矣.": 『頤齋亂藁』卷6, 1766년 3월 25일: 배우성, 『독서와 지식의 풍경―조선 후기 지식인들의 읽기와 쓰기』 (돌베개, 2015), 327-328쪽. 그러나 10년 후 황윤석이 홍대용의 집을 방문하여 만난 李德懋(1741-1793), 朴齊家(1750-1805) 와는 "가히 더불어 이야기할 만하다."고 한 것을 보면, 그사이 그의 태도가 바뀌었거나 나중에 奎章閣 檢書官이 된 이들 서얼 출신 학자들과 문광도 같은 중인에 대한 그의 태도가 달랐음을 알 수 있다: "旣至德保家, 則李生德懋適來相話, 而朴生趾源朴生齊家亦至. 三君皆潛夫而多聞博識, 可與言者.": 『頤齋亂藁』卷22, 1776년 8월 8일.

110. "人才之難得也, 久矣. 盡一國之精英而拔擢之, 猶懼不足, 況棄其八九哉. 盡一國之生靈而培養之, 猶懼不興, 況廢其八九哉. 小民其棄者也, 中人其棄者也. 我國醫譯律曆書畫算數者爲中人.": 『與猶堂全書』第1集 詩文集 卷9 「通塞議」 (문집총간 a281_196b).

111. 이남희, "조선 후기 잡과의 위상과 특성", 72쪽.

112. 김두헌, 『조선시대 기술직 중인 신분 연구』. 28쪽. 이성무는 중인들의 그 같은 중간적 위치를 다음과 같이 표현했다: "양반들은 중인을 행정사역인으로 부리기 위하여 이들을 신분적으로 얽어매고 관념적·제도적으로 철저히 차별화하였다. 이에 중인은 양반정권에 기생하면서 이를 등에 업고… 행정실무에 종사하는 까닭에 그들은 언행이 세련되고 생활이 깔끔하며 대인관계에 밝았다. 생활양식뿐 아니라 그들이 쓰는

문서양식도 따로 있었으며 시문까지 독특하였다. 가히 중인문화라고 할 만한 생활 규범을 갖추고 있었다.": 李成茂, "朝鮮前期 中人層의 成立問題", 209쪽.

113. 韓永愚, 『朝鮮時代 身分史 研究』, 63쪽.

114. "士林地下, 有醫譯中人一種名色, 雖以醫譯爲業, 不失衣冠之族也.":「輿誦」:『杏下述』: 宋復, "'近代移行期 中人研究'의 必要性", 延世大學校 國學研究院 편, 『韓國 近代移行期 中人研究』, 17-52쪽 중 19-20쪽에서 재인용. 또한 정옥자, "조선 후기의 기술직 중인", 46-47쪽을 볼 것.

115. 孫弘烈, "朝鮮前期 醫官의 任用과 그 社會的 地位", 『史叢』30(1986), 161-196쪽 중 178-185쪽.

116. 김양수, "조선 후기 사회변동과 전문직 중인의 활동", 217쪽.

117. 김양수, "조선시대 의원실태와 지방관 진출," 164쪽.

118. 이남희, "조선후기 '잡과중인'의 사회적 유동성", 302-303쪽.

119. 許在惠, "18세기 醫官의 經濟的 活動樣相", 108-113쪽.

120. 김슬기, "숙종 대 관상감의 시헌력 학습", 『한국과학사학회지』39(2017), 435-464쪽.

121. 실제로 연행에 관상감 관원을 파견할지 여부에 대한 1734년 조선 조정의 논의 과정에서 관원들이 연행을 원하는 진짜 이유가 경제적인 이득을 위한 것이라는 의혹이 제기되기도 했다: 김영식, "1735년 역서(曆書)의 윤달 결정과 간행에 관한 조선 조정의 논의",『한국과학사학회지』36(2014), 1-27쪽 중 11-12쪽.

122. 許在惠, "18세기 醫官의 經濟的 活動樣相", 113-123쪽.

123. 이남희, "조선후기 '잡과중인'의 사회적 유동성", 303쪽.

124. 이기복, "18세기 의관 이수기(李壽祺)의 자기인식", 493-494쪽; 김양수, "조선 후기 사회변동과 전문직 중인의 활동", 223쪽.

125. 許在惠, "18세기 醫官의 經濟的 活動樣相", 103쪽; 李圭根, "朝鮮時代 醫療機構와 醫官", 103쪽.

126. 許在惠, "18세기 醫官의 經濟的 活動樣相", 101-103쪽.

127. 李圭根, "朝鮮時代 醫療機構와 醫官", 103쪽.

128. 李圭根, "朝鮮時代 醫療機構와 醫官", 101, 104쪽

6장 양반사인들과 중인 과학기술 전문종사자들

1. 朴星來, "朝鮮 儒敎社會의 中人技術敎育", 『大東文化研究』17집(1983), 267-290쪽 중

273쪽; 韓永愚, 『朝鮮時代 身分史 硏究』(集文堂, 1997), 28-29쪽.

2. 朴星來, "朝鮮 儒敎社會의 中人技術敎育", 273-274쪽.

3. "設六學, 令良家子弟肄習. 一兵學, 二律學, 三字學, 四譯學, 五醫學, 六算學.": 『太祖實錄』 2년(1393) 10월 27일.

4. "置十學, 從左政丞河崙之啓也. 一曰儒, 二曰武, 三曰史, 四曰譯, 五曰陰陽風水, 六曰醫, 七曰字, 八曰律, 九曰算, 十曰樂, 各置提調官. 其儒學, 只試見任三館七品以下. 餘九學, 勿論時散, 自四品以下, 四仲月考試, 第其高下, 以憑黜陟.": 『太宗實錄』 6년(1406) 11월 15일.

5. 韓永愚, 『朝鮮時代 身分史 硏究』, 87쪽.

6. 韓永愚, 『朝鮮時代 身分史 硏究』, 13쪽.

7. 한영우는 양반 관료들의 반대 속에 진행된 세종의 訓民正音을 군왕의 일반 백성들에 대한 배려를 보여주는 정책의 두드러진 예로 들고 있다: 韓永愚, 『朝鮮時代 身分史 硏究』, 13-14쪽.

8. "禮曹啓, 曆象授時, 乃國家之重任, 今書雲觀諸述者, 或以閑散官差定, 未便. 今後述者, 不拘取才, 皆授官職. 從之.": 『世宗實錄』 3년(1421) 6월 10일.

9. "其治曆之人, 精於術者, 超資加職而勸勉之.": 『世宗實錄』 14년(1432) 10월 30일.

10. 『世宗實錄』 14년(1432) 11월 1일; 15년(1433) 1월 28일 등. 구만옥, "조선왕조의 집권체제와 과학기술정책—조선전기 천문역산학의 정비과정을 중심으로", 『東方學志』 124(2004), 219-272쪽 중 251-252쪽; 한영호, 이은희, "麗末鮮初 本國曆 완성의 道程", 『東方學志』 155집(2011), 31-75쪽 중 47-54쪽.

11. 韓永愚, 『朝鮮時代 身分史 硏究』, 87쪽.

12. "上學啓蒙算, 副提學鄭麟趾入侍待問. 上曰, 算數在人主無所用, 然此亦聖人所制, 予欲知之.": 『世宗實錄』 12년(1430), 10월 23일.

13. "上謂承政院曰. 算學雖爲術數, 然國家要務, 故歷代皆不廢. 程朱雖不專心治之, 亦未嘗不知也.… 今使預習算學, 其策安在. 其議以啓… 令集賢殿考歷代算學之法以啓.": 『世宗實錄』 25년(1443) 11월 17일.

14. 구만옥, "조선왕조의 집권체제와 과학기술정책", 246-247쪽. 이들은 수년 내에 算書와 曆經에 모두 능통하게 되었다고 한다. "惟我世宗慨念曆法之未明, 博求曆算之書, 幸得大明曆回回曆授時曆… 等書. 然書雲觀習算局算學重監等無一人知之者. 於是別置算法校正所, 命文臣三四人及算學人等先習算法, 然後推求曆法. 數年之內算書與曆經皆能通曉.": 『世祖實錄』 6년(1460) 6월 16일.

15. "大提學鄭招…等, 進渾天儀. 上覽之, 遂命世子, 與李蕆質問制度, 世子入啓. 世子至簡儀臺, 與鄭招…等 講問簡儀與渾天儀之制,… 自是上與世子, 每日至簡儀臺, 與鄭招等同議, 定其制.": 『世宗實錄』15년(1433) 8월 11일.

16. 구만옥, 『세종 시대의 과학기술』(들녘, 2016).

17. "諸學不可不精, 雖至醫算雜學, 皆不可不精.": 『世祖實錄』9년(1463) 5월 30일.

18. "上製醫藥論, 以示韓繼禧盧思愼及兒宗等, 命任元濬出註印頒.": 『世祖實錄』9년 (1463) 12월 27일.

19. "宗直啓曰. 今以文臣分肄天文地理陰陽律呂醫藥卜筮詩史七學, 然詩史本儒者事耳, 其餘雜學, 豈儒者所當力學者哉. 且雜學各有業者, 若嚴立勸懲之法, 更加敎養, 則自然咸精, 其能不必文臣然後可也. 上曰. 諸學者皆庸流, 專心致志者蓋寡, 故欲令子等學之. 此雖鄙事, 予亦粗嘗涉獵其門戶, 居數日.…": 『世祖實錄』10년(1464) 8월 6일: 韓永愚, 『朝鮮時代 身分史 硏究』, 87-88쪽.

20. "傳旨吏曹禮曹曰. 國家事大交隣, 專賴譯語, 其責匪輕. 醫術救人性命, 所係亦重, 非他雜科之比. 故自祖宗朝, 勸勵之方, 不爲不至. 而但以雜技, 不齒士類, 雖有志於此者, 皆恥爲業, 成才者蓋寡, 甚乖國家敦勸之意. 自今漢語倭女眞語及醫術所業, 精通超出群輩者, 於東西班擢用, 以示獎勸之意.": 『成宗實錄』13년(1482) 4월 11일. 다음 날에는 兵曹에도 倭語, 女眞語와 의술에 정통한 자들을 擢用하라는 전교를 내렸다: "倭女眞語醫術精通, 超出群輩者, 後政爲始擢用.": 『成宗實錄』13년(1482) 4월 12일; "上親書加減十三方, 刊板于內, 印三十餘本, 賜醫員宋欽等各一本.": 『成宗實錄』25년(1494) 3월 24일.

21. "上親書加減十三方, 刊板于內, 印三十餘本, 賜醫員宋欽等各一本.": 『成宗實錄』25년 (1494) 3월 24일.

22. 韓永愚, 『朝鮮時代 身分史 硏究』, 38쪽. 앞에서 보았듯이 국왕이 양반사인들에게 잡학 학습을 권장한 사실 자체가 양반사인들이 잡학 학습을 달가워하지 않았음을 보여주며, 다른 한편으로는 이들 분야를 잡학인에게만 맡겨둘 수 없다는, 국왕과 조정의 잡학 전문종사자들에 대한 낮은 인식을 보여주기도 한다.: 임종태, "중인의 과학과 양반의 과학"(미출판 원고, 2020년 2월), 9쪽.

23. "然詩史本儒者事耳, 其餘雜學, 豈儒者所當力學者哉. 且雜學各有業者, 若嚴立勸懲之法, 更加敎養, 則自然咸精, 其能不必文臣然後可也. 上… 傳于吏曹曰. 宗直, 輕薄人也. 雜學, 予所留意也, 而宗直言之可乎… 令罷職.": 『世祖實錄』10년(1464) 8월 6일.

24. 韓永愚, 『朝鮮時代 身分史 硏究』, 29쪽. 이와 관련해서 한영우는 세조 때에 잡학 배

척을 주장하다가 파직된 김종직이 성종대에 重用되고 그의 추종세력인 사림파가 득세했음을 지적했다: 韓永愚, "朝鮮初期의 上級胥吏「成衆官」 — 成衆官의 錄事로의 一元化過程", 『東亞文化』10(1971), 3-88쪽 중 66쪽(주173).

25. "夫東西兩班, 皆三韓世族. 其間或有微者, 皆由科目而進. 豈可使舌人醫人, 雜處於其間, 卑朝廷而辱君子乎. 夫舌人醫人藥師之類, 國之所不可無者, 而所任, 則各當其分可也. 豈必使薰蕕同處, 貴賤相混, 然後爲勸勵乎": 『成宗實錄』13년(1482) 4월 13일.

26. "且天生黔黎, 分爲四民, 士農工商, 各有其分. 士治庶事, 農力田功, 工執藝事, 商通有無, 不可混也. 若欲士夫力田功, 農夫治庶事, 則豈非逆亂而難就, 顚倒而無章乎. 今殿下欲勸勵醫譯精於其術者, 特命擢用東西班, 臣等未知所以.": 『成宗實錄』13년(1482) 4월 15일.

27. "上曰. 傳旨則可還收, 如有卓異者, 當用之.": 『成宗實錄』13년(1482) 4월 18일.

28. 사실 사림파 양반사인들은 과학기술 분야들만이 아니라 주자학 이외에는 학문의 모든 다른 영역들에도 관심을 두지 않는 경향을 굳혀갔으며, 도교, 불교, 민간신앙도 배격했다: 韓永愚, 『朝鮮時代 身分史 硏究』, 29쪽.

29. 김영식, 『주희의 자연철학』, 429-430쪽.

30. "若曆家則雖言刻分之數, 而不用此數, 只用捷法爲說而已.": 「宇宙說」: 『旅軒先生全書』下卷, 권8, 27a.

31. "歷代臺官… 皆用立成, 依樣畫葫, 握籌縱橫, 雖自捷給, 問以緣起, 茫無所解.": 『錦帶殿策』545d쪽.

32. 전용훈, 『한국 천문학사』, 231-232쪽.

33. "臺官泥於舊聞, 當事憚於更張, 盈縮留伏, 交食凌歷, 一用中制, 無所通變, 則因襲之弊, 馴致孤陋, 固其勢也.": 『弘齋全書』卷50 策問三「天文」(문집총간 a263_272c)

34. "承旨崔錫鼎曰, 曆法推算, 乃天學之末事, 而通曉者亦鮮. 大統曆, 變爲時憲曆, 觀象監, 僅能摸倣推步, 而至於七政曆, 一依大統之規, 而不用時憲之法, 月之大小及閏月, 與行用三曆, 多有不同, 其爲駁雜, 甚矣. 申飭本監, 使之學習推算, 以爲漸行修明之地, 何如?": 『承政院日記』숙종 10년(1684) 9월 17일: 김슬기, "숙종 대 관상감의 시헌력 학습: 을유년(1705) 역서 사건과 그에 대한 관상감의 대응을 중심으로", 『한국과학사학회지』39(2017), 435-464쪽 중 442쪽.

35. "右議政李濡曰, 近來曆官, 善算者絶無, 故曆書之欠精, 蓋由於此.": 『承政院日記』숙종 31년(1705) 6월 10일. "右議政李濡曰, 近來曆官, 善算者絶無, 故曆書之欠精, 蓋由於此.": 『承政院日記』숙종 31년(1705) 6월 10일. 이에 대해 숙종도 자신이 "하늘을

310 | 한국 전통과학의 배경

우러러보니 월식의 변고가 있는데도 관상감에서는 멍하니 모르고 있는 적이 있었다."고 응수했다: "上曰, 曾於國恤望祭時, 予適仰觀, 則有月食之變, 而觀象監則矇然不知.": 같은 곳.

36. "觀象監, 乃司天臺也, 何等重地. 而以其涼薄, 所謂官員, 不成貌樣.⋯ 小臣於今番雜科時見之, 則得參初試者, 率皆庸碌無識之類, 十人中一人, 僅得參榜.": 『承政院日記』 숙종 31년(1705) 6월 10일.

37. 구만옥, "조선 후기 천문역산학의 개혁 방안: 정조의 천문책에 대한 대책을 중심으로", 『한국과학사학회지』 28(2006), 189-225쪽 중 201-202쪽.

38. "觀象主薄文光道, 精於曆算, 如日月交蝕, 非此人莫能推步. 本監諸員無能及者.": 『頤齋亂藁』 卷6, 1766년 3월 25일.

39. 『錦帶殿策』 545d-546a쪽: 구만옥, "조선 후기 천문역산학의 개혁 방안", 203쪽.

40. 구만옥, "조선왕조의 집권체제와 과학기술정책", 266쪽.

41. 구만옥, "肅宗代(1674-1720) 天文曆算學의 정비", 『한국실학연구』 24(2012), 279-327쪽 중 315-318쪽.

42. "觀象監, 天文地理命課三學教授, 以本監官員爲之, 而又置三學兼教授,⋯ 而頃年以來, 微賤雜類, 彙緣冒占, 以爲仕宦之捷徑. 論其人地, 則與本監生徒, 無甚高下, 觀其術業, 則反有不及者.": 『承政院日記』 숙종 8년(1682) 5월 19일. 이에 대한 자세한 논의는 구만옥, "肅宗代 天文曆算學의 정비", 313-314쪽을 볼 것. 천문학 겸교수 제도에 대해서는 경석현, "조선후기 천문학겸교수의 활동과 그 의미", 『동방학지』 176(2016), 121-152쪽을 볼 것.

43. "⋯至於我國, 限以地閥, 拘以資格, 自非閭巷賤流, 莫肯俯就而決科付祿.": 『錦帶殿策』 545d쪽 (위 주31에서 생략된 부분에 나옴); "若待之以下流, 視之以賤技, 則雖日省月試, 依舊滅裂矣.": 『錦帶殿策』 546d쪽.

44. "隷籍雲觀, 握籌而考圖者類, 皆閭巷白徒. 流品雜職, 已失上古建官分職之意. 而且其推步占驗之法, 多出於後世外夷之國. 故學士大夫視之若方技雜術. 率皆鄙夷而不學焉.": 『惕齋集』 卷7 對策 「天文」 (문집총간 a270_150b).

45. "本營官員, 旣無通曉之人, 士子中雖有稍識甘石之言者, 又皆以天文教授爲賤職.⋯ 別設兼教授一員, 今方有窠闕, 若以萬悅差出, 而待之之道, 有異於前日, 則似不敢厭避矣.": 『承政院日記』 숙종 5년(1679) 12월 5일.

46. "聞天文學教授, 舊以文官兼差, 如漢學教授之例, 未知罷於何時. 而兼官異於實職, 別無損害於經費, 以文臣有名望者兼差, 使之同參於課試等事, 則似爲便益.": 『承政院日

記』숙종 13년(1687) 9월 13일.

47. "廣延通明博達之士, 第其優劣, 稍開進塗, 則必能於舊聞之外… 今若妙選才學, 專責成效, 功著則有賞, 績坵則有罰… 勿專習立成, 講明本原, 因其已然而知所以然, 則通變自生, 而因襲孤陋之弊, 可以漸祛矣.":『錦帶殿策』545d-546a쪽.

48. 김슬기, "숙종 대 관상감의 시헌력 학습", 446-447쪽.

49. 이 논의의 자세한 내용에 대해서는 김영식, "1735년 역서(曆書)의 윤달 결정과 간행에 관한 조선 조정의 논의",『한국과학사학회지』36(2014), 1-27쪽을 볼 것.

50. 그러나 5장에서 보았듯이 나중에 이들 관상감 관원들의 위상이 상승하면서, 1751년 金兌瑞와 1769년 安國賓 등 중인 관원이 직접 국왕과 양반 신료들의 논의에 참여하여 대화하는 경우도 나타났다.:『承政院日記』영조 27년(1751) 5월 1일, 영조 45년(1769) 5월 2일. 임종태, "중인의 과학과 양반의 과학", 24쪽.

51. 이런 점에서 이들 중인 역관들에 대해『승정원일기』가 언급하는 방식은 양반사인인 정제두 부자에 대한 경우와 대비된다. 앞에서 보았듯이 이들 부자는 논의에 참여하지 않았지만 실명이 기록되었던 것이다. 물론 위에서 본 것처럼 윤순이 숙종 때 천문서『細草類彙』를 지은 관상감 관원 許遠의 이름을 언급한 것이 기록되어 있기는 하지만, 이 경우 이름이 "許原"으로 잘못 기재되어 있다는 것도 흥미롭다.

52. "蓋醫人如醫國.":『弘齋全書』卷164 日得錄四「文學四」(문집총간 a267_214a).

53. "醫者, 所以濟羣生也. 故曰, 事親者不可以不知醫. 醫顧可賤哉. 我東風俗, 恥從事於方術. 此固崇儒之所致, 而醫亦儒術中一端. 雖以宋朝治法之專尙儒術, 太宗有親撰太平聖惠方, 仁宗有親撰皇祐濟衆方, 以及孫思邈沈括蘇軾, 亦皆各有成書. 曷嘗如東人之賤而恥之哉.":『弘齋全書』卷179 羣書標記一「壽民妙詮九卷」(문집총간 a267_494a). 정조의「壽民妙詮親撰序」에도 "醫人醫國"이라는 표현이 나온다: 같은 글 (문집총간 a267_494b).

54. "聖人爲之醫藥以濟其夭死, 醫之於生民大矣, 故古人有願爲醫師者. 今之業醫不以濟夭爲心, 專窺爲利… 彼其人生則矜爲己能, 死亦不以爲罪, 謂大命無可奈何, 以此枉害人命. 藥餌之生人少而殺人多也.":『星湖僿說』권9 人事門「庸醫殺人」.

55. "汝忽成醫人何意哉, 有何益哉. 汝欲藉此, 交結時宰, 圖有乃翁耶. 不但不可, 抑且不能… 凡人有高官淸銜盛德遂學者, 旁道醫理, 其身不至太賤.":『與猶堂全書』第1集 詩文集 卷18「示學淵家誡」(문집총간 a281_392a).

56. "何乃每至病家, 擺頭逞顔, 伸紙索筆, 隨手立寫… 其主人恭執謹覽, 或摘其一味, 議其當否. 醫便艴然曰, 慮斯勿用. 我不知改,… 或有忽然得名者,… 唯視勢力, 東馳西

驤, 意氣豪儁, 厮僮贏馬, 追遍一城, 檐碁近晡, 始董奉至. 行處喫酒, 顏丹膠白, 趨而視兒, 病已亟矣.”:『與猶堂全書』7集 卷4『痲科會通』四 吾見篇「俗醫」(문집총간 a286_473a-473b).

57. 신동원, "미시사 연구의 방법과 실제," 399쪽.

58. 신동원, "미시사 연구의 방법과 실제," 402쪽.

59. 김남일,『한의학에 미친 조선의 지식인들』, 7쪽.

60. 이 문단의 내용은 주로 김성수, "조선시대 儒醫의 형성과 변화", 107-111쪽의 논의에 바탕했다.

61. 오영숙, "조선 후기 算學의 一面: 崔錫鼎의 算 '읽기'",『韓國實學硏究』24(2012), 329-366쪽 중 339-342쪽.

62. 오영숙, "조선 후기 算學의 一面", 350, 359쪽.

63. 한국과학사학회 편『九數略』(성신대학교 출판부, 1983), 270쪽; 오영숙, "조선 후기 算學의 一面", 360쪽.

64. 이런 점에서 오영숙은 최석정이 서양 산법과 산원들의 산법 양쪽 모두를 비판함으로써 그들과 자신의 차이를 보이고 자신의 우월감을 드러냈음을 지적한다. 오영숙, "조선 후기 算學의 一面", 338-339쪽. 반면에 서양 수학이 어느 정도 받아들여진 후에는 황윤석이나 홍대용 같은 사람은『數理精蘊』에 수록된 서양의 최신 산법을 인용함으로써 오히려 자신들과 산원들의 차이를 보이려 하기도 했다: "조선 후기 算學의 一面", 338쪽.

65. Francesca Bray, "Agricultural Illustrations: Blueprint or Icon?", in Francesaca Bray, Vera Dorofeeva-Lichtmann, and Georges Métailié, eds., *Graphics and Text in the Production of Technical Knowledge in China: The Warp and the Weft* (Leiden: Brill, 2007), pp. 521-567 중 p. 552.

66. 배우성,『독서와 지식의 풍경—조선 후기 지식인들의 읽기와 쓰기』(돌배게, 2015), 373쪽.

67. 배우성,『독서와 지식의 풍경』, 373쪽,

68. "君子之不屑爲醫者, 以其局於技而所活者有限也. 儒而不能濟一物, 讀古書雖多, 曾是讀素問者不若, 奚醫之慕儒.… 李君能活人, 吾不能活人, 能不能固懸矣, 其初之存心濟物則同.":『藥山漫稿』卷16「題李醫歷試漫筆」(문집총간 a211_078b-078c). 이기복, "18세기 의관 이수기(李壽祺)의 자기인식: 기술직 중인의 전문가의식을 중심으로",『의사학』22(2013), 483-527쪽 중 502-503쪽. 위 4장의 주144를 볼 것.

69. "景叔局於地, 以醫方自食, 日孜孜刀圭爲事. 則宜其不閑於儒家之說. 而是編也, 引據傳記諸書, 附以己意, 言中倫而行中義. 苟非篤於天性而實有見得者, 能如是乎. 余於是又知景叔氏學醫醫人者.":『浣巖集』卷4「李景叔壽祺銘心編跋」(문집총간 a197_552a-552b). 이기복, "18세기 의관 이수기의 자기인식", 500-501쪽.

70. 김영민, "국문학 논쟁을 통해서 본 조선 후기의 국가, 사회, 행위자",『일본비평』19호 (서울대학교 일본연구소, 2018.8), 194-255쪽 중 239, 250, 254쪽.

71. 劉在建 지음, 實是學舍 古典文學研究會 譯註,『里鄕見聞錄』(민음사, 1998), 51쪽: 박권수, "18·19세기 중인과학자의 학문과 사상—김영과 문광도에 관한 기록을 중심으로",『전통과학의 재조명과 교육적 활용』(제주대학교 교육과학연구소 학술회의 자료집, 2007년 1월 22일), 73-86쪽 중 80쪽. 구만옥 교수는 이 책의 초고에 대한 검토서에서 "김영의 신분에 대해서는 약간의 논란이 있"음을 지적해주었다. 예컨대 "이규경은 김영이 본래 嶺南 晉州牧의 士人이라고 한 바 있"으며("正廟朝有金泳者, 本以嶺南晉州牧士人…":『五洲衍文長箋散稿』,「幾何原本辨證說」), "현존하는『三曆廳先生案』을 보아도 김영은 다른 관상감 관원들과는 확연히 구별되는 방식으로 서술되어 있"는데, "이는 그가 未科者이기 때문에 그런 것일 수도 있겠으나 전문직 중인과는 구분되는 경로를 걸었다는 것을 보여주는 증거이기도" 하다는 것이다.

72.『歷試漫筆』에는 李聖龍(1672-1748)의 서문과 위에서 언급한 吳光運의 발문이 붙어 있다.: 이기복, "18세기 의관 이수기의 자기인식", 504쪽.

73. 이기복, "18세기 의관 이수기의 자기인식", 503-504쪽. 이기복은 "醫案"이라는 형식 또한 "문인들이 오래전부터 써오던 '전(傳)'과 형식적으로 가장 유사하다."는 점을 지적한다.: 이기복, "조선 후기 의학 지식 구성 및 실행 방식의 변화: 18세기『역시만필(歷試漫筆)』을 중심으로",『한국과학사학회지』41(2019), 1-31쪽 중 21쪽.

74. 오영숙은 홍정하 등의 산원들이 "기존 교과서나 유학자들의 산서에 의존하지 않고 스스로… 산서를 편찬하고 발전시키면서 오히려 유학자들을 독자층으로 흡수하려고 했다."고 해석하기도 했다. 오영숙, "조선 후기 算學의 一面", 335쪽.

75. "司曆曰, 算家諸術中, 方程正負之法極爲最難, 君能知之乎. 余曰, 方程之術, 卽中等之法, 何難之有.":『九一集』권9「雜錄」: (韓國科學古典學會 編, 성신여자대학교 출판부, 1983), 493쪽.: 오영숙, "조선 후기 算學의 一面", 336-338쪽.

76. 오영숙, "조선 후기 算學의 一面", 336쪽.

77. 이기복, "18세기 의관 이수기의 자기인식", 494-497쪽.

78. 이기복, "18세기 의관 이수기의 자기인식", 509쪽.

79. 이기복, "조선 후기 의학 지식 구성 및 실행 방식의 변화", 14-15쪽.

80. 이기복, "18세기 의관 이수기의 자기인식", 496-497쪽.

81. 이기복, "해제: 이수귀와 『역시만필』에 대하여", 신동원 외 『역시만필: 조선 어의 이수귀의 동의보감 실전기』 (들녘, 2015), 8-12쪽 중 12쪽.

82. 이기복, "18세기 의관 이수기의 자기인식", 519쪽. 이기복은 이수기가 "자신의 유교문화적 소양을 드러내면서 동시에 전문가적 지식을 내보임으로써 의관이었던 자신을 차별화하여 입지를 확고히 하고자 하였다."고 결론지었다: 같은 글, 520쪽.

83. 이기복, "18세기 의관 이수기의 자기인식", 517쪽. 이기복은 이어서 다음과 같이 이야기한다. "유학의 개념인 도(道)·의(義)·리(理)는 물론이고, 흔히 의서에서 이야기되는 바 영리(營利)를 탐하지 않는 의인의 상(像)이나 의인으로서 갖추어야 할 덕목들, 이를테면 인의(仁義), 측은지심(惻隱之心), 인애(仁愛), 성의(誠意), 애민(愛民) 등 의덕(醫德)에 대한 언급이… 없다. 다만 임기응변(臨機應變)의 능력과 명적정심(明的精深)한 의학적 지견을 갖추지 못한 의원들이 사람을 해할 수 있다는 것만이 주로 이야기될 뿐이다. 이수기의 관점에서 당시 의학에서의 현안문제는 인의(仁義)를 바탕으로 하는 전문가의 도덕성 확립보다는 백성을 실질적으로 구제할 수 있는 전문가적 역량이었다."

84. 이기복, "18세기 의관 이수기의 자기인식", 514쪽.

85. 이기복, "18세기 의관 이수기의 자기인식", 518쪽.

86. 이기복, "18세기 의관 이수기의 자기인식", 494-496쪽. 『禮記』의 구절("醫不三世, 不服其藥")은 「曲禮下」에 나온다.

87. 신동원, "미시사 연구의 방법과 실제: 이문건의 유의일기(儒醫日記)", 『의사학』 24(2015), 389-422쪽 중 402-403쪽. 중국의 사대부들은 과거로 入仕하는 것 이외의 다른 업을 영위하는 것이 가능했다. 예를 들어 그들은 출판으로 명리를 얻는 길 역시 정당하다고 생각했다.: 김영민, "국문학 논쟁을 통해서 본 조선 후기의 국가, 사회, 행위자", 241쪽.

88. 이기복, "18세기 의관 이수기의 자기인식", 495쪽.

89. 오영숙, "조선 후기 算學의 一面", 335-338쪽.

90. 임종태, "중인의 과학과 양반의 과학", 19쪽. 임종태는 이 책의 서문을 분석하여, 허원이 시헌력의 도입 과정을 논의하면서 金堉(1580-1658)이나 최석정을 언급하지 않고 효종대의 관상감 관원 김상범(金尙范)과 자신을 거론함으로써 "관상감 관원으로서의 자의식 및 스스로의 전문적 성취에 대한 자의식을 흥미롭게 드러내고 있다."고

지적했다.: 같은 글, 18쪽.

91. 임종태. "18세기 조선 과학기술의 지형도—1765년 홍대용의 북경 여행을 중심으로" (Naver 열린 연단 강연. 근대성 강연 13강, 2018.4.14.), 〈https://openlectures.naver.com/contents?contentsId=140492&rid=2939#literature_contents〉, 7쪽.

92. 임종태, "중인의 과학과 양반의 과학", 26쪽. 4장에서 보았듯이 홍대용이 경비를 대어 나경적(羅景績)으로 하여금 혼천의를 제작하게 한 것도 일종의 후원 관계로 볼 수 있을 것이다.

93. 구만옥, "마테오 리치(利瑪竇) 이후 서양 수학에 대한 조선 지식인의 반응",『한국실학연구』20호(2010), 301-355쪽 중 335-336쪽.

94. 전용훈, "조선 후기 서양천문학과 전통 천문학의 갈등과 융화" (서울대학교 박사학위 논문, 2004), 85-87쪽.

95. "古之名儒有能背誦十三經註疏者, 足下果能之乎背誦尙矣, 足下必不能盡讀也. 夫不能讀其全書, 而偶見其一二可議處, 便執而爲說曰註疏太半有此失云爾, 言之者雖甚易, 聞之者豈不駭笑乎.":『左蘇山人文集』卷3「答金生泳書」(문집총간 b106_058d-059a).

96. 정옥자, "조선 후기의 기술직 중인",『진단학보』61 (1986), 45-63쪽 중 56쪽.

97. 정옥자, "조선 후기의 기술직 중인", 61-62쪽. 사실 서얼과 기술직 중인은 이질적인 부류로서 자신들을 서로 동질적인 부류로 인식하지도 않았으며, 여기에는 기술직 중인들의 '폐쇄성'도 한몫을 했다.: 강명관,『조선 후기 여항문학 연구』(창작과비평사, 1997), 52-53쪽.

98. 이남희, "조선후기 '잡과중인'의 사회적 유동성—과거합격 실태를 중심으로", 延世大學校 國學硏究院 편,『韓國 近代移行期 中人硏究』(新書苑, 1999), 299-335쪽 중 329쪽. 조정도 전문직 중인의 通淸 욕구를 무마하기 위해 그들에게 淸顯職을 追贈하기도 했다.: 韓永愚,『朝鮮後期史學史硏究』, 82, 85쪽.

99. 김양수, "조선 후기 사회변동과 전문직 중인의 활동: 譯官·醫官·陰陽官·律官·算員·畵員·樂人 등과 관련하여", 延世大學校 國學硏究院 편,『韓國近代移行期 中人硏究』, 171-298쪽 중 218쪽.

100. 朴星來, "朝鮮 儒敎社會의 中人技術敎育", 287쪽. 개화 정책을 추진하는 과정에서 중인들의 전문적 지식이 높은 효율성을 드러내어 개화파의 "선두주자"가 되게 되었던 것이다.: 韓永愚,『朝鮮時代 身分史 硏究』, 63-64쪽.

101. 朴星來, "朝鮮 儒敎社會의 中人技術敎育", 287쪽.

7장 한국 전통과학과 중국

1. 이 절의 내용은 김영식, "한국 과학사 연구에서 나타나는 '중국의 문제'", 『동아시아 과학의 차이―서양 과학, 동양 과학, 그리고 한국 과학』 (사이언스북스, 2013), 207-222쪽의 논의에 바탕했다.

2. 全相運, 『韓國科學技術史』 개정판 (正音社, 1976), 13쪽.

3. 김영식, "한국 과학사 연구의 문제와 전망", 『동아시아 과학의 차이』, 171-205쪽

4. 김영식, "한국 과학사 연구에서 나타나는 '중국의 문제'".

5. 이 문제에 관한 한, 언어가 중국 과학과 한국 과학의 특징을 구별 짓는 기준이 될 수 없다. 왜냐하면 전통 한국의 학자/과학자들은 항상 한문으로 글을 썼기 때문이다. 이러한 상황은 각각 아랍어와 라틴어가 문어(文語)의 주요 표현수단이었던 중세 이슬람 세계 및 중세 기독교 유럽 사회와 얼마간 비슷하다.

6. Nakayama Shigeru, "History of East Asian Science: Needs and Opportunities", *Osiris* 10 (1995), pp. 80-94 중 p. 86.

7. Shigeru Nakayama, "The Spread of Chinese Science into East Asia", in Yung Sik Kim and Francesca Bray, eds., *Current Perspectives in the History of Science in East Asia* (Seoul: Seoul National University Press, 1999), pp. 13-20.

8. 이 절의 남은 부분의 내용은 김영식, 『조선과 중국, 그리고 중화―조선 후기 중국 인식의 전개와 중화 사상의 굴절』 (아카넷, 2018), 12장의 논의에 바탕했다.

9. 李學堂, 牛林傑, "17-18세기 中·韓 文人 間의 文化交流와 相互作用 現象 一考察," 『韓國實學研究』 19호(2010), 55-86쪽.

10. 신동원, 『동의보감과 동아시아 의학사』 (들녘, 2015), 358-359쪽. 『東醫寶鑑』은 그 후 현대까지 중국에서 25차례나 찍어냈으며, 1763년 중국본이 나오기 전에는 중국 사신이 조선에 오는 길에 『東醫寶鑑』을 얻어 가기도 했다: 같은 책, 354, 356쪽.

11. "紀曰,… 貴國鄭麟趾高麗史, 極有體段, 僕藏庋一部矣. 余曰, 然則高麗史已翻刻於坊間乎. 紀曰, 卽貴國板本也.": 徐浩修, 『燕行紀』 卷3 「起圓明園至燕京」 七月 三十日戊申 (한국고전종합DB).

12. 신동원, 『동의보감과 동아시아 의학사』, 357쪽.

13. 김종수, "西溪 朴世堂의 燕行錄과 북경 체류 32일", 『한국실학연구』 16(2008), 7-50쪽 중 32-33쪽.

14. 丘凡眞, "淸의 朝鮮使行 人選과 '大淸帝國體制'", 『인문논총』 59권(2008), 1-50쪽. 이 것이 조선 사인들의 연행기가 수없이 많은 데 반해 청 사인들의 조선 기행문은 극히 드문 이유일 것이다.

15. 李學堂, 牛林傑, "17-18세기 中·韓 文人 間의 文化交流", 71쪽.

16. 김영식, 『조선과 중국, 그리고 중화』, 359-361쪽.

17. "俗不尙醫藥… 業醫者甚珍東醫寶鑑, 書舖之刊行久矣.": 『湛軒書』 外集 卷8 「燕記-京 城記略」 (문집총간 a248_280b).

18. "今陽平君僻介外蕃, 乃能著書, 行於華夏. 言期足傳, 不以地限也.": 『燕巖集』 卷14 別 集 『熱河日記』 「口外異聞—東醫寶鑑」 (문집총간 a252_295c-295d); "天下之寶, 當與天 下共之.": 같은 글 (문집총간 a252_296a).

19. "我東書籍之入梓於中國者, 甚罕. 獨東醫寶鑑二十五卷盛行, 板本精妙": 같은 글 (문집 총간 a252_295c). 박지원은 『동의보감』을 구입하고 싶었으나 銀 5냥이라는 값이 비 싸서 凌魚의 서문만을 베껴 왔다는 말을 덧붙였다: "余家無善本, 每有憂病則四借 鄰開. 今覽此本, 甚欲買取, 而難辦五兩紋銀, 齎悵而歸. 乃謄其凌魚所撰序文, 以資後 攷." (a_252_296a-296b).

20. 『무오연행록』 제2권 12월 22일 (한국고전종합 DB).

21. "近世醫官許浚作醫鑑… 規模則得矣, 但務多而義略, 人又病之. 聞北使之至多齎以 還, 上國人亦必審之矣.": 『星湖僿說』 卷28 詩文門 「武經經傳」.

22. "余離我京八日至黃州, 仍於馬上自念, 學識固無藉手入中州者, 如逢中州大儒, 將何以 扣質, 以此煩寃. 遂出舊聞中, 討出地轉月世等說. 每執轡據鞍, 和睡演繹累累數十萬 言, 胷中不字之書, 空裏無音之文, 日可數卷.": 『燕巖集』 卷14 別集 『熱河日記』 「鵠汀筆 談」 (문집총간a252_271c).

23. 박지원이 奇豐額, 王民皞(鵠汀) 등과 땅의 회전, 달세계 등 주제들에 대해 나눈 대 화의 내용은 『熱河日記』의 「太學留舘錄」 (8월 13일 己未: 『燕巖集』 卷12: 문집총 간 a252_218c-219c)과 「鵠汀筆談」 (『燕巖集』 卷14: 문집총간 a252_260b-261d)에 실 려 있다. 그러나 이덕무의 손자 李圭景(1788-1860)은 나중 그의 조부 이덕무가 북경 에 갔을 때 사실은 그 같은 관념들이 홍대용의 창안이 아니라 이미 중국 사인들 사 이에 알려져 있던 것이었음을 알게 되었다고 기록하고 있다: "先輩有洪湛軒先生嘗 云, 日月星辰中, 各有一世界. 與中原人士, 頗有論難. 然此非湛軒之自創也. 胡寅永寧院 輪藏記, 佛氏論世界, 則謂天之上有堂, 地之下有獄, 日月之中有宮闕, 星辰之域有里數. 湛軒或未見此而自以爲創說也. 我王考入燕時, 適擧此說, 則諸名士皆以爲中原人更有

此論.": 『五洲衍文長箋散稿』 「日月星辰各有一世界辨證說」.

24. 김영식, 『조선과 중국, 그리고 중화』, 362-373쪽.

25. 全相運, "朝鮮前期의 科學과 技術: 15세기 科學技術史 硏究 再論", 『한국과학사학회지』 14(1992), 141-170쪽.

26. 文重亮, "세종대 과학기술의 '자주성', 다시 보기", 『역사학보』 189 (2006), 39-72쪽.

27. 'why-not' 질문이란 "왜 중국에서는 과학이 발전하지 않았는가?", 또는 "왜 중국에서는 과학혁명이 일어나지 않았는가?" 같은 유형의 질문을 가리키며, 이에 대해서는 김영식, "중국 과학에서의 Why Not 질문: 과학혁명과 중국 전통과학", 『동아시아 과학의 차이』, 55-73쪽을 볼 것.

28. 실제로 그러했는지에 관해서는 얼마간 논쟁이 있지만, 명대에 많은 과학 분야들이 침체 상태에 있었다고 주장하는 여러 글들을 접할 수 있다. 명대 과학의 쇠퇴에 대한 그간의 논의에 대해서는 Joseph Needham, *Science and Civilisation in China* (Cambridge: Cambridge University Press, 1959), vol. 3, pp. 50-52; Liu Dun, "400 Years of the History of Mathematics in China: An Introduction to the Major Historians of Mathematics since 1592", *Historia Scientiarum* 4 (1994), pp. 103-111 중 pp. 103-104를 볼 것.

29. 全相運, "朝鮮前期의 科學과 技術".

30. 문중양, "18세기 후반 초선 과학기술의 추이와 성격: 정조대 정부 부문의 천문역산 활동을 중심으로", 『역사와 현실』 39(2001), 199-231쪽.

31. 더 자세한 논의는 김영식, "조선 후기 역(曆) 계산과 역서(曆書) 간행 작업의 목표: '자국력'인가? 중국 수준의 역서인가?", 『한국과학사학회지』 39권(2017), 405-434쪽을 볼 것.

32. 박권수는 조선의 역서 간행 작업을 검토한 연구에서 조선과 북경과의 거리 및 그에 따라 중국으로부터 역서를 반입하는 데 걸리는 시간, 필요한 부수의 역서 간행에 소요되는 시간 등을 조선에서 역 계산을 별도로 할 수밖에 없는 이유로 들었다.: 박권수, "조선 역서(曆書) 간행과 로컬 사이언스", 『한국과학사학회지』 35(2013), 69-103쪽.

33. 박권수, "조선 역서 간행과 로컬 사이언스", 74-79쪽.

34. 조선의 시헌력 도입과 수용 과정에 대해서는 전용훈, "17-18세기 서양과학의 도입과 갈등―時憲曆 施行과 節氣配置法에 대한 논란을 중심으로", 『東方學志』 117(2002), 1-49쪽을 볼 것.

35. 24절기는 中氣와 節氣가 번갈아가며 이어지며 따라서 1년에는 12개의 중기와 12개의 절기가 있었다.

36. 역서가 儀式과 擇日 등을 위해 사용되었다는 점은 이와 관련해서 주목할 만하다. 이를 위한 曆注의 경우 조선의 절기에 바탕해서 만들어졌기 때문이다.

37. 문중양, "'鄕曆'에서 '東曆'으로: 조선후기 自國曆을 갖고자 하는 열망", 『歷史學報』 218(2013), 237-270쪽 중 260쪽.

38. 이창익은 『조선시대 달력의 변천과 세시의례』(창비, 2013), 58쪽에서 그 같은 가능성을 제기하고 있다.

39. "今若一遵彼曆, 以閏四月印頒, 則大有違於成曆之法° 若以我國推算作曆之法, 爲閏三月, 則又有違於皇曆": 『承政院日記』英祖 10년(1734) 11월 18일. 이에 대한 더 자세한 논의는 김영식, "1735년 역서(曆書)의 윤달 결정과 간행에 관한 조선 조정의 논의", 『한국과학사학회지』36(2014), 1-27쪽을 볼 것.

40. 전용훈은 이와 아울러 조공책봉 관계가 단절될 경우에 대비해야 할 필요가 있었음도 지적한다. 전용훈, "고려시대의 曆法과 曆書", 『한국중세사연구』39(2014), 193-257쪽 중 202, 212-213쪽.

41. 전용훈, "17·18세기 서양 천문역산학의 도입과 전개", 319쪽.

42. 문중양, "'鄕曆'에서 '東曆'으로", 262쪽.

43. 전용훈, "정조대의 曆法과 術數學 지식", 328-334쪽.

44. 문중양, 『조선후기 水利學과 水利 담론』(집문당, 2000), 134-144쪽.

45. 이에 대한 자세한 논의는 배우성, 『조선후기 국토관과 천하관의 변화』(일지사, 1998), 382-396쪽; 전용훈, "17·18세기 서양 천문역산학의 도입과 전개", 323-329쪽; 문중양, "'鄕曆'에서 '東曆'으로", 254-258쪽을 참조할 것.

46. "我國曆書, 可用於京城三百里內, 而其外則不可用矣. 夫敬天授時, 王政之先務, 而堯之出治, 以是爲第一義. 今環東土數千里, 莫非王土, 聖人爲政, 何厚於三百里以內, 而何薄於三百里以外哉.… 中曆以十三省分晝夜節氣, 我國亦當以八道監營分晝夜節氣矣.": 『承政院日記』, 英祖 36년(1760) 12월 8일.

47. 전용훈, "정조대의 曆法과 術數學 지식: 『千歲曆』과 『協吉通義』를 중심으로", 『한국문화』54(2011), 311-338쪽 중 313-315, 322쪽; 문중양, "18세기 후반 조선 과학기술의 추이와 성격—정조대 정부 부문의 천문역산 활동을 중심으로", 『역사와 현실』 39(2001), 199-231 중 211-215쪽.

48. 『正祖實錄』15년(1791) 10월 11일. 문중양, "18세기 후반 조선 과학기술의 추이와 성

격", 216-218쪽.

49. "時徐龍輔提擧本監, 以外國造曆旣是法禁, 又添此例, 徒涉張大筵白, 罷之.": 『書雲觀志』 卷3 故事, 46b쪽. 문중양, 『조선후기 과학사상사―서구 우주론과 조선 천지관의 만남』 (들녘, 2016), 156-157쪽.

50. 그리고 이는 문중양이 世宗代 과학기술의 '자주성'과 관련하여 지적한 것과 같은 측면이라고 할 수 있다.: 문중양, "세종대 과학기술의 '자주성' 다시보기".

51. 문중양, 『조선후기 과학사상사』, 152-153쪽.

52. 김문식, 『정조의 제왕학』 (태학사, 2007); 문중양, "'鄕曆'에서 '東曆'으로", 258쪽. 예컨대 정조는 화성을 축조하고 거기에 황제의 수도로서의 면모를 부여하기 위해 '皇橋', '大皇橋', '萬石渠' 등 중국 황제에게나 어울릴 이름을 붙이는 등, "초월적 군주상을 정립하고자" 하는 의도를 보이기도 했다.: 한영우, 『정조의 화성행차, 그 8일』 (효형출판, 1998), 76-107쪽, 특히 79쪽.

53. 이 절의 내용은 많은 부분 김영식, 『조선과 중국, 그리고 중화』, 14장의 논의에 바탕했다.

54. 또한 시간지연을 거치며 명 말부터 청에 이르는 동안 서양으로부터 중국에 전래된 서양 과학의 여러 차이 나는 관념, 경향 등이 18세기 조선에 한꺼번에 전래되어 나타나기도 했다.: 안대옥, "18세기 正祖期 朝鮮 西學 受容의 系譜", 『東洋哲學硏究』 71(2012), 55-90쪽 중 58-59쪽.

55. 조선이 시헌력서를 반포할 수 있게 될 때까지의 과정에 대해서는 전용훈, 『한국 천문학사』 (들녘, 2017), 218-224쪽을 볼 것.

56. 전용훈, "고려시대의 曆法과 曆書", 236쪽.

57. 한영호, 이은희. "麗末鮮初 本國曆 완성의 道程", 『동방학지』 155(2011), 31-75쪽.

58. 전용훈, 『한국 천문학사』, 234-245쪽.

59. "西曆之勝於中曆者, 卽言數而必明其理也.": 『私稿』 「曆象考成補解引」 (이화여자대학교 도서관 소장).

60. "令彼三千年增脩漸進之業, 我歲月間拱受其成, 以光昭我聖明來遠之盛, 且傳之史冊, 曰, 曆理大明, 曆法至當, 自今伊始, 復越前古, 亦極快已.": 徐光啓, 「簡平儀說序」: 王重民 輯校 『徐光啓集』 (上海: 中華書局, 1963), 74쪽; "諸臣能備論之, 不徒論其度數, 又能明所以然之理.": 李之藻, 「請譯西洋曆法等書疏」: 徐宗澤編, 『明淸間耶穌會士譯著提要』 (北京: 中華書局, 1949 影印本), 255쪽.

61. 안대옥, "18세기 正祖期 朝鮮 西學 受容의 系譜", 82-83쪽.

62. 具萬玉, "朝鮮後期 '地球'說 受容의 思想史的 意義", 『韓國史의 構造와 展開—河炫綱敎授定年記念論叢』 (혜안, 2000), 717-747쪽.

63. 具萬玉, "朝鮮後期 '地球'說 受容의 思想史的 意義", 731-733쪽; 구만옥, 『영조대 과학의 발전』, 165-167쪽.

64. "今西士之說, 以地球爲主. 其言曰, 天圓地亦圓.… 其說宏闊矯誕, 涉於無稽不經. 然其學術傳授有自, 有不可率爾卞破者. 姑當存之, 以廣異聞.": 『明谷集』 卷8 「西洋乾象坤輿圖二屛總序」 (문집총간 a153_585a-585b).

65. 具萬玉, "朝鮮後期 '地球'說 受容의 思想史的 意義", 738-745쪽.

66. 문중양, 『조선후기 과학사상사』, 294쪽. 예컨대 1830년대에 최한기는 아직 이에 접하지 못한 것으로 보인다.: 같은 책, 299-300쪽.

67. 張永堂, 『明末方氏學派研究初編—明末理學與科學關係試論』 (臺北: 文鏡文化事業有限公司, 1987); 張永堂, 『明末淸初理學與科學關係再論』 (臺北: 學生書局, 1994); 문중양, 『조선후기 과학사상사』, 115-127, 288, 293-294쪽.

68. 문중양, 『조선후기 과학사상사』, 293-294, 306-317쪽.

69. 문중양, 『조선후기 과학사상사』, 296-306쪽.

70. 문중양, 『조선후기 과학사상사』, 289-293쪽.

71. 문중양, "18세기 후반 조선 과학의 역사 시간", 김인걸 외, 『정조와 정조 시대』 (서울대 출판문화원, 2011), 17-56쪽 중 52쪽.

72. 문중양, "18세기 조선 실학자의 자연지식의 성격—象數學的 宇宙論을 중심으로", 『한국과학사학회지』 21(1999), 27-57쪽 중 51-54쪽.

73. John B. Henderson, *The Development and Decline of Chinese Cosmology* (New York: Columbia University Press, 1984), pp. 184-193: (번역) 문중양 역, 『중국의 우주론과 청대의 과학혁명』 (소명출판, 2004), 213-221쪽; 박권수, "徐命膺의 易學的 天文觀", 『한국과학사학회지』 20(1998), 57-101쪽; 문중양, "18세기 조선 실학자의 자연지식의 성격"; 김영식, "서양 과학, 우주론적 관념, 그리고 17-18세기 조선의 역학(易學)", 『동아시아 과학의 차이』, 135-156쪽. 사실 조선에서는 상수학이 이미 17세기 초에 남인계 사인들 사이에 유행하고 있었고 18세기에 들어서서는 金昌翕, 김석문, 金元行, 황윤석 등 洛論系 사인들의 상수학 연구가 활발했다.: 유봉학, 『燕巖一派 北學思想 研究』 (一志社, 1995), 82-84쪽; 문중양, 『조선후기 과학사상사』, 85, 242쪽.

74. 박권수, "徐命膺의 易學的 天文觀".

75. 중체서용론에 대해서는 閔斗基, "中體西用論考", 『中國 近代改革運動의 研究—康有

爲 中心의 1898 改革運動』(一潮閣, 1985), 2-52쪽을 볼 것.

8장 서양 과학

1. 한편 19세기 초까지 조선에 영향을 미친 서양 과학은 현대과학이 아니라 서양의 '전통과학'이라고 부를 수 있는 것이었음을 주목할 필요가 있다. 물론 유럽에서는 이미 17세기에 과학혁명이 일어나고 근대과학이 태동하고 있었지만, 오늘날의 현대과학으로 발전하게 되는 본격적인 근대과학의 틀을 형성한 것은 19세기에 이르러서였는데, 이 같은 본격적인 서양의 근대과학은 19세기 후반에야 한국에 영향을 미치게 되었고 바로 이때쯤에 이르러서야 한국 전통과학이 현대과학으로 전환을 시작했다고 볼 수 있겠다.

2. "先生曰, 吾先正有一言, 一物不知, 儒者之恥.": 리치(利瑪竇), 「譯幾何原本引」: 徐宗澤 編, 『明淸間耶蘇會士譯著提要』(北京: 中華書局, 1949 影印本), 262쪽.

3. "其緖餘, 更有一種格物窮理之學": 「泰西水法序」: 徐宗澤 編, 『明淸間耶蘇會士譯著提要』, 308쪽.

4. Willard J. Peterson, "Fang I-chih: Western Learning and the 'Investigation of Things'", William Theodore de Bary, ed., *The Unfolding of Neo-Confucianism* (New York: Columbia University Press, 1975), pp. 369-411: (번역) "方以智의 格物 사상과 서양 과학 지식", 金永植 編, 『중국 전통문화와 과학』(창작과비평사, 1986), 333-365쪽; 張永堂, 『明末方氏學派研究初編—明末理學與科學關係試論』(臺北: 文鏡, 1987); 張永堂, 『明末淸初理學與科學關係再論』(臺北: 學生書局, 1994).

5. 예컨대 웅명우는 많은 서양 과학지식을 다루는 자신의 책 제목을 당초의 '則草'에서 '格致草'로 바꾸었다.

6. 徐海松, 『淸初士人與西學』(北京: 東方出版社, 2000), 47-48쪽.

7. Willard J. Peterson, "Learning from Heaven: The Introduction of Christianity and Other Western Ideas into Late Ming China", in Denis Twitchett and Frederick W. Mote, eds., *The Cambridge History of China*, volume 8 (Cambridge: Cambridge University Press, 1998), pp. 789-839 중 p. 825.

8. Keizo Hashimoto and Catherine Jami, "From the Elements to Calendar Reform: Xu Guangqi's Shaping of Mathematics and Astronomy", in Jami, Engelfriet, and Blue, *Statecraft and Intellectual Renewal*, pp. 264-278 중 p. 278.

9. Peter Engelfriet and Siu Man-keung, "Xu Guangqi's Attempts to Integrate Western

and Chinese mathematics", Catherine Jami, Peter Engelfriet, and Gregory Blue, eds., *Statecraft and Intellectual Renewal in Late Ming China: The Cross-Cultural Synthesis of Xu Guangqi (1562-1633)* (Leiden: Brill, 2001), pp. 279-310 중 pp. 281, 308.

10. 張永堂, 『明末方氏學派研究初編』, 77-80쪽.

11. Catherine Jami, "Western Learning and Imperial Scholarship: The Kangxi Emperor's Study", *East Asian Science, Technology, and Medicine* no. 27(2007), pp. 146-172 중 p. 153; Han Qi, "Knowledge and Power: Kangxi Emperor's Role in the Transmission of Western Learning", (Kyujanggak International Workshop, 서울, 2007.10.16.-18.), p. 196.

12. "聖祖時, 以算法受知致身通顯者, 不一人. 以故習之者衆. 而明其學者, 往往匿不告人, 冀以自見其長, 蓋祿利之路然矣.": 『疇人傳』 卷41.19a (續修四庫全書, 516책, 399쪽).

13. "…學朝無有知曆者. 朕目覩其事, 心中痛恨. 凡晚期餘暇專志於天文曆法二十餘年.": 「三角形推算法論」: 『聖祖仁皇帝御製文集』 (文淵閣四庫全書, 1299책, 151쪽); 『康熙帝御製文集』 (臺北: 學生書局, 1966), 제3책, 1624쪽; 祝平一, "伏讀聖裁─《曆學疑問補》與《三角形推算法論》", 『新史學』 16卷 (2005), 51-85쪽 중 74-76쪽.

14. Catherine Jami, "Imperial Control and Western Learning: The Kangxi Emperor's Performance", *Late Imperial China* 23 (2002), pp. 28-49. 漢族 사인들과의 암묵적인 경쟁에서 우위를 점하기에는 전통적인 유가 학문의 주제들에 비해 새로 도입된 서양 과학지식이 더 쉬웠을 것임은 짐작할 수 있다.

15. "其言天文曆數, 有中國昔賢所未及者.": 「請譯西洋曆法等書疏」: 徐宗澤編, 『明淸間耶蘇會士譯著提要』, 254쪽.

16. "經度緯度, 日月食分, 各省時刻分秒, 可謂密矣.": 『通雅』 권11 「天文 曆測」 (文淵閣四庫全書, 857책, 285쪽).

17. "凡所必用西法者, 以其測算之精而已, 非好其異也.": 「論今法于西曆有去取之故」: 『曆學疑問』: 『歷算全書』, 1.5b (文淵閣四庫全書, 794책, 8쪽).

18. "觀其所製窺天窺日之器, 種種精絶.": 「請譯西洋曆法等書疏」: 徐宗澤 編, 『明淸間耶蘇會士譯著提要』, 255쪽.

19. "近代西洋新法… 書器尤備, 測候加精.": 「曆說一」: 『曉菴遺書』: 薄樹人 主編, 『中國科學技術典籍通彙. 天文卷六』 (鄭州: 河南敎育出版社, 1995), 593쪽.

20. "天文曆數, 有中國昔賢所未及者. 不徒論其度數, 又能明所以然之理.": 「請譯西洋曆法等書疏」: 徐宗澤 編, 『明淸間耶蘇會士譯著提要』, 255쪽.

21. "詳于法而不著其理. 理具法中": 「曆策」: 『曉菴遺書』: 薄樹人 主編, 『中國科學技術典

籍通彙. 天文卷六』, 592쪽.

22. "一一從其所以然處, 指示確然不易之理, 較我中國往籍, 多所未聞.": 「修改曆法請訪用湯若望羅雅谷疏」: 王重民 輯校 『徐光啓集』(上海: 中華書局, 1963), 344쪽.

23. "中曆所著者, 當然之運, 而西曆所推者, 乃所以然之源. 此其可取者也.": 「論中西異法之同」『曆學疑問』, 1.3a-3b (文淵閣四庫全書, 794책, 7쪽).

24. 「譯幾何原本引」: 徐宗澤編, 『明淸間耶蘇會士譯著提要』, 259쪽.

25. "其數學精妙, 比于漢唐之世十百倍之.": 「刻同文算指序」: 徐宗澤 編, 『明淸間耶蘇會士譯著提要』, 266쪽.

26. "理不明不能立法, 義不辨不能著數. 明理辨義, 推究頗難, 法立數著, 遵循甚易.": 「測候月食奉旨回奏疏」: 王重民 輯校 『徐光啓集』, 358쪽.

27. "九章算法句股篇中⋯ 數條. 與今譯測量法義相較, 其法略同, 其義全闕. 學者不能識其所繇.": 「測量異同緒言」: 王重民 輯校 『徐光啓集』, 86쪽.

28. "幾何原本者, 度數之宗.": 「刻幾何原本序」: 王重民 輯校 『徐光啓集』, 75쪽.

29. "擧世無一人不當學⋯ 能精此書者, 無一事不可精. 好學此書者, 無一事不可學.": 「幾何原本雜議」: 王重民 輯校 『徐光啓集』, 76쪽.

30. 「幾何原本雜議」, 76-78쪽: 田淼, 『中國數學的西化歷程』(濟南: 山東敎育出版社, 2005), 62쪽; Engelfriet and Siu "Xu Guangqi's Attempts to Integrate Western and Chinese mathematics", p. 307.

31. "此書爲益, 能令學理者祛其浮氣, 練其精心⋯.": 「幾何原本雜議」, 76쪽.

32. 구만옥, "조선후기 과학사 연구에서의 '실학'의 문제". 『한국실학연구』 36(2018), 637-676쪽 중 660-661쪽.

33. "西學書, 自宣廟以來, 已來于東. 明卿碩儒, 無人不見, 視之如諸子道佛之屬. 以備書室之玩.": 『順菴先生文集』 卷17 「天學考 乙巳」 (문집총간 a230_138a).

34. "疾書及水法兩種, 更望從近擲還也. 職方外紀, 依敎付去, 亦乞卒業還鴟焉.": 李瀷, 『星湖先生全集』 卷27 「答黃得甫 乙卯」(a198_552a-552b); "歷訪李用休覓幾何原本則云, 其子家煥得諸其妻娚鄭喆祚, 看過一月還之. 乃訪鄭喆祚 覓之則云, 非幾何原本, 乃數理精蘊.": 黃胤錫, 『頤齋亂藁』 권11, 1768년 8월 17일; "更遣人以明日覓風遮而來, 因送曆象考成三冊于鄭君喆祚.": 『頤齋亂藁』 권11, 1768년 11월 4일.

35. 구만옥, "'利瑪竇'에 대한 조선후기 지식인들의 이해와 태도", 『韓國思想史學』 36(2010), 343-393쪽 중 373-374쪽.

36. 『承政院日記』 영조 44년(1768) 7월 14일.: 구만옥, "'利瑪竇'에 대한 조선후기 지식인

들의 이해와 태도", 373쪽.

37. 『承政院日記』영조 44년(1768) 10월 29일.: 구만옥, "'利瑪竇'에 대한 조선후기 지식인들의 이해와 태도", 372-373쪽.

38. 구만옥, "'利瑪竇'에 대한 조선후기 지식인들의 이해와 태도", 374쪽.

39. 이익이 신후담과 몇 차례에 걸쳐 나눈 문답은 신후담의 『遯窩西學辨』에 기록되어 있는데, 그 주된 내용은 구만옥, 『영조대 과학의 발전』(한국학중앙연구원출판부, 2015), 157-160쪽에 소개되어 있다.

40. "余問曰, 西泰果何如人. 星湖曰, 此人之學 不可歇看…": 『遯窩西學辨』; 『河濱先生全集』(아세아문화사, 2006) 권7, 3쪽.

41. "既知其言之當理, 則豈以其異於古而不取之乎": 『遯窩西學辨』, 10쪽.

42. 朴星來, "星湖僿說 속의 西洋科學", 『震檀學報』59(1985), 177-197쪽.

43. "其論星曆之數, 則實有前古之所未發者": 『遯窩西學辨』, 6쪽; "其仰觀俯察, 推算授時之妙, 中國未始有也.": 『星湖先生全集』卷55 「跋天主實義」(문집총간 a199_516c).

44. "其他仰觀俯察器數械機之妙, 中國之所未有也. 遍歷大地, 推明渾蓋, 授時之典, 千歲之日至, 推步無遺欠. 行之百年, 不差毫末. 吾所愛玩在此.": 『星湖先生全集』卷33 「答族孫輝祖 壬申」(문집총간 a199_094a).

45. "西國之曆, 中華殆不及也.": 『星湖僿說』卷1 天地門 「中西曆三元」; "西洋之術極精, 當從.": 『星湖先生僿說』卷2 天地門 「日天之行」. 구만옥, 『영조대 과학의 발전』, 60쪽. 나중에 그의 제자 안정복은 이익이 서학에 빠졌다는 비판자들을 반박하면서 "서학은 물리(物理)에 밝으며 천체의 계산, 수학, 음률 및 기계 제조 같은 것들에서는 중국 사람들이 따라갈 수 없다."고 하여 이익의 말을 되풀이했다.: "某人斥之以西學云, 不覺一笑. 余於天學考已辨之… 大抵西學明於物理, 至若乾文推步籌數鍾律制造器皿之類, 有非中國人所可及者.": 『順菴先生文集』卷8 「答黃莘叟書 戊申」(문집총간 a229_510c-510d).

46. "今行時憲曆, 即西洋人湯若望所造. 扵是乎曆道之極矣. 日月交蝕未有差謬. 聖人復生必從之矣.": 『星湖僿說』卷2 天地門 「曆象」. 구만옥은 이익이 '器數之法'이 후대로 오면서 더 정밀해진다는 인식을 지녔기 때문에 이렇듯 서양 천문역법의 정확함을 받아들일 수 있었던 것임을 지적했는데, 실제로 이익은 이 언급에 앞서 "凡器數之法, 後出者工. 雖聖智有所未盡, 而後人因以增修, 宜其愈久而愈精也."라고 말했다: 구만옥, 『영조대 과학의 발전』, 59-60쪽.

47. "天文略幾何原本等諸書中所論天文籌數之法, 發前人之所未發, 大有益於世也.": 『遯

窩西學辨』, 4-5쪽.

48. "論天及曆法, 西法甚高, 可謂發前未發.":『湛軒書』外集 卷2「乾淨衕筆談」(문집총간
    a_248_149a).

49. "皇明萬曆中, 利瑪竇入中國, 西人始通. 有以算數傳道, 亦工於儀器, 其測候如神, 妙
    於曆象. 漢唐以來所未有也. 利瑪竇死後, 航海而東者常不絶.… 今泰西之法, 本之以
    算數, 參之以儀器. 度萬形窺萬象, 凡天下之遠近高深巨細輕重, 舉集目前, 如指諸掌,
    則謂漢唐所未有者, 非妄也.":『湛軒書』外集 卷7「劉鮑問答」(문집총간 a_248_247a-
    247b).

50. "漢儒古曆疎而不密. 自萬曆年間大西洋利氏新曆出後, 天地經緯之說, 信而有驗.":『頤
    齋遺藁』卷7「答安丈鳳胤書 戊申」(문집총간 a246_146d).

51. "旣得淸主所撰律曆淵源, 閱之, 歎曰. 深矣遠矣, 精矣密矣, 詳矣明矣. 誠秦漢以下律曆
    數三家所未始有. 向使我早覩, 豈其三十年疲思生病至於如此.":『頤齋遺藁』卷12「題
    數理精蘊寫本」(문집총간 a246_264a).

52. "大抵西洋之人, 其所謂天學之中, 惟曆算水法等, 卓絶千古. 蓋聖賢性理學問之說, 莫
    尙於濂洛關閩, 而曆算諸法, 又莫尙於西洋. 此或可爲不易之論歟.":『頤齋亂藁』卷3,
    1764년 2월 7일.

53. "自有西法以來, 未嘗聞其失食.":『頤齋亂藁』卷11, 1768년 11월 15일.

54. "明時利瑪竇修正曆法, 極其精妙. 瑪竇, 以外國之人, 何以獨解其妙處, 亦果能到十分
    處, 不復有差舛之慮否.":『正祖實錄』2년(1778) 2월 14일.

55. 김선희, "道, 學, 藝, 術—조선 후기 서학의 유입과 지적 변동에 관한 하나의 시론",
    『한국실학연구』35(2018), 287-327쪽 중 320쪽.

56. 구만옥, "마테오 리치(利瑪竇) 이후 서양 수학에 대한 조선 지식인의 반응",『한국실
    학연구』20(2010), 301-355쪽 중 329-330쪽.

57. 崔相天, "李家煥과 西學",『韓國敎會史論文集』2 (韓國敎會史硏究所, 1984), 41-67
    쪽 중 56쪽; 구만옥, "조선 후기 천문역산학의 개혁 방안: 정조의 천문책에 대한 대
    책을 중심으로",『한국과학사학회지』28(2006), 189-225쪽 중 210-211쪽.

58. "百工之巧, 皆本之於數理, 必明於句股弦銳鈍角相入相差之本理, 然後乃可以得其
    法.":『與猶堂全書』第五集 卷2『經世遺表』卷2 冬官工曹 第六「利用監」(문집총간
    a285_038d).

59. "徐光啓有言曰, 算學能令學理者, 祛其浮氣, 練其精心. 學事者資其定法°發其巧思° 蓋
    欲其心思細密而已. 此說極是.":『星湖僿說類選』卷5下 技藝門「算學」. 나중에 李圭景

도 서광계의 이 언급을 인용했다: "徐玄扈幾何原本雜議. 下學工夫, 有理有事, 此書爲益. 能令學理者祛其浮氣, 練其精心, 學事者資其定法, 發其巧思. 故擧世無一人不當學": 『五洲衍文長箋散稿』人事篇 技藝類 算數 「幾何原本辨證說」 (한국고전종합DB) (0729).

60. "人心惟危, 道心惟微. 泰西人辨幾何一畫, 以一線諭之, 不足以盡其微, 則曰有光無光之際.": 『燕巖集』卷11 別集 『熱河日記』 「渡江錄」 (문집총간 a252_147d). 박지원은 『기하원본』의 "線有長無廣, 試如一平面光照之, 有光無光之間, 不容一物, 是線也."라는 구절(卷1首)을 인용하고 있다.: 구만옥, "마테오 리치 이후 서양 수학에 대한 조선 지식인의 반응", 309-310쪽.

61. 안대옥, "18세기 正祖期 朝鮮 西學 受容의 系譜", 『東洋哲學硏究』 71집(2012), 55-90쪽 중 66, 67쪽.

62. 안대옥, "18세기 正祖期 朝鮮 西學 受容의 系譜", 83쪽.

63. "曆法之言法言數, 而必明其所以然之理者, 肇于徐光啓之崇禎曆指… 夫言法言數, 中西之所同. 西曆之勝於中國者, 卽言數而必明其理也.": 「曆象考成補解引」: 『私藁』. 7장 주59를 볼 것.

64. "此皆實實有用之數, 而可以濟天下之事者也.": 「數理精蘊補解序」: 『私稿』.

65. "非徒言其法, 必明其所以然之故.… 此正實用之書而濟事之具也.": 「數理精蘊補解序」.

66. "李德懋言, 近日京中, 以西學數理專門者, 徐命膺及子浩修, 而又有李蘗, 卽武人格之弟也.… 又有鄭厚祚, 卽文官喆祚之弟也, 專意於天下輿圖之學, 嘗言 大淸一統志輿圖固精, 而猶不如大淸會典所載者云.": 『頤齋亂藁』 권27, 1778년 11월 26일.

67. 안대옥, "18세기 正祖期 朝鮮 西學 受容의 系譜", 81쪽. 이 같은 상황에 대해 구만옥은 "서양 수학을 포함한 산학(算學) 일반을 소기(小技)로 여기는 조선 후기의 학문 풍토 속에서 열정적으로 서양 수학을 탐구한 일군의 학자들이 있었다."고 이야기했고 전용훈은 "서울의 사대부 사회에서 서양의 과학이 경학을 위한 교양지식화되었다고 본다."고까지 표현했다: 구만옥, "마테오 리치 이후 서양 수학에 대한 조선 지식인의 반응", 302, 328쪽; 전용훈, "정조시대 다시 보기—천문학사의 관점에서", 『역사비평』 115(2016), 185-209쪽 중 199쪽.

68. 구만옥, "마테오 리치 이후 서양 수학에 대한 조선 지식인의 반응," 335쪽; 문중양, 『조선후기 과학사상사—서구 우주론과 조선 천지관의 만남』 (들녘, 2016), 26쪽.

69. 구만옥, "마테오 리치 이후 서양 수학에 대한 조선 지식인의 반응", 341쪽.

70. 안대옥, "18세기 正祖期 朝鮮 西學 受容의 系譜", 66-67쪽; 具萬玉, "方便子 柳僖

(1773-1837)의 天文曆法論: 조선 후기 少論系 陽明學者 自然學의 一端", 『韓國史硏究』113호 (2001), 85-112쪽.

71. 구만옥, "마테오 리치 이후 서양 수학에 대한 조선 지식인의 반응", 341-344쪽.

72. 오상학, 『조선시대 세계지도와 세계인식』 (창비, 2011), 153-190쪽; 문중양, 『조선후기 과학사상사』, 23-24쪽; 구만옥, 『영조대 과학의 발전』, 62-63쪽.

73. 임종태, 『17, 18세기 중국과 조선의 서구 지리학 이해—지구와 다섯 대륙의 우화』 (창비, 2012), 140-152쪽.

74. 오상학, 『조선시대 세계지도와 세계인식』, 206-226쪽; 具萬玉, "朝鮮後期 '地球'說 受容의 思想史的 意義", 『韓國史의 構造와 展開—河炫綱教授定年記念論叢』 (혜안, 2000), 717-747쪽.

75. 구만옥, 『영조대 과학의 발전』, 63-64쪽.

76. "近世泰西之人, 始作坤輿之圖, 明言海在地中. 彼嘗乘舟而窮海者也, 其言誠有據矣.": 『耳溪集』卷13「遼野日出記」 (문집총간 a241_232b).

77. "按此說, 比中國醫家更覺詳盡, 不可沒也. 但規模言語絶異, 有不可以領會也.": 『星湖僿說類選』卷5下 技藝門 권5「西國醫」.

78. "萬曆之季, 泰西利瑪竇熊三拔之徒入中國, 刱造龍尾玉衡恒升之車. 其制愈巧, 其利益博. 余嘗再遊燕薊, 而北地無水田, 故未見其制. 只於皇城之內, 得見救火之器. 一人轉軸, 水涌數丈, 可謂人工奪天機也.": 『耳溪集』卷11「贈湖南李汝元如樸序」 (문집총간 a241_201b).

79. 王重民 輯校. 『徐光啓集』, 66-68쪽.

80. "造物主之化成天地也.": 徐宗澤編, 『明淸間耶蘇會士譯著提要』, 276쪽.

81. Willard J. Peterson, "Why Did They Become Christians?", Charles E. Ronan and Bonnie B.C. Oh, eds., *East Meets West: The Jesuits in China, 1582-1773* (Chicago: Loyola University Press, 1988), pp. 129-152.

82. "以之造曆而如合符節, 以之製器而俱出常情之外. 中國人始見此數, 亦安得不動魄驚奇而惑之也. 惑此不已, 遂信其道.": 『畫永編』: 노대환, 『동도서기론 형성과정 연구』 (일지사, 2005), 127쪽에서 재인용.

83. 최석우, "李承薰 관계 書翰 자료", 『교회사연구』 8(1992), 159-244쪽 중 206쪽.

84. 노대환, 『동도서기론 형성과정 연구』, 129쪽.

85. 샤를르 달레 著, 安應烈, 崔奭祐 譯, 『韓國天主教會史』 (한국교회사연구소, 1980-1987) 중권, 31쪽.

86. "辛酉則搢紳士子之好奇能文者, 多入其中. 蓋以邪書中, 或有方術精微處. 故學皆駸駸然沈惑云矣.": 沈魯崇 編, 『大東稗林』三 헌종기사 四 5년 3월(90쪽): 노대환, 『동도서기론 형성과정 연구』, 128쪽.

87. 노대환, 『동도서기론 형성과정 연구』, 129쪽.

88. "先生又常言洋夷之必欲傳播其術者, 豈眞出於行道之誠哉. 蓋將訌惑愚氓, 廣結內應然後, 乃恣行其所欲耳. 今天下中毒已久.": 『華西先生文集』附錄 卷9 年譜 丙申 10월 (문집총간 a305_516d).

89. 임종태, 『17, 18세기 중국과 조선의 서구 지리학 이해』, 225쪽.

90. "謂我中夏是彼西洋脚底所踹之國.… 天主敎人之心欲爲宇宙之大主.": 『不得已』下卷: 『天主敎東傳文獻續編』(臺北: 臺灣學生書局, 1966), 3卷, 1211쪽.

91. "西洋之法, 以不分男女爲大道. 天圓而地亦圓者, 乃所以不分男女也. 思以不分男女之道易天下, 故先以地球之說, 使人駸駸然, 入於其中, 而不自覺焉, 究其設心. 何其詭譎之甚也.": 俞莘煥, 『鳳棲集』卷8 「先考復元齋年譜後記」(문집총간 a_312_150c).

92. 전용훈, "서양 사원소설에 대한 조선 후기 지식인들의 반응", 『한국과학사학회지』 31(2009), 413-435쪽.

93. Pingyi Chu, "Narrating a History for China's Medical Past: Christianity, Natural Philosophy and History in Wang Honghan's Gujin yishi 古今醫史 (History of medicine Past and Present)", *East Asian Science, Technology, and Medicine* 28 (2008), pp. 14-35.

94. 1791년 조선 국왕 正祖의 서학서 소각 명령에서 수학, 천문학 및 기술에 관한 책들은 제외되었지만 해부학 지식이 포함된 『主制群徵』과 『泰西人身說槪』는 소각에 포함되었다.: 盧大煥, "正祖代의 西器受容 논의—'중국원류설'을 중심으로", 『韓國學報』 99 (1999), 126-167쪽 중 163-164쪽.

95. Ad Dudink, "Opposition to the Introduction of Western Science and the Nanjing Persecution (1616-1617)", Jami, Engelfriet, and Blue, *Statecraft and Intellectual Renewal*, pp. 191-224 중 pp. 204-207, 220.

96. 노대환, 『동도서기론 형성과정 연구』, 133-134쪽.

97. "乙巳春矣, 父聚會宗族, 悉焚其書, 並與各種儀器亦皆撞破矣, 身遂作闢異之文, 痛斥無餘.": 『闢衛編』권3 「평택현감이승훈공사」: 金時俊 譯. (서울: 삼경당, 1985), 440쪽.

98. Pingyi Chu, "Technical Knowledge, Cultural Practices and Social Boundaries: Wannan Scholars and the Recasting of Jesuit Astronomy, 1600-1800" (Ph.D. Dissertation, University of California, Los Angeles, 1994), chapter 5.

99. 오상학,『조선시대 세계지도와 세계인식』, 234쪽.

100. "上欲令公編書, 明數理曆象之原, 將購書于燕京, 御筆下詢. 公對曰, 流俗貿貿, 不知 數理爲何說敎法爲何術, 混同嗔喝. 今編是書, 不唯臣謗益增, 抑將上累聖德. 事逐已.": 丁若鏞,『與猶堂全書』第1集 卷15「貞軒墓誌銘」(문집총간 a281_329a).

101. Dudink, "Opposition to the Introduction of Western Science", p. 221.

102. "至於緣數尋理, 載在幾何, 本本元元, 具存實義諸書": 徐宗澤 編,『明清間耶蘇會士 譯著提要』, 267쪽; Dudink, "Opposition to the Introduction of Western Science," p. 210.

103. Peterson, "Fang I-chih,"; 張永堂,『明末方氏學派研究初編』, 132-138쪽.

104.『物理小識』卷1 (國學基本叢書, 238), 영인본 (臺北: 商務印書館, 1968), 19쪽.

105. 설봉조 자신이 1668-1680년 간행본에서 이렇게 고쳤는지 아니면 1702년 死後 간 행본에서 다른 사람이 고쳤는지는 분명하지 않다. Shi Yunli, "Nicolaus Smogulecki and Xue Fengzuo's True Principles of the Pacing of the Heavens," *East Asian Science, Technology, and Medicine* 27 (2007), pp. 63-126 중 p. 74.

106. "泰西家欲以其說易天下. 故必宛轉箋疏, 以達其意, 以取信于學者.":『方程論』「餘論」 (文淵閣四庫全書, 795책, 66쪽).

107. "曾不事耶蘇, 而能彼術窮":『績學堂詩鈔』卷2, 17a쪽 (續修四庫全書, 1413책, 469 쪽).

108. Jongtae Lim, "Rodrigues the Gift-Giver: A Korean Envoy's Portrayal of His Encounter with a Jesuit in 1631", *Korea Journal* 56-2 (Summer, 2016), pp. 134-162 중 p. 153.

109. 금장태,『조선 후기 儒敎와 西學—교류와 갈등』(서울대학교출판부, 2003), 2장.

110. "論天及曆法, 西法甚高, 可謂發前未發. 但其學則竊吾儒上帝之號, 裝之以佛家輪廻 之語, 淺陋可笑.":『湛軒書』外集 卷2『杭傳尺牘 乾淨衕筆談』(문집총간 a248_149a).

111. 노대환,『동도서기론 형성과정 연구』, 81쪽; 최재건,『조선후기 서학의 수용과 발전』 (한들출판사, 2005), 291쪽.

112. "其道載乎實義而吾不觀. 其數具乎幾何而吾有取.":『頣齋亂藁』卷9, 1768년 2월 21 일.

113. "余以天主實義謂有可觀. 及今攷之, 乃甚淺陋. 其謂天堂地獄人魂不滅之說, 尤極可 駭. 不知李之藻何爲表章如此也. 大抵西洋之人, 其所謂天學之中, 惟曆算水法等, 卓絶 千古. 盖聖賢性理學問之說, 莫尙於濂洛關閩, 而曆算諸法, 又莫尙於西洋. 此或可爲不

易之論歟.":『頤齋亂藁』卷3, 1764년 2월 7일. 위의 주52를 볼 것.

114. "此書, 生大獄 甚矣, 邪說之易惑也, 將亦元明淸人白蓮會之餘套哉. 然其曆象數理律
呂工匠之法, 則有不容因彼而廢此爾.":『頤齋亂藁』卷41 1788년 4월 26일; "余謂天主
實義眞異端邪說. 雖自謂別文於三敎以外, 而亦只偸老佛之糟粕者爾. 然西洋之律曆數
三家與夫工冶丹靑之法, 亦不可無傳. 烏可一向盡禁哉.":『頤齋亂藁』卷46, 1791년 4월
11일.

115. 盧大煥, "正祖代의 西器受容 논의," 167쪽.

116. 盧大煥, "正祖代의 西器受容 논의", 163-164쪽.

117. 위의 주100을 볼 것. 국왕의 이 같은 태도에 따라 이가환은 스스로 천주교 신앙을
버린 후에도 천주교 측과의 연결을 통해 서양 군함들을 들어오려고 시도하기도 했
다: 鄭奭鍾, "正祖·純祖年間의 政局과 茶山의 立場", 鄭奭鍾 외,『丁茶山과 그 時代』
(민음사, 1986), 11-40쪽 중 19, 21쪽. 정조는 이 같은 이가환 등의 주장에 대해 노론
제거를 위해 어느 정도 동조했다: 같은 글, 19쪽.

118. Pingyi Chu, "Adoption and Resistance: Zhang Yongjin and Ancient Chinese
Calendrical method", in Feza Günergun and Dhruv Raina, eds., *Science between Europe
and Asia* (Berlin: Springer, 2010), pp. 151-161; 구만옥, "利瑪竇에 대한 조선후기 지식
인들의 이해와 태도", 351쪽.

119. "其實大統未必全失, 西人未必全得.":『曉庵先生文集』권2, "答万充宗序": 徐海松,
『淸初士人與西學』(北京: 東方出版社, 2000), 328쪽에서 재인용.

120. 위 주23을 볼 것.

121. "以平心觀理, 則弧三角之詳明, 郭圖之簡括, 皆足以資探索而啓.": 「郭太史本法」:『曆
算全書』4.17a-18a (文淵閣四庫全書, 795책, 816쪽). 여기서 매문정은 서양의 구면삼
각법("弧三角")과 郭守敬이 사용한 방법("郭圖")을 비교하고 있다.

122. Catherine Jami, *The Emperor's New Mathematics: Western Learning and Imperial
Authority during the Kangxi Reign (1662-1722)* (Oxford: Oxford University Press, 2012),
pp. 218-221.

123. John B. Henderson, "Ch'ing Scholars' Views of Western Astronomy", *Harvard Journal
of Asiatic Studies* 46 (1986), 121-148 중 pp. 136-137.Henderson, "Ch'ing Scholars'
Views of Western Astronomy", p. 137.

124. Henderson, "Ch'ing Scholars' Views of Western Astronomy", p. 137.

125. 祝平一, "伏讀聖裁", 66쪽.

126. Keizo Hashimoto and Catherine Jami, "From the Elements to Calendar Reform: Xu Guangqi's Shaping of Mathematics and Astronomy", Jami, Engelfriet, and Blue, *Statecraft and Intellectual Renewal*, pp. 264-278 중 p. 277.

127. 韓琦, "從明史曆志的纂修看西學在中國的傳播", 劉鈍, 韓琦等 編, 『科史薪傳』(遼寧教育出版社, 1997), 61-70 중 66쪽.

128. Henderson, "Ch'ing Scholars' Views of Western Astronomy", pp. 146-148.

129. "觀輿圖海洋諸國, 中國在東隅一偏, 小如掌, 我國大如柳葉, 西域爲天下之中, 以胸虛無服, 於國爲傳者妄.": 『於于野談』: 柴貴善, 李月英 譯註 (한국문화사, 1996), 196쪽: 구만옥, "16~17세기 조선 지식인의 서양 이해와 세계관의 변화", 『동방학지』 122 (2003), 1-51쪽 중 38쪽.

130. "…仍以一大圓圈爲體, 南北加細彎線. 東西爲橫直線, 就地球上下四方, 分布萬國名目. 中國九州, 在近北界亞細亞地面. 其說玄闊矯誕, 涉於無稽不經. 然其學術傳授有自, 有不可率爾卜破者, 姑當存之.": 『明谷集』 卷8 「西洋乾象坤輿圖二屛總序」(문집총간 a153_585b).

131. "彼歐邏巴等諸國, 不過窮海之絶域, 裔夷之偏方,… 不能自進於華夏. 今乃徒以其土地之大小, 略相彷佛, 而輒敢幷列而混稱之者, 固已不倫之甚矣.": 『遯窩西學辨』: 『河濱先生全集』(아세아문화사, 2006) 권7, 93쪽.

132. 위의 주77을 볼 것.

133. 김문용, 『조선 후기 자연학의 동향』(고려대학교 민족문화연구원, 2013), 219쪽.

134. 『遯窩西學辨』: 『河濱先生全集』, 권7, 24-26쪽.

135. "萬曆年間, 遠西學入. 詳于質測而拙言于通幾.": 『物理小識』 「自序」; "詳于質測而不善言通幾": 『物理小識』 권1, 19쪽.

136. Shi Yunli, "Nicolaus Smogulecki and Xue Fengzuo's True Principles of the Pacing of the Heavens", p. 95.

137. "其說愈精, 其理愈晦. 其算愈確, 其故愈支.": 『璇璣遺述』 卷1 「象緯億証」: 薄樹人 主編, 『中國科學技術典籍通彙. 天文卷六』, 292쪽.

138. "吾謂西曆善矣. 然以爲測候精詳可也, 以爲深知法意未可也.": 『曉菴新法』 「原序」(文淵閣四庫全書 793책, 453쪽).

139. 박권수, "徐命膺의 易學的 天文觀", 『한국과학사학회지』 20(1998), 57-101쪽; 문중양, "18세기 조선 실학자의 자연지식의 성격—象數學的 宇宙論을 중심으로", 『한국과학사학회지』 21(1999), 27-57쪽; 김영식, "서양 과학, 우주론적 관념, 그리고 17-18

세기 조선의 역학(易學)", 『동아시아 과학의 차이』, 135-156쪽.

140. "曆家之所宗, 莫如西法. 然而不就質於周公孔子, 則臣豈敢以此爲萬世不祧之法哉. 試以其法言之, 考其數則未始不中也, 考其理則大有逕庭何也.": 『碩齋稿』 卷14 「天文」 (문집총간 a287_258b).

141. Willard J. Peterson, "Western Natural Philosophy Published in Late Ming China", *Proceedings of the American Philosophical Society* 117 (1973), pp. 295-322.

142. 안대옥, "18세기 正祖期 朝鮮 西學 受容의 系譜", 58-59쪽.

143. 田淼, 『中國數學的西化歷程』, 72쪽.

9장 서양 과학의 도입과 중국

1. 이 장의 내용은 많은 부분 김영식, 『조선과 중국, 그리고 중화―조선 후기 중국 인식의 전개와 중화 사상의 굴절』 (아카넷, 2018), 13장의 논의에 바탕했다.

2. 전용훈, "조선 후기 서양천문학과 전통 천문학의 갈등과 융화" (서울대학교 박사학위논문, 2004), 49-56쪽.

3. 문중양, 『조선후기 과학사상사―서구 우주론과 조선 천지관의 만남』 (들녘, 2016), 281쪽.

4. 임종태, "'서양의 물질문화와 조선의 衣冠': 李器之의 『一菴燕記』에 묘사된 서양 선교사와의 문화적 교류", 『韓國實學研究』 24(2012), 367-401쪽 중 377-381쪽.

5. 『湛軒書』 外集 卷7 「劉鮑問答」 (문집총간 a248_247a-250a).

6. 전용훈, "조선 후기 서양천문학과 전통 천문학의 갈등과 융화", 90-97쪽.

7. 宋日基, 尹珠英, "中國本 西學書의 韓國 傳來에 관한 文獻的 考察", 『서지학연구』 15(1998), 159-195쪽; 전용훈, "조선 후기 서양천문학과 전통 천문학의 갈등과 융화", 77-90쪽.

8. 예컨대 서명응은 그로서는 두 번째인 1769년의 연행길에 『數理精蘊』, 『對數表』, 『八線表』 등 기하학 책과 『曆象考成後編』 등 수리, 천문역법 관련 책들을 구입해서 귀국했다: 김문식, "徐命膺의 생애와 규장각 활동", 『정신문화연구』 22(1999), 151-184쪽 중 154쪽.

9. 구만옥, 『영조대 과학의 발전』 (한국학중앙연구원출판부, 2015), 175-183쪽.

10. "邵子全書及天文類函兩書, 平生願見, 而諒其卷秩不少, 設或有見在者, 何可遠寄耶.": 『湛軒書』 外集 卷1 『杭傳尺牘』 「與秋루(广+串)書」 (문집총간 a248_113c).

11. "泰西之人, 萬曆末始通中國. 步天之法, 最爲精密.… 其測象儀器, 極精且巧, 殆非人工

所及, 可謂技藝之幾於神者也.… 第其十二重天, 寒熱溫三帶之語, 日月星大小廣輪, 卽
是吾儒之所未言.… 其言皆有依據, 則不可以異敎而廢之. 眞是物理之無窮, 不可思議
者也. 愚未嘗見其書, 則不可論其得失. 以執事高明博雅, 必有權度於中者, 願聞其說.":
『耳溪集』卷15「與紀尙書書」別幅 (문집총간 a241_267c-268a). 기윤은 이듬해 답신
에서 『四庫全書總目』의 내용을 초록해 보내주었다. "其書入中國者, 秘閣皆有. 除其
算法書外, 餘皆關駁, 而存目已列入四庫總目, 印本新出. 先生諒尙未見, 今抄錄數篇呈
閱.":『耳溪集』卷15「與紀尙書書」附答書 (문집총간 a241_269b).

12. 안대옥, "18세기 正祖期 朝鮮 西學 受容의 系譜,"『東洋哲學硏究』71(2012), 55-90
    쪽 중 74쪽.

13. 안대옥, "18세기 正祖期 朝鮮 西學 受容의 系譜," 66-67쪽.

14. 李賢九,『崔漢綺의 氣哲學과 西洋 科學』(대동문화연구원, 2000), 3장; 전용훈, "19
    세기 조선 지식인의 서양과학 읽기―최한기의 기학과 서양과학",『역사비평』81호
    (2007.11), 247-284쪽.

15. 전용훈,『한국 천문학사』, 320-321쪽; 문중양,『조선후기 과학사상사』, 317-323쪽.

16. 전용훈,『한국 천문학사』, 321-323쪽.

17. 최경숙,『황성신문연구』(부산외국어대학교 출판부, 2010).

18. 1883년 영어를 배우기 시작한 尹致昊(1865-1945)가 조선 지식인으로서는 처음 서
    양어를 배운 것으로 보인다.: 박성래,『한국사에도 과학이 있는가』(교보문고, 1998),
    204-206쪽.

19. 임종태,『17, 18세기 중국과 조선의 서구 지리학 이해』, 199쪽.

20. 임종태, "여행과 개혁: 영조와 정조 시기 조선의 과학과 기술" (미출판 원고, 2018년
    10월).

21. Lim Jongtae, "Learning 'Western' Astronomy from 'China': Another Look at the
    Introduction of the Shixian li Calendrical system into Late Chosŏn Korea", *The Korean
    Journal for the History of Science* 34 (2012), pp. 205-225. 조선의 시헌력 도입과 수용 과
    정에 대해서는 전용훈, "17-18세기 서양과학의 도입과 갈등―時憲曆 施行과 節氣配
    置法에 대한 논란을 중심으로",『東方學志』117(2002), 1-49쪽을 볼 것. 물론 時憲曆
    의 채택을 주장하면서 金堉이 마침 중국이 서양력으로 개력했으니 이를 따르자고
    하여 시헌력이 서양 역법을 채용한 것을 언급했지만, 이는 그것이 만주족 청의 曆이
    아니라는 점을 부각시키기 위해 "서양력"이라는 점을 오히려 강조했던 것으로 볼 수
    있다.: 문중양,『조선후기 과학사상사』, 148-149쪽.

22. Lim Jongtae, "Learning 'Western' Astronomy from 'China'", p. 220.

23. Lim Jongtae, "Learning 'Western' Astronomy from 'China'", p. 211.

24. Lim Jongtae, "Learning 'Western' Astronomy from 'China'", pp. 216-217.

25. Jongtae Lim, "Restoring the Unity of the World: Fang Yizhi and Jie Xuan's Responses to Aristotelian Natural philosophy", in Luis Saraiva and Catherine Jami, eds., *The Jesuits, the Padroado and East Asian Science (1552-1773)* (History of Mathematical Sciences: Portugal and East Asia, III) (Singapore: World Scientific, 2008), pp. 139-160 중 pp. 148-153.

26. "…諸如此類, 每發一輒大西儒之上.": 「璇璣遺述原序」: 薄樹人, 『中國科學技術典籍通彙. 天文卷六』(鄭州: 河南敎育出版社, 1995), 283쪽.

27. "深明西術, 而又別有悟入". 『勿菴曆算書目』: 『叢書集成初編』(北京: 中華書局, 1985), 卷20, 26쪽.

28. Pingyi Chu, "Numerology and Calendrical Learning: The Stories of Yang Guangxian and Liu Xiangkui", *Korean Journal of History of Science* 37 (2015), pp. 479-497 중 p. 486.

29. 張永堂, 『明末方氏學派研究初編─明末理學與科學關係試論』(臺北: 文鏡文化事業有限公司, 1987); 『明末淸初理學與科學關係再論』(臺北: 學生書局, 1994).

30. Pingyi Chu, "Scientific Texts in Contest, 1600-1800", in Florence Bretelle-Establet, ed., *Looking at It from Asia: The Processes that Shaped the Sources of History of Science* (Berlin: Springer, 2010), pp. 141-166 중 pp. 151ff.

31. 구만옥, 『영조대 과학의 발전』, 166쪽.

32. 임종태, 『17, 18세기 중국과 조선의 서구 지리학 이해』, 254-256쪽. 리치의 지도를 변형시킨 조선 鄭齊斗(1649-1736)의 독특한 세계지도도 같은 맥락에서 이해해줄 수 있다: 같은 책, 282-284쪽.

33. 임종태, 『17, 18세기 중국과 조선의 서구 지리학 이해』, 284-287쪽.

34. Chu Longfei, "A Distinctive Way of Integration: The Main Portion of Xue Fengzuo's Lixue huitong Revisited", *The Korean Journal for the History of Science* 37 (2015), pp. 499-514; Lingfeng Lü, "Eclipses and the Victory of European Astronomy in China", *East Asian Science, Technology, and Medicine* 27 (2007), pp. 127-145.

35. Shi Yunli, "Nicolaus Smogulecki and Xue Fengzuo's True Principles of the Pacing of the Heavens: Its Production, Publication, and Reception", *East Asian Science, Technology,*

and Medicine 27 (2007), pp. 63-126; Chu Longfei, "A Distinctive Way of Integration."

36. 서광계는 명대 초 이슬람 천문서적 3권을 번역했음을 언급한 후 이슬람력이 중국 역법체계 속으로 완전히 포함되지 못했음을 아쉬워했다. "所惜者, 翻譯旣少, 又絶無 論說. 是以一時詞臣曆師, 無能用彼之法, 參入大統, 會通歸一者.": 「曆書總目表」: 王重 民 輯校 『徐光啓集』, 374쪽.

37. Yung Sik Kim, "Accommodating Westerners' Knowledge in the Chinese Calendar: Confucian Scholars on Xu Guangqi's Slogan", *The Korean Journal for the History of Science* 41 (2019), pp. 151-167.

38. "徐文定所謂, 鎔西洋之算法, 入大統之型模, 眞公論也.": 徐浩修, 『增補文獻備考』, 卷2 象緯考 二: (古典刊行會 編: 東國文化社, 1957), 34쪽.

39. "或云, 鎔西洋之算, 入中土之型. 或云, 盡廢西術, 專用中法. 不可以一偏議也.": 『井觀 編』 序: 동아시아學術院, 大東文化硏究院 공편 『茶山學團 文獻集成』 (서울: 成均館 大學校出版部, 2008), 제6책, 12쪽.

40. "其於西法, 發明甚多. 然恒氣注曆及十二宮號, 論辨不已. 其可否已有定論, 而大抵此 二條. 原不足爲曆理之大關係, 非不知之, 猶此費辭者. 直爲所謂鎔西人之姿質, 歸中國 之型範之語所致也.": 『圭齋遺藁』 卷5 「書推步續解後」 (문집총간 a316_634d).

41. 김영식, "서학(西學) 중국기원론의 출현과 전개", 『동아시아 과학의 차이—서양 과 학, 동양 과학, 그리고 한국 과학』 (사이언스북스, 2013), 113-134쪽.

42. Pingyi Chu, "Remembering Our Grand Tradition: The Historical Memory of the Scientific Exchanges between China and Europe, 1600-1800", History of Science 41 (2003), pp. 193-215 중 p. 207.

43. Shi Yunli, "The Origin and Confluence of Three Neo-Confucian Cliques in Natural Philosophy in the Seventeenth Century" *Comparative Perspectives on the Introduction of Western Science into East Asian Countries during the late Chosŏn Period* (Kyujanggak International Workshop, Seoul, 16-18 October 2007), pp. 138-162 중 p. 141.

44. 王揚宗, "'西學中源'說在明淸之際的由來及其演變", 『大陸雜誌』 (臺北) 90-6(1995), 39-45쪽 중 41쪽.

45. 조선에서의 서학 중국기원론에 대해서는 盧大煥, "정조대의 서기수용 논의—'중국 원류설'을 중심으로", 한국학보 99(1999), 126-167쪽; "조선후기 '西學中國源流說'의 전개와 그 성격", 『歷史學報』 178(2003), 113-139쪽; 전용훈, "조선 후기 서양 천문학 과 전통천문학의 갈등과 융화" (서울대학교 박사학위 논문, 2004), 90-110쪽 등을

볼 것.

46. 전용훈, "조선 후기 서양 천문학과 전통천문학의 갈등과 융화", 90-97쪽. 예를 들어 서학중원론의 가장 중요하고 영향력 있는 출전인 그의 『歷學疑問』이 18세기 전반에 조선에 들어와 1760년대에는 널리 읽히고 있었다.: 같은 글, 74쪽. 한편 김문식은 조선 사인들이 당시 조선에 들어온 『明史』를 통해 서학중원론에 접하게 되었을 가능성을 제기했다: 김문식, 『조선후기 지식인의 대외인식』 (새문사, 2009), 64쪽.

47. 노대환, "조선후기 西學中國源流說의 전개와 그 성격", 116쪽.

48. 구만옥, 『영조대 과학의 발전』, 160-161쪽.

49. "其法一以周髀爲主. 而赤道黃道之名, 密合漢臺之銅儀. 晝夜節氣之差, 密合堯典之宅四. 崇高天頂之稱, 密合水經土中之說, 地圓里差之理, 密合戴禮曾子之言.": 『髀禮準』 序: 『保晩齋叢書』 (서울대학교 규장각한국학연구원, 2009), 제7책, 336-337쪽.

50. "天文象數起自包犧氏.": 『髀禮準』 序: 『保晩齋叢書』, 제7책, 335쪽. 그는 복희가 시작했다고 하는 주역의 괘들과 그것들을 포함한 도형들을 열거했다: "包犧氏仰觀俯察, 旣作先天方圓圖. 復推演方圖, 製蓋天之儀, 創句股之數, 立周天曆度."

51. "歷唐虞夏商, 至于周公與商高論句股法術, 命史官記其問答, 以爲周髀之書. 又因周髀之書測天文定官制, 以爲周禮之書. 而天文遂大明於世.": 『髀禮準』 序: 『保晩齋叢書』, 제7책, 335쪽; 구만옥, 『영조대 과학의 발전』, 169-170쪽.

52. "及漢中葉, 二書復出. 然於周禮, 則以爲周公之書.… 乃若周髀, 始爲榮方陳子之徒所亂,… 世不復知周髀爲周公之書者, 蓋千有餘年矣.": 『髀禮準』 序: 『保晩齋叢書』, 제7책, 336쪽; 구만옥, 『영조대 과학의 발전』, 170쪽.

53. "周衰, 疇人知中原將亂, 多逃之外國浸浸. 至秦焚書設禁, 則二書皆隱於民間.… 蓋千有餘年矣, 逮至明季, 句股數法自西國流入中國. 推測躔度錯錯相符, 以至日月交食無所差謬. 其法一以周髀爲主.… 是必疇人挾周髀之西國傳其法術無疑也.": 『髀禮準』 序: 『保晩齋叢書』, 제7책, 335-337쪽.

54. 박권수, "徐命膺의 易學的 天文觀", 『한국과학사학회지』 20(1998), 57-101쪽, 특히 74-89쪽.

55. 박권수, "徐命膺의 易學的 天文觀", 97쪽.

56. 실제로 당시 중국에 들어온 서양 천문지식이 서로 다른, 때로는 모순되는 이론들이 혼재해 있었기에 서양 천문학이 "체계"가 부족하다는 평가는 당연했다고 할 수 있다.

57. 서명응은 이렇듯 '용'이 '체'로부터 분리된 서양 천문학의 상황을 象과 數가 분리되었

다는 말로도 표현했으며, '天象'과 '天數'를 '融會貫通'시켜 삼대의 구법을 회복해야 한다고 주장하기도 했다.:『髀禮準』序:『保晚齋叢書』, 제7책, 338쪽.; 구만옥,『영조대 과학의 발전』, 170-171쪽.

58. "徐令曰.… 西洋之法, 冠絶古今, 所謂出自義和者, 恐得之. 此法出後, 始悟堯舜典立言, 維有條理 十分明白也. 且如地圓之說, 今人所共致訝, 然而大戴礼中曾子所言, 已甚明白. 而惜乎秦漢以下, 無人提說, 直至西法出後, 乃覺恍然矣.":『頤齋亂藁』卷6, 1766년 3월 25일.

59. "其曆象範圍, 又不越乎周髀. 則其說雖若神奇, 而其理已有古人言之矣.":『頤齋亂藁』卷11, 1768년 9월 10일. 특히 황윤석은 이렇듯 중국 고대에 기원한 서양 역산학이 명나라때 중국에 들어와 완성되었던 것이 오랑캐 청에 의해 빼앗긴 것임을 강조했다: "昔崇禎中, 徐光啓李天經與西儒熊三發湯若望羅雅谷諸人, 奉勅修正大統法, 是書作於其時. 新法旣成, 毅宗將頒之天下, 竟爲虜中所攘. 今稱時憲者, 是爾.":『頤齋亂藁』卷11, 1768년 8월 16일「曆引跋」.

60. "報恩言.… 洪大容新購數理精蘊一帙於燕行, 此是西洋算法至精處耳. 余曰. 誠然. 但此理古人已皆言之. 假如古人堅說, 則西洋必橫說. 其好奇務新如此. 堅橫雖異, 而其理一也.":『頤齋亂藁』卷11, 1768년 11월 13일.

61. "泰西之人, 萬曆末始通中國. 步天之法, 最爲精密, 故置諸欽天監, 至今用之. 然其周天之度, 不出義和"天有七曜, 垂象至著, 惟離地絶遠, 人視有限. 所以唐虞之神明, 猶待於璣衡之器, 勾股之術也. 惜其法象失傳, 測候無據. 代有制作, 談說紛如, 摠出臆想, 小合大差. 盖自西法之出, 而機術之妙, 深得唐虞遺訣.":『湛軒書』外集 卷6「籠水閣儀器志 測管儀」(문집총간 a248_234a). 이 구절의 몇 줄 뒤에 홍대용은 "천자가 失官하니 학문이 四夷에 남아 있다."는 공자의 말 (『左傳』昭公 17년)이 믿을 만하다고 덧붙였다. "古云天子失官學在四夷. 豈不信歟."之範圍. 推步之術, 全用黃帝之句股. 乃是吾儒之緖餘也.":『耳溪集』卷15「與紀尙書書-別幅」(문집총간 a241_267b).

62. "天有七曜, 垂象至著, 惟離地絶遠, 人視有限. 所以唐虞之神明, 猶待於璣衡之器, 勾股之術也. 惜其法象失傳, 測候無據. 代有制作, 談說紛如, 摠出臆想, 小合大差. 盖自西法之出, 而機術之妙, 深得唐虞遺訣.":『湛軒書』外集 卷6「籠水閣儀器志 測管儀」(문집총간 a248_234a). 이 구절의 몇 줄 뒤에 홍대용은 "천자가 失官하니 학문이 四夷에 남아 있다."는 공자의 말 (『左傳』昭公 17년)이 믿을 만하다고 덧붙였다. "古云天子失官學在四夷. 豈不信歟."

63. 崔相天, "李家煥과 西學",『韓國敎會史論文集』II (1984), 41-67쪽 중 58-59쪽; 노대

환, 『동도서기론 형성과정 연구』(일지사, 2005), 83쪽; 김영식, 『정약용의 문제들』(혜안, 2014), 125쪽.

64. 盧大煥, "조선후기 西學中國源流說의 전개와 그 성격", 123-128쪽.

65. 많은 청 유학자들이 받아들이고 자신들 학문의 중요한 요소로 삼았던 서양 과학이 사실은 중국에서 기원한 것이라는 점이 북학론자들에게 오랑캐 청의 문화를 받아들이는 데 대한 좋은 합리화의 논리를 제공하기도 했다.

66. 盧大煥, "조선후기 西學中國源流說의 전개와 그 성격," 122-123쪽.

67. "設使西洋推步之學賢於中國, 僅明一曲, 固不足貴. 況其學本不出於中國曆法之外乎. 見其如此, 遂信其知道, 則其亦惑之甚矣.": 『艮翁先生文集』卷23「天學問答」(문집총간 a234_493c).

68. "西洋未通中國之前, 司馬遷壺遂等作大初曆, 唐一行立歲差法. 其後屢百年, 皆能造曆頒朔. 曾謂不通西洋則曆家更不得措手, 天子更不得頒朔乎.": 『艮翁先生文集』卷23「天學問答」(문집총간 a234_493b).

69. "試以其法言之. 考其數則未始不中也, 考其理則大有逕庭何也.": 『碩齋稿』卷14「天文」(문집총간 a287_258b).

70. "彼西法者, 自以爲兼象數, 臣則以爲泥於象數者昧於理. 得其理, 則象與數在其中矣. 不得其理, 則其所謂象數者, 愈密愈差矣.… 只可謂學在四夷, 不可以專信.": 『碩齋稿』卷14「天文」(문집총간 a287_259b).

71. "其十二重天, 寒熱溫三帶之語, 日月星大小廣輪, 即是吾儒之所未言. 而彼皆操器而測象, 乘舟而窮海者. 其言皆有依據, 則不可以異敎而廢之. 眞是物理之無窮, 不可思議者也.": 『耳溪集』卷15「與紀尙書書-別幅」(문집총간 a241_268a).

72. 노대환, 『동도서기론 형성과정 연구』, 76-78쪽.

73. 구만옥, 『영조대 과학의 발전』, 177쪽.

74. 盧大煥, "조선후기 西學中國源流說의 전개와 그 성격", 121쪽. 이 같은 서호수의 태도가 서학중원론을 받아들이고 주장한 그의 아버지 서명응이나 아들 서유본과 반대되는 것이라는 점은 주목할 만하다.: 노대환, 『동도서기론 형성과정 연구』, 83쪽.

75. 『私稿』「曆象考成補解引」. 7장 주59를 볼 것.

76. 노대환, 『동도서기론 형성과정 연구』, 76쪽.

77. 盧大煥, "조선후기 '西學中國源流說'의 전개와 그 성격", 128-131쪽.

78. 전용훈, "19세기 조선에서 서양 과학과 천문학의 성격—청조 고증학의 영향을 중심으로", 『한국과학사학회지』35(2013), 435-464쪽 중 449-451쪽.

79. "盖曆法者, 驗天爲長.… 天何言哉. 大象寥廓, 諸曜參差, 不擇中西, 惟精測巧算是合. 彼日月五星, 安知世間有尊華攘夷之義哉. 故以西法則驗者多, 以中法則不驗者多. 此豈非不可以怨尤者乎. 是以只論天之驗否, 不論人之華夷可也.": 『圭齋遺藁』卷5「書推步續解後」(문집총간 a316_633a-633b).

80. "疇人之子弟分散, 羲和之法數不傳, 雜術參互, 妄作紛興. 漢魏之法, 冀合圖讖. 唐宋之術, 拘泥演撰. 河圖洛書之數, 傳者非眞. 元會運世之篇, 言之無據.": 『圭齋遺藁』卷5「書推步續解後」(문집총간 a316_632b).

81. "意者彼愚不知, 見其器械之精數術之微曰, 彼之器械數術能若是, 則其所謂教者亦必有若彼者矣. 由是之故, 染汙益衆也. 中國之士, 亦或慮乎是, 而故奪彼所以誇耀者, 使人知彼之能精利微妙者, 是實中國之所有, 而非彼所能自獲, 則豔羨之心無從而生矣.": 『圭齋遺藁』卷5「書推步續解後」(문집총간 a316_633d).

82. "曆象雖爲儒者之事, 不過是一藝, 西人之所能. 知仁聖義忠和之德, 孝友睦婣任恤之行, 禮樂射御書數之藝咸通者, 中國之士所能也.": 『圭齋遺藁』卷5「書推步續解後」(문집총간 a316_633b).

83. "況與不知周公孔子; 只知輪船火砲者, 有何較短長而論善惡哉.": 『圭齋遺藁』卷5「書推步續解後」(문집총간 a316_635c).

84. 전용훈, "조선 후기 서양 천문학과 전통천문학의 갈등과 융화", 109-110쪽.

85. "日月之行, 有其常度, 終古不變. 日食非爲災也, 余以爲其術非不精也, 其說非不盡也. 此足爲疇人之學, 而不足爲士君子之學也.": 『圭齋遺藁』卷6「讀書私記 詩」(문집총간 a316_647c); "君子雖有奇技異術, 不合於聖賢之學, 則不之貴也.": 같은 글 (문집총간 a316_647d).

10장 후기: 한국 근현대과학의 배경으로서 한국 전통과학

1. 이 장의 내용의 많은 부분은 Yung Sik Kim, "Some Reflections on Science and Technology in Contemporary Korean Society", *Korea Journal* 28, no. 8(1988), pp. 4-15; (번역) 김영식, "한국과학의 특성과 반성", 김영식, 김근배 편, 『근현대 한국사회와 과학』(창작과비평사, 1998), 342-363쪽에 발표된 바 있다.

2. 예컨대 박성래는 "한국 근세의 서양 과학 수용", 『동방학지』 20(1978), 257-292쪽에서 그 같은 입장을 보인다.

3. 노대환, 『동도서기론 형성과정 연구』(일지사, 2005).

4. 閔斗基, "中體西用論考", 『中國 近代改革運動의 研究—康有爲 中心의 1898 改革運

動』(一潮閣, 1985), 2-52쪽; 平川祐弘, 『和魂洋才の系譜: 內と外からの明治日本』(東京: 平凡社, 2006).

5. C. P. Snow, *The Two Cultures and the Scientific Revolution* (Cambridge: Cambridge University Press 1959): (번역) 오영환 옮김. 『두 문화』(민음사, 1996).

6. 예컨대 고등학교 상급반 학생들은 문과반과 이과반으로 나뉘며 각각에 서로 다른 교과과정이 적용된다. 대학 입학시험도 이 두 집단을 구분해서 시행되며, 대학에 사학, 철학, 문학만이 아니라 법학, 경영학, 경제학, 심리학을 전공하는 학생과 교수들이 모두 문과로 구분되며, 수학, 물리학, 화학, 생물학 등의 전공자들은 자신들이 공학, 농학, 의학만이 아니라 심지어 환경학, 간호학, 건축학 전공자들과 함께 이과에 속하는 것으로 생각한다. 한국 사회에서의 문과와 이과 구분에 대해서는 김영식, "문과·이과 구분의 임의성과 그 폐단," 『과학과 철학』 4(1993), 20-34쪽—『과학, 인문학 그리고 대학』(생각의 나무, 2007), 125-148쪽에 재수록—을 볼 것.

7. 李鐘馨, "韓國 東醫學史," 고려대 민족문화연구소 편, 『한국현대문화사대계 III 과학·기술사』(고려대학교출판부, 1977), 263-336쪽.

8. 이 같은 생각은 박성래가 처음 제기한 바 있다.: "민족과학의 길", UNESCO한국위원회, 『한국사회의 자생적 발전』(1984), 255-280쪽 중 275쪽 이후; 『민족과학의 뿌리를 찾아서』(동아출판사, 1991), 67쪽 등.

9. 1960년대와 70년대 한국의 과학기술 관리와 정책에 대해서는 예를 들어 한국과학기술단체총연합회, 『한국 과학기술 30년사』(1980), 148-209쪽을 볼 것.

10. 임종태는 조선 후기 북학론자들의 중국 기술 도입 제안들마저도 도입서부터 유지, 보급에 이르기까지 주로 정부의 역할에 의존했음을 들면서 "정약용의 이용감은 1960-70년대 박정희 정부의 주도하에 설립된 일련의 정부출연 연구기관과 비슷"했다고 지적하고 있다. "18세기 조선 과학기술의 지형도—1765년 홍대용의 북경 여행을 중심으로"(Naver 열린연단 강연. 근대성강연 13강, 2018.4.14.), 〈https://openlectures.naver.com/contents?contentsId=140492&rid=2939#literature_contents〉, 19-21쪽.

11. 서양에서의 과학과 기술의 연결과정에 대한 간단한 논의는 예를 들어 김영식, 임경순, 『과학사신론』(다산출판사, 1999), 223-236쪽을 참조할 것,

12. 1980년대 초까지 한국에서의 기술발전과 기술이전에 대해서는 Jinjoo Lee, "Local Acquisition and Mastery of Technology in Korea: A Contextual and Comparative Study", *Phase 1 Report to UNESCO* (Seoul, May 30, 1984)를 볼 것.

13. 여기서도 나는 박성래의 용어를, 그리고 부분적으로는 그의 주장을 채택하고 있다. 박성래, "민족과학의 길", 255-280쪽.

14. 임종태, "김용관의 발명학회와 과학운동", 김영식, 김근배 엮음, 『근현대 한국사회의 과학』, 237-273쪽.

15. 한국과학기술단체총연합회, 『한국 과학기술 30년사』, 328-333쪽.

16. 더 자세한 논의는 김영식, "한국 대학의 자연과학 교육의 현황과 반성," 『현상과 인식』 제5권 3호 (1981), 58-66쪽 중 58-60쪽을 볼 것.

17. 예를 들어 1962년부터 1982년까지의 20년 동안 한국의 기술도입 사례 중 56.4%가 일본으로부터였는데, 이는 미국(23.4%), 서독(4.7%), 프랑스(2.7%) 등에 비해 압도적이었다. 외국 자본의 도입에서도 비슷한 편중의 경향을 보여서 일본으로부터의 도입이 미국에 비해 건수로는 4배, 금액으로는 2배에 이르렀다. Jinjoo Lee, "Local Acquisition and Mastery of Technology in Korea", p. 47 및 appendices 7, 8.

〈참고문헌〉

가. 원전류

* 구체적 구절이나 그 내용을 본문에서 직접 인용한 문헌만 포함하며, 그 외에 본문에 서 언급한 문헌들은 〈찾아보기〉에 수록했다.
* 저자 이름의 가나다순으로 하되 저자가 없이 문헌 이름만 있는 경우는 문헌 이름으 로 저자명을 대신한다.

康熙帝,『聖祖仁皇帝御製文集』

揭暄,『璇璣遺述』

『經國大典』

『管子』

歐陽修,『歐陽文忠公文集』

權近,『陽村先生文集』

權斗經 編,『退溪先生言行錄』

金鍾厚,『本庵集』

金昌翕,『三淵集』

南秉哲,『圭齋遺藁』

南秉哲,『推步續解』

『論語』

梅文鼎,『勿菴曆算書目』

梅文鼎,『方程論』

梅文鼎,『歷算全書』

梅文鼎,『績學堂文鈔』

梅文鼎,『績學堂詩鈔』

『孟子』

『明史』

『明神宗顯皇帝實錄』

朴趾源,『燕巖集』

潘希曾,『竹簡集』

方以智,『物理小識』

方以智,『通雅』

方中通,『數度衍』

『四庫全書總目』

『書經』

徐光啓,『農政全書』

徐命膺,『保晚齋集』

徐命膺,『保晚齋叢書』

『書雲觀志』

徐有榘,『金華耕讀記』

徐有榘,『金華知非集』

徐有榘,『楓石鼓篋集』

徐有聞,『무오연행록』(규장각한글본)

徐有本,『左蘇山人文集』

徐瀅修,『明皐全集』

徐浩修,『私稿』

徐浩修,『燕行紀』

『說苑』

『聖壽萬年曆』

成渾,『牛溪先生集』

『數理精蘊』

『承政院日記』

『詩經』

申景濬,『旅菴遺稿』

申欽,『象村稿』

愼後聃,『河濱先生全集』

沈括, 『夢溪筆談』

沈魯崇, 『大東稗林』

安鼎福, 『順菴先生文集』

顏之推, 『顏氏家訓』

楊光先, 『不得已』

揚雄, 『法言』

『禮記』

吳光運, 『藥山漫稿』

阮元, 『疇人傳』

王錫闡, 『曉庵先生文集』

王錫闡, 『曉菴新法』

王錫闡, 『曉菴遺書』

王英明, 『曆體略』

王應麟, 『六經天文編』

熊明遇, 『格致草』

柳夢寅, 『於于野談』

柳成龍, 『西厓先生文集』

兪莘煥, 『鳳棲集』

劉在建, 『里鄕見聞錄』

柳馨遠, 『磻溪隨錄』

尹拯, 『明齋先生遺稿』

尹行恁, 『碩齋稿』

『律曆淵源』

李家煥, 『錦帶殿策』

李圭景, 『五洲衍文長箋散稿』

李器之, 『一菴燕記』

李德懋, 『국역청장관전서』

李德懋, 『雅亭遺稿』

李德懋, 『靑莊館全書』

李德弘, 『艮齋先生文集』

李晚采, 『闢衛編』

李籇, 『景玉先生遺集』

李書九, 『惕齋集』

李睟光, 『芝峯類說』

李睟光, 『芝峯先生集』

李冶, 『測圓海鏡』

李瀷, 『星湖僿說』

李瀷, 『星湖僿說類選』

李瀷, 『星湖先生全集』

李重煥, 『擇里志』

李晴, 『井觀編』

李恒老, 『華西先生文集』

李獻慶, 『艮翁先生文集』

李滉, 『退溪先生文集』

李滉, 『退溪先生全書遺集』

張顯光, 『旅軒先生全書』

錢大昕, 『潛研堂文集』

丁巨, 『丁巨算法』

鄭來僑, 『浣巖集』

鄭東愈, 『晝永編』

丁若鏞, 『與猶堂全書』

鄭惟一, 『文峯先生文集』

正祖, 『弘齋全書』

程顥, 程頤, 『河南程氏遺書』

『朝鮮王朝實錄』

『左傳』

朱世傑, 『新編算學啓蒙』

『周易』

朱熹, 『朱文公文集』

朱熹, 『周易參同契考異』

朱熹, 『朱子語類』

『中庸』

『增補文獻備考』

秦九韶,『數書九章』

『淸聖祖仁皇帝實錄』

崔錫鼎,『九數略』

崔錫鼎,『明谷集』

『漢書』

邢雲路,『古今律曆考』

洪大容,『湛軒書』

홍대용 지음, 정훈식 옮김,『을병연행록』(광명: 경진, 2012)

洪良浩,『耳溪集』

洪正夏,『九一集』

黃胤錫,『頤齋亂藁』

黃胤錫,『頤齋遺藁』

黃玹,『梅泉野錄』

『淮南子』

* 위의 문헌들 이외에 현대에 편찬된 다음의 자료집들이 있다.

林基中 編,『燕行錄全集』(東國大學校 出版部, 2001).

林基中 編,『燕行錄續集』(서울: 尙書院, 2008)

『天主教東傳文獻續編』(臺北: 臺灣學生書局, 1966)

나. 2차 문헌

1. 한국어

강명관,『조선 후기 여항문학 연구』(창작과비평사, 1997).

강명관, "京華世族과 實學",『한국실학연구』32(2016), 297-315쪽.

경석현, "조선후기 천문학겸교수의 활동과 그 의미"『동방학지』176(2016), 121-152쪽.

具萬玉, "朝鮮後期 '地球說' 受容의 思想史的 意義",『韓國史의 構造와 展開—河炫綱敎

授定年記念論叢』(혜안, 2000), 717-747쪽.

具萬玉, "方便子 柳僖(1773-1837)의 天文曆法論: 조선 후기 少論系 陽明學者 自然學의 一端", 『韓國史硏究』113(2001), 85-112쪽.

구만옥, "16~17세기 조선 지식인의 서양 이해와 세계관의 변화", 『동방학지』122(2003), 1-51쪽.

具萬玉, 『朝鮮 後期 科學思想史 硏究 I. 朱子學的 宇宙論의 變動』(혜안, 2004).

구만옥, "조선왕조의 집권체제와 과학기술정책─조선전기 천문역산학의 정비과정을 중심으로", 『東方學志』124(2004), 219-272쪽.

구만옥, "朝鮮 後期 天文曆算學의 主要 爭點: 正祖의 天文策과 그에 對한 對策을 中心으로", 『韓國思想史學』27(2006), 217-257쪽.

구만옥, "조선 후기 천문역산학의 개혁 방안: 정조의 천문책에 대한 대책을 중심으로", 『한국과학사학회지』28(2006), 189-225쪽.

구만옥, "다산 정약용의 천문역법론", 『다산학』10(2007), 55-103쪽.

구만옥, "마테오 리치(利瑪竇) 이후 서양 수학에 대한 조선 지식인의 반응", 『한국실학연구』20(2010), 301-355쪽.

구만옥, "'利瑪竇'에 대한 조선후기 지식인들의 이해와 태도", 『韓國思想史學』36(2010), 343-393쪽.

구만옥, "肅宗代(1674-1720) 天文曆算學의 정비", 『한국실학연구』24(2012), 279-327쪽.

구만옥, 『영조대 과학의 발전』(한국학중앙연구원출판부, 2015).

구만옥, "황윤석(黃胤錫)의 '천문(天文)' 인식과 『상위지요(象緯指要)』", 『韓國思想史學』51(2015), 403-449쪽.

구만옥, "柳僖의 '度數之學'에 대한 인식과 『考工記圖補註補說』", 『한국실학연구』32(2016), 115-194쪽.

구만옥, 『세종 시대의 과학기술』(들녘, 2016).

구만옥, "조선후기 과학사 연구에서의 '실학'의 문제", 『한국실학연구』36(2018), 637-676쪽.

구만옥, "貞山 李秉休(1710-1776)의 학문관과 천문역산학 담론", 『한국실학연구』38(2019), 335-389쪽.

丘凡眞, "淸의 朝鮮使行 人選과 '大淸帝國體制'", 『인문논총』59(2008), 1-50쪽.

금장태, 『조선 후기 儒敎와 西學─교류와 갈등』(서울대학교출판부, 2003).

김남일, 『한의학에 미친 조선의 지식인들─유의열전』(들녘, 2011).

김대원, "丁若鏞의『醫零』. 1",『한국과학사학회지』15(1993), 225-246쪽.

김대원. "丁若鏞의『醫零』. 2",『한국과학사학회지』16(1994), 132-157쪽.

김두헌,『조선시대 기술직 중인 신분 연구』(경인문화사, 2013).

김문식, "徐命膺의 생애와 규장각 활동",『정신문화연구』22(1999), 151-184쪽.

김문식,『정조의 제왕학』(태학사, 2007).

김문식,『조선후기 지식인의 대외인식』(새문사, 2009).

김문용, "조선 후기 서양 수학의 영향과 수리 관념의 변화",『한국실학연구』24(2012), 403-441쪽.

김문용,『조선 후기 자연학의 동향』(고려대학교 민족문화연구원, 2013).

김문용, "조선후기 유서 지식의 성격",『민족문화연구』83(2019), 13-45쪽.

김선희, "道, 學, 藝, 術―조선 후기 서학의 유입과 지적 변동에 관한 하나의 시론",『한국실학연구』35(2018), 287-327쪽.

김성수, "조선시대 儒醫의 형성과 변화",『醫史學』28(2015), 105-120쪽.

김슬기, "숙종 대 관상감의 시헌력 학습: 을유년(1705) 역서 사건과 그에 대한 관상감의 대응을 중심으로",『한국과학사학회지』39(2017), 435-464쪽.

金時俊 譯,『闕衛編』(서울: 삼경당, 1985).

김양수, "조선시대 의원실태와 지방관 진출",『東方學志』104(1999), 163-248쪽.

김양수, "조선 후기 사회변동과 전문직 중인의 활동: 譯官·醫官·陰陽官·律官·算員·畵員·樂人 등과 관련하여", 延世大學校 國學研究院 편,『韓國近代移行期 中人研究』, 171-298쪽.

김영민, "국문학 논쟁을 통해서 본 조선 후기의 국가, 사회, 행위자",『일본비평』19(2018.8), 194-255쪽.

김영식, "한국 대학의 자연과학 교육의 현황과 반성,"『현상과 인식』5-3(1981), 58-66쪽.

金永植 編,『중국 전통문화와 과학』(창작과비평사, 1986)

김영식, "한국과학의 특성과 반성", 김영식, 김근배 편,『근현대 한국사회와 과학』, 342-363쪽.

김영식,『주희의 자연철학』(예문서원, 2005).

김영식, "문과·이과 구분의 임의성과 그 폐단",『과학과 철학』4(1993), 20-34쪽.

김영식,『동아시아 과학의 차이―서양 과학, 동양 과학, 그리고 한국 과학』(사이언스북스, 2013).

김영식, "과학적·초자연적 주제들에 대한 주희의 태도: 유가 학문의 경계 규정과 확장", 『유가 전통과 과학』(예문서원, 2013), 128-158쪽.

김영식, "중국 과학에서의 Why Not 질문: 과학혁명과 중국 전통과학", 『동아시아 과학의 차이』, 55-73쪽.

김영식, "서학(西學) 중국기원론의 출현과 전개", 『동아시아 과학의 차이』, 113-134쪽.

김영식, "서양 과학, 우주론적 관념, 그리고 17-18세기 조선의 역학(易學)", 『동아시아 과학의 차이』, 135-156쪽.

김영식, "한국 과학사 연구에서 나타나는 '중국의 문제'", 『동아시아 과학의 차이』, 207-222쪽.

김영식, "한국 과학사 연구의 문제와 전망", 『동아시아 과학의 차이』, 171-205쪽.

김영식, 『정약용의 문제들』(혜안, 2014).

김영식, "1735년 역서(曆書)의 윤달 결정과 간행에 관한 조선 조정의 논의", 『한국과학사학회지』 36(2014), 1-27쪽.

김영식, "조선 후기 역(曆) 계산과 역서(曆書) 간행 작업의 목표: '자국력'인가? 중국 수준의 역서인가?", 『한국과학사학회지』 39(2017), 405-434쪽.

김영식, 『조선과 중국, 그리고 중화―조선 후기 중국 인식의 전개와 중화 사상의 굴절』(아카넷, 2018).

김영식, 김근배 편, 『근현대 한국사회와 과학』(창작과비평사, 1998).

김영식, 임경순, 『과학사신론』(다산출판사, 1999).

김종수, "西溪 朴世堂의 燕行錄과 북경 체류 32일", 『한국실학연구』 16(2008), 7-50쪽.

盧大煥, "正祖代의 西器受容 논의―'중국원류설'을 중심으로", 『韓國學報』 99(1999), 126-167쪽.

노대환, "조선후기 '西學中國源流說'의 전개와 그 성격," 『歷史學報』 178(2003), 113-139쪽.

노대환, 『동도서기론 형성과정 연구』(일지사, 2005).

샤를르 달레 著, 安應烈, 崔奭祐 역, 『韓國 天主敎會史』 3권 (한국교회사연구소, 1980-1987).

동아시아學術院, 大東文化硏究院 공편, 『茶山學團 文獻集成』(서울: 成均館大學校出版部, 2008).

류준경, "조선시대 소설유통의 '혁명성'", 『인문논총』 74(2017), 495-509쪽.

문중양, "18세기 조선 실학자의 자연지식의 성격―象數學的 宇宙論을 중심으로", 『한국

과학사학회지』 21(1999), 27-57쪽.

문중양, 『조선후기 水利學과 水利 담론』(집문당, 2000).

문중양, "18세기 후반 조선 과학기술의 추이와 성격—정조대 정부 부문의 천문역산 활동을 중심으로", 『역사와 현실』 39(2001), 199-231쪽.

문중양, "세종대 과학기술의 '자주성' 다시보기", 『歷史學報』 189(2006), 39-72쪽.

문중양, "왕의 허락을 얻어 천문을 관측하다: 조선의 천문역산가", 규장각한국학연구원 편, 『조선전문가의 일생』(글항아리, 2010), 47-74쪽.

문중양, "18세기 후반 조선 과학의 역사 시간", 김인걸 외, 『정조와 정조 시대』(서울대 출판문화원, 2011), 17-56쪽.

문중양, "'鄕曆'에서 '東曆'으로: 조선후기 自國曆을 갖고자 하는 열망", 『歷史學報』 218(2013), 237-270쪽.

문중양, 『조선후기 과학사상사—서구 우주론과 조선 천지관의 만남』(들녘, 2016).

미야지마 히로시, 『나의 한국사 공부』(너머북스, 2013).

미야지마 히로시, 노영구 옮김, 『미야지마 히로시의 양반—우리가 몰랐던 양반의 실체를 찾아서』(너머북스, 2014).

閔斗基, "中體西用論考", 『中國 近代改革運動의 研究—康有爲 中心의 1898 改革運動』 (一潮閣, 1985), 2-52쪽

박권수, "徐命膺의 易學的 天文觀", 『한국과학사학회지』 20(1998), 57-101쪽.

박권수, "18·19세기 중인과학자의 학문과 사상—김영과 문광도에 관한 기록을 중심으로", 『전통과학의 재조명과 교육적 활용』(제주대학교 교육과학연구소 학술회의 자료집, 2007년 1월 22일), 73-86쪽.

박권수, "조선 역서(曆書) 간행과 로컬 사이언스", 『한국과학사학회지』 35(2013), 69-103쪽.

박권수, "조선 후기 역서(曆書) 간행에 참여한 관상감 중인 연구", 『한국과학사학회지』 37(2015), 119-145쪽.

박권수, "여암 신경준의 과학사상", 『한국실학연구』 29(2015), 235-277쪽.

박권수, "조선 후기 관상감 산원직(散員職)의 설치와 확대", 『한국과학사학회지』 41(2019), 353-385쪽.

박권수, "조선 후기 관상감(觀象監) 입속자(入屬者) 연구", 『한국사연구』 187(2019), 289-324쪽.

박성래, "한국 근세의 서양 과학 수용", 『동방학지』 20(1978), 257-292쪽.

朴星來, "朝鮮 儒教社會의 中人技術教育", 『大東文化研究』 17(1983), 267-290쪽.

박성래, "민족과학의 길", UNESCO한국위원회, 『한국사회의 자생적 발전』(1984), 255-280쪽.

박성래, 『민족과학의 뿌리를 찾아서』(동아출판사, 1991).

박성래, 『한국사에도 과학이 있는가』(교보문고, 1998).

배우성, 『조선후기 국토관과 천하관의 변화』(일지사, 1998).

배우성, 『독서와 지식의 풍경―조선 후기 지식인들의 읽기와 쓰기』(돌배게, 2015).

세종대왕기념사업회, 『(국역)국조인물고』(세종대왕기념사업회, 1978).

孫弘烈, "朝鮮前期 醫官의 任用과 그 社會的 地位", 『史叢』 30(1986), 161-196쪽.

손홍렬, 『한국중세의 의료제도 연구』(수서원, 1988).

宋復, "'近代移行期 中人研究'의 必要性", 延世大學校 國學研究院 편, 『韓國 近代移行期 中人研究』, 17-52쪽.

宋日基, 尹珠英, "中國本 西學書의 韓國 傳來에 관한 文獻的 考察", 『서지학연구』 15(1998), 159-195쪽.

신동원, "조선 후기 의원의 존재 양태", 『한국과학사학회지』 26(2004), 197-246쪽.

신동원, 『호열자, 조선을 습격하다: 몸과 의학의 한국사』(역사비평사, 2004).

신동원, "이황의 의술과 퇴계 시대의 의학", 『退溪學論集』 6(2010), 237-269쪽.

신동원, 『동의보감과 동아시아 의학사』(들녘, 2015).

신동원, "미시사 연구의 방법과 실제: 이문건의 유의일기(儒醫日記)", 『의사학』 24(2015), 389-422쪽.

신동원, "18세기 후반 조선 '과학기술'의 지형―범주와 위상의 측면으로 본", 『한국과학사학회 2018년 봄 학회 발표 자료집』, 97-105쪽.

신민철, "明代 天文 '私習'의 禁止와 曆法觀의 再定立"(서울대 석사논문, 2007).

신민철, "명대 천문 '사습(私習)'의 금지령과 천문서적의 출판: 그 이념과 실제", 『한국과학사학회지』 29(2007), 231-260쪽.

안대옥, "18세기 正祖期 朝鮮 西學 受容의 系譜", 『東洋哲學研究』 71(2012), 55-90쪽.

延世大學校 國學研究院 편, 『韓國 近代移行期 中人研究』(新書苑, 1999).

오상학, 『조선시대 세계지도와 세계인식』(창비, 2011).

오영숙, "조선 후기 算學의 一面: 崔錫鼎의 算 '읽기'", 『韓國實學研究』 24(2012), 329-366쪽.

유봉학, 『燕巖一派 北學思想 研究』(一志社, 1995).

유승주, "조선 후기 工人에 관한 一研究", 『역사연구』71(1976), 405-455쪽; 78(1978), 231-258쪽; 79(1978), 475-502쪽.

이경구, "湛軒의 知識人 交遊와 知性史的 位置", 실시학사 편 『담헌 홍대용 연구』(사람의무늬, 2012), 311-370쪽.

이경록, "조선전기 의료기구 개편의 성격과 그 의의", 『의사학』29(2020), 1-42쪽.

이규근, "조선후기 내의원 의관 연구: 『내의선생안(內醫先生案)』의 분석을 중심으로", 『조선시대사학보』3(1997), 5-50쪽.

李圭根, "朝鮮時代 醫療機構와 醫官—中央醫療機構를 中心으로", 『東方學志』104 (1999), 95-160쪽.

이규상, 민족문학사연구소 한문분과 옮김, 『18세기 조선인물지: 幷世才彦錄』(창작과 비평사, 1997).

이기복, "18세기 의관 이수기(李壽祺)의 자기인식: 기술직 중인의 전문가의식을 중심으로", 『의사학』22(2013), 483-527쪽.

이기복, "해제: 이수귀와 『역시만필』에 대하여", 신동원 외 『역시만필: 조선 어의 이수귀의 동의보감 실전기』(들녘, 2015), 8-12쪽.

이기복, "조선 후기 의학 지식 구성 및 실행 방식의 변화: 18세기 『역시만필(歷試漫筆)』을 중심으로", 『한국과학사학회지』41(2019), 1-31쪽.

이남희, "조선후기 '잡과중인'의 사회적 유동성—과거합격 실태를 중심으로", 延世大學校 國學研究院 편, 『韓國 近代移行期 中人研究』(新書苑, 1999), 299-335쪽.

이남희, "잡과의 전개와 중인층의 동향", 『한국사 시민강좌』48 (일조각, 2010), 154-168쪽.

이남희, "조선 후기 잡과의 위상과 특성—변화 속의 지속과 응집", 『한국문화』58 (2012), 65-86쪽.

李成茂, "朝鮮初期의 技術官과 그 地位: 中人層의 成立問題를 中心으로", 『柳洪烈博士 華甲紀念論叢』(探求堂, 1971), 193-229쪽.

李成茂, "官職制度를 통해 본 朝鮮初期 兩班의 身分的 地位", 『朝鮮의 社會와 思想』(一潮閣, 1999), 100-150쪽.

李成茂, "朝鮮前期 中人層의 成立問題", 『朝鮮의 社會와 思想』(一潮閣, 1999), 198-210쪽.

이성무, "조선의 양반," 『개정증보 조선의 사회와 사상』(서울: 일조각, 2004).

李鐘馨, "韓國 東醫學史," 고려대 민족문화연구소 편, 『한국현대문화사대계 Ⅲ 과학·기술사』(고려대학교출판부, 1977), 263-336쪽.

이창익, 『조선시대 달력의 변천과 세시의례』(창비, 2013).

李學堂, 牛林傑, "17-18세기 中·韓 文人 間의 文化交流와 相互作用 現象 一考察", 『韓國實學研究』 19(2010), 55-86쪽.

李賢九, 『崔漢綺의 氣哲學과 西洋 科學』(대동문화연구원, 2000).

임종태, "김용관의 발명학회와 과학운동", 김영식, 김근배 엮음, 『근현대 한국사회의 과학』, 237-273쪽.

임종태, "서양의 물질문화와 조선의 衣冠': 李器之의 『一菴燕記』에 묘사된 서양 선교사와의 문화적 교류", 『韓國實學研究』 24(2012), 367-401쪽.

임종태, 『17, 18세기 중국과 조선의 서구 지리학 이해—지구와 다섯 대륙의 우화』(창비, 2012).

임종태, "정조대 북학론과 그 기술 정책"(『한국과학문명사』 프로젝트 전통팀 2017년 11월 세미나 발표문).

임종태, "18세기 조선 과학기술의 지형도—1765년 홍대용의 북경 여행을 중심으로"(Naver 열린연단강연. 근대성강연 13강, 2018.4.14.) ⟨https://openlectures.naver.com/contents?contentsId=140492&rid=2939#literature_contents⟩.

임종태, "여행과 개혁: 영조와 정조 시기 조선의 과학과 기술"(미출판 원고, 2018년 10월).

임종태, "중인의 과학과 양반의 과학"(미출판 원고, 2020년 2월).

全相運, 『韓國科學技術史』, 개정판 (正音社, 1976).

전상운, "조선 전기의 과학과 기술—15세기 과학기술사 연구재론", 『한국과학사학회지』 14(1992), 141-168쪽.

전용훈, "조선중기 유학자의 천체와 우주에 대한 이해—여헌 장현광의 「역학도설」과 「우주설」", 『한국과학사학회지』 18(1996), 125-154쪽.

전용훈, "17-18세기 서양과학의 도입과 갈등—時憲曆 施行과 節氣配置法에 대한 논란을 중심으로", 『東方學志』 117(2002), 1-49쪽.

전용훈, "조선 후기 서양천문학과 전통 천문학의 갈등과 융화"(서울대학교 박사학위논문, 2004).

전용훈, "19세기 조선 수학의 지적 풍토: 홍길주(1786-1841)의 수학과 그 연원", 『한국과학사학회지』 26(2004), 275-314쪽.

전용훈, "19세기 조선 지식인의 서양과학 읽기—최한기의 기학과 서양과학", 『역사비평』

81(2007.11), 247-284쪽.

전용훈, "서양 사원소설에 대한 조선 후기 지식인들의 반응", 『한국과학사학회지』 31(2009), 413-435쪽.

전용훈, "정조대의 曆法과 術數學 지식: 『千歲曆』과 『協吉通義』를 중심으로", 『한국문화』 54(2011), 311-338쪽.

전용훈, "19세기 조선에서 서양 과학과 천문학의 성격—청조 고증학의 영향을 중심으로", 『한국과학사학회지』 35(2013), 435-464쪽.

전용훈, "고려시대의 曆法과 曆書", 『한국중세사연구』 39(2014), 193-257쪽.

전용훈, "정조시대 다시 보기—천문학사의 관점에서", 『역사비평』 115(2016), 185-209쪽.

전용훈, 『한국 천문학사』 (들녘, 2017).

정명현 외 옮기고 씀, 서유구 지음, 『임원경제지: 조선 최대의 실용백과사전』 (씨앗을뿌리는사람, 2012).

정민, 『18세기 조선 지식인의 발견—조선 후기 지식 패러다임의 변화와 문화 변동』 (휴머니스트, 2007).

鄭奭鍾, "正祖·純祖年間의 政局과 茶山의 立場", 鄭奭鍾 외, 『丁茶山과 그 時代』 (민음사, 1986), 11-40쪽.

정옥자, "조선 후기의 기술직 중인", 『진단학보』 61(1986), 45-63쪽.

정형민, 김영식, 『조선 후기의 기술도: 서양 과학의 도입과 미술의 변화』 (서울대학교 출판부, 2007).

조성산, "조선후기 성호학파(星湖學派)의 고학(古學) 연구를 통한 본초학(本草學) 인식", 『의사학』 24(2015), 457-496쪽.

조창록, "楓石 徐有榘의 『金華耕讀記』", 『한국실학연구』 19(2010), 287-307쪽.

中國農業博物館 編, 『中國古代耕織圖』 (北京: 新華書店, 1995).

최경숙, 『황성신문연구』 (부산외국어대학교 출판부, 2010).

崔相天, "李家煥과 西學", 『韓國敎會史論文集』 2 (韓國敎會史硏究所, 1984), 41-67쪽.

최석우, "李承薰 관계 書翰 자료", 『교회사연구』 8(1992), 159-244쪽.

최재건, 『조선후기 서학의 수용과 발전』 (한들출판사, 2005).

한국과학기술단체총연합회, 『한국 과학기술 30년사』 (1980).

韓永愚, "朝鮮初期의 上級胥吏 「成衆官」— 成衆官의 錄事로의 一元化過程", 『東亞文化』 10(1971), 3-88쪽.

韓永愚, "柳壽垣의 身分改革思想", 『한국사연구』 8(1972), 637-674쪽.

한영우, "조선시대 중인의 신분·계급적 성격", 『한국문화』 9(1988), 179-209쪽.

韓永愚, 『朝鮮時代 身分史 研究』(集文堂, 1997).

한영호, 이은희, "麗末鮮初 本國曆 완성의 道程", 『동방학지』 155(2011), 31-75쪽.

허윤섭, "조선후기 觀象監 天文學 부문의 조직과 업무: 18세기 후반 이후를 중심으로" (서울대학교 석사학위논문, 2000).

許在惠. "18세기 醫官의 經濟的 活動樣相", 『한국사연구』 71(1990), 85-127쪽.

홍유진, "홍대용(洪大容)의 『주해수용(籌解需用)』의 구성과 저술 목적"(서울대학교 석사학위 논문, 2019).

黃正夏, "朝鮮英祖·正祖時代의 算員研究", 『白山學報』 35(1988), 219-258쪽.

황정하, "조선후기 算員 집안의 연구", 『한국사연구』 66(1989), 47-73쪽.

2. 중국어·일본어 문헌

* 저자 이름 한자의 한국어 발음 가나다순으로 배열한다.

金秋鵬, 『中國科學技術史: 人物卷』(北京: 科學出版社, 1998).

樂愛國, 『宋代的儒學與科學』(北京: 中國科學技術出版社, 2007).

薄樹人 主編, 『中國科學技術典籍通彙. 天文卷六』(鄭州: 河南教育出版社, 1995).

三浦國雄, 『朱子と氣と身體』(東京: 平凡社, 1997): (번역) 미우라 구니오 지음, 이승연 옮김, 『주자와 기 그리고 몸』(예문서원, 2003).

徐宗澤 編, 『明清間耶蘇會士譯著提要』(北京: 中華書局, 1949 影印本).

徐海松, 『清初士人與西學』(北京: 東方出版社, 2000).

徐滙區文化國 編, 徐光啓與幾何原本 (上海: 上海交通大學出版部, 2011).

孫小淳, "北宋政治變革中的'天文災異'論說", 『自然科學史研究』 23 (2004), 218-231쪽.

艾尒曼(Benjamin A. Elman), "朝鮮鴻儒金正喜與清朝乾嘉學術", 『世界漢學』 14 (中國人民大學漢學研究中心, 2014), 35-48쪽.

王揚宗, "'西學中源'說在明清之際的由來及其演變," 『大陸雜誌』 (臺北) 90-6(1995), 39-45쪽.

王重民 輯校, 『徐光啓集』(上海: 中華書局, 1963).

張永堂, 『明末方氏學派研究初編—明末理學與科學關係試論』(臺北: 文鏡文化事業有限公司, 1987).

張永堂, 『明末淸初理學與科學關係再論』 (臺北: 學生書局, 1994).

田淼, 『中國數學的西化歷程』 (濟南: 山東敎育出版社, 2005).

周藤吉之, 『宋代經濟史硏究』 (東京: 東京大學出版會, 1962).

朱維靜 主編, 『利瑪竇中文著譯集』 (香港: 香港城市大學出版社, 2001).

中國農業博物館, 『中國古代耕織圖』 (北京: 新華書店, 1995).

曾雄生, "宋代士人對農學知識的獲得和傳播—以蘇軾爲中心", 『自然科學史硏究』 34 (2015), 1-18쪽.

川原秀城, 『朝鮮數學史—朱子學的な展開とその終焉』 (東京: 東京大學出版會, 2010): (번역) 가와하라 히데키 지음, 안대옥 옮김, 『조선수학사—주자학적 전개와 그 종언』 (예문서원, 2017).

祝平一, "伏讀聖裁—《曆學疑問補》與《三角形推算法論》", 『新史學』 16(2005), 51-85쪽.

祝平一, "宋明之際的醫史與儒醫", 『中央硏究院歷史語言硏究所集刊』 (臺灣中央硏究院歷史語言硏究所) 77(2006), 401-449쪽.

平川祐弘, 『和魂洋才の系譜: 內と外からの明治日本』 (東京: 平凡社, 2006).

馮錦榮, "明末淸初方氏學派之成立及其主張," 山田慶兒 編, 『中國古代科學史論』 (京都, 1989), 139-219쪽.

韓琦, "從明史曆志的纂修看西學在中國的傳播," 劉鈍, 韓琦等 編, 『科史薪傳』 (遼寧敎育出版社, 1997), 61-70쪽.

3. 영어

Limin Bai, "Mathematical Study and Intellectual Transition in the Early and Mid-Qing", *Late Imperial China* 16-2 (December 1995), pp. 23-61.

Francesca Bray and Georges Métailié, "Who Was the Author of the Nongzheng quanshu?", Jami, Engelfriet, and Blue, *Statecraft and Intellectual Renewal in Late Ming China*, pp. 322-359.

Francesca Bray, "Introduction: The Powers of *Tu*", Bray, Dorofeeva-Lichtmann, and Métailié, *Graphics and Text in the Production of Technical Knowledge in China*, pp. 1-78.

Francesca Bray, "Agricultural Illustrations: Blueprint or Icon?", Bray, Dorofeeva-Lichtmann, and Métailié, *Graphics and Text in the Production of Technical Knowledge in China*, pp. 521-567.

Francesca Bray, "Science, Technique, Technology: Passages between Matter and Knowledge in Imperial Chinese Agriculture", *British Journal for the History of Science* 41 (2008), pp. 319-344.

Francesca Bray, "Chinese Literati and the Transmission of Technological Knowledge: The Case of Agriculture", Schäfer, *Cultures of Knowledge*, pp. 299-325.

Francesca Bray and Georges Métailié, "Who Was the Author of the Nongzheng quanshu?", Jami, Engelfriet, and Blue, eds., *Statecraft and Intellectual Renewal in Late Ming China*, pp. 322-359.

Francesca Bray, Vera Dorofeeva-Lichtmann, and Georges Métailié, eds., *Graphics and Text in the Production of Technical Knowledge in China: The Warp and the Weft* (Leiden: Brill, 2007).

Andrea Bréard, "Knowledge and Practice of Mathematics in Late Ming Daily Life Encyclopedias", Bretelle-Establet, ed., *Looking at It from Asia*, pp. 305-329.

Florence Bretelle-Establet, ed., *Looking at It from Asia: The Processes that Shaped the Sources of History of Science* (Berlin: Springer, 2010).

Timothy Brook, "Xu Guangqi in His Context: The World of the Shanghai Gentry", Jami, Engelfriet, and Blue, *Statecraft and Intellectual Renewal*, pp. 72-98.

Chao Yüan-Ling, *Medicine and Society in Late Imperial China: A Study of Physicians in Suzhou, 1600-1850* (New York: Peter Lang, 2009).

Chu Longfei, "A Distinctive Way of Integration: The main Portion of Xue Fengzuo's Lixue huitong Revisited", *The Korean Journal for the History of Science* 37 (2015), pp. 499-514.

Ping-yi Chu, "Technical Knowledge, Cultural Practices and Social Boundaries: Wan-nan Scholars and the Recasting of Jesuit Astronomy, 1600-1800", (Ph.D. Dissertation, University of California, Los Angeles, 1994).

Chu Pingyi, "Ch'eng-Chu Orthodoxy, Evidential Studies and Correlative Cosmology: Chiang Yung and Western Astronomy", *Philosophy and the History of Science: A Taiwanese Journal* 4-2 (October 1995), pp. 71-108.

Pingyi Chu, "Remembering Our Grand Tradition: The Historical Memory of the Scientific Exchanges between China and Europe, 1600-1800", *History of Science* 41 (2003), pp.

193-215.

Pingyi Chu, "Narrating a History for china's Medical Past: Christianity, Natural Philosophy and History in Wang Honghan's *Gujin yishi* 古今醫史 (History of medicine Past and Present)", *East Asian Science, Technology, and Medicine* 28 (2008), pp. 14-35.

Pingyi Chu, "Adoption and Resistance: Zhang Yongjing and Ancient Chinese Calendrical method", Feza Günergun and Dhruv Raina, eds., *Science between Europe and Asia* (Berlin: Springer, 2010), pp. 151-161.

Pingyi Chu, "Scientific Texts in Contest, 1600-1800", Bretelle-Establet, *Looking at It from Asia*, pp. 141-166.

Pingyi Chu, "Numerology and Calendrical Learning: The Stories of Yang Guangxian and Liu Xiangkui", *Korean Journal of History of Science* 37 (2015), pp. 479-497.

Pingyi Chu, "Calendrical Learning and Medicine, 1600-1800)", Peterson, *The Cambridge History of China*, vol. 9, pp. 372-410.

Craig Clunas, *Superfluous Things: Material Culture and Social Status in Early Modern China* (Cambridge: Polity Press, 1991).

Christopher Cullen, "Motivations for Scientific Change in Ancient China: Emperor Wu and the Grand Inception Astronomical Reforms of 104 B.C.", *Journal for the History of Astronomy* 24 (1993), pp. 185-203.

Ad Dudink, "Opposition to the Introduction of Western Science and the Nanjing Persecution (1616-1617)", Jami, Engelfriet, and Blue, *Statecraft and Intellectual Renewal*, pp. 191-224.

Patricia Ebrey, "Sung Neo-Confucian Views on Geomancy", Irene Bloom and Joshua A. Fogel, eds., *Meeting of Minds: Intellectual and Religious Interaction in East Asian Traditions of Thought* (New York: Columbia University Press, 1997), pp. 75-107.

Benjamin A. Elman, *From Philosophy to Philology: Intellectual and Social Aspects of Change in Late Imperial China* (Cambridge, Mass.: Harvard University Press, 1984).

Benjamin A. Elman, *A Cultural History of Civil Examinations in Late Imperial China* (Berkeley: University of California Press, 2000).

Benjamin A. Elman, *On Their Own Terms: Science in China, 1550-1900* (Harvard University Press, 2005).

Benjamin A. Elman, "Collecting and Classifying: Ming Dynasty Compendia and

Encyclopedias (*Leishu*)", *Extrême-Orient, Extrême-Occident* hors série (2007), pp. 131-157.

Benjamin A. Elman, "The Investigation of Things (Gewu 格物), Natural Studies (Gezhixue 格致學), and Evidential Studies (Kaozhengxue 考證學) in Late Imperial China, 1600-1800", Hans Ulrich Vogel and Günter Dux (eds.), Concepts of Nature: A Chinese-European Cross-Cultural Perspective (Leiden: Brill, 2010), pp. 368-399.

Benjamin A. Elman, "The Story of a Chapter: Changing Views of the 'Artificer's Record' ('Kaogongji' 考工記) and the *Zhouli*", Benjamin A. Elman and Martin Kern, eds., *Statecraft and Classical Learning: The Rituals of Zhou in East Asian History* (Leiden: Brill, 2010), pp. 330-355.

Benjamin A. Elman, "Some Comparative Issues in the World History of Science and Technology: Jesuit Learning in Late Imperial China", *Tsing Hua Journal of Chinese Studies* 41 (2011), pp. 137-170.

Peter Engelfriet and Siu Man-keung, "Xu Guangqi's Attempts to Integrate Western and Chinese mathematics", Jami, Engelfriet, and Blue, *Statecraft and Intellectual Renewal in Late Ming China*, pp. 279-310.

Charlotte Furth, "The Physician as Philosopher of the Way: Zhu Zhenheng (1282-1358)", *Harvard Journal of Asiatic Studies* 66 (2006), pp. 423-459.

Charlotte Furth, "Introduction: Thinking with Cases", Charlotte Furth, Judith T. Zeitlin, and Ping-chen Hsiung, eds., *Thinking with Cases: Specialist Knowledge in Chinese Cultural History* (Honolulu: University of Hawaii Press, 2007), pp. 1-27.

Asaf Goldschmidt, "The Song Discontinuity: Rapid Innovation in Northern Song Dynasty Medicine", *Asian Medicine* 1 (2004), pp. 53-90.

Edward Grant, *Physical Science in the Middle Ages* (New York: Wiley, 1971): (번역) 홍성욱, 김영식 역, 『중세의 과학』 (민음사, 1992).

Han Qi, "Astronomy, Chinese and Western: The Influence of Xu Guangqi's Views in the Early and Mid-Qing", Jami, Engelfriet, and Blue, *Statecraft and Intellectual Renewal in Late Ming China*, pp. 360-379.

Han Qi, "Knowledge and Power: Kangxi Emperor's Role in the Transmission of Western Learning", a paper presented to the Kyujanggak International Workshop, held in Seoul, on 16-18 October 2007.

Keizo Hashimoto and Catherine Jami, "From the Elements to Calendar Reform: Xu Guangqi's Shaping of Mathematics and Astronomy", Jami, Engelfriet, and Blue, *Statecraft and Intellectual Renewal*, pp. 264-278.

John B. Henderson, *The Development and Decline of Chinese Cosmology* (New York: Columbia University Press, 1984): (번역) 문중양 역, 『중국의 우주론과 청대의 과학 혁명』 (소명출판, 2004).

John B. Henderson, "Ch'ing Scholars' Views of Western Astronomy", *Harvard Journal of Asiatic Studies* 46 (1986), pp. 121-148.

Martin Hofmann, "The Biographer's View of Craftsmanship", Schäfer, *Cultures of Knowledge*, pp. 283-297.

Horng Wann-Sheng, "The Influence of Euclid's Elements on Xu Guangqi and His Successors", Jami, Engelfriet, and Blue, *Statecraft and Intellectual Renewal*, pp. 380-397.

Robert P. Hymes, "Not Quite Gentlemen?: Doctors in Sung and Yuan", *Chinese Science* no. 8 (1987), pp. 9-76.

Catherine Jami, "Scholars and Mathematical Knowledge during Late Ming and Early Qing", *Historia Scientiarum* 42 (1991), pp. 99-109.

Catherine Jami, "Imperial Control and Western learning: The Kangxi Emperor's Performance", *Late Imperial China* 23 (2002), pp. 28-49.

Catherine Jami, "Western Learning and Imperial Scholarship: The Kangxi Emperor's Study", *East Asian Science, Technology, and Medicine* no. 27 (2007), pp. 146-172.

Catherine Jami, *The Emperor's New Mathematics: Western Learning and Imperial Authority during the Kangxi Reign (1662-1722)* (Oxford: Oxford University Press, 2012).

Catherine Jami, Peter Engelfriet, and Gregory Blue, "Introduction", Jami, Engelfriet, and Blue, *Statecraft and Intellectual Renewal in Late Ming China*, pp. 1-15.

Catherine Jami, Peter Engelfriet, and Gregory Blue, eds., *Statecraft and Intellectual Renewal in Late Ming China: The Cross-Cultural Synthesis of Xu Guangqi (1562-1633)* (Leiden: Brill, 2001).

Catherine Jami and Han Qi, "The Reconstruction of Imperial Mathematics in China during the Kangxi Reigh (1662-1722)", *Early Science and Medicine* 8 (2003), pp. 88-110.

Yung Sik Kim, "Some Reflections on Science and Technology in Contemporary Korean

Society", *Korea Journal* 28:8 (1988,8), pp. 4-15.

Yung Sik Kim, "Accommodating Westerners' Knowledge in the Chinese Calendar: Confucian Scholars on Xu Guangqi's Slogan", *The Korean Journal for the History of Science* 41 (2019), pp. 151-167.

Joachim Kurtz, "Framing European Technology in Seventeent-Century China: Rhetorical Strategies in Jesuit Paratexts", Schäfer, *Cultures of Knowledge*, pp. 209-232.

Jinjoo Lee, "Local Acquisition and Mastery of Technology in Korea: A Contextual and Comparative Study", *Phase 1 Report to UNESCO* (Seoul, May 30, 1984).

Angela Ki Che Leung, "Medical Learning from the Song to the Ming", Paul J. Smith and Richard von Glahn, eds., *The Song-Yuan-Ming Transition in Chinese History* (Cambridge, MA : Harvard University Press, 2003), pp. 374-398.

Choying Li, "Contending Strategies, Collaboration among Local Specialists and Officials, and Hysrological Reform in the Late-fifteenth-Century Lower Yangzi Delta", *East Asian Science, Technology and Society: An International Journal* 4 (2010), pp. 229-253.

Jongtae Lim, "Restoring the Unity of the World: Fang Yizhi and Jie Xuan's Responses to Aristotelian Natural philosophy", Luis Saraiva and Catherine Jami eds., *The Jesuits, the Padroado and East Asian Science (1552-1773)* (History of Mathematical Sciences: Portugal and East Asia, III) (Singapore: World Scientific, 2008), pp. 139-160.

Jongtae Lim, "Learning 'Western' Astronomy from 'China': Another Look at the Introduction of the *Shixian li* Calendrical system into Late Chosŏn Korea", *The Korean Journal for the History of Science* 34 (2012), pp. 205-225.

Jongtae Lim, "Rodrigues the Gift-Giver: A Korean Envoy's Portrayal of His Encounter with a Jesuit in 1631", *Korea Journal* vol. 56. No.2 (Summer, 2016), pp. 134-162.

Liu Dun, "400 Years of the History of Mathematics in China: An Introduction to the Major Historians of Mathematics since 1592", *Historia Scientiarum* 4 (1994), pp. 103-111.

Lingfeng Lü, "Eclipses and the Victory of European Astronomy in China", *EASTM* 27 (2007), pp. 127-145.

Andre L. March, "An Appreciation of Chinese Geomancy", *Journal of Asian Studies* 27 (1968), pp. 253-267: (번역) "중국 풍수술의 이해", 김영식 편, 『중국 전통문화와 과학』 (창작과비평사, 1986), 308-330쪽.

Shigeru Nakayama, "Characteristics of Chinese Astrology", *Isis* 57 (1966), pp. 442-454: (번역) "중국 점성술의 특징", 金永植 編, 『중국 전통문화와 과학』(창작과비평사, 1986), 217-233쪽.

Shigeru Nakayama, "History of East Asian Science: Needs and Opportunities", *Osiris* 10 (1995), pp. 80-94.

Shigeru Nakayama, "The Spread of Chinese Science into East Asia", Yung Sik Kim and Francesca Bray, eds., *Current Perspectives in the History of Science in East Asia* (Seoul: Seoul National University Press, 1999), pp. 13-20.

Carla Nappi. *The Monkey and the Inkpot: Natural History and Its Transformations in Early Modern China* (Cambridge, Massachusetts: Harvard University Press, 2009).

Joseph Needham, et al. *Science and Civilisation in China* (Cambridge: Cambridge University Press, 1954-): (일부 번역) 조셉 니담 著, 李錫浩·李鐵柱·林禎岱 譯, 『中國의 科學과 文明 1-3』(乙酉文化社, 1985-1988).

Willard J. Peterson, "Western Natural Philosophy Published in Late Ming China", *Proceedings of the American Philosophical Society* 117 (1973), pp. 295-322.

Willard J. Peterson, "Fang I-chih: Western Learning and the 'Investigation of Things'", in William Theodore de Bary, ed., *The Unfolding of Neo-Confucianism* (New York: Columbia University Press, 1975), pp. 369-411: (번역) "方以智의 格物 사상과 서양 과학 지식", 金永植 編, 『중국 전통문화와 과학』(창작과비평사, 1986), 333-365쪽.

Willard J. Peterson, "Why Did They Become Christians?", Charles E. Ronan and Bonnie B.C. Oh, eds., *East Meets West: The Jesuits in China, 1582-1773* (Chicago: Loyola University Press, 1988), pp. 129-152.

Willard J. Peterson, "Confucian Learning in Late Ming Thought", Denis Twitchett and Frederick W. Mote, eds., *The Cambridge History of China*, volume 8 (Cambridge: Cambridge University Press, 1998), pp. 708-788.

Willard J. Peterson, "Learning from Heaven: The Introduction of Christianity and Other Western Ideas into Late Ming China", Denis Twitchett and Frederick W. Mote, eds., The Cambridge History of China, volume 8 (Cambridge: Cambridge University Press, 1998), pp. 789-839.

Willard J. Peterson, ed., *The Cambridge History of China*, vol. 9 The Ch'ing Empire to 1800, Part 2 (Cambridge University Press, 2016)

Matteo Ricci, *China in the Sixteenth Century: The Journals of Matthew Ricci: 1582-1610*, ed. Nicholas Trigault, tr. Louis Gallagher (New York: Random House, 1953).

Dagmar Schäfer, ed., *Cultures of Knowledge: Technology in Chinese History* (Leiden: Brill, 2012).

Shi Yunli, "Nicolaus Smogulecki and Xue Fengzuo's *True Principles of the Pacing of the Heavens*: Its Production, Publication, and Reception", *East Asian Science, Technology, and Medicine* 27 (2007), pp. 63-126.

Shi Yunli, "The Origin and Confluence of Three Neo-Confucian Cliques in Natural Philosophy in the Seventeenth Century", *Comparative Perspectives on the Introduction of Western Science into East Asian Countries during the late Chosŏn Period* (Kyujanggak International Workshop, Seoul, 16-18 October 2007), pp. 138-162.

Nathan Sivin, "Chinese Alchemy and the Manipulation of Time", Isis 67 (1976), pp. 513-526: (번역) "중국 연금술의 성격", 김영식 편, 『중국 전통문화와 과학』 (창작과비평사, 1986), 289-307쪽.

Nathan Sivin. *Granting the Seasons: The Chinese Astronomical Reform of 1280, With a Study of Its Many Dimensions and an Annotated Translation of Its Records* (New York: Springer, 2009).

C. P. Snow, *The Two Cultures and the Scientific Revolution* (Cambridge: Cambridge University Press 1959): (번역) 오영환 옮김. 『두 문화』 (민음사, 1996).

Contents in English

The Background of the Traditional Korean Science

by Kim, Yung Sik

Professor Emeritus

Department of Asian History/ Program in History and Philosophy of Science

Seoul National University

Chapter 3 Confucian Scholars and Science

3.1 Interest in Science

    3.1.1 Calendrical Astronomy and Mathematics

    3.1.2 Medicine

3.2 Intellectual Importance of Science

3.3 Ambivalent Attitudes towards Science

    3.3.1 Secondary Interest

    3.3.2 The Nature of the Gewu Endeavor

    3.3.3 Science and the Civil Service Examination

3.4 Attitude towards the Specialist Practitioners of Science

3.5 Writings on Science

3.6 The Case of Zhu Xi

Chapter 4 Attitudes of Korean Confucian Scholars towards Science

4.1 Interest in, and Knowledge of, Science

    4.1.1 Calendrical Astronomy

    4.1.2 Mathematics

    4.1.3 Medicine

    4.1.4 Other Areas

4.2 Limits of the Interest in, and Knowledge of, Science

Part II. Science and the Yangban Society

Chapter 5 Specialist Practitioners in the Yangban Society

5.1 Yangban

5.2 The "Middle People (Chung'in)"

5.3 Science and the Middle People Specialists in the Government

    5.3.1 Recruiting

    5.3.2 Treatment and Reward

    5.3.3 Middle People Specialists in Various Areas